Christian Gönner
Strategien indigener Ressourcennutzung auf Borneo

AF125763

Sozioökonomische Prozesse in Asien und Afrika

Band 14

Christian Gönner

Strategien indigener Ressourcennutzung auf Borneo

Eine Fallstudie aus einem Dayak Benuaq Dorf in
Ost-Kalimantan, Indonesien

CENTAURUS VERLAG & MEDIA UG

Zum Autor:
Christian Gönner studierte Biologie, internationale Entwicklungszusammenarbeit und Ethnologie in Konstanz, Zürich und Freiburg. Nach seiner Promotion hatte er einen Lehrauftrag für Kultur-Ökologie am Institut für Völkerkunde der Albert-Ludwigs-Universität Freiburg und arbeitete als freiberufliche Berater für verschiedene internationale Organisationen in den Bereichen Naturschutz und Management natürlicher Ressourcen. Seit 2009 ist er als Teamleiter im GIZ-Programm „Nachhaltige Nutzung der Biodiversität, Südkaukasus" in Aserbaidschan und Georgien tätig.

Bibliografische Informationen der Deutschen Nationalbibliothek
Die Deutsche Nationalbibliothek verzeichnet diese Publikation in der Deutschen Nationalbibliografie; detaillierte bibliografische Daten sind im Internet über http://dnb.d-nb.de abrufbar.

ISBN 978-3-86226-207-6   ISBN 978-3-86226-896-2 (eBook)
DOI 10.1007/978-3-86226-896-2

ISSN 1423-6057

Gedruckt auf säurefreiem und chlorfrei gebleichtem Papier.

© *CENTAURUS Verlag & Media UG (haftungsbeschränkt), Herbolzheim 2014*
www.centaurus-verlag.de

Umschlagabbildung: Rattanart Jepukng (Daemonorops crinita), Foto des Autors.
Umschlaggestaltung: Jasmin Morgenthaler, Visuelle Kommunikation
Satz: Vorlage des Autors

Das unbewusste oder halbbewusste Be-
streben, Ordnung in die Verwirrung der
anthropologisch-ethnographischen
Erscheinungen zu bringen, neigt sehr zur
Annahme solcher grossen Ursachen, die,
wenn sie thatsächlich als wirkende zu
Grunde lägen, ungemein vereinfachende,
klärende Erklärungen bieten würden.

Friedrich Ratzel 1882:300

Für meine Familie in beiden Welten

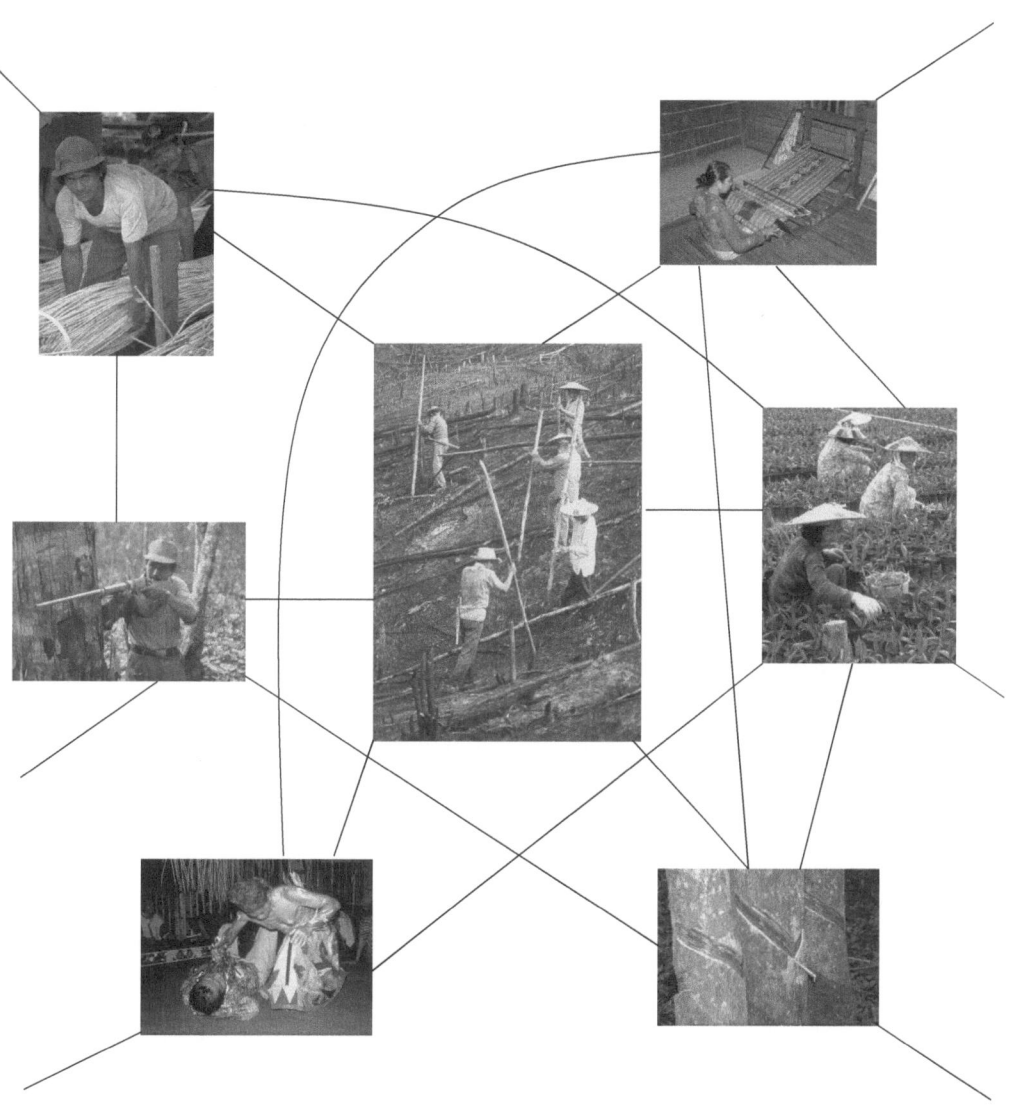

Diese Arbeit wurde ursprünglich im August 2000 als Dissertation an der Albert-Ludwigs-Universität Freiburg (Geowissenschaftliche Fakultät) eingereicht. Die Betreuung sowie die Begutachtung der Arbeit erfolgte durch Prof. Dr. Stefan Seitz (Institut für Völkerkunde, Universität Freiburg) sowie durch PD Dr. Klaus Seeland (Professur für Forstpolitik und Forstökonomie, ETH Zürich). Finanziell wurde die Studie durch ein Stipendium des Tropenökologischen Begleitprogramms der GTZ (TÖB, PN 90.2136.1) ermöglicht. In

Indonesien wurde der Autor durch das SFMP-Projekt des indonesischen Forstministeriums sowie der GTZ unterstützt.

Die Verfassung des Aktualisierungskapitels erfolgte im Frühjahr 2013. Sie basiert auf Folgestudien, überwiegend finanziert im Rahmen des CIFOR-Forschungsprojektes „Making Local Government more Responsive to the Poor: Developing Indicators and Tools to Support Sustainable Livelihood under decentralisation", finanziert durch das Bundesministerium für Wirtschaftliche Zusammenarbeit (BMZ).

Zusammenfassung

Schlüsselwörter: *Ethnologie, Kulturökologie, Borneo, Südostasien, Ressourcen*

Die Wälder rings um das Benuaq-Dorf Lempunah (Ost-Kalimantan, Indonesien) wurden über einen Zeitraum von mehr als dreihundert Jahren durch lokale Bevölkerungsgruppen extensiv genutzt. Heute besteht diese Waldlandschaft aus einer Vielzahl von Schwendfeldern, Brachewäldern und Waldgärten, in denen Rattan, Gummi und Fruchtbäume kultiviert werden.

Die Dayak Benuaq bauen in Landwechselwirtschaft über hundert lokal unterschiedene Reissorten sowie einhundertfünfzig weitere Kulturpflanzentaxa an. Zusätzlich werden mindestens fünfhundert, in den Wäldern vorkommende Pflanzen- und Tierarten extraktiv verwendet. Dieses breite Spektrum an nutzbaren Ressourcen erlaubt den Benuaq neben der Absicherung ihrer Subsistenz auch den marktwirtschaftlichen Handel mit verschiedenen Waldprodukten.

Vergleicht man die Komponenten der Ressourcennutzung über mehrere Jahre hinweg, so ergibt sich ein hoch dynamisches Bild mit häufigen Wechseln zwischen verschiedenen Einkommensquellen sowie einer stark variierenden Anzahl an Schwendfeldern.

Diese unregelmäßigen zeitlichen Muster erklären sich aus dem Zusammenspiel allgemeiner Nutzungsstrategien und individueller Entscheidungsrationalitäten. Letztere lassen sich mit Hilfe multikausaler Netze unter Berücksichtigung wirtschaftlicher, ökologischer, sozialer, religiöser, politischer, historischer und emotionaler Aspekte plausibel nachvollziehen.

Die wesentlichen Strategien zur Sicherung des Lebensunterhalts umfassen drei Prinzipien: (1) Ernährungssicherung durch Subsistenz, (2) flexible Nutzung diversifizierter Ressourcen, und (3) Ausnutzung natürlicher Wachstumsdynamiken.

Vor allem das hohe Maß an individueller Flexibilität, das den Bauern eine rasche und effiziente Reaktion auf situative Veränderungen wie Marktpreisschwankungen oder Naturkatastrophen ermöglicht, wurde in bisherigen Studien zumeist unterschätzt. Das rasche Umschalten zwischen verschiedenen Ressourcen bringt Phasen intensiver Nutzung sowie längere Zeiträume ohne Nutzung mit sich, was ein Überdenken des auf ökosystemischen Gleichgewichtsannahmen beruhenden Nachhaltigkeitsbegriffs erfordert.

Voraussetzung dieser sich ständig anpassenden, flexiblen Nutzungsweise ist das Zusammenwirken mehrerer Faktoren: (1) Entscheidungsautonomie; (2) Sicherung der Nutzungs- und Eigentumsrechte; (3) individuelle Flexibilität; (4) Bewahrung einer hohen Biodiversität; sowie (5) Verlässlichkeit der sozialen und religiösen Rahmenbedingungen.

Sind diese Grundvoraussetzungen erfüllt, so kann die marktwirtschaftlich erweiterte Subsistenzwirtschaft der Benuaq auch in Zukunft auf adaptive Weise überdauern. Allerdings erlauben die gegenwärtigen, raschen politischen und wirtschaftlichen Veränderungen in Indonesien keine klare Prognose der künftigen Entwicklung lokaler Ressourcennutzungssysteme.

Summary

keywords: *ethnology, cultural ecology, Borneo, Southeast Asia, resources*

The forests surrounding the Dayak Benuaq village Lempunah (East-Kalimantan, Indonesia) have been used for more than 300 years in an extensive way. Today, these forests consist of hundreds of forest gardens (rattan, rubber and mixed fruit gardens), swidden fields and fallows.

The Dayak Benuaq cultivate more than 100 locally differentiated rice varieties as well as 150 additional crops. Furthermore, at least 500 wild plant and animal species are extracted from the forest. This enormous reservoir enables the Benuaq to practice an extended subsistence economy including trade with various forest products.

Studying the local resource use over several years reveals substantial dynamics with frequent switching between different income sources as well as a significant variation in the number and kind of swidden fields. These irregular temporal patterns are the result of general resource use strategies and individual decision-making rationales. The plausibility of the latter can be shown by analysing causal webs which integrate economic, ecological, social, religious, political, historical and emotional aspects.

The most relevant livelihood strategies are based on three principles: (1) food security through subsistence, (2) flexible use of diversified resources, and (3) use of natural dynamics. To date, most studies have underestimated the high degree of individual flexibility, which allows farmers a fast and efficient response to unpredictable changes such as price fluctuations or natural calamities. Switching between different resources leads to times of intensive use and to times without any extraction. This requires a thorough examination of the general concept of sustainability which is based on ecosystemic equilibria.

The preconditions of such a steadily adapting and flexible resource use are: (1) local self-determination, (2) secure land and resource rights, (3) individual flexibility, (4) mainten-ance of a high level of biodiversity, as well as (5) a reliable social and religious cohesion. If these preconditions are met, the Benuaq's extended subsistence economy has a realistic chance to persist in an adaptive way. However, the recent political and economic changes in Indonesia do not permit any clear prediction of the future development of local resource use systems.

Inhalt

Kartenverzeichnis

Abkürzungen

ASEAN	Association of Southeast Asian Nations
BAPPEDA	*Badan Perencanaan Pembangunan Daerah,* Planungsbehörde der Provinz
bzw.	Beziehungsweise
c.f.	*cum fide*
DBH	(Baum-) Durchmesser in Brusthöhe
Einheiten:	g Gramm, kg Kilogramm, t Tonne, m Meter, km Kilometer, l Liter, h Stunde, d Tag, a Jahr
ff.	folgende Seiten
FN	Fußnote
GPS	global positioning system, Satelliten-gestützte Positionsbestimmung
GTZ	Deutsche Gesellschaft für Technische Zusammenarbeit
ibid.	gleiche Stelle
HTI	*Hutan Tanaman Industri* (ind.), Holzplantage
IDT	*Inpres Desa Tertinggal* (ind.), staatliche Armutshilfe
IFFM	Integrated Forest Fire Management Project (GTZ-Projekt)
IHH	*Iuran Hasil Hutan* (ind.), Steuer für Waldprodukte
ind.	Indonesisch
IWF	Internationaler Währungsfond
m.A.	meine Anmerkung
m. Ü.	meine Übersetzung
n	Anzahl
NGO	non-governmental organisation, Nicht-Regierungsorganisation
NRM	Natural Resource Management (Project)
pers. Mitt.	persönliche Mitteilung

Rp	Rupiah, während des Untersuchungszeitraums entsprach 1 DM 1.200 – 8.000 Rp
RSD	relative standard deviation, Relative Standardabweichung
RT	*Rukun Tetangga* (ind.), Nachbarschaftsvereinigung
S.	Seite
SD	standard deviation, Standardabweichung
SFMP	Promotion of Sustainable Forest Management Systems (GTZ-Projekt)
sp.	species, unbestimmte Art einer Gattung
spp.	species (pl.), mehrere Arten einer Gattung
TÖB	Tropenökologisches Begleitprogramm (GTZ)
üNN	über Normalnull
undat.	Undatiert
UNMUL	Universitas Mulawarman (in Samarinda)
USAID	US-amerikanische Entwicklungshilfeorganisation

Glossar häufig verwendeter lokaler Begriffe

Babar	einjährige Brache, die erneut zum Reisanbau genutzt wird
Bekeleeu	Heilritus mit Schweineopfer
Beleq	Maßeinheit für Reis, ca. 11 kg (ind. *Kaleng*)
Belian	allgemeiner Heilritus
Bengkar	Wald, der noch nie zum Reisanbau genutzt wurde
Dempaq	Ebene (im Gegensatz zu Sumpf und Hügel)
Guguq	großer Ritualkomplex, der zumeist Heilriten und Reinigungsriten beinhaltet
Jaras	Heidewald (Kerangas)
Kanwil Kehutanan	Vertretung des Forstministeriums auf Provinzebene
Kayuq	Holz, aber auch Gehölz
Kebotn	Garten
Kebotn Getah	Gummigarten
Kebotn Ue	Rattangarten
Kepala Adat	traditionelles Dorfoberhaupt (Häuptling)
Kepala Desa	verwaltungstechnisches Dorfoberhaupt
Kerengkakng	alter Brachewald (i.a. älter als 30 Jahre)
Konookng	Lohnarbeit(er)
Kwakoq	junge (2-10 Jahre) Brache, die erneut zum Reisanbau genutzt wird
Kwangkai	Totenzeremonie
Ladang	Schwendfeld (ind.)
Louu	Langhaus
Mandau	Haumesser
Melas Tautn	Ritus zur Bereinigung des (neuen) Jahres
Nular	Reinigungsritus mit Schweineopfer (v. a. bei Dürre)
Payaq	Sumpf(wald)

Pemeliatn	Schamane (Spezialist für Heilriten)
Pengewara	Spezialist für Totenriten
Plou	gegenseitige Hilfe
Roboot	Wald (im Gegensatz zum Dorf, Feld oder Waldgarten)
sahu	Tabu
Saikng	Hügel, Berg
Sawah	Nassreisfeld (ind.)
Simpukng	gemischter Waldgarten (v. a. Fruchtbäume)
Ukop	Feldhütte
Umaq	Schwendfeld
Uraaq	1. allgemeine Bezeichnung für Bracheflächen
	2. spezielle Bezeichnung für Brachen zwischen ca. 10 und 30 Jahren

1 Problemstellung, Theoretischer Rahmen und Methoden

1.1 Problemstellung

Die Nutzung natürlicher Ressourcen bringt stets Veränderungen mit sich, die zum einen die Umwelten der handelnden Menschen betreffen, zum anderen aber auch auf die, in diesen Umwelten lebenden Akteure zurück wirken. Aus diesem wechselseitigen Bedingen von Menschen und Umwelten ergibt sich ein verflochtenes Netz kausaler Beziehungen, dessen Eigenschaften sich nicht über monokausale Linearisierungen ableiten lassen. Friedrich Ratzel (1844-1904) bezeichnete dies als 'das alte philosophische Problem der Wechselbeziehungen zwischen Natur und Menschheit' (1882:41), das auch heute, über hundert Jahre später, nicht abschließend gelöst ist.

Ratzel war einer der ersten Ethnologen, der sich, aufbauend auf den Arbeiten Carl Ritters und Montesquieus (vgl. ibid.:43-44, 45-49), dem Studium der 'Wechselbeziehungen zwischen der Erde und dem auf ihr sich erzeugenden und fortzeugenden Leben' (ibid.:42) widmete. Bei aller Suche nach Regelmäßigkeiten in den Beziehungen zwischen Naturfaktoren und den von ihnen bedingten kulturellen Erscheinungsformen, war sich Ratzel über die nur begrenzte Gültigkeit dieser 'Regelmässigkeit' bewusst. So schreibt er in seinem 1882 erschienen Werk 'Anthropo-Geographie oder die Grundzüge der Anwendung der Erdkunde auf die Geschichte':

> 'Wir müssen uns damit trösten, dass das, was uns abhält, ebenso sichere Gesetze [wie auf dem Gebiet der Naturforschung, m.A.] auf diesem Forschungsgebiete zu finden, eben nichts andres ist, als die höchste Blüte der Schöpfung, der freie Geist des Menschen, dem wir auf der anderen Seite in erster Linie die anziehendsten und praktisch bedeutsamsten Züge unserer Wissenschaft verdanken.' (ibid.:52)

Diese prinzipielle Einschränkung der gesetzmäßigen Vorhersagbarkeit anthropo-geographischer Phänomene wiederholt Ratzel an anderer Stelle (ibid.:79-80), wo er die Vernachlässigung individuellen Handelns zu Gunsten einer kulturellen Betrachtungsebene ('Massenoperationen') kritisiert. Mit diesem Einwand greift Ratzel einem später bedeutsamen theoretischen Problem der Kulturökologie um Jahrzehnte voraus (vgl. 1.2.3).

Trotz dieser beiden Textstellen, die die allgemeine Darstellung Ratzels (vgl. Bennett 1976:161-162, Bargatzky 1986:24) ein wenig relativieren sollen, vertritt

Friedrich Ratzel die Auffassung, dass menschliche Kulturen wesentlich von der sie umgebenden Natur abhängen (ibid.:86), deren Eigenschaften die Ausprägung kultureller Phänomene, einschließlich der Lebensweisen (ibid.:317) und des Nationalcharakters (ibid.:319) bedingen[1].

Die Possibilisten um Franz Boas und seine Schüler Clark Wissler (z. B. 1917, 1928) und Alfred Louis Kroeber (v. a. 1939) lehnten eine derartig deterministische Sicht der Zusammenhänge ab[2] und betonten statt dessen in ihrem Konzept der 'Culture Areas' (auch 'Cultural Areas', s. Kroeber 1939) den limitierenden Charakter naturräumlicher Begebenheiten für kulturelle Erscheinungsformen. In weitgehend deskriptiver Weise wurden Korrelationen zwischen geographischen[3] und kulturellen Phänomenen (v. a. aus Nordamerika) aufgezeigt, die jedoch nur über wenig Erklärungspotential verfügen (vgl. auch Kritik in Ellen 1982:5,9,17-20).

Einen Schritt weiter geht Julian Steward, der mit Hilfe seiner 'Kulturökologie' ('cultural ecology', Steward 1955:30) versuchte, den Ursprung bestimmter kultureller Erscheinungsformen für spezifische Fallbeispiele zu erklären (ibid.:36). Als theoretische Grundlage greift Steward dabei auf das biologische Konzept der Umweltanpassung ('environmental adaptation', ibid.:39) zurück, das er in die Vorstellung einer multilinearen kulturellen Evolution integriert (ibid.:18-29). In gewisser Weise nimmt Steward mit seinem grundsätzlich holistischen Ansatz, nach dem alle kulturellen Aspekte wechselseitig von einander abhängen (ibid.:37), bereits bestimmte systemische Entwicklungen späterer Jahre vorweg[4].

Methodisch verlangt Steward für kulturökologische Studien (1) die Untersuchung der Abhängigkeiten zwischen Produktions- bzw. Nutzungstechnologie und Umwelt, (2) die Untersuchung der Verhaltens- und Subsistenzmuster bei der Nutzung eines bestimmten Gebietes sowie (3) die Untersuchung von weiteren Auswirkungen dieser Muster auf andere kulturelle Aspekte (ibid.:40-42). Im Einzelfall gilt es dabei zu zeigen, *wie* die Anpassung einer Kultur an ihre Umwelt vonstatten geht, und ob diese in ähnlichen Umwelten auf ähnliche Weise geschieht (ibid.:42). Unspezifiziert bleibt allerdings, was Steward unter 'ähnlich' versteht, und wie diese

---

[1] Diese Auffassung wird als Umweltdeterminismus bezeichnet (Bargatzky 1986:24).

[2] Allerdings ist Kroeber nicht weit von Ratzel entfernt, wenn er schreibt (1939:205): 'No culture is wholly intelligible without reference to the noncultural or so-called environmental factors with which it is in relation and which *condition* it.' (meine Hervorhebung).

[3] Unter diesen führt Kroeber (1939:205-217) folgende auf: 'physiography', 'natural vegetation', 'climate', 'water' und 'drainage'.

[4] Diese systemischen Eigenschaften beinhalten zumindest tendenziell auch Rückkopplungseffekte. So schreibt er in seinem Hauptwerk 'Theory of Culture Change' (ibid.31): 'He [Man] introduces the super-organic factor of culture, which also affects and is affected by the total web of life.'

Ähnlichkeiten vergleichbar gemessen werden können (vgl. auch Kritik in Vayda & Rappaport 1968:485).

Ebenfalls vage bleibt die Definition des sogenannten 'cultural core', bei dem es sich um 'the constellation of features which are most closely related to subsistence activities and economic arrangements' handelt (Steward 1955:37). Dieser kulturelle Kern enthält soziale, politische und religiöse Muster, die mit diesen 'arrangements' eng verbunden sind und die wesentliche Prägung der sie umgebenden Umwelt zeigen (ibid.). Die übrigen, von Steward als 'secondary features' bezeichneten Aspekte sind im Gegensatz zum 'cultural core' durch rein kulturhistorische Faktoren, einschließlich zufälliger Innovationen und diffusiver Errungenschaften, bestimmt (ibid.). Die Abspaltung anpassungsrelevanter und kulturell entscheidender Bereiche (d. h. des 'cultural core') vom kulturellen Rest wird sowohl von Geertz (1963:7-8, 10-11) als auch von Harris (1968:661) und Ellen (1982:61-62) kritisiert, da unklar bleibt, auf welcher Basis diese Trennung vollzogen wird und welcher Art etwaige Wechselbeziehungen zwischen Kern und kulturellem Rest sein können.

Stewards Kritiker stellen ferner in Frage, ob ökologische Anpassungen wirklich kausaler und nicht vielmehr ebenfalls nur korrelativer Natur sind (z. B. Ellen 1982:63, Vayda & Rappaport 1968:483-487). Für den Nachweis eines tatsächlich ursächlichen Zusammenhangs mangelt es Steward nach der Ansicht von Vayda und Rappaport unter anderem an einer ausreichend großen kulturvergleichenden Stichprobe (ibid.:485).

Ein weiterer Kritikpunkt bezieht sich auf Stewards Begriffspaar 'Kultur' und 'Ökologie'. In ihrem Plädoyer für die Anwendung eines die 'cultural and non-cultural ecology' umfassenden ökologischen Forschungsparadigmas weisen Vayda und Rappaport (1968) darauf hin, dass es nicht Kulturen sind, die mit Ökosystemen interagieren, sondern vielmehr Populationen (vgl. auch Rappaport 1968:381-382)[5].

Ein wesentlicher Fortschritt der 'cultural ecology' lag jedoch weniger auf theoretischem als vielmehr auf praktischem Gebiet. So wurden, teilweise noch immer unter dem Einfluss eines possibilistischen Blickwinkels, präzise und detaillierte Daten im Rahmen groß angelegter ethnologischer Feldforschungen gesammelt. Diese beinhalteten Angaben über Niederschlagsverteilungen, Bodenstruktur, Topographie, Anbaupflanzen, zeitliche Abläufe sowie Luftaufnahmen kulturell veränderter Landschaften (z. B. Conklin 1957). Verschiedene Studien verwendeten zudem Daten fachfremder Spezialisten, wodurch ein Wissenschaftsbereich erschlossen wurde, der weit über den Bereich der einzelnen Disziplinen hinausreichte.

---

[5] Eine weiterführende Kritik der 'cultural ecology' findet sich bei Ellen (1982:61-65), Bennett (1976:222-228), und Vayda & Rappaport (1968:485-489).

Das Problem, einen theoretischen Bezugsrahmen zu finden, innerhalb dessen sich vergleichbare ökologische und kulturelle Größen integrieren lassen, führte zu einer zunehmend biologischen Perspektive in der Ethnologie, in die Clifford Geertz schließlich den Begriff des Ökosystems einführte. In seinem 1963 erschienenen Buch 'Agricultural Involution' schreibt er (Geertz 1963:3):

'The ecological approach attempts to achieve a more exact specification of the relation between selected human activities, biological transactions and physical processes by including them within a single analytical system, an *ecosystem*.'

Dieser biologische Ansatz, der menschliche Populationen als Bestandteil von Ökosystemen betrachtet, wurde in der Folge vor allem von Andrew P. Vayda und Roy Rappaport aufgegriffen und als 'new ecology' oder 'human ecology'[6] bezeichnet. Rappaports Werk 'Pigs for the Ancestors' stellt dabei den wohl konsequentesten Versuch dar, Verhaltensmuster einer indigenen Gruppe[7] als kybernetisches System zu interpretieren, welches durch regulierende Kräfte in einem von Rappaport beschriebenen Gleichgewicht bleibt. Diese Sichtweise stieß in der Folge auf massive Kritik (z. B. Bennett 1976:181,182; Ellen 1982:177-203, 226-227; Vayda 1996:9-14), die sich teilweise auf Rappaports Datenmaterial und dessen Auswertung (v. a. hinsichtlich der Energieflüsse; vgl. Kritik in Rambo 1984:48-49) bezieht, teilweise eher generelle systemtheoretische Schwachpunkte wie die Definition von Grenzen und Systemeinheiten (z. B. Vayda 1996:10, sowie nachfolgendes Kapitel), die Entwicklung von Regulationsmechanismen (z. B. Ellen 1982:226; s. u.) sowie die zu geringe Beachtung individueller Handlungen (vgl. auch Ratzels oben erwähnten Einwand) betrifft.

In stark modifizierter Form wurde der Systemansatz von Roy Ellen (1982) und von Terry Rambo (1984) weiterentwickelt. Eine ausführliche Kritik dieses Ansatzes erfolgt im nachstehenden Kapitel.

Parallel zu der biologischen Sichtweise betrachtete Ester Boserup (1965) die Entwicklung agronomischer Systeme aus eher ökonomischer und demographischer Perspektive. Fachlich stimulierend, wenn auch immer wieder kritisiert, blieb ihre These, dass ein Anstieg der Bevölkerungsdichte zu einem Wandel der Landnutzungssysteme führe (1965:117-118). Ihre Argumentationskette bezieht sich auf einen Verlust der Bodenfruchtbarkeit auf Grund zunehmender Bevölkerungsdichte, die sich nur durch einen Übergang hin zu intensiveren Anbaumethoden kompensieren lässt. Allerdings räumt Boserup ein, dass es historisch schwierig zu entscheiden sei, ob es sich bei besagtem demographischen Wandel um die Ursache oder eher um eine Folgeerscheinung anderer Phänomene handle (ibid.:117). Auch

---

[6] Dieser Begriff geht auf Park and Burgess (1924:559) zurück.

[7] Es handelte sich um die Tsembaga Maring in Neu-Guinea.

wenn Boserups Hypothese als allgemeine Beobachtung in vielen Fällen gelten mag, so haftet ihr dennoch ein hohes Maß an technologischem Determinismus an (Bennett 1976:230). Kritisiert wurde ihre Hypothese vor allem auf Grund der zu geringen Berücksichtigung von Umweltfaktoren und lokalspezifischen historischen Entwicklungen, die sich besonders in detaillierten Fallstudien als bedeutsam erwiesen (z. B. Waddell 1972:218, Padoch 1985:287).

Ein weiterer Versuch, die Wechselwirkungen zwischen Mensch und Umwelt zu erklären, wurde von John W. Bennett (1976) propagiert, der ebenfalls die zu rigiden Eigenschaften des Systemansatzes sowie dessen zu geringe Berücksichtigung individueller Entscheidungsstrategien kritisiert (z. B. 1976:178-193). Statt dessen weist Bennett auf die 'adaptive dynamics' hin, die er wie folgt definiert (ibid.:270): 'Adaptive dynamics refers to behavior designed to attain goals and satisfy needs and wants, and the consequences of this behavior for the individual, the society, and the environment.' Als Schlüsselkonzept zur Untersuchung individueller sozialer Anpassung sieht Bennett drei Faktoren: (1) 'adaptive behavior', (2) 'strategic action' und (3) die Kombination aus beiden – 'adaptive strategy'. Im Gegensatz zur eher passiv-deterministischen Note systemischer Selbstregulierung, liegt hier der Schwerpunkt eindeutig auf der aktiven Rolle entscheidender und handelnder Individuen.

Eine ähnliche Richtung unter Betonung des Individuums als Handlungs- und Entscheidungsinstanz schlägt auch Vayda mit seinem Konzept der 'progressive contextualization' ein (Vayda 1983), das im nachfolgenden Kapitel ausführlich diskutiert wird. Dieses Konzept wurde unter anderem während des Man and Biosphere (MAB) Programms der UNESCO in Ost-Kalimantan zur Untersuchung der Wechselwirkungen zwischen Mensch und Wald verwendet[8].

In diesen Forschungsrahmen waren zumindest teilweise auch die Arbeiten Carol P. Colfers integriert, die lokale Ressourcennutzungsmuster aus einer umfassenden Sicht beschreibt und analysiert (z. B. 1997, sowie undatiert). Doch abgesehen von diesen Studien gibt es – nicht nur auf Borneo – einen eklatanten Mangel an fachübergreifenden Langzeitstudien über Dynamik und Strategien lokaler Ressourcensysteme. Einzelaspekte indigener Ressourcennutzung wurden auf Borneo hingegen detailliert und präzise untersucht.

Nachstehend sind die wichtigsten Studien über die Landnutzung verschiedener Dayakgruppen aufgeführt.

---

[8] Das Projekt stand unter der Leitung Vaydas und begann in den späten 1970er Jahren (vgl. King 1999:148-150).

Schwendbau:	Dove 1985a, Freeman 1992, Inoue & Lahjie 1990, Lahjie 1996, Sutlive 1992
andere Reisanbauverfahren:	Padoch 1985, Padoch et al. 1998
Rattan:	Fried & Sardjono 1992, Godoy 1990, Kraienhorst 1989, Peluso 1992, Sasaki 1997, Weinstock 1983b
Gummi:	Dove 1993b, Dove 1994, Lawrence 1996
Waldgärten:	Lawrence et al. 1995, Padoch & Peters 1993, Salafsky 1994, Sardjono 1990, Sardjono 1996
Jagd:	Langup 1993, Salafsky 1993
Illipe-Nüsse:	Blicher-Mathiesen 1994, Peters 1996
Pfeffer:	Dove 1997
Holzgewinnung:	Peluso 1995a
Medizinalpflanzen:	Leaman 1995, Leaman et al. 1996
Honig:	Lahjie & Seibert 1990
allgemeine NTFP-Nutzung:	Grossmann 2000, Jessup & Peluso 1986, van Valkenburg 1997

Keine dieser Studien bildet jedoch das entsprechende lokale Ressourcensystem vollständig ab. Der Fokus liegt jeweils sehr fachspezifisch auf einer einzigen Ressourcenart oder einer bestimmten Subsistenzweise. Die fachspezifische Beschränkung auf bestimmte Elemente eines umfangreichen Ressourcensystems hat zwar den Vorteil, dass sich ein solches Untersystem verhältnismäßig gut verstehen lässt, doch die isolierte Betrachtung eines derartigen Teilaspekts lässt die Dimension des umgebenden Kausalnetzes unberücksichtigt. Erzwungener Maßen haben wir es hier mit einem Dilemma zwischen quantitativer Exaktheit und fächerübergreifender Vollständigkeit zu tun. Beide Betrachtungsweisen sind komplementär zu einander, so dass sie sich in einem transdisziplinären Forschungsteam (wie z. B. im MAB-Projekt) sinnvoll ergänzen würden. In einem personell und finanziell stark eingeschränkten Projektrahmen (wie z. B. einer Dissertation) schließen sich die beiden Ansätze jedoch gegenseitig aus und verlangen eine eindeutige Entscheidung.

Da im vorliegenden Fall die Frage nach generellen Lebensunterhaltsstrategien ('livelihood strategies'), die durch ein komplexes Wechselspiel von sozialen, reli-

6

giösen, wirtschaftlichen, ökologischen, politischen, historischen und emotionalen Faktoren bedingt werden (vgl. Ellis 1998:16, Barlett 1980:550-553), im Vordergrund steht, war ein holistisch geprägter, umfassender Forschungsansatz unumgänglich. So bildete zunächst auch ein Ökosystemansatz den ersten methodischen Rahmen, um der verwobenen Struktur ökologischer und kultureller Aspekte der Ressourcennutzung Rechnung zu tragen. Auf Grund verschiedener theoretischer Bedenken gegen das Ökosystem-Konzept (s. folgende Kapitel) wurde der Ansatz jedoch noch vor Aufnahme der Feldstudien abgeändert. Übernommen wurden bestimmte Aspekte wie die besondere Berücksichtigung der Verbindungen zwischen mit einander wechselwirkenden Elementen, während andere Vorgaben wie feste Systemgrenzen oder konstante Rahmenbedingungen entfielen. Das Ergebnis ist eine strukturelle Erweiterung der 'progressive contextualization' Vaydas (1983), deren Kausalketten zu offenen, sich dynamisch verändernden Kausalnetzen verwoben sind. Der inhaltliche Schwerpunkt liegt dabei auf einer Analyse des Ursache-Wirkungsgeflechtes, das hinter den (für die Ressourcennutzung) relevanten Entscheidungen steht.

Ein wesentlicher Vorteil dieser Netze besteht darin, dass es zunächst prinzipiell keine Rolle spielt, von welcher Seite aus man ein Untersuchungsproblem angeht. Theoretisch ließe sich beispielsweise die Nutzung von Rattan sowohl von der Ebene des Weltmarktes als auch von der eines einzelnen Sammlers aus analysieren. Dennoch entschied ich mich aus eher forschungspragmatischen Gründen dafür, meine Studie von einem mir seit 1988 gut bekannten Dorf in Ost-Kalimantan ausgehen zu lassen. Zum einen hatte ich bereits vor Beginn der Hauptuntersuchung (1996-2000) ein enges, persönliches Verhältnis zu mehreren Familien, das auf vier vorausgegangene Besuche (über acht Monate zwischen 1988 und 1993) zurückging. Zum anderen war Lempunah von der Größe (etwa 350 Einwohner) geeignet, um sowohl eine alle Haushalte umfassende Beschreibung als auch eine maximale Analysentiefe zu gewährleisten. Diesen Vorteilen steht auf der anderen Seite der Nachteil einer geringen Übertragbarkeit und Repräsentativität der Ergebnisse gegenüber, die eine vergleichende Studie unter Einbeziehung mehrerer Dörfer eher erlaubt hätte. Da jedoch auch eine solche Arbeit zunächst nur regional repräsentativ wäre (z. B. im Hinblick auf Ost-Kalimantan) erscheint mir diese Einschränkung vertretbar, zumal es mir vor allem um das exemplarische Aufzeigen von Entscheidungsstrategien und Ressourcennutzungsmustern geht, nach denen sich in Folgestudien auch anderenorts suchen ließe.

Die Beschränkung auf ein Dorf als Ausgangspunkt von bisweilen tief in den Weltmarkt hineinreichenden Kausalketten erlaubte mir zudem, sozioökonomische Daten auf Haushaltebene über einen für eine Dissertation relativ langen Zeitraum von vier Jahren (1996-1999 sowie qualitative Vorstudien zwischen 1988 und 1993 und ein weiterer Besuch im Frühjahr 2000) zu erheben.

Die meisten der oben aufgeführten Arbeiten über Ressourcennutzung auf Borneo waren, mit Ausnahme der langen Datenreihen des MAB-Programms, auf weniger als zwei Jahre begrenzt; einige beziehen sich sogar nur auf Untersuchungszeiträume von wenigen Wochen (z. B. Godoy 1990). Unter solchen Umständen ähnelt das Bild, das der Untersuchende erhält, einer Momentaufnahme, die nur im zeitlichen Kontext eine sinnvolle Interpretation zulässt. Umso fraglicher ist daher, ob die beschriebenen Ressourcenstrategien in ihrer jeweiligen Bedeutung tatsächlich so konstant sind, wie häufig suggeriert wird (z. B. Weinstock 1983b).

Ziel der Arbeit war somit eine möglichst umfassende Beschreibung der Ressourcennutzung in Lempunah sowie die multikausale Analyse der beobachteten Nutzungsmuster und Strategien basierend auf lokal angegebener Rationalitäten sowie auf interpretierten, teilweise statistisch getesteten Plausibilitäten.

Inhaltlich leiteten im Wesentlichen folgende Fragen die Untersuchung:

➢ Was verstehen die Benuaq als 'Ressource'?

➢ Wie werden in Lempunah Ressourcen genutzt?

➢ Welche zeitlichen und räumlichen Muster lassen sich bei der Ressourcennutzung erkennen?

➢ Welche Strategien werden dabei angewendet?

➢ Welche Rationalität befindet sich hinter diesen Strategien?

➢ Wie lassen sich diese Muster plausibel erklären?

➢ Wie lässt sich der Lebensunterhalt in Lempunah sichern?

➢ Welche Faktoren beeinflussen die Ressourcennutzung?

➢ Welche zukünftigen Aussichten hat die Ressourcennutzung in Lempunah?

Nach einem einleitenden, theoretischen Diskurs werden die Feldmethoden unter anderem an Hand methodischer Erfahrungen erläutert. Anschließend folgt eine Beschreibung des Untersuchungsgebietes, der Ethnographie und der Ressourcennutzung der Dayak Benuaq. Letztere behandelt Schwendbau, gemischte Waldgärten, Rattan- und Gummigärten sowie Funktionen des nicht-kultivierten Waldes. Die Ressourcennutzung wird dann hinsichtlich sozioökonomischer, zeitlicher und räumlicher Aspekte sowie der diesen zugrundeliegenden Strategien analysiert.

Ferner werden die Nutzungsmuster im Zusammenhang mit äußeren Einflusspara-
metern betrachtet und im Hinblick auf ihre Dynamik und mögliche Persistenz
diskutiert.
Den Abschluss der Arbeit bildet eine kritische Reflexion.

1.2 Theoretischer Rahmen

1.2.1 Das Ökosystem-Konzept

Der Begriff des 'Ökosystems' wurde 1935 durch den britischen Pflanzenphysio-
logen Arthur George Tansley (1871-1955) in einer Arbeit über theoretische Vege-
tationskunde (Tansley 1935) eingeführt. Tansleys Artikel war dabei als Antwort
auf eine Aufsatzserie von John Phillips (1931, 1934, 1935a, 1935b) gedacht, der
Frederic Clements (1874-1945) Konzept der Pflanzengesellschaften ('plant communities')[9] mit der holistischen Philosophie Jan Christian Smuts (1870-1950) zu
kombinieren versuchte (vgl. Golley 1993:11).
    In seiner Replik stimmt Tansley Phillips zwar zu, dass jede Vegetation den
Charakter einer Ganzheit besitze (Tansley 1935:289), und dass reife, wohl integrierte Pflanzengesellschaften genügend Eigenschaften von Organismen aufwiesen,
um sie zu Recht als 'Quasiorganismen' bezeichnen zu können (ibid. 289-90), doch
er weist vehement Clements' und Phillips' Vorstellung von sich, dass es sich bei
einer Pflanzengesellschaft tatsächlich um einen echten Organismus handle
(ibid.:290)[10]. Zudem bestreitet Tansley, dass, wie von Clements und Phillips ebenfalls behauptet, diese 'komplexen Organismen' emergente Eigenschaften zeigen, die
mehr darstellten als die bloße Summe ihrer Teile (vgl. Phillips 1935b:490). Diese
Eigenschaften seien demnach lediglich nach dem gegenwärtigen Stand des Wissens
unvorhersagbar (Tansley 1935:297-8), wären aber letzten Endes nichts anderes als
die zusammengesetzten Handlungen der mit einander verbundenen Einzelkompo-
nenten (ibid.:299).
    Auch wenn Tansley schwerwiegende Einwände gegen Phillips all zu vage
Terminologie und sein 'extremes Philosophieren' (Golley 1993:15) vorbringt, so

---

[9] Die Vorstellung von aus Pflanzen *und* Tieren bestehenden Gemeinschaften geht dabei auf Karl
August Möbius (1825-1908) zurück, der von einer 'Biozönose' oder 'Lebensgemeinschaft' spricht
(Möbius 1877). 1916 entwickelte Clements schließlich das Konzept des 'Bioms' bzw. der 'biotischen
Gemeinschaft', welches von Phillips stark propagiert wurde (vgl. Phillips 1931:4-5).

[10] Historisch war dieses ökologische, organizistische Konzept vor allem im Amerika des neun-
zehnten Jahrhunderts stark durch Herbert Spencer beeinflusst, der versuchte, die menschliche
Gesellschaft mit biologischen und letzlich physikalischen Begriffen zu erklären (Hagen 1992:4).
Allerdings warnte auch Spencer vor leichtfertigen Analogien zwischen Gesellschaft und
Organismus (ibid.:5).

akzeptiert er doch eindeutig die Existenz komplexer Wechselwirkungen zwischen Lebewesen und ihrer Umgebung:

> This refusal [of the 'biotic community'] is however far from meaning that I do not realise that various "biomes," the whole webs of life adjusted to particular complexes of environmental factors, are real "wholes," often highly integrated wholes, which are the living nuclei of *systems* in the sense of the physicist. Only I do not think they are properly described as "organisms" (except in the "organicist" sense[11]). I prefer to regard them, together with the whole of the effective physical factors involved, simply as "systems." (ibid.:297)

Tansley fährt weiter fort:

> But the more fundamental conception is, as it seems to me, the whole *system* (in the sense of physics), including not only the organism-complex, but also the whole complex of physical factors forming what we call the environment of the biome – the habitat factors in the widest sense. Though the organisms may claim our primary interest, when we are trying to think fundamentally we cannot separate them from their special environment, with which they form one physical system.
>
> It is the systems so formed which, from the point of view of the ecologist, are the basic units of nature on the face of the earth. Our natural human prejudices force us to consider the organisms (in the sense of the biologist) as the most important parts of these systems, but certainly the inorganic "factors" are also parts – there could be no systems without them, and there is constant interchange of the most various kinds within each system, not only between the organisms but between the organic and the inorganic. These *ecosystems*, as we may call them, are of the most various kinds and sizes. They form one category of the multitudinous physical systems of the universe, which range from the universe as a whole down to the atom. (ibid.:299).

Im Gegensatz zu Phillips, befürwortet Tansley eine eher mechanistisch-reduktionistische geprägte Vorgehensweise der Wissenschaft unter Betonung der physikalischen Eigenschaften des Ökosystems wie seiner Stabilität und dynamischer Gleichgewichte[12] (Golley 1993:15-6).

In der Folge wurde Tansleys Systemkonzept vor allem von quantitativ arbeitenden Limnologen aufgegriffen (z. B. Lindeman 1941[13]), wodurch die Ökologie mit

---

11 'Organizistisch' bezieht sich auf die organizistische Philosophie (z. B. Whitehead) im Sinne, dass alle organisierten Ganzheiten als Organismen betrachtet werden. 'But then he [Phillips] must also call the universe an organism, and the solar system, and the sugar molecule and the ion or free atom' (Tansley 1935:297).

12 Ökosysteme sind nach Tansley durch dynamische Gleichgewichte geprägt, deren Stabilität vom Grad der 'Integration' abhängt. In der Praxis werden diese Gleichgewichte jedoch nie erreicht, sondern lediglich durch die 'Klimax' angenähert.

13 Lindemans Konzept der Nährstoffzyklen geht dabei auf die Arbeiten des deutschen Limnologen August Thienemann (1882-1960) zurück, während seine Studien zum Energiefluss zwischen

Bereichen der Thermodynamik, Kybernetik und Informationstheorie verbunden wurde (Golley 1993:62). Diese Verbindung sowie die strukturelle Ähnlichkeit biologischer, physikalischer und technischer Systeme führte schließlich zu einer einzigen, holistischen Perspektive, der allgemeinen Systemtheorie (z. B. von Bertalanffy 1950, 1968)[14], deren ökologische Version mit der Veröffentlichung von Eugene Odums 'Fundamentals of Ecology' (1953) stark an Einfluss gewann[15].

Während ihrer Blütezeit konzentrierte sich die Ökosystemforschung vor allem auf Energieflüsse, limitierende Faktoren, biogeochemische Zyklen, Produktivität, Nährstofftransfer und Artenvielfalt (Golley 1993:80-93, 117). Passend zum technisch-modernistischen Weltbild der 1960er und 1970er Jahre (ibid.:2, 106-7) wurden mehrere Großprojekte wie die Biomstudien unter dem International Biological Program IBP (ibid.:109-140) und das UNESCO Man and Biosphere Program MAB (ibid.:161-6) sowie einige kleinere Langzeitstudien (z. B. Hubbard Brook, vgl. Golley 1993:143-51) unter dem Paradigma des Ökosystemansatzes gestartet. Die Untersuchungsfragen betrafen Systemeigenschaften wie Struktur, Gleichgewichte, Stabilisationsmechanismen und Überdauerung von Systemen (vgl. Ellen 1982:94). Basierend auf quantitativen Daten und umfangreichen Computerprogrammen wuchsen die Erwartungen, systemische Strukturen und Verhaltensweisen zu verstehen und letzten Endes vorhersagen zu können (vgl. Moran 1990a:7; Golley 1993:109-10).

Doch trotz der enormen finanziellen und personellen Rahmenbedingungen des IBP (das IBP-Biomprogramm umfasste mehr als 1.800 Wissenschaftler, vgl. Golley 1993:139), blieb der Einfluss auf die Systemtheorie marginal, da das Konzept nicht in der Lage war, vollständige Systembeschreibungen oder überprüfbare Vorhersagen zu liefern (ibid.:189).

---

unterschiedlichen trophischen Stufen teilweise durch Lotka, Haskell und Juday vorbereitet waren (vgl. Golley 1993:61).

[14] Der Ursprung systemischer Konzepte wurde von von Bertalanffy bis zu Leibnitz, Nikolaus von Cusa, Paracelsus, Vico und Ibn-Kaldun zurückverfolgt (von Bertalanffy 1968:11). Von Bertalanffy selbst verband die Informationstheorie, die Theorie der Automaten, sowie die Spieltheorie in seiner allgemeinen Systemtheorie, die eine mathematische Analyse von Systemen erlaubt (ibid.:22-3).

[15] Nach Odum ist ein Ökosystem wie folgt definiert (1971:8): 'Living organisms and their nonliving (abiotic) environments are inseparably interrelated and interact upon each other. Any unit that includes all of the organisms (i.e. the "community") in a given area interacting with the physical environment so that a flow of energy leads to clearly defined trophic structure, biotic diversity, and material cycles (i.e., exchange of materials between living and nonliving parts) within the system is an ecological system or *ecosystem*.'
1956 schlug Evans das Ökosystem als ökologische Basiseinheit vor (Evans 1956):1127-8). Diese sollte auf jeder Ebene, auf der Leben untersucht wird, verwendet werden (ibid.:1127). Dabei betonte Evans die offene Struktur von Ökosystemen, durch die Materie und Energie transferiert wird.

Ein weiterer kritischer Aspekt war der eher abstrakte Charakter eines Öko-systems, dessen enge Verbindung zu den Ingenieurswissenschaften von der bio-logischen Realität[16] wegführte (ibid.:106-7).

Heute scheint das Ökosystem-Konzept seine Nische in einem Bereich gefunden zu haben, der teilweise für seinen Ursprung verantwortlich war: in der ökologischen Philosophie und in der Umweltethik (Golley 1993:205). Obwohl dies angesichts Tansleys Ablehnung philosophischer Dogmen geradezu ironisch klingt, führte die öffentliche Diskussion über Umweltprobleme zu einer Annäherung von wissen-schaftlichen Konzepten und soziopolitischen Fragen zu Ökosystemen, auch wenn sich das Interesse der fachspezifischen Ökologie inzwischen anderen Bereichen zu-gewendet hat.

1.2.2 Das Ökosystem-Konzept in der Ethnologie

Neben seiner Anwendung in der Ökologie erfuhr das Ökosystem-Konzept seine eigene Geschichte in der Ethnologie[17].

Es war Tansley selbst, der riet, menschliche Aktivitäten in die Ökologie mit ein zu beziehen. In seinem Aufsatz von 1935 schreibt er: 'But it would be difficult, not to say impossible, to draw a natural line between the activities of the human tribes which presumably fitted into and formed parts of "biotic communities" and the destructive human activities of the modern world... Regarded as an exceptionally powerful biotic factor... human activity finds its proper place in ecology.' (Tansley 1935:303).

1963 schlug Clifford Geertz das Ökosystem-Konzept als sinnvolle analytische Einheit für ethnologische Studien vor (1963:3). Drei Jahre später plädierten Vayda und Rappaport (1968:494) für die Verwendung ökologischer Größen wie individu-eller Organismen, Populationen, Gemeinschaften und Ökosysteme. Unter dieser ökologischen Perspektive wurden menschliche Populationen vergleichbar mit anderen Größen. Dies erlaubte u. a. quantitative Studien über Energie- und Materi-alflüsse (ibid.:494). Andere Autoren folgten dieser Richtung, so dass während dieses ersten Jahrzehnts mehrere weitreichende Studien veröffentlicht wurden (z. B. Rappaport 1968, Clarke 1971, Kemp 1971, Waddell 1972 sowie Nietsch-mann 1973).

---

[16] Vor allem verhaltensökologische Fragestellungen richteten sich in den vergangenen zwanzig Jahren auf individuelle Verhaltensweisen und Strategien, da das Individuum (oder im Extremfall gar lediglich seine Gene, vgl. Dawkins 1989) als evolutionsbiologische Selektionsebene betrachtet wird, nicht aber abstrakte Einheiten wie das Ökosystem oder die Art.

[17] Deutschsprachige Zusammenfassungen finden sich bei Bargatzky (1986:30-32, 183-209) und Casimir (1993:225-229); allgemeine Einführungen in die Anwendung der Systemanalyse in der Ethnologie bietet Lang (1981, 1992).

Für Ethnologen war vor allem die holistische Natur des Ökosystemansatzes von Interesse. Die Verwendung von Ökosystemen als analytische Einheit erlaubte zudem die Untersuchung kleiner, ländlicher Gemeinschaften (Moran 1990a:13; Netting 1990:229) mit einem Schwerpunkt auf Energieflüsse, Gesundheit und Ernährungszustände, relative Effizienz verschiedener Formen der Arbeitsorganisation und Anbauweisen, sowie auf die gesellschaftlichen Organisationsformen der Subsistenzstrategien (Moran 1990a:14)[18].

Zu den Verdiensten des Ökosystem-Konzeptes gehören zweifellos die Schaffung eines umfassenden Rahmens für die Beschreibung und Analyse innerer Dynamiken, Entwicklungen und Veränderungen von Systemen (Moran 1990a:11; Ellen 1990:192), die strukturellen und funktionellen Ähnlichkeiten zwischen natürlichen und sozialen Systemen (Winterhalder 1984:302; Rambo 1984:47; Marten & Saltman 1986:22-23), die Betonung des Holimus bei gleichzeitiger Betrachtung spezifischer Wechselwirkungen (Ellen 1990:191) sowie der Übergang von bloßen Korrelationen früherer Ansätze hin zu spezifischeren und integrierten Studien, die Netzwerke wechselseitiger Kausalität betrachten (ibid.:192).

Auf der empirischen Seite führte der Ökosystemansatz zu neuen Techniken, die eine genaue Analyse der Wechselwirkungen und der wechselseitigen Abhängigkeiten zwischen menschlichen Populationen und deren Umwelten auf der Basis quantifizierter Daten erlaubten (Ellen 1978:290; Ellen 1982:93)[19].

Abgesehen von seinen wissenschaftlichen Errungenschaften weist Rappaport (1990:45) darauf hin, dass das Ökosystem einen Rahmen bietet, innerhalb dessen Menschen gut über ihre allgemeinen Beziehungen zur Welt nachdenken können: Das Systemkonzept ist 'good to think' (ibid.). Obwohl das allgemeine Verständnis von Ökosystemen und dessen wissenschaftliche Betrachtung nicht immer übereinstimmten, hatte das Konzept einen starken Einfluss auf die Umweltbewegung, die

---

[18] Moran betont weiter (ibid.): 'The ecosystem approach provided greater context and holism to the study of human society by its emphasis on the biological basis of productivity and served as a needed complement to the cultural ecology approach.'

[19] Die konzeptionelle Trennung zwischen menschlichen Populationen (Kultur) und Umwelt, die mit der systemischen Einbeziehung von Menschen in Umwelten überwunden werden sollte, gelingt nur teilweise. So behilft sich Rambo (1984:47) mit der, zwar durch Energie-, Material- und Informationsflüsse überbrückten Teilung in ein 'social system' sowie in ein 'ecosystem'. Diese Teilung spiegelt jedoch erneut die von Rambo selbst kritisch diskutierte Dichotomie in 'natural world' und 'social world' (ibid.:45) wider, für die Rambo, Claude Lévi-Strauss (1978:320-321, 1994:159) folgend, ein allen Kulturen inhärentes Schisma annimmt. Seeland (1997:1) weist hingegen in diesem Zusammenhang auf weitgehend traditionell lebende Gemeinschaften hin, bei denen Natur und Kultur zu einer Realität verschmolzen sind, in der sich materielle, soziale und spirituelle Aspekte vereinen. Auch wenn die Frage nach der Allgemeingültigkeit des Kultur-Natur-Dualismus oder dessen amalgamisierte (Seeland, ibid.) Daseinsform an dieser Stelle nicht tiefer erörtert werden kann, so sei darauf hingewiesen, dass sich die Trennung von Natur und Kultur auch in der Systemtheorie fortsetzt.

in den 60er-Jahren begann und in den 90ern eine gewisse Wiederbelebung erfuhr (vgl. Moran 1990a:11; Rappaport 1990:45; Golley 1993:3, 205).

Nach seiner enthusiastischen Anfangsphase wurde das Ökosystem-Konzept einer kritischen Überprüfung unterzogen. Dabei betreffen die wesentlichen Kritikpunkte einander sowohl die Ethnologie als auch die Ökologie. Im einzelnen handelt es sich um folgende vier Problemfelder: (1) das Reifizierungsproblem, (2) das Problem der Selbstregulierung und der Veränderung, (3) das Problem der Einheiten und Grenzen sowie (4) das Erklärungsproblem[20].

1.2.3 Das Reifizierungsproblem: Ist das Ökosystem eine handelnde Einheit?

Ökosysteme wurden gelegentlich als Entitäten mit intrinsischen Eigenschaften und Überlebensstrategien betrachtet, die ein großes Maß an Selbstregulation zeigen (vgl. Moran 1990a:16). Diese Sichtweise geht auf das Konzept des 'komplexen Organismus' bzw. des 'Superorganismus'[21] zurück. Dabei ist die wesentliche Frage, ob ein Ökosystem (oder irgendein System) über emergente Eigenschaften verfügt, die nicht in der Summation seiner Bestandteile enthalten wären. Tansley (1935:297-8, s. o.) bestreitet dies und bezieht sich auf einen gegenwärtigen, nicht aber theoretisch vorgegebenen Mangel an Wissen. Er kritisiert vor allem die Verwendung des Begriffes 'Summation' (ibid.), da unklar ist, was die Summation von Bestandteilen eines Ökosystems bedeuten soll.

Dieser Einwand wird auch vom Systemtheoretiker Ludwig von Bertalanffy geteilt (1968:55):

'The meaning of the somewhat mystical expression, "the whole is more than the sum of parts" is simply that constitutive characteristics are not explainable from the characteristics of isolated parts. The characteristics of the complex, therefore, compared to those of the elements, appear as "new" or "emergent." If, however, we know the total of parts contained in a system *and* the relations between them [italics by me], the behavior of the system may be derived from the behavior of the parts.'

Dieses Problem ist jedoch nicht nur im eingeschränkten Wissensfundus begründet. So wird man in den meisten Fällen nicht in der Lage sein, das Verhalten eines

---

[20] Weitere Kritikpunkte betreffen die Überbetonung quantitativer Daten, eine 'Messbesessenheit' (Gross 1990:310) sowie die zu starke Betonung von Energiehaushalten und Materialflüssen (vgl. Vayda & McCay 1975: 295-6). Darüber hinaus ist grundsätzlich in Frage zu stellen, ob sich mechanistische Modelle wie die Kybernetik auf ökologische oder gar auf sozio-kulturelle Bereiche übertragen lassen (vgl. Kritik in Bargatzky 1986:199).

[21] Diese Sichtweise ähnelt den überorganischen Konzepten von Kroeber (1917) oder White (1949).

Systems aus der Analyse seiner Bestandteile und deren Wechselwirkungen vorherzusagen. Limitierend ist dabei der Kopplungsgrad, mit dem die einzelnen Elemente vernetzt sind. Die oft rückbezüglichen Verbindungen verwischen Ursache und Wirkung. Beeinflusst ein Element ein anderes, welches auf das erste zurückwirkt, und sind derartige Strukturen zusätzlich noch untereinander vernetzt, so lässt die Komplexität eines solchen Systems eine exakte mathematische Analyse auch theoretisch nicht mehr zu, da sich schon minimale Abweichungen in den Ausgangsbedingungen im Laufe der Zeit zu großen Unterschieden aufschaukeln können[22]. Derart unvorhersehbare zeitliche Entwicklungen bezeichnet man als deterministisches Chaos[23] (vgl. Küppers 1987:18). Dies bedeutet jedoch nicht, dass derartige Systeme keinerlei Regelmäßigkeiten aufwiesen; tatsächlich können komplexe Systeme durchaus wohlgeordnete Strukturen hervorbringen (vgl. Einzelbeiträge in Küppers 1987).

Selbst wenn sich das Verhalten eines Systems aus den Wechselwirkungen seiner Elemente ergibt, bleibt das exakte Verhalten in komplexen Fällen[24] unvorhersagbar, und obwohl das System in gewisser Weise immer noch die Summe seiner Teile ist, verhält es sich wie eine Entität mit eigenen, emergenten Eigenschaften. Dies bedeutet allerdings nicht, dass ein Ökosystem eine handelnde Einheit *ist*. Vielmehr lässt sich dieses Handeln mit Tansleys Worten verstehen: 'But it is important to remember that these activities of the community are in analysis nothing but the synthesised actions of the components in association. We have simply shifted our point of view and are contemplating a new entity, so that we now, quite properly, regard the totality of actions as the activity of a higher unit.' (Tansley 1935:299).

Das gleiche Problem kehrt auf einer soziologischen Ebene wieder, wobei es darum geht, in wie weit sich das Verhalten einer Gruppe aus der Summe der individuellen Handlungsweisen ergibt[25]. Gerade aber die entscheidungsrelevante Rolle des Individuums bleibt nach Meinung zahlreicher Kritiker im Systemansatz weitgehend unberücksichtigt (vgl. Vayda & McCay 1975:300; McCay 1978:409;

---

[22] Solche über gekoppelte, meist nicht-lineare Differenzialgleichungen simulierbaren Systeme können nur mit Hilfe numerischer Näherungsverfahren berechnet werden.

[23] Deterministisch heißt dieser Zustand, da er sich aus präzisen mathematischen Gleichungen ergibt, denen selbst keine Ungenauigkeit anhaftet. Dennoch führt der häufig instabile Charakter dieser Systeme zu unvorhersagbaren zeitlichen Dynamiken.

[24] Bereits einige wenige mit einander wechselwirkende Elemente können deterministisches Chaos zeigen (vgl. Einzelbeiträge in Küppers 1987).

[25] Ein Anhänger dieser individualistischen Sichtweise der Ökologie war Henry Allan Gleason (1926), der die biologische Gemeinschaft als zufällige Versammlung unabhängiger Arten bezeichnete, welche sich ein Gebiet teilen, das willkürlich von einem Ökologen definiert wurde (zitiert in Hagen 1992:29).

Orlove 1980:246-8; Vayda 1983:270; Moran 1990a:21; Lees & Bates 1990:249, 253-4; Vayda 1996:16-7).

Auch von Bertalanffy ist sich dieses Problems bewusst, wenn er sagt (1968:52-3):

> 'Man is not only a political animal; he is, before and above all, an individual. The real values of humanity are not those which it shares with biological entities, the function of an organism or a community of animals, but those which stem from the individual mind. Human society is not a community of ants or termites, governed by inherited instinct and controlled by the laws of the superordinate whole; it is based upon the achievements of the individual and is doomed if the individual is made a cog in the social machine.'

In der Folge wurden die wechselseitigen Beziehungen zwischen Menschen und ihren Umwelten zunehmend prozessorientiert betrachtet, wobei Menschen ihre Entscheidungen individuell fällen, ohne dabei stets zum Wohl der Gemeinschaft zu handeln. Selbst Roy Rappaport, dessen 'Pigs for the Ancestors' (1968) unter anderem aus diesem Grund kritisiert wurde, räumte ein, dass seine Analyse wertvoller geworden wäre, hätte er individuelle Entscheidungen und Handlungsweisen mit berücksichtigt (Rappaport 1990:62)[26].

Diese neue, individualistische Sichtweise findet ihre Parallelen in der Evolutionsbiologie, wo nun der einzelne Organismus (in einer extremeren Version sogar die einzelnen Gene eines Organismus[27]) als die tatsächliche Ebene natürlicher Selektion betrachtet wird (Orlove 1980:248). Der Erfolg oder die 'fitness' einer Art oder einer individuellen Strategie (definiert durch ihr Überleben oder zeitweises Überdauern) wird dabei häufig mit ihrem Anpassungs- oder Adaptationsgrad erklärt. Dieser Begriff ist jedoch irreführend, impliziert er doch einen aktiven Anpassungsprozess. Ein solcher ist in menschlichen Gesellschaften sicherlich gegeben, wird aber bislang für nicht-kulturelle, sich ausschließlich genetisch evolvierende Arten nicht angenommen. Nach der neodarwinistischen Evolutionstheorie führt Adaptation (an bestimmte Umweltbedingungen) zu einem Selektionsvorteil (z. B. Dawkins 1989). Die Voraussetzungen für einen solchen Vorteil sind jedoch zufällig (über Mutationen) verursacht und werden genetisch vererbt. Daher kann der Begriff der 'Adaptation' im Falle menschlicher Kulturen (falls er nicht als rein physiologische Anpassung verstanden wird) nur in analoger Weise als im Nachhinein interpretiertes Überdauern kultureller Muster bezeichnet werden. Ob dies jedoch von größerem Erklärungswert ist, bleibt fraglich. Eine ex post-Perspektive beschreibt lediglich eine bestimmte Funktion; ihre Anpassungseigenschaften sind

---

[26] Rappaport betont allerdings zu seiner Rechtfertigung, dass er im Wesentlichen Riten und Kriegswesen untersucht habe, mithin zwei der höchst aggregierten Formen (Rappaport 1990:62).

[27] Vgl. die Theorie der egostischen Gene von Richard Dawkins (1989 [1976]).

dabei lediglich zugeschrieben basierend auf bestimmten Annahmen als auf Beweisen (vgl. Friedman 1974:457). Dies erklärt jedoch nicht, weshalb diese Muster entstanden sind und weshalb sie überdauert haben (Ellen 1982:193)[28]. Falls jedoch Anpassungsprozesse stattfinden, so werden diese durch Individuen über soziale Strukturen verursacht, nicht aber durch die Strukturen selbst (Ellen 1978:298). Es sind Individuen und Haushalte, die ihre Probleme zu lösen und ihren Lebensunterhalt ('livelihood') zu sichern haben, nicht die Systeme.

Ein derartig auf Individuen ausgerichteter Ansatz wird auch von Vayda und McCay (1975:299-302; McCay 1978:409) befürwortet, um Gruppenprozesse und Wechselwirkungen in komplexen Systemen besser verstehen zu können. Die Bedeutung einer individuellen Ebene wird zudem durch die umfangreiche Literatur zur Theorie des Rationalen Handelns unterstützt (z. B. Campos & Root 1995, Görlich 1993, Nash 1967, Rubin 1998). Vor allem Ereignisse auf einer Makroebene lassen sich durch das Rückverfolgen kausaler Zusammenhänge auf eine individuelle Mikroebene analysieren. Allerdings erscheint die umgekehrte Richtung, d. h. die Vorhersage des Verhaltens komplexer Systeme basierend auf der Analyse individuellen Verhaltens, nicht möglich.

1.2.4 Das Problem der Selbstregulierung und der Veränderung

Ein weiterer wesentlicher Kritikpunkt am Ökosystemansatz ist dessen starke Betonung von funktionaler Integration, Stabilität und regulierender Mechanismen (vgl. Netting 1990:229). Zurückgehend auf Tansleys Artikel sind Gleichgewicht und Stabilität eng mit dem Ökosystem-Konzept verbunden. Danach entwickelt sich ein Ökosystem kontinuierlich hin zu einem dynamischen Gleichgewicht, welches jedoch nie vollkommen erreicht werden kann, sondern lediglich bis zu einem gewissen Grad, der von den gegebenen Bedingungen und den verfügbaren Komponenten abhängt, angenähert wird (Tansley 1935:300). Diese höchste Stufe der Integration und der nächsten Annäherung an das perfekte Gleichgewicht wird als 'Klimax' bezeichnet (ibid.). Umso näher sich ein System an diesem Gleichgewicht befindet, desto wahrscheinlicher ist sein Überdauern (ibid.). Seine Stabilität hängt dabei von seiner Autonomie und Integration ab: Je autonomer ein System ist, desto höher ist es integriert, und desto größer ist die Stabilität seines dynamischen Gleichgewichts (ibid.).

Aus praktischen wie aus theoretischen Gründen ist dieses Gleichgewichtskonzept jedoch von geringem Nutzen, da weder der relative Abstand eines Systems von solch einem prinzipiell unerreichbaren Gleichgewicht noch die Existenz eines

---

[28] Dies wird gelegentlich als der Trugschluss des Funktionalismus bezeichnet (Ellen 1982:193).

derartigen Gleichgewichts bestimmbar ist. Dennoch beeinflusste die homoio-statische Vorstellung von Systemen die Ökosystemforschung über viele Jahre, zumal derartige Annahmen gut zu den physiologischen (Eugene Odum) und mechanistischen (Howard Odum) Analogien des Ökosystem-Konzeptes passen (vgl. Hagen 1992:128-130). Dabei ist das Verhältnis zwischen der Komplexität eines Systems und seiner Stabilität alles andere als geklärt (Ellen 1982:189). Während die Untersuchung linearer Modelle zeigt, dass die Wahrscheinlichkeit für Stabilität mit zunehmender Komplexität eher abnimmt (vgl. May 1973), deuten Netzwerkanalysen auf einen Zusammenhang zwischen funktionaler Vielfalt und Stabilität hin (Van Voris et al. 1980). So schreibt Golley (1993:100): 'Einfache Systeme können stabil sein, artenreiche Gemeinschaften instabil. Kein allgemein-gültiges Muster hält hier Stand.' (m. Ü.)

Langzeitstudien aus tropischen Regenwäldern weisen darauf hin, dass gerade Instabilität und Dynamik einer der wesentlichen Gründe für Artenvielfalt sind (Colinvaux 1986:682-3; Primack & Hall 1992). Dies würde die zuvor angenom-mene kausale Richtung zwischen Stabilität und Diversität geradezu auf den Kopf stellen.

Obwohl zahlreiche Systeme auch über längere Zeiträume eine gewisse Über-dauerungsfähigkeit ('persistence', 'resilience'[29]) zeigen (z. B. Ellen 1982:189), müs-sen sie dennoch nicht stabil sein (vgl. Vayda & McCay 1975:298). Diese häufig beobachteten dynamischen Veränderungen stellten die Akzeptanz des Ökosystem-Konzeptes in Frage. Tansley und seinen Nachfolgern zufolge stellen Gleich-gewichte eine essentielle Eigenschaft von Ökosystemen dar. Fraglich ist, ob diese Gleichgewichte (oder homoiostatische Zustände) wirklich existieren. In der Bio-logie ist dies umstritten (Holling 1973:2), und auch Ellen betont, dass die Natur sich nicht in einem Zustand der Balance befindet, sondern regelmäßigen, durch klimatische oder geographische Prozesse verursachten Erschütterungen ausgesetzt ist (1982:187). Diese Kritik an einer Überbetonung von Gleichgewichten wird auch von anderen Ethnologen geteilt (z. B. Moran 1990a:15, Netting 1990:229 oder Vayda & McCay 1975:293).

---

[29]Stabilität bedeutet in diesem Zusammenhang die Fähigkeit (qualitative Stabilität) und die 'Rück-schwingrate' ('rate of return', quantitative stability) einer Population, um nach einer Störung in ihr Gleichgewicht zurückzufinden (Foin & Davis 1987:9). Holling führt zusätzlich den Begriff der 'resilience' ein, den er als die Eigenschaft des Systems definiert, Veränderungen seiner Variablen zu absorbieren und dennoch zu überdauern (1973:17). Foin und Davis zufolge (ibid.) bedeuten 'resilience' bzw. 'persistence' das Zurückschwingen einer gestörten Population in einen (nicht notwendigerweise den vorigen) Gleichgewichtspunkt.

Theoretisch sind Gleichgewichtszustände intrinsische Aspekte bestimmter komplexer Modelle[30]. Sie treten jedoch nur in Erscheinung, wenn kybernetische selbstregulierende Größen auf spezifische Weise funktionieren (vgl. von Bertalanffy 1968:161)[31]. Auslenkungen aus dem Gleichgewichtszustand[32] führen zu Auswirkungen innerhalb des Systems, die durch negative Rückkopplungen kompensiert werden. Engelberg und Boyarsky (1979:319-23) erklären hingegen, dass Ökosysteme nicht kybernetisch seien, da sie über kein Informationsnetzwerk verfügten, welches die Information gemessener Abweichungen an die kompensierenden Systemteile weitergeben könne. Diese Kritik hängt jedoch von der Definition des Begriffs 'kybernetisch' ab, wie Patten und Odum in ihrer Antwort zeigen (1981:888). Diese Sichtweise wird auch von Golley unterstützt, der schreibt (1993:203-4): 'Es erscheint wenig sinnvoll, Systeme in kybernetische und nichtkybernetische zu unterscheiden... Die Frage ist, wie wird Kontrolle in Ökosystemen vermittelt?' (m. Ü.)

Tatsächlich scheint dies eine wesentliche Frage zu sein. Rappaport gibt darauf die fast triviale Antwort: 'Because a Maring local group is a component of the ecosystem which it regulates... the ecosystem is by definition self-regulating.' (1990:43).

Wenn nun Menschen Bestandteile eines Ökosystems sind, so erreicht die Frage nach der Regulierung eine neue Dimension, vor allem wenn dynamische Prozesse wie Lernen, Anpassung, Kommunikation oder technologische Innovation (vgl. Ellen 1982:191; Lees & Bates 1990:249) sowie unvorhersehbare Zufallsereignisse (Bennett 1976:56) hinzu kommen. Die Darstellung von Reaktionen auf Umweltveränderungen als bloße systemische Antworten anstelle individueller Anpassungsstrategien entspricht dabei nicht der Art und Weise, wie Entscheidungen gefällt werden (vgl. McCay 1978:403-4, s. o.).

Doch wie werden Ökosysteme reguliert? Sind diese Regulierungsprozesse zielorientiert oder bloße Reaktionen auf intrasystemische Störungen?

Tatsächlich macht es nur Sinn, von Regulierung zu sprechen, wenn ein bestimmter Zustand erhalten oder kontrolliert verändert wird. Dabei ist entscheidend, ob dieser Zustand durch ein zweckgerichtetes Ziel vorgegeben wird, oder ob er das Resultat ungerichteter Wechselwirkungen ist. Es scheint, als haftete vielen Studien ein Hauch der ersten, zweckgerichteten Interpretation an, wobei das Ziel im

---

[30] Tatsächlich gibt es nur einige wenige Möglichkeiten, wie sich ein dynamisches System verhalten kann. Diese beinhalten instabile Gleichgewichte, stabile und halbstabile Zyklen, stabile Gleichgewichte, Attraktoren und stabile Knoten (vgl. Holling 1973:4; vgl. Bossel 1989:142-3).

[31] Dies ist für ingenieurtechnische Systeme und für vereinfachte Fälle in der theoretischen Biologie gut dokumentiert (vgl. von Bertalanffy 1968, Bossel 1989).

[32] Eine andere Bezeichnung ist 'Fließgleichgewicht' (von Bertalanffy 1968:158). Dieser Begriff wird auch für offene, dynamische Systeme verwendet.

Allgemeinen im Überleben bzw. im adäquaten Funktionieren des Systems gesehen wird (Ellen 1982:181). Dies wird durch die Regulierung von Energie- und Materialflüssen durch Gleichgewichtszustände innerhalb des Ökosystems erreicht. Das vermutlich bekannteste Beispiel eines derart regulierten Systems ist Rappaports Studie 'Pigs for the ancestors' (1968). Eine ausführliche Kritik dieses homoiostatischen Modells findet sich bei Ellen (1982:z. B. 104-6, 182-3, 226-7)[33].

Im Allgemeinen handelt es sich bei den postulierten (selbst)regulierenden Prozessen um negative Rückkopplungsbeziehungen. Derartige Rückkopplungen sind kybernetische Systemelemente, ob die sie beinhaltenden Systeme nun selbst als kybernetisch bezeichnet werden oder nicht. Regulation bedeutet jedoch nicht notwendiger Weise, dass sich ein System stets in Richtung Stabilität entwickelt. Tatsächlich befinden sich die meisten Systeme weit abseits jeglicher Homoiostase (vgl. Holling 1973:2; Foin & Davis 1987:26-8; Ellen 1990:196). Andererseits heißt dies aber auch nicht, dass sie kurz vor einem Systemkollaps oder einer chaotischen Eskalation stehen. Dennoch ist offensichtlich, dass ein vereinfachtes Homoiostase-Modell nicht in der Lage ist, die komplexen Wechselwirkungen innerhalb eines Ökosystems oder dessen zeitlichen und räumlichen Wandel zu erklären (vgl. Ellen 1982:191,195; Netting 1990:229; Lees & Bates 1990:249).

In der Tat sind die Voraussetzungen für kybernetische Regelmechanismen in den meisten Mensch-Umwelt-Systemen gar nicht gegeben, da in vielen Fällen keine echte Rückkopplung stattfindet (Bargatzky 1986:199). Der Grad der von Rappaport (z. B. 1984:227-228) als 'coherence' bezeichneten Vernetzung der Systemelemente ist in soziokulturellen Zusammenhängen deutlich geringer als in ökologischen oder in technischen Systemen (vgl. Kritik in Bargatzky 1986:199).

Ellen weist zudem darauf hin, dass auch positive Rückkopplungen, die häufig in den Analysen (meist geschlossener Systeme) übergangen werden, zu substantiellen Veränderungen führen können (Ellen 1982:196, vgl. Lang 1992:413-414). Diese Veränderungen können dabei so schwerwiegender Natur sein, dass neue systemische Strukturen mit neuen Merkmalen und Verhaltensweisen auftreten (vgl. Bossel 1989:161-2).

Auf Grund dieser Kritikpunkte scheint es nicht sinnvoll, im Falle von Mensch-Umwelt-Wechselwirkungen von 'Regulierung' zu sprechen. 'Regulierung' impliziert eine allzu mechanistische, intentionale Sichtweise. In Fällen stark dominierender Systemelemente, wie beispielsweise menschlicher Populationen, werden Teile des Systems zwar tatsächlich im Sinne Rappaports reguliert (siehe oben). Doch die Auswirkungen dieser Handlungen sind nicht immer auf eine Weise kontrolliert, die

---

[33] Eine weitere, teleologische Version ist die systemische Entwicklung hin zu zunehmender Komplexität (vgl. Golley 1993:99). Da jedoch das Verhältnis zwischen Komplexität, Stabilität und evolutionären Prozessen nach wie vor unklar ist (siehe oben), wird diese Hypothese hier nicht weiter behandelt.

wir zu Recht 'regulativ' nennen können. In der Tat erlauben die wenigsten Öko-systeme mit menschlicher Beteiligung eine derartige Weitsicht.

Die Idee homoiostatischer, stabiler Systeme entspringt der Beobachtung offen-sichtlich überdauernder, meist technischer Systeme. Doch in den meisten Fällen dürfte dabei unklar sein, ob dasselbe System überdauert oder ob es sich in ein neues System (in neue Systeme) verwandelt hat (vgl. Bennetts Konzept der Sub-Systeme, Bennett 1976:261, Casimir 1993:227). Auch Tansley war sich dieses Punktes bewusst, als er schrieb: 'Many systems... which appear to be stable during the period for which they have been under accurate observation may in reality have been slowly changing all the time, because the changes effected have been too slight to be noted by observers.'

Dennoch war seine wesentliche Überzeugung eine der Stabilität zugeneigte: 'But there may clearly be minor changes within a system which do not bring about the destruction of the system as such.' (Tansley 1935:302).

Diese abschließende Bemerkung führt uns auf mehrere bedeutsame Fragen: Was ist ein 'system as such'? Welches sind seine Grenzen? Wann verwandelt es sich in ein anderes, neues System?

1.2.5 Das Problem der Einheiten und der Grenzen

Wie Golley zu Recht feststellt (1993:34) war Tansleys Ökosystem-Konzept noch reichlich vage. Tansley sah zwar den Gegensatz zwischen dem konstruierten, analytischen Charakters seines Konzeptes und der Überlappung und Wechsel-wirkung von Ökosystemen (vgl. Tansley 1935:300), dennoch aber setzte sich die Auffassung von Ökosystemen als biologische und räumliche Wirklichkeiten durch.

Heute lehnen die meisten Biologen und Ethnologen die Vorstellung von Öko-systemen als biologische Einheiten ab. So betont Colinvaux (1973:549), dass man nirgends Ökosysteme mit den selbstorganisierenden Eigenschaften einer Klimax-gesellschaft gefunden habe, und Vayda & McCay (1975:300) vertreten die Ansicht, dass das Ökosystem eine analytische, nicht aber eine biologische Entität sei. Systemgrenzen werden im Allgemeinen nach praktischen Überlegungen hinsicht-lich der jeweiligen Fragestellung gezogen (McCay 1978:403; Moran 1990b:284; Netting 1990:229; Ellen 1982:78, 192; Rappaport 1990:43), obwohl gemeinhin Übereinkunft darin besteht, dass Ökosysteme (vor allem jene mit menschlicher Beteiligung) keine isolierten Einheiten darstellen. Selbst die entferntesten Gemein-schaften stehen in irgendeiner Art von ökonomischem oder politischem Austausch mit anderen, was unweigerlich Material-, Energie- und Informationsflüsse mit sich bringt (vgl. Netting 1990; Ellen 1982:192). Systemische Abgeschlossenheit wurde überwiegend aus Gründen der präzisen und effizienten Datenaufnahme und -analyse angenommen (Moran 1990b:285-6).

Dieses willkürliche analytische Zergliedern eines Systems erweckt jedoch unmittelbar Zweifel an der Relevanz und Aussagekraft des Befundes hinsichtlich realer Probleme. So argumentieren auch Taylor und García-Barrios (1995:15), dass für eine systemtheoretische Fragestellung geeignete Fallstudien nicht notwendiger Weise die 'natürliche Situation' widerspiegeln.

Auf der anderen Seite gibt es verschiedene Abstufungen der Autonomie und Integrität räumlicher, sozialer oder kultureller Einheiten wie Wassereinzugsgebiete, Inseln, Haushalte oder ethnische Gruppen (vgl. Ellen 1990:217 sowie dessen Kritik in Vayda 1996:15). Dennoch zeigte die Diskussion über Forschungseinheiten innerhalb des Man and Biosphere Programms (MAB), dass diese graduellen Unterschiede nicht ausreichten, um das Demarkationsproblem zu lösen. Di Castri (1976:245 zitiert in Vayda 1983:267) fasst dies mit folgenden Worten zusammen: 'Human uses of the environment are not confined within ecosystems. Economic systems are specifically organized around the exchange of material, of energy, and even of people between ecosystems; they cut across ecosystems in order to take advantage of the complementarities and contrasts of different ecological zones.'

Ein vielleicht noch schwerwiegenderes Argument gegen Systemgrenzen wird von Vayda ins Feld geführt, der kritisiert, dass die Grenzen bereits gezogen sind, bevor die Untersuchung überhaupt beginnt (1996:9; vgl. auch 1983:267). Obwohl diese Praxis analytisch bequem ist, so schränkt sie die Ergebnisse unnötig ein. Und auch Ellen betont (1982:89): 'Because boundaries are often arbitrary and drawn for convenience, they may become a source of artifacts which distort rather than facilitate analysis.'

Dennoch geben nicht alle Wissenschaftler das Konzept systemischer Grenzen auf. Beispielsweise bettet Rappaport seine 'lokalen Ökosysteme' in sogenannte 'regionale Systeme' ein, und Ellen propagiert ein Konzept graduierter Grenzen, die sich an unterschiedlichen Abstufungen der jeweiligen Geschlossenheit bedingt durch Geomorphologie, Biogeographie und kulturellen Kriterien orientiert (1990:196-203).

1.2.6 Das Erklärungsproblem

Ist das Ökosystem-Konzept überhaupt eine Theorie? Rigler (1975:15) meint: 'When ecologists use the word 'concept' they use it, not as a synonym for 'theory', but as a substitute for it.' (zitiert in Winterhalder 1984:303). Doch ist dies ausreichend?

Zwischen den 60er- und 70er-Jahren waren die Erwartungen hinsichtlich der theoretischen Möglichkeiten des Ökosystemansatzes groß. Quantitative Daten wurden gesammelt, geordnet und in Modellen verarbeitet, die sich, zumindest teilweise, mit Hilfe von Computern simulieren ließen. Die Beschreibungen der untersuchten Systeme blieben jedoch unvollständig, was im Wesentlichen in der zu großen Komplexität ihrer Interaktionen sowie im rein praktischen Problem ihrer Erfassung begründet lag (vgl. Ellen 1982:89-93). Zudem führten die computergestützten Analysen selten zu treffenden Prognosen[34]. Die außerordentliche Komplexität der Wechselwirkungen (vgl. Ellen 1982:87) limitiert die Vorhersagekraft jedes realistischen Modells. Doch ist es dann überhaupt sinnvoll, Ökosystemforschung mit einer allgemeinen Systemtheorie zu verbinden (vgl. Ellen 1978:300), oder macht es nicht mehr Sinn, andere theoretische Konzepte der neodarwinistischen Evolutionstheorie, der neo-ricardianischen Wirtschaftstheorie oder dem Marxismus zu entlehnen, wie es Winterhalder vorschlägt (1984:311)? Wie lassen sich generell Vorgänge in komplexen Umgebungen beschreiben, analysieren und verstehen? Ist es ausreichend, sich mit Rappaports bescheidener Ansicht zufrieden zugeben, dass wir kaum mehr erreichen können, als die allgemeine Struktur derartiger Systeme zu skizzieren, ein paar wichtige Wechselwirkungen zu messen, und die Art, die uns interessiert in diesem Netz zu lokalisieren (1990:51), oder gibt es berechtigten Anlass optimistischer zu sein?

Ein häufig kritisiertes Manko des Ökosystem-Konzeptes ist sein Mangel an überprüfbaren Hypothesen (z. B. Gross 1990:310-11). Ökosystemische Beschreibungen und Erklärungen erinnern oft an den bereits erwähnten funktionalistischen Trugschluss, mit dem gezeigt wird, dass bestimmte Praktiken Wirkungen erzielen, die dann im Nachhinein als deren Zweck angenommen werden (vgl. Ellen 1982:193). Dennoch sollte es möglich sein, auch in komplexen Systemen Hypothesen über kausale Zusammenhänge z. B. mit Hilfe multikausaler statistischer Verfahren zu testen (vgl. Godoy et al. 1998; Ruiz Pérez & Byron undat., Homer-Dixon 1996). Dies mag zwar keine quantitativen Voraussagen ersetzen, doch vielleicht wäre das auch in der Tat zu viel verlangt.

Steht das Verhalten des ganzen Systems im Interesse der Untersuchung, so muss man sich wohl auf ein qualitatives Verständnis beschränken. Dies erinnert teilweise an Rappaports oben zitierte Äußerung, beinhaltet aber auch eine possibilistische Note: Welches sind die Grenzen systemischen Verhaltens? Welches sind die wesentlichen Faktoren, die Veränderung bewirken? Welches sind die möglichen Entwicklungsrichtungen eines Systems unter bekannten Randbedingungen?

---

[34] Golley (1993:189) ist der Meinung, dass diese theoretischen Unzulänglichkeiten viele Ökologen wieder zu eher reduktionistischen Methoden bei der Untersuchung von Abläufen in Ökosystemen zurückführte.

Bevor wir diese Fragen diskutieren, gilt es jedoch einige der gegen das Öko-system-Konzept gerichteten Kritikpunkte zusammenfassend zu wiederholen. Trotz seiner offensichtlichen Vorteile sind die Einschränkungen und der künstliche Charakter diskreter Systeme nicht zu übersehen. A priori demarkierte Grenzen schneiden ein System aus dem es umgebenden, hochgradig verflochtenen Netzwerk (Julian Stewards 'total web of life', Steward 1955:31) aus. Zeitlicher Wandel wird durch die methodische Fokussierung auf Stabilität und Gleichgewichtszustände vernachlässigt, und systemisches Verhalten verdeckt individuelles Handeln, welches zu einer Art überorganismischer Entität integriert wird. Auf der anderen Seite war das Ökosystem-Konzept bzw. die Systemtheorie im Sinne von Bertalanffy jedoch der erste Ansatz, der versuchte, der holistischen Natur komplexer Zusammenhänge Rechnung zu tragen. Sich lediglich auf das reduktionistische Gebiet von Einzelwissenschaften zurückzuziehen, kann kaum eine weiterführende Alternative sein.

Ein Ansatz, der kausale Wechselwirkungen kategorieübergreifender Prozesse berücksichtigt, ohne die artifiziellen Schnitte eines systemischen Konzeptes zu setzen, ist die 'progressive contextualization' Andrew P. Vaydas (1983, 1996). Im Blickpunkt der Untersuchung stehen signifikante menschliche Handlungsweisen sowie Mensch-Umwelt-Interaktionen, die in einen fortschreitend weiteren oder engeren Zusammenhang gestellt werden (Vayda 1983:265). Es gibt keine definierten Grenzen und auch keine Annahmen über vorab definierte Systeme oder deren Stabilität (ibid.:267-8). Statt dessen werden die für die Untersuchungsfrage relevanten Kausalketten verfolgt, die gelegentlich weit über die Grenzen eines Nationalstaates oder einer Insel hinausreichen können (ibid.:268). Dieser Ansatz beruht ferner auf der Grundannahme rational handelnder Individuen (ibid.:266, 270), so dass sich scheinbar systemisches Verhalten als die Summation individuellen Handelns erklären lässt.

'Progressive contextualization' wurde während des MAB-Projektes in Ost-Kali-mantan bei der Untersuchung der Gründe für Waldumwandlung angewendet (vgl. Kartawinata & Vayda 1984; Kartawinata et al. 1984; King 1999:148-50). Zu dieser Zeit gerieten nicht nur die wissenschaftliche Vorgehensweise und der theoretische Rahmen des Ökosystem-Konzeptes sondern auch dessen praktische Relevanz in die Kritik. In zahlreichen Fällen waren Ökosysteme vor allem aus praktischen Gründen ausgewählt worden, ohne die tatsächlichen, häufig 'lebensbedrohenden' Probleme der untersuchten Menschen zu berücksichtigen (vgl. Taylor & García-Barrios 1995:15; Vayda & McCay 1975:296-7; Lees & Bates 1990:254-62). Im Gegensatz dazu rieten Vayda und McCay, sich auf die Untersuchung menschlicher Reaktionen auf Naturgefahren ('natural hazards', ibid.) zu konzentrieren. Diesen Vorschlag griffen auch Lees und Bates auf, die es jedoch vorzogen, von Ereignissen ('events') anstelle von Gefahren ('hazards') zu sprechen (1990:255). Der Begriff des Ereignisses wurde schließlich auch von Vayda weiter verwendet (1996)[35].

Einer der Vorteile der Untersuchung von Ereignissen ist die Verbindung zur Entscheidungstheorie, wodurch unter Umständen Verallgemeinerungen über Reaktionshierarchien und der Einordnung menschlichen Verhaltens im Sinne von Kosten und Risiken möglich werden (Lees & Bates 1990:255; vgl. auch Vayda & McCay 1975:300). Beispiele für derartige Ereignisse sind Dürrekatastrophen, Schädlingsbefall, Giftunfälle, Naturkatastrophen, aber auch Marktinstabilitäten oder Landreformen (ibid.). Lees und Bates betonen weiter, dass die Auswahl von Ereignissen durchaus das subjektive Interesse des Wissenschaftlers widerspiegelt (ibid.269). Sie bevorzugen diesen Begriff jedoch im Gegensatz zu 'Störungen' ('perturbation') auf Grund seiner größeren Neutralität. Tatsächlich treten Ereignisse im weiteren Sinne mit unterschiedlicher Intensität ständig ein. Daher kann ein Ereignis lediglich der Startpunkt einer Untersuchung sein, von welchem aus das kausale Netz der relevanten Wechselwirkungen mit all seinen alltäglichen Verhaltensweisen, aber eben auch mit seinen Reaktionen auf starke externe Einflüsse entflochten wird. Einen ganz ähnlichen Ansatz, mit dem bei der sozialen Analyse ökologischer Veränderungen anstelle von Systemen eher Übergangsprozesse ('transient processes') untersucht werden sollen, schlagen Taylor und García-Barrios vor (1995).

Was aber sind die Vor- und Nachteile, wenn das Ökosystem-Konzept durch die Untersuchung 'übergreifender Prozesse' oder 'Ereignisse' ersetzt wird? Einerseits werden im Hinblick auf die ausführlich diskutierten Mängel des Ökosystemansatzes mit den alternativen Vorschlägen weit weniger Grundannahmen getroffen, die die lokale Situation auf abstrakte und artifizielle Weise verzerren (z. B. feste Grenzen, postulierte Regelmechanismen, Gleichgewichtszustände). Auf der anderen Seite wird jedoch das Erstellen quantitativer Modelle zunehmend schwieriger. Da diese Modelle im Falle von menschlich beeinflussten Ökosystemen bislang allerdings nur von sehr begrenztem Wert waren, kann dieser Einwand vernachlässigt werden, bis eines Tages eventuell bessere analytische Methoden zur Verfügung stehen.

Das Verfolgen von Kausalketten ('causal chains', Vayda 1996) erlaubt es, ein deutlich proportionaleres Bild einer komplexen Situation zu erstellen, ohne dass dabei willkürlich analytische Einheiten ausgeschnitten werden[36]. Die Gesamtheit der betrachteten Kausalketten stellt eine zeitliche Konfiguration mit einander ver-

---

35 Der Begriff 'Ereignis' ('event') wird in diesen Artikeln in einem umgangssprachlichen Sinn verwendet, da sich an keiner Stelle eine anders lautende Definition findet.

36 In einer Antwort auf seine Kritiker verweist Rappaport darauf, dass er seine analytischen Einheiten an den indigenen Kategorien der Tsembaga Maring ausgerichtet habe (1984:371).

bundener Elemente dar, die man im Sinne der allgemeinen Systemtheorie von Bertalanffys noch immer ein 'System' nennen könnte, da es sich um 'a set of elements standing in interaction' (1968:38) handelt. Wenn man jedoch von Bertalanffys Definition folgt, so stellt sich die Frage, was dann eigentlich kein System ist (vgl. Engelberg & Boyarsky 1979:323). Es scheint, als ließe sich stets irgendeine Art von Verbindung zwischen zwei Elementen finden, wenn man nur ausreichend weit sucht. Daher werde ich den Begriff 'System' im weiteren Verlauf dieser Arbeit lediglich in einem umgangssprachlichen Sinn, nicht aber analytisch verstehen[37].

Gefangen zwischen der praktischen Notwendigkeit, seine eigene Untersuchungsperspektive auf bestimmte zeitliche und räumliche Konfigurationen zu beschränken, und der Erkenntnis, dass diese Konfigurationen niemals isoliert sind und sich im Laufe der Zeit verändern, bietet die Analyse von Kausalketten einen Ausweg, der weitgehend auf unnötig rigide Grundannahmen verzichtet.

1.2.7 Kausalnetze

Nun sind Kausalketten keineswegs lineare, unverzweigte Gebilde, sondern ergeben in ihrer kontextspezifischen und zeitlichen Konfiguration verwobene Kausalnetze. Daher wird eine ausschließlich lineare Untersuchung der einzelnen Kausalketten kaum zu einer befriedigenden Erklärung für Mensch-Umwelt-Beziehungen führen. Rückkopplungen zwischen den vernetzten Elementen und zeitgleich ablaufende Vorgänge machen eine exakte Analyse praktisch unmöglich. Tatsächlich gelangen nicht-computergestützte mathematische Rechenverfahren bereits an ihre Grenze, wenn es um die Lösung weniger gekoppelter Differenzialgleichungen geht. Hier mögen zwar numerische Rechenverfahren und Computersimulationen weiterhelfen[38], doch reale sozioökologische Netzwerke sind von weitaus größerer Komplexität und lassen sich nicht in feste mathematische Gleichungen übersetzen, weshalb Simberloff (1980:26) zuzustimmen ist, wenn er schreibt: 'We must agree that we will not, in the near future, have sufficient information or insight to produce equations as predictive as those of most physicists and engineers.'

Doch welche Alternativen stehen zur Verfügung? Sieht man von exakten Vorhersagemöglichkeiten ab und beschränkt sich auf die Analyse dessen, was im untersuchten Zusammenhang geschehen ist (z. B. Reaktionen auf Ereignisse oder

---

[37] Taylor und García-Barrios (1995:7) sprechen von Systemen 'im strengen Sinn', wenn diese klar definierte Grenzen und zusammenhängende innere Dynamiken aufweisen, die ihre Entwicklung, Struktur und Stabilität sowie ihre Anpassung ('adaptation') auf äußere Einflüsse bedingen.

[38] Zudem erweisen sich numerische (pseudo-zeitgleiche) Analyseverfahren nur im Falle einfacher physikalischer Spezialfälle als geeignet.

bestimmte Entscheidungsweisen), so sollte es möglich sein, die qualitativ relevanten Elemente sowie die Art ihrer Wechselwirkungen festzustellen. Dabei ist zu betonen, dass nicht jedes Element mit jedem verbunden ist (vgl. Simberloffs Kritik holistischer Konzepte, 1980:29). Zumindest über einen begrenzten Untersuchungszeitraum tritt nur ein Teil aller möglichen Wechselwirkungen in Erscheinung. Diese begrenzte Anzahl an identifizierten Wechselbeziehungen reduziert die Dimension des Kausalraums, so dass nicht mehr jede Entwicklung möglich ist. Damit sollte eine qualitative, multikausal erklärende Interpretation eines Ereignisses oder eines beobachteten Verhaltensmusters möglich sein, indem das Interaktionsmuster, welches zum aktuellen Zustand führte, rekonstruiert wird[39]. Eine vollständige, quantitative Rekonstruktion ist selbstverständlich unmöglich, und es bleibt stets unklar, ob beim Versuch einer solchen Rekonstruktion tatsächlich alle relevanten Elemente berücksichtigt wurden. Eine derartige Vorgehensweise muss daher schrittweise erfolgen, wobei gelegentlich, u. a. abhängig von der jeweiligen Tiefe der Analyse, mehrere 'nicht falsche' Erklärungen möglich sind (Vayda 1996:23), deren Plausibilität sich erst durch kritisches Hinterfragen iterativ erweisen wird.

Die netzartige Struktur dieser Kausalketten lässt sich visuell in Netzwerkdiagrammen darstellen (vgl. z. B. Vester 1999:56-57), die aus den identifizierten Elementen (Menschen, Tiere, Pflanzen, Objekte, Kategorien, Konzepte, etc.) und ihren Wechselwirkungen bestehen. Dennoch handelt es sich bei derartigen Diagrammen lediglich um die visualisierte Abbildung einer vom Untersuchenden wahrgenommenen Realität[40]. Um subjektive Willkür zu vermeiden, muss die kausale Evidenz der dargestellten Abhängigkeiten getestet, oder zumindest plausibel (dann jedoch nur hypothetisch) dargestellt werden.

---

[39] Teilweise bezieht sich dies auf Ellens 'generative analysis' (1982:226-33), für die er rät, sich auf Endzustände von Verhaltensprozessen zu konzentrieren, die das Ergebnis von zu unterschiedlichen Zeiten gefällten Entscheidungen sind. Ellens Ansatz ist rückwärts gerichtet, da er weiter betont, dass zu irgendeinem Zeitpunkt beobachtete Muster als Endzustände der kumulierten Wechselwirkungen von sozialen und ökologischen Prozessen angesehen werden können (ibid.:227). Allerdings erscheint hier der Begriff 'Endzustand' (end-state) irreführend, da dieses 'Ende' natürlich nur ein relatives sein kann, und bereits im nächsten Moment zu einem Übergangszustand wird.

[40] Ellen (1982:206-7) unterscheidet zwei Modelle: das interpretative und das kognitive. Während ersteres die Welt so darstellt, wie sie vom Untersuchenden beschrieben und verstanden wird, bezieht sich das zweite auf die Darstellung der Welt, wie sie die Untersuchten beschreiben und verstehen. Diese Unterscheidung ist jedoch nur von begrenztem Nutzen, da die Sicht der Informanten in aller Regel erneut vom Untersuchenden in einen Text übersetzt wird. Somit passiert auch die 'emische' Sicht einen subjektiven Filter und wird so nur zu einer anderen Art der 'etischen' Betrachtungsweise. Vester schlägt eine Kriterienmatrix vor, mit der 7 Lebensbereiche abgedeckt werden (1999:188-192). Dieser Ansatz ähnelt dem von Klaus Seeland entwickelten Kulturökologischen Checkliste (undat.), die im folgenden Kapitel kurz vorgestellt wird.

Die Analyse von Kausalnetzen steht theoretisch bislang auf schwachen Beinen und beinhaltet überwiegend Strukturanalysen[41], die jedoch kaum die komplexen Zusammenhänge eines Mensch-Umwelt-Netzes erklären können, da dessen Wechselbeziehungen zu heterogen sind und von Materialflüssen bis hin zu religiösen oder kognitiven Aspekten reichen. Dennoch können strukturelle Eigenschaften wie geschlossene Rückkopplungen, kausale Umgehungen oder relative Isoliertheit einzelner Elemente das qualitative Verständnis eines solchen Netzwerkes erleichtern. In Fällen ausreichender Datenqualität lässt sich die Stärke kausaler Beziehungen auch in schwache oder starke Abhängigkeiten differenzieren. Gedankenexperimente, die testbare Hypothesen beinhalten können, erlauben darüber hinaus weitere Erkenntnisse[42]. Der tatsächliche Erkenntniswert derartiger Gedankenexperimente hängt dabei allerdings von der strukturellen Invarianz des Netzes ab. Da lediglich bekannte Wechselwirkungen berücksichtigt werden können, ist die Vorhersagekraft eines solchen Netzwerkes natürlich eingeschränkt. Doch im Gegensatz zur herkömmlichen Systemanalyse lassen sich neue Erkenntnisse leicht ins Modell integrieren, da dieses keinen festen Grenzen unterworfen ist. Selbst zeitliche Veränderungen in der Netzwerkstruktur oder der Art der kausalen Zusammenhänge können berücksichtigt werden, so dass das Netzwerk im Laufe der Zeit zunehmend realistischer wird.

Ein Ansatz, der über die klassische Systemanalyse hinausreicht, ist Frederic Vesters Sensitivitätsmodell (1999:157-233). Dieses besteht aus einer umfassenden Beschreibung, der Visualisierung der komplexen Verbindungen, einer Einfluss- und Strukturanalyse, sowie der optionalen Simulation von Teilszenarien mit Hilfe der Fuzzylogik[43]. Während die deskriptiven Bestandteile des Ansatzes geeignet sind, um die qualitative Struktur des Kausalnetzes zu erfassen, hängt es von der jeweiligen Fragestellung ab, ob eine Simulation sinnvoll erscheint. Obwohl das Sensitivitätsmodell die Verwendung qualitativer Daten erlaubt, ist eine computergestützte Simulation stets auf mehr oder weniger feste Randbedingungen sowie eine vergleichbare analytische Ebene angewiesen, auch wenn die Kausalketten

---

[41] Netzwerke, die aus bestimmten Beziehungen wie Verwandtschaft, Abstammung, Sozialkontakten oder Handelsbeziehungen bestehen, lassen teilweise einen mathematischen Ansatz zu, der auf die Graphentheorie zurückgreift (Schweizer 1996:111-204). In diesen Fällen werden Netzwerke durch Eigenschaften wie Dichte, Vollständigkeit, Zentralisiertheit, Brücken, Schnittpunkte, strukturelle Löcher oder Blöcke charakterisiert. Die mathematische Analyse dieser Größen erlaubt auch einen strukturellen Vergleich zwischen verschiedenen Netzwerken.

[42] Dabei können bestimmte Elemente optional entfernt oder betont werden, um ihre spezifische Rolle innerhalb des Netzes zu verstehen.

[43] Obwohl Vesters Buch, in dem das Sensitivitätsmodell dargestellt wird, nach dem Abschluss meiner Datenanalyse erschien, wurde mein Untersuchungsansatz durch Vesters frühere Arbeiten mit beeinflusst (z. B. Vester 1984).

häufig mit unterschiedlichen Zeitskalen über verschiedene Ebenen hinweg laufen (z. B. vom Weltmarkt bis hin zu individuellen Entscheidungen).

1.2.8 Abschließende Bemerkungen

Die Diskussion systemischer Konzepte für die Untersuchung von Mensch-Umwelt-Beziehungen zeigt, dass ein linearer, monokausaler Ansatz nicht geeignet ist, um der beobachteten Komplexität Rechnung zu tragen. Ellen (1982:89) unterstreicht diesen Punkt, wenn er sagt: 'It has been suggested that ecosystem complexity is so great as to preclude any single-factor analysis that is both accurate and satisfying.'

In der vorliegenden Arbeit werden daher einzelne beobachtete Kausalketten in teilweise fachspezifischer Weise iterativ (vgl. folgendes Kapitel) untersucht und basierend auf lokalen Kategorien zu Kausalnetzen verwoben. Die Dimension dieser Kausalnetze hängt dabei von der jeweiligen Fragestellung ab. So lassen sich beispielsweise die wechselseitigen Einflüsse bei Entscheidungsprozessen netzartig darstellen, wobei durch die Visualisierung (z. B. als Vernetzungsbilder oder in Matrixform, vgl. 3.2.4, 5.1) die multikausale Struktur der Entscheidungen betont wird. Verschiedene Kausalnetze lassen sich ihrerseits integrieren, um weitreichende Wechselwirkungen aufzuzeigen. Aber auch die Elemente dieser Netze können in unterschiedlichen Aggregationsstufen dargestellt werden. Dies ist teilweise notwendig, um die von sich aus komplexen Netzwerke nicht all zu unübersichtlich werden zu lassen. Teilweise erlauben die Netze auch gewisse strukturelle Analysen hinsichtlich des Rollenverhaltens ihrer Elemente (vgl. Vester 1999:157-233).

Wichtig ist bei all diesen Abbildungsweisen, dass es sich stets um zeitlich begrenzte, meist integrierte Konfigurationen handelt. Stehen dynamische Prozesse im Vordergrund, so müssen die Kausalnetze entweder zeitlich gerafft hintereinander geschaltet werden, oder aber aggregierte Einzelaspekte werden zweidimensional über Zeitachsen dargestellt (vgl. 4.2.1).

Der Kausalnetzansatz dient vor allem dazu, die oft gleichzeitige oder rückgekoppelte Wirkung verschiedener Einflussgrößen zu erfassen. Was er nicht leisten kann, ist die Prognose künftiger Entwicklungen. Angesichts der Komplexität menschlichen Verhaltens, stünden derartige Vorhersagen jedoch ohnehin auf unsicherem Boden.

1.3 Feldforschungsansatz und Datenanalyse

Der im vorigen Kapitel vorgestellte Kausalnetzansatz bildet den methodischen Rahmen für diese Fallstudie. Daher bestand der erste Schritt aus der Identifizierung der für die Benuaq relevanten Elemente ihrer Ressourcennutzung sowie deren wechselseitigen Beziehungen. Da die analytische Tiefe des Ansatzes durch praktische Einschränkungen, wie Finanzmittel, Zeit oder Personal begrenzt ist (vgl. Vayda 1983:271-5), können nur Teile des gesamten Netzes entfaltet werden. Ein willkürlicher Startpunkt für diesen Entfaltungsprozess birgt allerdings die Gefahr, dass man sich in relativ unbedeutsamen Bereichen des Netzes verliert, während andere Aspekte übersehen werden[44]. Um eine derartig a priori fokussierte Perspektive zu vermeiden, wurde eine Vorstudie durchgeführt, während der ein allgemeiner und breitgefächerter Überblick über die Ressourcennutzung der Benuaq angestrebt wurde. Diese Untersuchungsphase beinhaltete ausführliche Literaturstudien sowie mehrere vorbereitende Feldbesuche[45], bei denen eine von Klaus Seeland zusammengestellte und von mir lokal angepasste kulturökologische Checkliste (Seeland undat.) als Arbeitsleitfaden verwendet wurde. Die Checkliste deckte dabei Bereiche ab, die zuvor als für Mensch-Umwelt-Beziehungen relevante Aspekte identifiziert wurden. Dazu zählen das soziale Feld, kulturelle Werte, sowie geographische Elemente.

Zur Datenerhebung wurden übliche ethnologische Feldforschungsmethoden wie teilnehmende Beobachtung, halbstrukturierte Interviews sowie Befragungen von Schlüsselinformanten verwendet (vgl. Spradley 1979, Spradley 1980, Fischer 1985, Fischer 1992:79-99). Aufbauend auf meinen früheren Studien ergab sich so ein zunächst unscharfes, doch dafür relativ vollständiges Gesamtbild der Ressourcennutzung in Lempunah[46].

---

[44] Während meiner Vorstudien 1993 ließ ich mich zeitweilig gänzlich von der Thematik der Medizinalpflanzen gefangen nehmen, obwohl diese im Vergleich zu anderen Ressourcen nur eine untergeordnete Rolle spielen. In einem ähnlichen Sinn wirft auch Vayda Rappaport vor, lediglich das gefunden zu haben, was er bereits im Sinn hatte, bevor er überhaupt seine Feldstudien bei den Maring begann: 'And I know from having been in the field with him [Rappaport] that he assumed from the start that the ritual actions he was observing had roles in ecosystemic self-regulation. Indeed he became interested in the ritual actions precisely because of this assumption.' (Vayda 1996:10). Diese Bemerkung betrifft indirekt ein generelles Problem der Arbeit mit einem hypothesenorientierten Untersuchungsansatz.

[45] Drei vorherige Besuche des Untersuchungsgebietes von insgesamt vier Monaten Dauer (zwischen 1988 und 1991) galten vor allem der lokalen Religion und Ökologie, während der vierte viermonatige Aufenthalt (1993) ausdrücklich als Vorstudie zu der vorliegenden Arbeit gedacht war. Im Laufe dieser Besuche verbesserte ich auch meine Kenntnisse in der lokalen Sprache (Benuaq). Zusätzlich wurden 1996 weitere neun Monate für die Erlangung eines breiten, wenn auch unscharfen Überblicks genutzt, bis schließlich die stärker fokussierte Untersuchung begann (weitere 26 Monate zwischen 1996 und 2000).

[46] Die Dauer einer derartigen Vorstudie hängt natürlich vom Untersuchenden ab, kann aber durchaus mehrere Monate umfassen. Als subjektiven Vergleich bietet sich die Überprüfung eigener Erklärungsmuster mit verschiedenen Schlüsselinformanten an. Es scheint jedoch eher unwahrscheinlich, dass man es bereits während dieser Phase zu einem kulturell stimmigen Verhalten im gegebenen sozialen und ökologischen Umfeld bringt (vgl. Frake 1962, zitiert in Ellen 1982:224).

Nachdem sich die Struktur des lokalen Ressourcennutzungssystems abzuzeichnen begann, wurde mit stärker fokussierenden Fragestellungen fortgefahren, um ein tieferes Verständnis der beobachteten räumlichen, zeitlichen und strategischen Muster zu erlangen. Diese zweite Untersuchungsphase beinhaltete analytische Methoden aus der Geographie, der Ethnologie und der Ökologie. Quantifizierbare Daten wurden, wo immer sinnvoll und möglich, erhoben und statistisch auf Signifikanzen getestet[47].

---

[47] Die statistischen Tests umfassten im Allgemeinen nicht-parametrische Verfahren, da eine Normalverteilung der Daten nicht angenommen werden konnte. Im einzelnen fanden folgende Tests Verwendung: Mann-Whitney U-Tests anstelle des T-Tests (Sokal & Rohlf 1973:217-220), Chi-Quadrat Tests und Goodness-of-Fit (G) Tests (ibid.:286-294), sowie ein 2x2 Test (G-test) auf Unabhängigkeit mit Yates Korrektur für kleine Stichprobenmengen (ibid.:296-303).

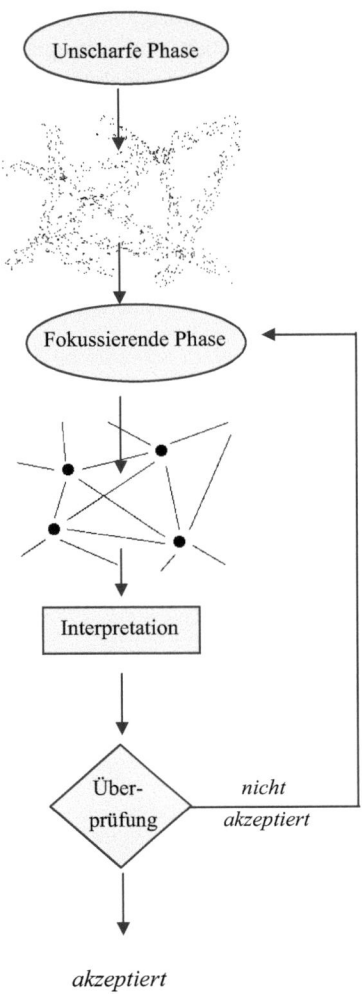

Abbildung 1: Untersuchungsprozess.

Vorläufige Ergebnisse und Interpretationen der fokussierenden Phase wurden durch Schlüsselinformanten überprüft. In abweichenden Fällen wurde die betreffende Frage erneut untersucht, bevor eine Erklärung akzeptiert wurde. Dieser iterative Prozess ist in Abbildung 1 dargestellt.

Wie in den meisten ethnologischen Feldstudien spielten lokale Informanten eine wesentliche Rolle. Ich kannte die meisten schon seit einigen Jahren, und einige waren mir bereits freundschaftlich verbunden, als ich meine Hauptuntersuchung im Januar 1996 begann. Insgesamt unterstützten mich acht Informanten und Informantinnen aus Lempunah, Mancong, Tanjung Isuy und Muara Tae in allgemeinen Fragen, während mich zehn spezielle Schlüsselinformanten über einzelne Fachgebiete unterrichteten. Während der Vorbereitungsphase bat ich einen meiner Informanten aus Mancong, eine umfassende Parallelstudie über die Ressourcennutzung in seinem eigenen Dorf durchzuführen. Die qualitativen Ergebnisse dieser Studie dienten mir als Referenzwerte für die Hauptstudie in Lempunah, um zu gewährleisten, dass keine maßgeblichen Aspekte übersehen wurden.

Somit stammt der beschreibende Teil meiner Arbeit aus dem Wissensfundus meiner Informanten, weshalb man ihn als lokales oder indigenes Wissen bezeichnen kann, auch wenn all diese Daten schlussendlich doch durch meine eigene Perspektive gefiltert wurden[48]. Wenn immer möglich, versuchte ich, das lokale Wissen mit statistischen Tests zu vergleichen, so zum Beispiel für die Abhängigkeit des Ernteertrags von Umweltfaktoren wie Waldalter oder Bodentyp. Aber auch die Genauigkeit der kognitiven Waldkarten sowie die Ursache räumlicher Verteilungsmuster von Waldgärten wurden statistisch untermauert.

Generell wurden nur Informationen in die Musteranalyse aufgenommen, wenn diese durch mindestens zwei Informanten unabhängig geschildert wurden. In einzelnen Fällen wurden Ausnahmen teilweise sogar widersprüchlicher Art mit berücksichtigt, wenn ich diese selbst beobachtete oder gute Gründe hatte, diesen zu glauben.

Die gesammelten Informationen wurden der lokalen Ressourcenklassifikation folgend (vgl. Kapitel 3) aggregiert und in die jeweiligen Kausalnetze integriert. Für jede dargestellte Kausalverbindung gibt es eine Erklärung, die entweder auf lokalem Wissen, auf eigenen Beobachtungen, auf physikalischen Messungen und statistischen Tests, oder – in einigen wenigen Fällen – auf Literaturhinweisen beruht[49].

1.4 Methodik

1.4.1 Kartierung von Schwendflächen und Waldgärten

Zwischen 1995/96 und 1998/99 wurde die genaue Position jeder Schwendfläche im gesamten Dorfgebiet mit GPS[50] bestimmt. Die Größe von 20 Feldern wurde 1996 mit Hilfe eines Kompass und eines 50-Meter-Maßbandes bestimmt[51].

---

[48] Der interpretative Charakter ethnologischer Studien wurde vor allem während der post-modernen Kritik ausführlich diskutiert (z. B. Stellrecht 1993, Schweizer 1996:55-71). Dabei zeigt sich u. a., was kognitive Ethnologen häufig zu übersehen scheinen: Es ist unmöglich die Realität einer anderen Person uninterpretiert darzustellen. Selbst wenn man auf sogenannte 'emische' Perspektiven zurückgreift (d. h. Perspektiven, die eine Innensicht der Untersuchten beansprucht), spiegeln die Ergebnisse stets die Interpretation des Untersuchenden wider. Dies bedeutet natürlich nicht, dass intersubjektive Studien zwecklos wären. Allerdings darf nicht vergessen werden, dass diese Ergebnisse mehrere intersubjektive und oft auch interkulturelle Filter und Interpretationen passiert haben. Diese Ergebnisse müssen dann ebenso wie alle anderen Forschungsresultate einer kritischen Diskussion gestellt werden, die über ihren weiteren Verbleib im Fundus der Fachdisziplin mitentscheidet (das Durchsetzen wissenschaftlicher Erkenntnisse ist nicht nur eine Folge Popperianischer Wahrheitsannäherung sondern unterliegt vielfältigen gesellschaftlichen und auch politischen Kräften, vgl. Feyerabend 1993:55-70).

[49] Nach wie vor gibt es allerdings fast keine Literatur zu den Benuaq und ihrer Ressourcennutzung.

[50] Die GPS-Messungen (global positioning system) zeigten eine Standardabweichung von 26-111 m (n=3x20). Durchschnittlich lag die Präzession des Gerätes bei 50 bis 100 m.

Über 1.000 Waldgärten (Rattan-, Gummi- und *Simpukng*-Gärten[52]) wurden kognitiv von der Dorfbevölkerung kartiert[53]. Die Gärten wurden in eine 1:50.000 Flusskarte eingetragen, die vom staatlichen Planungsbüro der Provinz Ost-Kalimantan (BAPPEDA) zur Verfügung gestellt wurde. Diese Karte wurde vor Beginn der Kartierung mit Hilfe eines Fotokopierers auf einen Maßstab von 1:10.000 vergrößert. Eine kleine Informantengruppe identifizierte und bezeichnete Flüsse und Bäche und trug Pfade in die Karte ein, in der zur besseren Orientierung auch die Positionen aktueller Schwendflächen vermerkt wurde.

Der Zweck der Kartierung und deren Methodik wurden in einer abendlichen Dorfversammlung erläutert, in der auch Landrechtsfragen ausführlich diskutiert wurden. Die Gärten wurden meist von kleineren Gruppen oft benachbarter Bauern in den Abendstunden eingetragen. Dabei wurde stets die Skala (1 Quadrat entsprach 1x1 km) erläutert, und vergleichende Fragen wurden zur genaueren Einordnung gestellt (z. B.: 'Wie viele Minuten von Fluss x?' oder 'Wie weit vom Feld y?').

Die unterschiedlichen, lokal definierten Gartentypen, aber auch ehemalige Langhausstandorte, Grabstätten und heilige Felsen wurden durch verschiedene Farben und Symbole symbolisiert[54]. Alle Gärten wurden kodiert und mit ihren geographischen Positionen (± 50 m) in einer Datenbank gespeichert. Die Kodierung war notwendig, um das Risiko eines Missbrauchs der Karte im Laufe eines anhaltenden Landrechtskonflikts zu minimieren (vgl. Chronologie 2.3.2, sowie Gönner 2000a)[55].

---

[51] Die Feldgröße wurde trigonometrisch ermittelt, wobei das Feld als Vielecksprojektion aufgefasst wurde. Der Regressionskoeffizient für die Abhängigkeit der Saatmenge von der Feldgröße betrug 0,967 (n=19). Auf Grund dieser ausgezeichneten Linearität wurden die Feldgrößen in den folgenden Jahren nur noch über die Saatmenge bestimmt.

[52] *Simpukng*-Gärten sind gemischte Waldgärten, die überwiegend aus Fruchtbäumen bestehen (vgl. 3.3).

[53] Auf Grund der zunehmenden Landrechtskonflikte wurden partizipative Dorfkartierungen zu einer wesentlichen Aufgabe regionaler NGOs. Die Methoden umfassen dabei meist einfache Skizzenkarten ('sketch mapping'), die mit GPS-Messungen ergänzt werden (vgl. Sirait et al. 1994, Momberg et al. undat.). Eine kritische Übersicht über diese Kartierungen findet sich bei Peluso (1995b).

[54] Da manche Personen sich aus Furcht einen Fehler zu begehen nicht trauten, ihre Gärten in die Karte einzutragen, betonten wir wiederholt, dass diese Karte lediglich ein Entwurfsblatt sei, in dem sich Korrekturen leicht mit Tippex anbringen ließen.

[55] Im Falle individueller Verhandlungen zwischen einem Unternehmen und einzelnen Gartenbesitzern (statt der Dorfgemeinschaft) könnte das traditionelle Landrecht erodiert werden, da die Waldgärten individuell eingetragen wurden. Um diese Gefahr zu verringern, wurden keine Namen sondern lediglich kodierte Nummern in der Karte vermerkt (der Dorfvorsteher besitzt eine Kodierungsliste). Ein weiteres Problem bestand darin, dass häufig einzelne Männer im Namen ihrer Frauen, Brüder oder Schwestern Gärten eintrugen, wodurch das traditionelle Erbrecht verzerrt dargestellt wird.

Methodische Erfahrungen

Ein Versuch mit größeren Gruppen zu arbeiten, scheiterte, da sich manche Leute gehemmt fühlten (ind. *malu*) und die Diskussion durch einige wenige Männer dominiert wurde. Frauen nahmen ebenfalls an der Kartierung teil, wenn auch in geringerem Umfang als die Männer. Einige Personen besuchten jedoch keine der Kartierungsversammlungen auf Grund persönlicher Animositäten mit dem Dorfvorsteher, in dessen Haus die Kartierung zunächst statt fand. Ich selbst suchte diese abwesenden Haushalte später auf, von denen schließlich alle bis auf zwei an der Kartierung teilnahmen.

Die Teilnehmer zeigten große Unterschiede in ihrer Fähigkeit, räumliches Wissen auf eine zweidimensionale Karte mit ungewohntem Maßstab zu übertragen. Die wichtigsten Bezugspunkte waren dabei neben den Flüssen die mit GPS kartierten Schwendflächen. In einzelnen Fällen stimmten die Angaben der Teilnehmer nicht mit der behördlichen Karte überein, und eine Überprüfung der Frage im Feld zeigte wiederholt, dass die offizielle Karte Fehler aufwies, die umgehend nach den Angaben der lokalen Experten korrigiert wurden.

Ein reiner Farbkode für die unterschiedlichen Gartentypen wurde später mit einem kombinierten Farb-Symbol-Kode ersetzt, da sich der Hauptkoordinator der Kartierung als rot-grün-blind erwies[56].

Ein nicht unbedeutendes Problem der Kartierung bestand im zumindest anfänglichen persönlichen Misstrauen der politischen Gegner des Dorfvorstehers gegen ihn und seine Familie (inklusive meiner Frau und mir). So wurden nach dem Besuch eines GTZ-Teams Gerüchte in Umlauf gebracht, die deutschen Geschäftsleute wollten billig Land und Rattangärten kaufen. Es dauerte in der Folge einige Zeit, diese Gerüchte wieder glaubhaft zu zerstreuen, und auch der opponierenden Gruppe den Sinn der Kartierung hinsichtlich ihrer Landrechtskonflikte zu vermitteln.

Neben ihrer Bedeutung zur Dokumentation räumlicher Ressourcenmuster wird die Karte vor allem als Diskussionsgrundlage bei Landrechtskonflikten verwendet, die durch verschiedene Unternehmen wie beispielsweise eine nahe Ölpalmplantage ausgelöst wurden (vgl. Gönner 1999a, 2000a). Die politische Dimension der Kartierung wurde offensichtlich, als im Mai 1999 eine Polizeieinheit das Haus des Dorfvorstehers nach der Karte durchsuchte. Da ein derartiger Schritt befürchtet worden war, hatte der Dorfvorsteher die Karte zu diesem Zeitpunkt bereits an sicherer Stelle versteckt[57].

---

[56] Tatsächlich wurde bereits eine Kombination aus unterschiedlichen Farben und Symbolen verwendet, bei der sich jedoch Gummi und *Simpukng*-Gärten nur in der Farbe unterschieden. Auf Grund dieser Unsicherheit traute sich der Koordinator der Kartierung in meiner Abwesenheit jedoch nicht mit deren Fortführung. Erst als wir die Kodes geändert hatten, fühlte er sich sicher und arbeitete selbständig weiter.

[57] Eine umfassende Darstellung dieses Landrechtkonflikts findet sich auf der Internetseite http://members.xoom.com/Oilpalm/Lonsum.html.

Nachdem mehr als 80 % aller erinnerten Waldgärten eingetragen waren, wurde die partizipative Kartierung Anfang 1998 abgeschlossen. Die verbleibenden, geschätzten 20 % ließen sich nicht erfassen, da ihre Besitzer entweder über den Untersuchungszeitraum abwesend waren oder aber Bedenken hatten, ihre Gärten eintragen zu lassen. Zudem erübrigten die verheerenden Waldbrände von 1997/98 eine Fortführung der Kartierung, da über 90 % aller Gärten zerstört oder aber zumindest stark geschädigt waren.

Im April 1998 wurde eine abschließende Karte gezeichnet und in vierfacher Ausfertigung (Maßstab 1:10.000) an die Dorfbevölkerung übergeben.

Die Genauigkeit der kognitiv kartierten Gärten wurde entlang zweier 3.000 m langer Transekte mit Kompass und Maßband überprüft. Die Ergebnisse dieses Vergleichs sind in Tabelle 1 für eine Entfernung zwischen 500 und 3.000 m von Lempunah (T1) bzw. von Kangkang Puya (T2) dargestellt. Gärten, die näher an den jeweiligen Siedlungen lagen, ließen aus Platzgründen auf der Karte keine exakte Eintragung zu.

Entlang des Transekts T1 waren 18 der 27 Gärten korrekt kartiert worden (= 67 %), 5 fehlten (vergessen), während 4 zu dicht an der Transekte eingezeichnet waren. Von den 35 Gärten entlang T2 waren 23 korrekt kartiert (= 66 %), 8 fehlten (6 waren tatsächlich vergessen, 2 noch nicht kartiert) und 1 Garten war zu dicht am Transekt eingezeichnet.

Die durchschnittliche Abweichung zwischen gemessenen und kognitiv eingetragenen Positionen betrug weniger als 50 m, was innerhalb der Standardabweichung der GPS-Messungen liegt. Allerdings überschätzt dieser Vergleich vermutlich die Genauigkeit weit entfernter und damit selten besuchter Gärten. Zumindest in einzelnen Fällen traten bei der Eintragung solcher Gärten Schwierigkeiten auf.

Um räumliche Muster besser analysieren zu können, wurden außer der Position und der abgeschätzten Größe der Waldgärten entlang der beiden Transekte auch die verschiedenen Altersformen der Bracheflächen erfasst.

Nr.	Karte	T1	± m	Nr.	Karte	T2	± m
No. 1	500 m	550 m	50 m	No. 1	600 m	600 m	0 m
No. 2	650 m	650 m	0 m	No. 2	650 m	650 m	0 m
No. 3	750 m	750 m	0 m	No. 3	1100 m	1100 m	0 m
No. 4	850 m	850 m	0 m	No. 4	1100 m	1150 m	50 m
No. 5	1600 m	1600 m	0 m	No. 5	1150 m	1300 m	150 m
No. 6	1750 m	1650 m	100 m	No. 6	1250 m	1350 m	100 m
No. 7	2200 m	2100 m	100 m	No. 7	1650 m	1650 m	0 m
No. 8	2450 m	2400 m	50 m	No. 8	1750 m	1750 m	0 m
No. 9	2650 m	2650 m	0 m	No. 9	1800 m	1800 m	0 m
No. 10	2700 m	2650 m	50 m	No. 10	1950 m	1900 m	50 m
No. 11	2850 m	2750 m	100 m	No. 11	2200 m	2150 m	50 m
				No. 12	2250 m	2200 m	50 m
				No. 13	2350 m	2350 m	0 m
				No. 14	2450 m	2450 m	0 m
				No. 15	2500 m	2500 m	0 m
				No. 16	2650 m	2650 m	0 m
Mittel:			**41 m**				**28 m**

Tabelle 1: Unterschiede zwischen kognitiv ermittelten und gemessenen Gartenpositionen .

Vier *Simpukng*-Gärten wurden darüber hinaus hinsichtlich der Artenzusammensetzung und der räumlichen Verteilung des Baumbestandes innerhalb jeweils 50x50 m großer Flächen untersucht. Einer der Gärten wurde von mir selbst kartiert, die drei übrigen durch von mir angeleitete Forststudenten der Mulawarman Universität Samarinda (vgl. Basuki 1999).

Die Pflanzen wurden durch lokale Informanten bestimmt und in Listen eingetragen, die ein Dendrologe der Universität (Paulus Matius) anschließend in wissenschaftliche Bezeichnungen übertrug. Unsichere Bestimmungen wurden durch den Dendrologen im Rahmen eines mehrtägigen Feldbesuchs vor Ort nachbestimmt[58]. Vögel, Reptilien und Säugetiere bestimmte ich selbst basierend auf eigenen Erfahrungen bzw. mit Hilfe der vorhandenen Bestimmungsliteratur[59].

---

[58] Paulus Matius ist selbst Dayak Benuaq.

[59] Meine Diplomarbeit beinhaltete einen methodischen Vergleich verschiedener ornithologischer Kartierungsmethoden im Tieflandregenwald Borneos (Gönner 1991). Ein detaillierter Vergleich zwischen der Anzahl an Vogelarten eines alten Waldgebietes und eines Mosaiks aus Waldgärten und Brachflächen sowie eine Studie über Feuchtgebietsvögel wurde von mir an anderer Stelle publiziert (Gönner 1999b, 2000b). U. a. verwendete ich als Bestimmungsliteratur Davison & Chew 1990, King et al. 1975, Smythies 1981, MacKinnon & Phillipps 1993, Payne et al. 1985, Liat & Das 1999, Cox et al. 1998 sowie Inger & Lian 1996.

1.4.2 Haushaltsinterviews und sozioökonomische Untersuchungen

Die Ressourcennutzung in Lempunah wurde mit Hilfe halb-strukturierter Haushaltsinterviews über einen Zeitraum von vier Jahren (1995/96 – 1998/99) untersucht. Im ersten Jahr (1995/96) wurden 95-100 % aller Haushalte hinsichtlich ihrer Subsistenzstrategien, Einkommensquellen und Ausgaben befragt. In den drei darauffolgenden Jahren wurde alljährlich eine repräsentative Stichprobe (jeweils 18 Haushalte; dies entspricht etwa 35 % des Dorfteils RT I/II sowie 95 % von RT III) nachuntersucht, um zeitliche Veränderungen zu erfassen.

Die Auswahl der 35 % Stichprobe (RT I/II) erfolgte zunächst zufällig. Da sich unter den ausgewählten Haushalten jedoch fünf mit engen Verwandtschaftsbeziehungen und ähnlichen Ressourcenstrategien befanden, wurden drei von ihnen durch eine erneute Zufallsstichprobe ersetzt. Die Stichprobe erwies sich in allen getesteten Variablen als repräsentativ, verglichen mit der Grundgesamtheit von 1995/96[60].

Folgende Lebensbereiche wurden durch diese Interviewserie abgedeckt:

Reisanbau
Saatmenge; Reissorten; Vorjahresertrag; Reisverfügbarkeit während der vergangenen 12 Monate; Anzahl der Reisfelder über die vergangenen 5 Jahre; Lage des Feldes; Boden- und Waldtyp; Waldalter; Besitzstatus; Arbeitsteilung; Einsatz von Motorsägen; Schädlinge und andere Probleme

Andere Anbaupflanzen
angebaute Gemüse- und Fruchtsorten; neu gepflanzter Rattan (Menge, Sorten); neu gepflanzte Gummibäume (Anzahl)

Einkommensquellen
nach Rängen geordnete Einkommensquellen mit Beispielen (Ränge von 1-4; 1 = am bedeutsamsten)

Tägliche Ausgaben
geschätzte tägliche Ausgaben für Reis, Zucker, Zigaretten, Speiseöl, Zwiebeln, Salz, Petroleum, Seife und Zahnpasta als regelmäßige Ausgabeposten

Außergewöhnliche Ausgaben
jährliche Spitzenausgaben (z. B. für Motorräder, Motorsägen, Riten, u. a.)

---

[60] G-Tests für die Goodness-of-Fit sowie Mann-Whitney U-Tests für Stichprobenvarianzen zeigten keine signifikanten Unterschiede zwischen der 35 % Stichprobe und der 100 % Grundgesamtheit bezüglich folgender Parameter: tägliche Ausgaben ($t=1,576$, $n_1=45$, $n_2=16$), Einkommensquellen ($G=7,199$, $v=14$), Feldgröße ($t=0,083$, $n_1=45$, $n_2=16$), Lage des Feldes (innerhalb bzw. außerhalb des Dorfgebietes, $G=0,588$, $v=2$), Besitzstatus ($G=0,157$, $v=2$), Brachealter ($G=2,847$, $v=4$), und Bodentyp ($G=1,540$, $v=2$).

Zusätzliche Informationen über Ressourcenstrategien sowie andere (z. B. soziale, religiöse) Aspekte des täglichen Lebens wurden zwischen 1996 und 2000 durch Befragung meiner Schlüsselinformanten gewonnen. Wo immer möglich, flossen auch quantitative Daten (v. a. Preisangaben) meiner früheren Aufenthalte (1988-1993) mit in die Auswertung ein, um die Dokumentation zeitlicher Veränderungen zu ergänzen.

Methodische Erfahrungen

Ein Problem bestand, vor allem zu Beginn der Studie, in der Definition des Begriffs 'Haushalt'. Die Definition der indonesischen Behörden als verheiratetes Ehepaar mit etwaigen Kindern (als KK gezählt – *Kepala Keluarga* – Familienoberhaupt) schien für eine treffende Beschreibung der Situation in Lempunah zu eng gefasst, da hier im Allgemeinen mehrere dieser Haushalte unter einem Dach leben und sich, zumindest wesentliche Bereiche, ihrer wirtschaftlichen Aktivitäten teilen. Daher konzentrierte sich auch die Auswahl der interviewten Haushalte zunächst auf unterschiedliche Häuser ('domestic units'). Doch obwohl ich 1995/96 alle Häuser besuchte und ihre Bewohner und Bewohnerinnen befragte, wurden doch einige Personen übersehen, die zum Interviewzeitpunkt abwesend waren. Daher schloss ich in die Studie lediglich Personen ein, die über den gesamten Untersuchungszeitraum im Dorf wohnhaft waren ('full-time residents', vgl. Definition von Wilk & Miller 1997:67-8).

Die meisten Interviews dauerten zwischen 30 Minuten und einer Stunde, da ich das Gefühl hatte, nicht mehr Zeit verlangen zu können. Ich erklärte dabei wiederholt den Sinn der Untersuchung[61], und bezahlte während der letzten beiden Interviewserien (1997/98 und 1998/99) 5.000 Rp[62] pro Interview.

Im ersten Jahr (1996) unterstützte mich ein Feldassistent, der mir u. a. als Benuaq-Indonesisch-Übersetzer zur Seite stand. Die drei folgenden Serien führte ich alleine auf Benuaq durch.

Im Allgemeinen nahmen die meisten Anwesenden eines Hauses am Interview Teil, wobei allerdings die Dominanz stark variierte. Frauen wurden bis auf Spezial-themen (z. B. Heilpflanzen, Webkunst) nicht gesondert interviewt, da Benuaqfrauen mit großer Selbstverständlichkeit an Diskussionen teilnehmen und diese gelegentlich auch dominieren.

---

[61] Ich bezog mich vor allem auf die Notwendigkeit, die Rationalität des lokalen Ressourcensystems Behörden wie dem Forst- und Plantagenministerium gegenüber zu verdeutlichen, welche Träger des GTZ-Projektes waren, dem ich angeschlossen war. Darüber hinaus waren die Dorfbewohner bereits an die 'Notwendigkeit' des Datensammelns durch frühere Besuche indonesischer Feldstudenten gewöhnt.

[62] Dies entspricht 1-2 kg Reis oder ca. 70 % des vom Ölpalmunternehmen bezahlten Tageslohns.

33

Um keine exakt erscheinenden, quantitativen Daten zu erzwingen[63] verwendete ich bei meinen Befragungen zunächst einen halb-quantitativen, mit Rängen arbeitenden Ansatz, der sich an die methodischen Werkzeuge der 'participatory rural appraisal' (PRA) bzw. der 'rapid rural appraisal' (RRA) Verfahren (vgl. Schönhuth & Kievelitz 1994) anlehnte. Dieser Ansatz funktionierte ausgezeichnet bei der Erfassung der relativen Bedeutung einzelner Einkommensquellen, nicht aber bei der Erhebung finanzieller Ausgaben. In der Regel berechneten die befragten Personen zunächst die exakte Summe in Rupiah, um diese dann in einen Rang umzurechnen. Daher wandelte ich die Methode ab und erfasste die quantitativen Angaben direkt. Dennoch erschien es mir notwendig, diese schein-exakten Daten aufzuweichen, da immer wieder betont wurde, wie ungefähr diese Angaben nur sein könnten. Um diese Unschärfe zu berücksichtigen, transformierte ich die Angaben in Ränge, wobei die schein-exakte Zahl durch 10.000 dividiert und auf- bzw. abgerundet wurde. Ein Wert von 17.800 Rp ergäbe somit 1,78, was aufgerundet in die Kategorie '2' (zwischen 1,5 und 2,4) fiele.

---

63 Die Auswirkungen lassen sich in unzähligen Studien wiederfinden, in denen exakte Interview-daten mit zwei bis drei Stellen hinter dem Komma für Kategorien angegeben werden, die in der betreffenden Kultur oft ungebräuchlich oder gar gänzlich unbekannt sind (z. B. Hektar oder Stunden; vgl. auch kritischen Kommentar in Gönner 2000a).

2 Untersuchungsgebiet und Ethnographie

2.1 Untersuchungsgebiet

Die vorliegende Fallstudie wurde in Lempunah, einem Dayak Benuaq Dorf in der indonesischen Provinz Ost-Kalimantan durchgeführt. Zusätzlich wurden Daten aus mehreren Nachbardörfern (Tanjung Isuy, Mancong Muara Tae und Perigiq) verwendet.

Lempunah befindet sich etwa 140 km westlich der Provinzhauptstadt Samarinda. Die geographischen Koordinaten des Dorfes lauten: 0° 34,433' S / 116° 5,112' O. Das staatlich anerkannte Dorfgebiet umfasst 9.200 ha genutzten Sekundärwald.

Lempunah liegt am Ufer des kleinen Ohong-Flusses, der in den Jempangsee, den größten der Mahakam-Seen (Suyardiputra et al. 2000:1), mündet (vgl. Karte 2).

Das Untersuchungsgebiet ist eben (zwischen 40 und 100 m üNN) und mit immergrünem tropischen Tieflandregenwald sowie alluvialen Süßwassersumpf-wäldern bedeckt[64].

Entlang des Ohong findet man alluviale Tieflandböden, während Ultisole und Inceptisole eher in den trockeneren Bereichen des Gebietes vorherrschen (Ansyahari et al. 1984:14-19). In der Nähe von Lempunah wurden zudem Spondosole gefunden (ibid.)[65].

Die durchschnittliche Jahresniederschlagsmenge beträgt im Gebiet des mittleren Mahakam 2.100-2.400 mm. Saisonale Unterschiede in der Niederschlagsverteilung lassen sich nur im langjährigen Mittel erkennen, welches die Zeit zwischen Juli und September als den trockensten Jahresabschnitt, sowie die Monate März, April, November und Dezember als die feuchtesten ausweist. Die Temperatur schwankt täglich zwischen minimal 21°C und maximal 38°C mit einem über das Jahr stabilen Mittelwert von 27°C. Die relative Luftfeuchtigkeit liegt zwischen 72 % und 90 % (Ansyahari et al. 1984:6-7).

---

[64] Zur Waldtypenklassifizierung siehe Whitmore (1990:12-15, 22-3).

[65] Die Bodenbeispiele aus Ansyahari et al. (1984) stammen von mehreren Lokalitäten in der Nähe Lempunahs mit ähnlicher Vegetation und Landnutzung. Im Rahmen der vorliegenden Studie wurden keine weiteren Bodenproben untersucht.

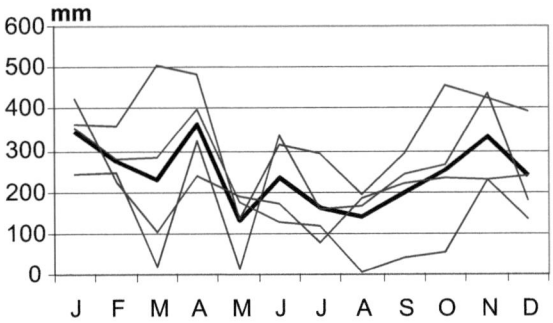

Abbildung 2: Niederschlagsverteilung zwischen 1995 und 1997 an zwei, jeweils etwa 70 km von Lempunah entfernten Messstationen (Melak, nordwestlich von Lempunah: M95, M96, M97; Kota Bangun, nordöstlich von Lempunah: KB95). Die dicke Linie entspricht den Mittelwerten aus allen vier Messreihen. Die Niederschlagsdaten wurden freundlicherweise von Doris Weidemann (GTZ-IFFM) zur Verfügung gestellt.

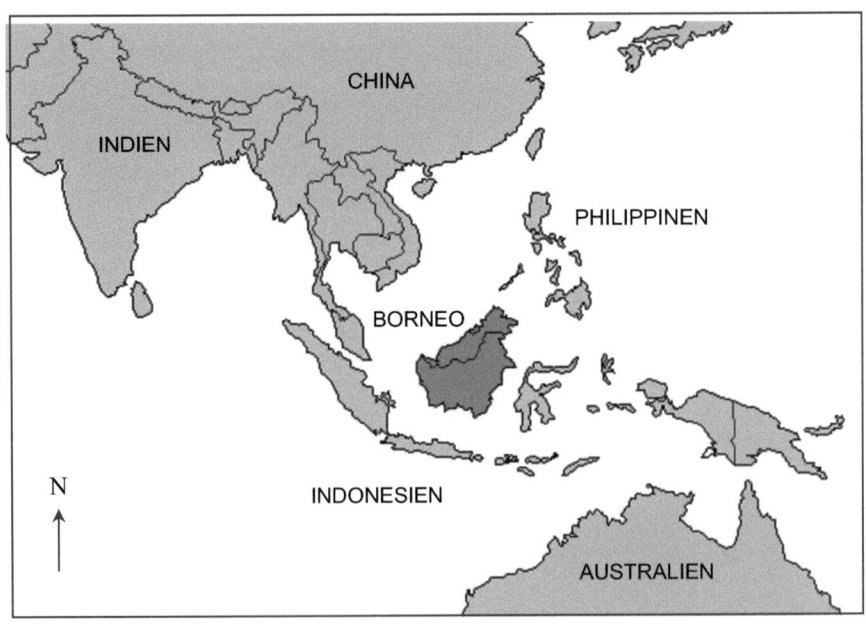

Karte 1: Südost-Asien mit Borneo (dunkelgrau). Quelle: vom Autor bearbeitete, digitalisierte GIS-Version einer für die GTZ erstellten Karte, Samarinda 1999.

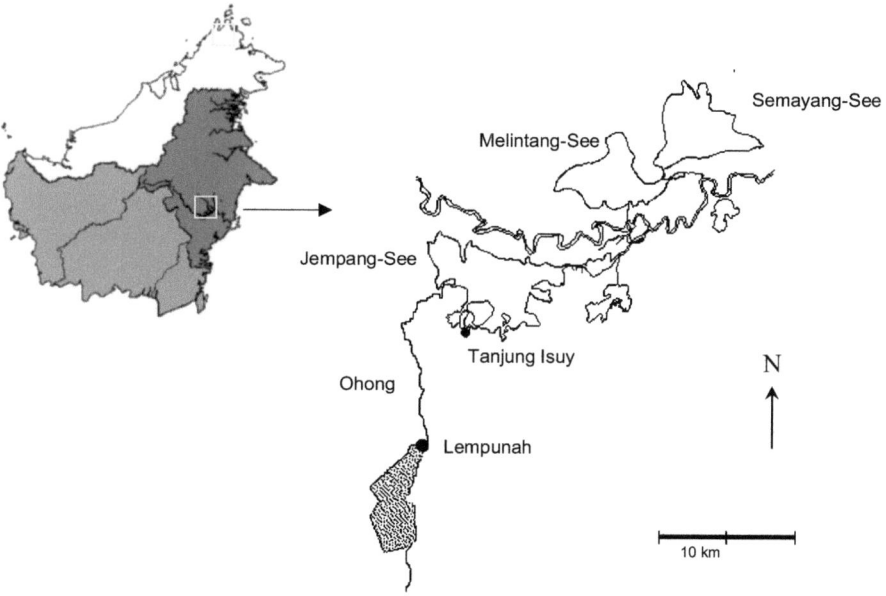

Karte 2: Borneo (grau: indonesische Provinzen mit Ost-Kalimantan (dunkelgrau); weiß: Sarawak, Sabah (Malaysia) und Brunei) sowie das Gebiet des mittleren Mahakam mit dem Dorfgebiet Lempunahs (grau gefleckt). Quelle: vom Autor bearbeitete, digitalisierte GIS-Version einer für die GTZ erstellten Karte, Samarinda 1999.

2.2 Ethnographie der Benuaq

Im Vergleich zur reichhaltigen Literatur über die Iban, Kenyah, oder Kayan, wurde bislang nur wenig über die Benuaq und ihre Nachbargruppen (Tonyoi, Bentian) publiziert. Einige Arbeiten jüngeren Datums beschreiben rituelle und mythologische Aspekte der Benuaq (so beispielsweise Bonoh 1985a, 1985b, Massing 1981, 1982, Sarwoto 1963, Weinstock 1983a, Hopes et al. 1997, Hopes 1997), doch andere Lebensbereiche wie soziale Organisation, traditionelles Recht oder Landnutzungsformen blieben bislang weitgehend undokumentiert.

Dieses Kapitel kann und soll keine ethnographische Monographie ersetzen, sondern ist in erster Linie zur soziokulturellen Einordnung der in Lempunah beobachteten Landnutzungsweisen gedacht. Ein besonderes Augenmerk gilt dabei religiösen Aspekten, da Riten einen essentiellen Bestandteil des Lebens in Lempunah bilden, wobei sie in direkter (s. Agrarriten) oder indirekter (z. B. durch die zeitliche Beschränkung anderer Beschäftigungen) Beziehung zu Ressourcen-aktivitäten stehen.

2.2.1 Ethnizität

Nach Weinstock (1983:84) bilden die Benuaq eine Untergruppe der Luangan, welche ihrerseits zusammen mit den Ngaju, den Ot Danum und den Ma'anyan zur Barito-Sprachfamilie Südost-Borneos gehören (Hudson 1967 zitiert in Sillander 1995:71 sowie in Avé 1972:187).

> Weinstock unterteilt die Luangan in 14 Untergruppen: Tunjung (Tonyoi), Pasir, Pahu, Benuaq, Bentian, Purei, Taboyan (Tiwoian), Bawo, Paku-Kerau (Lawangan), Malang, Bayan, Dusun Tengah, Dusun Wito (Dusun Hilir), und Dusun Dayeh. Mallinckrodt (1927:579-85) war der erste Ethnologe, der die Luangan (oder Lawangan) als ethnische Einheit betrachtete[66]. Diese unterteilte er seinerseits in 21 Untergruppen (Stammengroep der Lawangan). Auch Riwut (1958:220-1) führt 21 Lawangan-Untergruppen auf, obwohl sich seine Klassifikation deutlich von der Mallinckrodts unterscheidet (Weinstock 1983a:82). Der wesentliche Unterschied zwischen Weinstocks und Mallinckrodts Einteilung ist die 'Stammengroep der Dusun', in die Mallinckrodt 8 Untergruppen plaziert, welche in Weinstocks Konzept der Luangan integriert sind (Weinstock 1983a:82-84). Sillander betont, dass die Dusun sich hinsichtlich ihrer Selbstidentifikation deutlich von den Luangan unter-scheiden, obwohl sie kulturell gewisse Ähnlichkeiten aufweisen (1995:74).

Wie in vielen Gebieten Borneos ist die Vorstellung, ethnisch zu einer bestimmten Stammesgruppe zu gehören (d. h. oberhalb der Dorfebene oder der Kategorie eines Flussabschnittes) auch unter den Luangan nur schwach ausgeprägt. Vergleichbar mit den Ethnonymen Iban, Landdayak, oder Ngaju, wurde der Name Luangan lokal nie in einer Weise verwendet, wie dies heute Ethnologen tun (vgl. Sillander 1995:72,76). Es handelt sich hierbei somit um ein Konzept, welches indigene Gruppen entlang eines kulturellen und linguistischen Gradienten einordnen, um soziokulturelle Unterschiede zu anderen Gruppen hervorzuheben.

Die Bevölkerungszahl der Luangan (im Sinne Weinstocks) wird auf 50.000-100.000 Menschen geschätzt (Sillander 1995:71; Weinstock 1983a:198-228).

Unter den Benuaq scheint der Begriff 'Luangan' selten als Ethnonym verwendet zu werden. Die meisten Benuaq bezeichnen sich selbst als Dayak (als Abgrenzung von Muslimen), als Benuaq (als Abgrenzung von anderen Dayakgruppen), sowie

---

[66] Nach Sillander (1995:73-74) ist Weinstocks Ablehnung der Bezeichnung Lawangan als Ethnonym für verschiedene Untergruppen gerechtfertigt, da sich der Name Lawangan (bzw. Lowangan) auf eine bereits von Schwaner (1853) und Grabowsky (1888:88) erwähnte lokale Unter-gruppe bezieht, die bei Weinstock Paku-Kerau genannt wird (1983:214, 216).

als Orang Isuy (Einwohner Tanjung Isuys), beziehungsweise als Orang Lempunah oder Akas[67] (Einwohner Lempunahs). Gelegentlich wird auch die Bezeichnung eines Flusses oder Flussabschnittes benutzt (z. B. Benuaq Ohookng – Benuaq, die am Ohong leben), doch die häufigste Eigenbezeichnung bezieht sich im täglichen Umgang auf die Dorfebene.

Neben linguistischer Verwandtschaft besteht der wesentliche Grund, die Benuaq zu den Luangan zu zählen, im Glaubenssystem. Dieses wird in Zentralkalimantan *Kaharingan* genannt, ein Begriff, der unter den Benuaq am Ohong ebenfalls nicht geläufig ist. *Kaharingan* wurde 1980 von der indonesischen Regierung als offizielle Religion (ind. *Agama*) anerkannt (Weinstock 1981), wenn auch unter dem Namen *Hindu-Kaharingan*, da sich nach der indonesischen Staatsphilosophie *Pancasila* jeder Staatsbürger und jede Staatsbürgerin zu einer der großen Weltreligionen bekennen muss. Zuvor besaß *Kaharingan* lediglich den Status einer Glaubensrichtung (ind. *Kepercayaan*).

Selbst wenn die Bezeichnung *Kaharingan* in Lempunah nicht bekannt ist, so lassen sich die wesentlichen Eigenschaften dieser Religion (sekundäre Bestattungsriten und schamanistische Heilriten) in allen Bario-sprechenden Dayakgruppen Südost-Borneos finden[68].

2.2.2 Die Benuaq: Geschichte, Siedlungsgebiet und Sprache

Der mündlichen Überlieferung nach[69] stammen die Benuaq von einem Langhaus auf dem Berg Lumut ab. Von hier wanderten die Vorfahren der Benuaq Ohookng über die Stationen von 23 älteren Langhäusern bis an den Ohong. Diese Abstammungsgeschichte ähnelt Weinstocks Befunden, der ebenfalls den *Gunung* (ind. Berg) Lumut als mythischen Ursprung der Luangan erwähnt (1983a:72-73).

Heute erstreckt sich das Siedlungsgebiet der Benuaq von Bongan im Osten über den Jempangsee und den Ohong im Norden sowie das Wassereinzugsgebiet des Kedang Pahu (einschließlich der Flüsse Jelau, Kelawit, Tuang, Lawa, Pahu und

---

[67]Der Name *Akas* stammt von einem ehemaligen Langhaus ab, welches vermutlich das erste ausschließliche Vorläuferlanghaus Lempunahs war. Zuvor war es zu einer Trennung in zwei Langhäuser gekommen, von denen eines die Linie bis zum heutigen Lempunah bildet, während sich vom anderen Langhaus Lempunahs Nachbardorf Muara Nayan ableitet.

[68]Der Begriff *Kaharingan* ist auch Dayakgruppen im Norden Borneos bekannt. Allerdings nicht im engeren Sinn eines Glaubenssystems sondern vielmehr als Bezeichnung der obersten männlichen Gottheit der Tempasuk Dusun, die den Namen *Kenharingan* trägt. Diese begriffliche Verwandtschaft könnte durchaus auf gemeinsame linguistische und kulturelle Wurzeln hinweisen (vgl. Weinstock 1983a:19).

[69] Die Überlieferung stammt von einem Informanten aus Muara Tae, einem Nachbardorf Lempunahs.

Nyawatan, vgl. Massing 1981:85) bis hin zu den Nebenflüssen des Teweh in Zentral-Kalimantan. In vielen Gebieten leben die Benuaq gemeinsam mit ihren Nachbargruppen, den Tonyoi (Tunjung) im Nordwesten, den Bentian im Westen, sowie den Kutai im Osten.

Nach Massing (1981:86) unterscheiden die Benuaq sechs geographisch definierte Untergruppen[70]:

(1) Benuaq des Bongan, (2) Benuaq des Ohong und Jempangsees, (3) Benuaq des Kelawit, Tuang und Jelau, (4) Benuaq des unteren Lawa, (5) Benuaq des oberen Pahu und Nyawatan sowie (6) Benuaq des Idan.

Die Gesamtbevölkerung der Benuaq wird von Massing mit 23.400 (basierend auf der Provinzstatistik, 1981:86) angegeben, während Weinstock ihre Zahl auf 20.000 schätzt (1983:205).

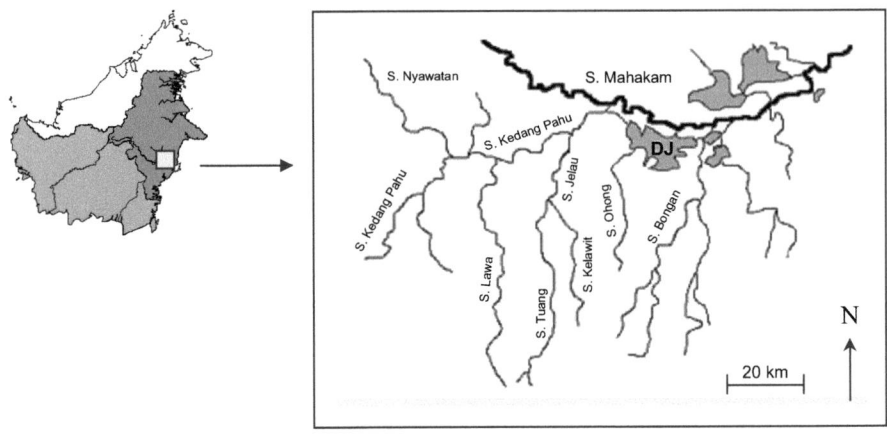

Karte 3: Siedlungsgebiet der Benuaq im Einzugsgebiet des Pahu (Sungai Pahu) sowie südlich des Jempangsees (Danau Jempang – DJ). Quelle: vom Autor bearbeitete Karte, nach Massing 1982:58.

Die Sprache der Benuaq wird von Hudson als Luangan-Isolekt innerhalb der Barito-Sprachfamilie angesehen (Hudson 1967), auch wenn detaillierte linguistische Untersuchungen noch ausstehen. Eine an Swadesh (1971:283) angelehnte Wortliste ist in Anhang A1 beigefügt[71].

Regional gibt es mehrere unterschiedene Dialekte, die im wesentlichen mit Massings geographischer Einteilung übereinstimmen. So sprechen die Benuaq in

---

[70] Die Bentian, die in Massings Zusammenstellung als Untergruppe der Benuaq aufgefasst werden, gelten unter den Benuaq und den Bentian als eigenständige Gruppe.

[71] Dort ist auch die Schreibweise des Benuaq näher erläutert.

Tanjung Isuy einen Dialekt, der deutliche Einflüsse des Kutai-Malayisch aufweist, während der Dialekt der benachbarten Ohongdörfer von den Benuaq selbst als authentischer angesehen wird und eher den Dialekten des westlichen Siedlungsgebietes entspricht (wie im Gebiet des Lawa, Pahu, oder Nyawatan). Die meisten meiner Informanten erklärten, dass sie den Bentian-Isolekt verstehen, während die Sprache der nordwestlichen Nachbargruppe, der Tonyoi, linguistisch weiter entfernt ist und von den Benuaq im Allgemeinen nicht verstanden wird[72].

2.2.3 Soziale Stratifizierung und Status

Ähnlich wie die Gesellschaften anderer Dayakgruppen, wie der Kenyah (vgl. Whittier 1973, Whittier 1994:142-144), der Kayan (vgl. Rousseau 1990:163-187, Rousseau 1994:111-113), oder der Maloh (King 1985), ist auch die Gesellschaft der Benuaq stratifiziert. Allerdings ist die Schichtung der Benuaq-Gesellschaft weniger rigide als jene der oben genannten Beispiele[73]. So waren in Lempunah offenbar auch in früheren Zeiten schichtübergreifende Mobilität und Heiraten nicht ungewöhnlich[74].

Der obersten, *Mantiiq* genannten Schicht gehören die Dorfführer und deren Familien an. Im Gegensatz zu den Kayan *Maren* (Rousseau 1990:172) oder den Maloh *Samagat*-Adligen (King 1985:127), mussten die *Mantiiq* der Benuaq auch früher schon ihr eigenes Feld selbst bestellen (ähnlich wie auch die Kenyah *Paran*, vgl. Whittier 1978:102), obgleich sie von der übrigen Dorfbevölkerung durchaus materiell (Anteile der Reisernte oder der Jagdbeute) und durch Arbeitsleistung unterstützt wurden. In Lempunah währte diese Tradition bis in die Sechzigerjahre des zwanzigsten Jahrhunderts. Heute erfahren die *Mantiiq* in Lempunah kaum Unterstützung, und, obwohl die Schichtherkunft allgemein bekannt ist, spielt die Stratifizierung beispielsweise bei lokalen Wahlen kaum mehr eine wesentliche Rolle. Das ehemalige Prestige der *Mantiiq* wurde zudem durch ein zweigleisiges Führungssystem auf Dorfebene geschmälert. So gibt es neben dem traditionellen Dorfoberhaupt (*Kepala Adat*) einen, meist einflussreicheren Verwaltungschef

---

[72]Obwohl die Tonyoi zahlreiche kulturellen Eigenschaften mit den Benuaq teilen (z. B. Mythen und viele Riten), so unterscheiden sie sich in linguistischer und historischer Hinsicht deutlich von anderen Luangan-Gruppen (Weinstock 1983a:198), während die Bentian beispielsweise von Massings Informanten (1981:86) sowie von Knappert (1905:592) zu den Bentian gerechnet wurden.

[73] Neben stratifizierten Gesellschaften gibt es auch sogenannte egalitäre Dayakgruppen wie die Iban oder die Bidayuh (vgl. King 1993:197-207). Allerdings sind diese Einteilungen nicht als absolut zu betrachten, da auch die Iban Statusunterschiede anerkennen (King 1993:198).

[74]Laut Auskunft des *Kepala Adat*. Übergänge zwischen den einzelnen Strata waren auch bei den Kayan (Rousseau 1990:175-178) und den Kenyah (Whittier 1978:110-111) möglich, traten jedoch offenbar weit seltener als bei den Benuaq auf.

(*Kepala Desa*)[75]. Darüber hinaus führte die Abschaffung der Sklaverei sowie die verstärkte Einbindung der Dörfer in eine weitreichende monetäre Marktwirtschaft zu einer neuen Macht- und Statusverteilung, die sich nicht notwendigerweise mit der alten deckt[76].

Angehörige der mittleren Schicht, zu der die große Mehrheit gehört, werden als *Merentika*[77] bezeichnet, während die Unterschicht früher durch *Ripatn* genannte Leibeigene (Sklaven) gebildet wurde. *Ripatn* konnten käuflich erworben oder in Kriegszügen gefangen genommen werden (letztere hießen *Batakn Ulutn*, vgl. auch Massing 1981:89) und waren häufig anderer ethnischer Herkunft (z. B. Javaner oder Bugis). Aber auch freie *Merentika* konnten durch (oft nur vorübergehende Verschuldung) gesellschaftlich in den Rang eines *Ripatn* absinken, die dann als *Olui Belangui Tabaas* bezeichnet wurden. Nach Auskunft des *Kepala Adat*, wurden *Ripatn* im Rahmen großer *Guguq*- und *Kwangkai*-Rituale geopfert, vor allem, wenn ein *Mantiiq* erkrankt oder gestorben war. Diese Tradition wird auch von den Kayan berichtet, deren *Dipen* Sklaven ebenfalls im Falle eines erkrankten oder verschiedenen *Maren* Aristokraten sowie für die Errichtung eines neuen Langhauses rituell getötet wurden (Rousseau 1990:176). Ähnlich verhielt es sich offenbar auch bei den Maloh (King 1985:127)[78].

Benuaq *Ripatn* konnten sich frei kaufen und in den Stand eines *Merentika* aufsteigen. Theoretisch war dies auch für Kayan- (Rousseau 1990:178) und Maloh-Sklaven (King 1985:101) möglich. Doch auf Grund der sehr beschränkten Mittel geschah dies wohl nur in Ausnahmefällen (Rousseau ibid.). Unter gegebenen

---

[75]Auch unter den Kayan und Kenyah spielt soziale Stratifizierung heute nur noch eine stark begrenzte Rolle (vgl. Armstrong 1992:203). Am deutlichsten trifft man sie bei diesen Gruppen noch im rituellen und symbolischen Kontext an (ibid.).

[76]In einigen Gebieten Borneos verfügten Angehörige der Oberschicht jedoch über besseren Zugang zu marktorientierten Anbaupflanzen und zu Ausbildungsmöglichkeiten, wodurch sie ihren alten Status wahren konnten (vgl. Alexander 1992:219 für das Beispiel der Kenyah *Maren*). Auch in Lempunah gehört die *Mantiiq*-Familie des gegenwärigen Dorfvorstehers zu den relativ wohlhabenderen Familien. Zwei Nicht-*Mantiiq*-Familien kamen jedoch Dank ihrer erfolgreichen Handelsaktivitäten inzwischen zu deutlich mehr Wohlstand.

[77]Massing (1981:89) nennt dieses Stratum *Merendika*, während es Hopes (Hopes et al. 1997:16) als *Marantika* bezeichnet. Vermutlich gehen all diese Begriffe auf das indonesische *merdeka* = unabhängig, frei, zurück.

[78]Die rationale Erklärung für das Töten von Sklaven im Rahmen der Bestattungsriten liegt in der Vorstellung begründet, dass der verstorbene Adlige auf diese Weise einen Diener für sein jenseitiges Leben zur Verfügung hat. Das Opfer eines *Ripatn* während eines Heilritus (z. B. *Nalitn Rotatn*) wurde höchstwahrscheinlich als Ersatzgabe für den erkrankten *Mantiiq* angesehen. Mit ähnlicher Absicht werden den Geistern in den heutigen Heilriten sogenannte Ersatzseelen (*Silih*) angeboten, während das *Ripatn*opfer durch das eines Wasserbüffels ersetzt wurde. Symbolisch ist das Menschenopfer im *Melas Tautn* (z. B. Tanjung Isuy, Mai 1996) noch durch das Enthaupten und Erschießen (mit Blasrohrpfeilen) einer als Mensch stilisierten Bananenstaude enthalten.

Umständen konnte es ein freier Benuaq *Ripatn* sogar bis in eine Führungsposition schaffen[79].

Die Kinder (zumindest die Töchter) der *Ripatn* durften *Merentika* heiraten, und auch *Mantiiq* konnten *Ripatn* ehelichen.

Im Gegensatz zu Kenyah, Kayan und Maloh, scheint es bei den Benuaq keine Pufferschicht zwischen den Straten der *Mantiiq* und der *Merentika* zu geben[80]. Auch Massing (1981:89) sowie Hopes et al. (1997:15-17) erwähnen keine weiteren Schichten, obwohl Massing zusätzlich noch von *Pengawa* spricht, die er als Lineagemitglieder der *Mantiiq* bezeichnet (ibid.). Dieser Begriff ist unter dem Namen *Pengkawar* auch in Lempunah bekannt, bezeichnet jedoch eine hoch-rangige, einem Sekretär vergleichbare Position unterhalb des *Mantiiq*[81]. Keinesfalls entspricht sie in Lempunah einer eigenen sozialen Schicht[82].

Heutzutage ist die soziale Stratifizierung der Benuaqgesellschaft äußerlich kaum mehr wahrnehmbar (vgl. Massing 1981:86), und obwohl die jeweilige Herkunft jeder Familie allgemein bekannt ist, spielt die Schichtzugehörigkeit im alltäglichen Leben praktisch keine Rolle mehr (s. o.). Gegenwärtiger Status wird durch ein respektiertes Leben unter Berücksichtigung des traditionellen *Adats*[83] erreicht (d. h. intaktes Familien- und Sozialleben, keine wirtschaftlichen Probleme, ein 'gutes Herz', freundliches und großzügiges Verhalten anderen gegenüber, Gastfreund-schaft und Hilfsbereitschaft). Im Gegensatz dazu wurde die Definition von Prestige über ausschließlich materielle Statussymbole wie Fernsehgeräte, Motorsägen, Bootsmotoren oder Motorräder von älteren Informanten verneint, während diese Symbole unter der jüngeren Generation eine erhebliche Rolle spielen. Traditionell genossen neben den *Mantiiq* auch Schmiede, *Pemeliatn*-Heiler und erfolgreiche Jäger sowie Kriegshelden großes Ansehen.

---

[79]Kayan *Dipen* Sklaven konnten ihre Freiheit wiedererlangen, wenn sie sich beispielsweise als Kriegsführer bewährten (Rousseau 1990:175-178).

[80]Derartige, vor allem rituell bedeutsame Pufferschichten sind sowohl von den Kayan (*Hipuy Ok* für abgestiegene *Maren* Aristokraten bzw. für aufgestiegene *Panyin* Freie, vgl. Rousseau 1990:166) als auch von den Kenyah (Whittier 1978:110-111) und den Maloh (King 1985:98-99) bekannt. Allerdings scheint das jeweilige Prestige unterschiedlicher Art zu sein. Während Kayan *Hipuy Ok* (Rousseau 1990:165) sowie Maloh *Pabiring* (King 1985:98-99) rituell zur Oberschicht gehören, verbleiben Kenyah *Panyin Tiga* rituell betrachtet in der Mittelschicht (Whittier 1978:110-111). Es wird vermutet, dass diese Pufferschichten die gesamte Stratifizierung stabilisierten, da direktere Übergänge die Legitimation dieses Wesens in Frage gestellt hätten (vgl. Rousseau 1990:179-180).

[81]Der Vergleich mit einem Sekretärsposten geht auf den *Kepala Adat* Lempunahs zurück.

[82]Weitere Titel sind *Kepala Pokaatn* (angesehene Dorfbewohner) und *Let* (Vorsteher eines Dorf-teils).

[83] Der Begriff des *Adats* ist in ganz Indonesien verbreitet und bezieht sich auf traditionelle Rechte und Gepflogenheiten. *Adat* ist das 'indigene normative System verschiedener indonesischer Gesel-lschaften und Gemeinschaften', welches sich unter den neunzehn für Indonesien identifizierten *Adat*-Gebieten unterscheidet (Löffler 1996:28).

2.2.4 Verwandtschaftsbeziehungen und Heirat

Ebenso wie alle übrigen bislang untersuchten Dayakgruppen (vgl. Leach 1950:81, King 1994:6) bilden die Benuaq eine kognate Gesellschaft, in der die Verwandtschaftsbezeichnungen zwischen mütterlicher und väterlicher Seite eine bilineare Symmetrie aufweisen (vgl. Freeman 1992:66; für Verwandtschaftstermini s. Anhang 1). Die Vererbung verläuft im Falle persönlicher Gegenstände bilineal von der Mutter auf ihre Töchter bzw. vom Vater auf die Söhne, während sie bei Landrechtsfragen als ambilineal bezeichnet werden kann, da alle Nachkommen über dieselben Rechte und Erbansprüche verfügen. Status, wie im Fall einer *Mantiiq*-Herkunft, kann sowohl über die väterliche wie auch die mütterliche Linie erworben werden (vgl. Murdock 1960:2-6).

In der Regel nimmt eine Person ihre Verwandtschaft im Sinne von Freemans 'kindred' wahr (1992:67), auch wenn die Benuaq für diesen Begriff keinen lokal äquivalenten Ausdruck kennen[84]. Laterale Beziehungen werden bis zu Cousinen und Cousins des dritten Grades als Familie gerechnet und beinhalten: *Warsinai/Warsineq* (Cousinen/Cousins des ersten Grades), *Warduaq* (zweiter Grad), sowie *Wartolu* (dritter Grad). Im Falle von Konflikten oder Schande werden Cousinen und Cousins des vierten Grads meist nicht mehr als Familie betrachtet.

Traditioneller Weise mussten frisch verheiratete Paare je nach Bedürftigkeit der Brauteltern drei bis sieben Jahre lang in deren Haus wohnen. Anschließend sollte das Paar für die gleiche Zeit ins Haus der Bräutigameltern überwechseln, bevor es sich ein eigenes Wohndomizil suchen konnte. Im Falle eines Verstoßes gegen diese Wohnvorschrift war eine *Adat*-Strafe zu entrichten. Allerdings fand ich keine Hinweise auf die Einhaltung dieses zweiten Teils (d. h. der Rückkehr an den virilokalen Ort). Selbst der *Kepala Adat* von Lempunah, der diese Regel berichtete, folgte einst zweimal seinen Ehefrauen (die erste starb vor langer Zeit), ohne ins Dorf seiner Eltern zurückzukehren.

Auf Grund dieser de facto uxorilokalen Wohnweise spielen die Brauteltern eine wesentliche soziale Rolle. So war in Lempunah die häufigste Kombination für Gemeinschaftsfelder die von jungen Paaren und Brauteltern (vgl. 3.2.1), und generell ist die Autorität des Brautvaters stärker zu respektieren als die des eigenen Vaters.

Obwohl heutzutage die Heiratsvorschriften gelockert sind, folgte in 13 von 15 jüngeren Fällen noch immer der Mann seiner Ehefrau. Zudem zeigt sich ein Verhältnis von 3:1 zwischen Dorfexogamie und Dorfendogamie. In 13 Fällen heiratete der jeweilige Partner (12 Männer, 1 Frau) ins Dorf, während in 19 Fällen

---

[84]Auch Kayan, Kenyah sowie andere Dayakgruppen besitzen keine entsprechende Bezeichnung (King 1994:12). 'Kindred' wird hier im Sinne Freemans (1992:67) als eine ausgedehnte bilaterale Verwandtschaftsgruppe verstanden, die Freeman wie folgt definiert: 'A cognatic category which embraces all of an individual's father's kin, and all of his (or her) mother's kin' (ibid.).

aus Lempunah weggeheiratet wurde (11 Männer, 8 Frauen), und in 10 Fällen Paare innerhalb des Dorfes heirateten. Traditionell werden Kreuzcousinenheiraten als vorteilhaft betrachtet, während Parallelcousinenheiraten meist als *sahu* (tabu) angesehen werden[85].

Ein noch schwerwiegenderer Verstoß gegen das *Adat* ist eine Heirat, bei der die Partner aus unterschiedlichen genealogischen Schichten stammen, wobei die Abstammung beidseitig von einem gemeinsamen Vorfahren aus gerechnet wird. Weist die Linie eines Partners mehr Generationen auf als die des anderen, so wird die Verbindung als inzestuös betrachtet und muss mit einem *Melas Tautn*-Ritus (s. o.) bereinigt werden. Die mythologische Begründung für diese Ansicht findet sich im *Temputn Sahuq Sumakng* (Hopes et al. 1997:160-167).

2.2.5 Haushalte und andere soziale Gruppen

Nach King (1994:17) können die meisten Haushalte der Dayakgruppen Borneos als Kern- oder Stammfamilie bezeichnet werden. Diese Definition deckt sich auch weitgehend mit jener der indonesischen Verwaltung, die verheiratete Paare mit ihren Kindern als Familie (*Keluarga*) bzw. als Haushalt bezeichnet. Allerdings sind die Begriffe Haushalt und Wohneinheit ('domestic unit') nicht immer deckungsgleich. So leben in Lempunah 110 Haushalte (im Sinne einer Kernfamilie) in 76 Wohneinheiten (i. A. Einzelhäuser oder Langhausabschnitte). In mehreren Fällen sind die Häuser von Drei-Generationen-Familien bewohnt und beherbergen somit mehrere Haushalte. Während Nahrungsmittel (v. a. Reis) in der Regel geteilt werden, sind finanzielle Fragen meist Privatangelegenheit der jeweiligen Kernfamilie. In Bezug auf Ressourcen- und Kapitalallokation ist daher die Kernfamilie trotz enger Kooperationsverhältnisse entlang der Verwandtschaftsbande[86] als strategische Einheit zu betrachten.

Die in Lempunah vorherrschende soziale Organisation verläuft über Verwandtschaftsbeziehungen mit einer besonderen Betonung der Kernfamilie sowie der Familie der Brauteltern (s. o.). Abbildung 3 veranschaulicht das Verwandtschaftsnetz in Lempunah (nur RT I/II) bestehend aus Beziehungen zwischen Eltern und ihren erwachsenen Kindern sowie zwischen Geschwistern (inklusive Stiefgeschwistern).

Das Netz aus Abbildung 3 verbindet fünfzig Kernfamilien mit einander. Lediglich zehn weitere Kernfamilien sind nicht direkt (wohl aber auf der Cousinenebene)

---

[85]Nach Auskunft einiger Informanten muss im Fall einer Parallelcousinenheirat ein bereinigendes *Melas Tautn*-Ritual abgehalten werden. Andere Informanten berichteten hingegen, dass Parallelcousinenheiraten legitim wären.

[86] Das Familienoberhaupt meiner Gastfamilie half seinen verheirateten Kindern immer wieder bei Investitionen, wie z. B. beim Kauf einer neuen Motorsäge.

eingebunden. Die Positionen mit den meisten direkten Verbindungen besetzen der Dorfvorsteher (graues Feld) sowie einer seiner Stiefbrüder mit jeweils zehn direkten Verbindungen zu anderen Haushalten[87]. Die praktische Ausprägung dieses Verwandtschaftsnetzes lässt sich u. a. bei Riten und Konflikten erkennen, bei denen sich die Kerngemeinschaften zumeist aus eng verwandten Familienmitgliedern konstituieren[88]. Obwohl dorfinterne Konflikte auch quer durch Familienbande (zumindest auf der *Warsinai*-Ebene) verlaufen und als meist individuell motiviert gelten, so setzt sich der Kern einer losen Gruppe von Gegnern des Dorfvorstehers aus vier Haushalten zusammen, die über keine direkten Verbindungen zum Hauptnetz in Abbildung 3 verfügen.

Diese Beobachtung unterstreicht die signifikante Bedeutung enger Verwandtschaft, auf die man sich üblicher Weise verlassen kann, während ein Verwandtschaftsnetz auf *Wartolu*-Ebene (d. h. der Ebene einschließlich Cousinen und Cousins dritten Grades) das gesamte Dorf umfassen würde.

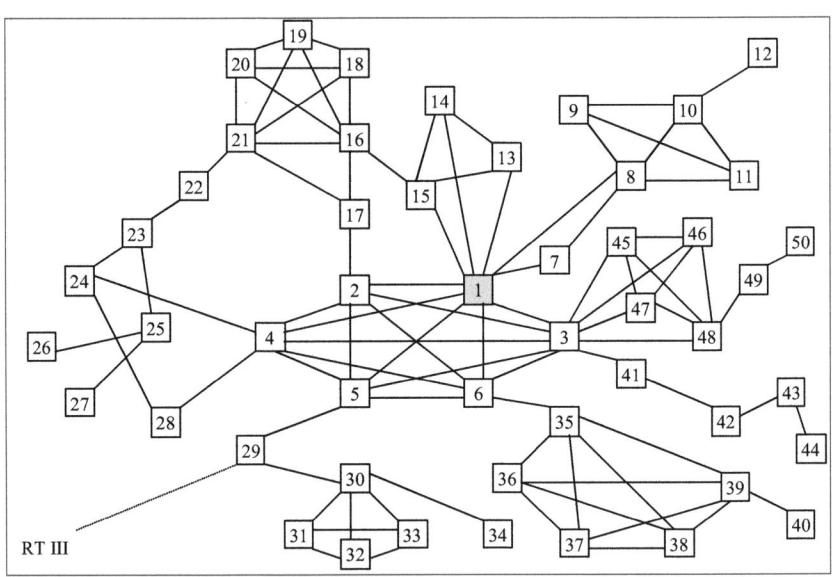

Abbildung 3: Direkte Verwandtschaftsbande über Eltern-Kind- und Geschwisterbeziehungen. Das graue Feld zeigt die Position der Kernfamilie des Dorfvorstehers an.

---

[87] Diese Anzahl steigt auf zwanzig, wenn auch noch weiterführende Verzweigungen (über eine Station) mit berücksichtigt werden.

[88]Ein eindrucksvolles Beispiel an Verwandtschaftsallianzen zeigte sich in einem Konflikt, der in Kapitel 2.3.2 näher beschrieben ist. Zu den daran beteiligten, eng verwandten Familienmitgliedern kamen jedoch noch Freunde hinzu, die mit den anderen lediglich weitläufig verwandt waren.

2.2.6 Traditionelles Adat- und Landrecht

Neben Heiraten sind zahlreiche weitere Aspekte des Gemeinschaftslebens über das traditionelle *Adat* [-Recht] geregelt. Dieses ungeschriebene Recht wird mündlich tradiert und vom traditionellen Dorfoberhaupt (*Kepala Adat* – 'Kopf des *Adat*') überwacht. Verstöße gegen das *Adat* werden zumeist in öffentlichen Versammlungen (*Berinuq*) diskutiert, bei denen dem *Kepala Adat* und anwesenden Zeugen (ind. *Saksi*) eine besondere Rolle zukommt. Diese Versammlungen dauern in aller Regel bis ein Konsens gefunden ist[89]. Finanzielle Strafen und rituelle Zahlungsbeträge werden in einer besonderen *Adat*-Währung ausgedrückt. Kleinste Einheit ist dabei ein *Lampakng* (ein weißes Keramiktöpfchen), das mit 2.500 Rp bewertet ist. Es folgen *Jogo* (ein weißer Teller) mit 5.000 Rp, *Gusiq* (eine kleine Keramikvase) mit 10.000 Rp, *Antaakng* (eine große Keramikvase) mit 20.000 Rp, *Tumak* (ein Ritualspeer) mit 25.000 Rp sowie *Genikng* (ein Bronzegong) mit 50.000 Rp[90].

Auch das Landrecht wird durch das *Adat* geregelt. Nach Appell (1986:119-120) gibt es unter Schwendbauern zwei grundsätzliche Arten des Landrechts: (1) zirkulierende Nutzungsrechtssysteme ('circulating usufruct systems') und (2) 'übertragbare Nutzungsrechtssysteme ('devolvable usufruct systems'). Im ersten Fall gibt es nach dem erstmaligen Roden eines Primärwaldgebietes kein permanentes Nutzungsrecht. Statt dessen haben alle Personen dasselbe Recht, eine Brachefläche zu nutzen, die ursprünglich von jemand anderem bearbeitet wurde. Beispiele auf Borneo sind dafür die Rungus sowie die Bulusu'. Die zweite, auf Borneo häufigere Variante, leitet dauerhafte Nutzungsrechte für denjenigen ab, der ein Primärwaldstück als erster gerodet hat. Diese Rechte können an andere übertragen werden. Beispiele sind die Iban, Bidayuh, Kenyah sowie die Benuaq.

Dieses Rechtssystem lässt sich ferner in portionierbare Nutzungsrechte ('partionable usufruct', z. B. bei den Iban), bei dem das Recht in der Wohneinheit (*Bilek* im Falle der Iban) verbleibt und nicht erbrechtlich aufgeteilt wird, sowie in teilbare Nutzungsrechte ('divisionable usufruct') unterteilen, bei denen die Rechte unter den Nachkommen aufgeteilt werden (ibid.:120-122). Diese Art findet sich bei den Benuaq, obwohl gelegentlich die Nutzungsrechte von Kindern, die keinen Beitrag zum Erhalt von Waldgärten geleistet haben, eingeschränkt sind.

---

[89] Diese meist nächtlichen Versammlungen dauern oft bis zum folgenden Morgen.

[90] Auch die *Adat*-Strafe, die die Dörfer über die Ölpalmgesellschaft verhängten, wurde in traditionellen Einheiten berechnet. So wurden pro Quadratmeter gerodeten Waldes ein *Lampakng* gefordert, was eine Gesamtsumme von mehreren Milliarden Rupiah ergab, die jedoch nie bezahlt wurde. Andere *Adat*-Strafen betrugen 10 *Antaakng* für eine Messerstecherei in Tanjung Isuy (1989), 1 *Antaakng* für üble Nachrede, 5 *Antaakng* für Rattandiebstahl (aus Waldgärten), sowie 5-10 *Antaakng* für Scheidungen.

Die Landrechte (*Ngempotn*) leiten sich auch bei den Benuaq vom ersten Roden eines Primärwaldgebietes ab und erstrecken sich auf die weitere Verwendung der nachfolgenden Brachefläche, wie beispielsweise deren Nutzung als Waldgarten[91]. Diese Waldgärten werden später unter den Nachkommen, inklusive weggezogener Kinder, aufgeteilt[92]. Das Besitzrecht (ind. *Hak Milik*) verbleibt beim primären Besitzer, auch wenn die Brachefläche erneut zum Reisanbau verwendet wird; der nachfolgende Bauer erwirbt somit lediglich ein Nutzungsrecht (ind. *Hak Pakai*) für die frisch angebauten (meist einjährigen) Pflanzen. Problematisch wird die Kombination von Besitzrecht (am Land bzw. Waldstück) und Nutzungsrecht (an den darauf stehenden Kulturpflanzen) im Falle von Landveräußerungen sowie der finanziellen Entschädigung für die Umwandlung solcher Flächen. In der Regel werden Entschädigungen lediglich für die stehenden Ressourcen wie Rattanpalmen, Gummi- oder Fruchtbäume bezahlt, nicht aber der Grund, welcher vom Staat als Staatsbesitz erachtet wird, sofern es keine verbrieften, anders lautenden Besitzdokumente gibt[93]. Vor allem während der Landumwandlung durch das Ölpalmunternehmen kam es immer wieder zu internen Streitigkeiten über diese Frage, bei der die ursprünglichen Landbesitzer oft leer ausgingen, während andere teilweise größere Geldsummen erhielten[94]. Aber auch die Veräußerung von Waldgärten wurde über die vergangene Jahre zu einem konfliktträchtigen Problem. Im Laufe der Verhandlungen zwischen der Lokalbevölkerung und dem Ölpalmunternehmen verkauften in zahlreichen Fällen Personen Waldgärten, auf die sie nach traditionellem Recht gar keinen Anspruch hatten, oder für deren Veräußerung die Zustimmung anderer Erben notwendig gewesen wäre. Abgesehen von offensichtlicher individueller Vorteilnahme führte auch die mangelnde Übereinstimmung von *Adat*-Recht und staatlichem Recht (vgl. auch Löffler 1996:29-36) zu folgenschweren Konflikten, die teilweise für die verheerenden Waldbrände verantwortlich waren. So wurde die individuelle Vorteilnahme aus dem nach *Adat*-Recht oft unzulässigen Verkauf von Waldgärten in einzelnen Fällen mit Rachefeuern beantwortet, bei denen noch verbliebene Waldgärten angesteckt wurden (Gönner 1999a).

Wildwachsende Ressourcen dürfen hingegen von jedermann genutzt werden, und auch Früchte aus *Simpukng*-Waldgärten werde als frei verfügbare Ressource be-

---

[91] Meist werden diese Waldgärten auch von denjenigen angelegt, die den Wald ursprünglich gerodet haben.

[92] D. h. die gesamte Anzahl der Gärten wird aufgeteilt, nicht der einzelne Garten.

[93] Dies ist im Fall eines schriftlosen Volkes mit nur mündlich tradiertem Recht nur in Ausnahmefällen der Fall.

[94] Obwohl die Entschädigung einzelner Bäume nur wenige tausend Rupiah betrug, summierte sich der Gesamtbetrag für mehrere Gärten oft zu einigen Millionen Rupiah auf.

trachtet, solange sie zum eigenen Konsum (nicht aber zum Verkauf) gesammelt werden (vgl. 3.3).

2.2.7 Weltbild

Die Entstehung der Welt, der Menschheit, der Geister, Tiere, Pflanzen, Langhäuser, von Krankheit und Tod, Krieg, sozialer Ordnung und vielem mehr ist in den *Temputn* erklärt. Die *Temputn* sind Mythen, die in den großen Zeremonien der Benuaq (z. B. *Guguq* und *Kwangkai*) rezitiert werden. Diese Mythen gehören zum exklusiven Wissensschatz der *Pemeliatn*-Heiler des *Belian Turaatn*-Komplexes sowie der *Pengewara*, ritueller Spezialisten der sekundären Bestattungsriten. Das allgemeine Wissen der Bevölkerung um die *Temputn* ist hingegen lediglich fragmentarisch und beinhaltet oft nur den erzählerischen Kern ohne die ausführlichen Deszendenzlinien der in den Mythen auftretenden Geister und Kulturheroen.

Eine ausgezeichnete Sammlung von Benuaq-Mythen stellten Michael Hopes, Madrah und Karaakng (Hopes et al. 1997) zusammen. Diese Sammlung beruht auf indonesischen Transkripten Karaakngs, der nach Hopes Aussage einer der erfahrensten *Pengewara* der Benuaq ist. Ergänzt durch meine eigenen Interviews lokaler *Pemeliatn* und *Pengewara* sowie ausführliche Beschreibungen zahlreicher *Belian*- und *Kwangkai*-Riten zwischen 1988 und 2000, bildet diese *Temputn*-Kollektion eine wichtige Grundlage für meine folgenden Interpretationen des Weltbildes und der Riten der Benuaq.

Da Riten in Lempunah eine wesentliche soziale Rolle spielen und auf verschiedene Weise in Entscheidungsprozesse und Ressourcennutzung hineinwirken, führe ich diesen Lebensbereich detaillierter aus als andere ethnographische Aspekte.

Dem Mythos Temputn Langit Tana zufolge (Hopes et al. 1997:20-28) stand die primordiale Urwelt, der Ursprung der Himmel und der Erde auf den Schultern von Wook Ngesok, einem Geist, der seinerseits auf dem Rücken des 'Wilden Himmelsadlers' Beniak Lajang Langit stand.

Zu dieser Zeit lebten Lolakng Kintang ('die schöne Kintang') und ihre acht Vorfahrengenerationen auf der linken Schulter von Wook Ngesok, während Imang Mengkelayakng und seine acht Vorfahrengenerationen auf der rechten lebten. Nachdem beide eine lange Zeit des Leidens hinter sich hatten (Imang Mengkelayakng war siebenmal verheiratet und siebenmal wieder Witwer geworden, siebenmal hatte er Kinder, die er siebenmal wieder verlor; auch Lolakng Kintang war siebenmal verheiratet gewesen und siebenmal als Witwe zurückgelassen worden, sie war siebenmal Mutter und hatte siebenmal ihre Kinder wieder verloren, ibid.21), entschlossen sich beide unabhängig voneinander, den Tod zu suchen, indem sie sich von den Felsen, auf denen sie lebten in die ewige Finsternis hinabstürzen wollten. Lolakng Kintang und Imang Mengkelayakng traten an die Abgründe ihrer jeweiligen Seite, als sie sich plötzlich gegenüber standen. Erstaunt begannen sie sich ihre persönliche Geschichte zu erzählen, bis schließlich Imang Mengkelayakng vorschlug weiterzuleben und anstelle ihres geplanten Selbstmordes zu heiraten. Daraufhin errichteten sie ein Haus quer über den Abgrund zwischen ihren Felsen und vereinten ihre beiden Familien.

Im Laufe der Zeit gebar Lolakng Kintang zahlreiche Kinder, die als *Seniang*, Geister der Sonne (Seniang Olo), des Mondes (Seniang Bulatn), und der Sterne (Seniang Bintakng) bekannt wurden. Schließlich gab es ihrer so viele, alle durcheinander schreiend und sich nach mehr Platz sehnend, dass Imang Mengkelayakng beide Familien um Rat bat. Um diesen Zustand zu beenden, ordnete Perjadiiq Bantikng Langit, der 'Himmelspfeiler' an, dass die Himmel und die Erde unter der Aufsicht von Tataau Junyukng Ayus and Ayakng Siluuq Urai[95] Schritt für Schritt geweitet würden, bis es acht Himmelsebenen und acht Ebenen der Erde gab[96], die für die *Seniang*-Geister ausreichend viele Wohnorte boten. Als die *Seniang* jedoch weggezogen waren, war die Erde so leer, dass Ayus and Siluuq Ayakng Komakng Lolakng und Petek Telose Sie den Auftrag gaben, eine Figur aus den Resten jener Urmaterie zu formen, aus denen Himmel und Erde gefertigt waren. Diese Figur wurde belebt und trug den Namen Taman Rikukng. Da sich Taman Rikukng einsam fühlte, erschuf er sich eine weibliche Figur mit dem Namen Ape Bunga(n) Tana aus einer seiner linken Rippen[97]. Nach drei inzestuösen Verbindungen mit Ape Bunga(n) Tana und ihren weiblichen Nachfahren wurden noch mehr *Seniang*-Geister geboren, von denen Wildschweine, Affen, Schlangen, Bienen, Wespen, Fische, und zahlreiche weitere Geister wie die *Tonoi*-Erdgeister, die *Juata*-Wassergeister, die *Nyahuq*-Omengeister sowie Waldgeister (*Jin, Wook*), *Nayuq*- und *Timang*-Geister, und nicht zuletzt die ganze Menschheit abstammen.

Die Einstellung dieser Geister gegenüber den Menschen basiert auf der irrtümlichen Tötung eines *Seniang* durch seine Geschwister. Als Taman Rikukng, der nun Tatau Lisatn Tunyukng[98] hieß, und seine Ehefrau eines Tages aufs Reisfeld gingen, trugen sie ihren Kindern auf, ein weißes Huhn zu schlachten – *pekate piak bura*[99] –

---

[95] Die Geistwesen Ayus and Siluuq treten auch in zahlreichen Mythen und Märchen als Helden auf. Allerdings wird diese Doppelfunktion von den meisten Informanten als personelle Trennung interpretiert. D. h. die Ayus und Siluuq der Mythen sind andere Figuren als jene aus den späteren Märchen.

[96] Mehreren Informanten zufolge gibt es zwar acht Himmelsebenen aber nur sieben Erdebenen. Allerdings dürfen diese Zahlen nicht mathematisch exakt gedeutet werden, da es sowohl in den Himmeln als auch auf der Erde weit mehr Orte als lediglich sieben oder acht gibt.

[97] In Lempunah war dieses biblische Motiv unbekannt. Nach einer dortigen Version wurde die Gefährtin Taman Rikukngs aus Erde geformt, nach einer anderen wuchs sie aus Erde, in die Taman Rikukng sein Sperma gegeben hatte.

[98] Taman Rikukng wechselte seinen Namen bei jeder Heirat, um auf dieselbe Abstammungsebene wie seine jeweilige Frau zu gelangen. Jemanden aus einer anderen Abstammungsebene zu ehelichen, entspräche der Vermählung mit der eigenen Tochter oder Enkelin. Dies wird als *sahu* (tabu) betrachtet.

[99] In den Versionen aus Lempunah handelt es sich nicht um ein Huhn sondern um einen weißen Wels (*Baukng Bura*).

falls sie hungrig wären. Die Kinder verstanden jedoch 'schlachtet... Bura'. Als sie also Hunger verspürten, töteten und verspeisten sie ihre kleine Schwester Bura trotz des Protests der ältesten Geschwister, die jedoch arm- und beinlos waren und das Vergehen nicht verhindern konnten. Nachdem sie ihre Schwester gegessen hatten, wurden alle unsichtbar und verwandelten sich in Geister. Jene, die nichts vom Fleisch Buras versucht hatten, wurden zu *Seniang*-Geistern, die in den Himmeln wohnen und über die Moral der Menschen wachen. Jene, die Buras Fleisch ungekocht zu sich nahmen, verwandelten sich in bösartige *Papaiq*-Geister, die Menschen mit Krankheit und Tod bedrohen, während die übrigen, die Buras Fleisch gekocht aßen, zu *Tangkai*-Geistern wie den *Nayuq* und *Timang* wurden, auf deren Hilfe die Menschen zählen können (Hopes et al. 1997:40).

Lediglich die jüngste Schwester, Narik, die sich zur Zeit des Massakers noch in der Wiege befand, behielt ihre menschliche Gestalt. Ihre Tochter, Sia, hatte schließlich einen Sohn, Punen, der als Ahnvater der Menschen gilt. Mit Punen, dem ersten Menschen, endete die Urzeit.

2.2.8 Das Benuaq-Pantheon

Trotz der großen lokalen Variationsbreite bezüglich der Geisternamen, lässt sich eine gewisse, den Entstehungsmythen folgende Systematik des Benuaq-Pantheons erstellen. Diese basiert auf eigenen, unveröffentlichten Aufzeichnungen (Gönner 1990), den publizierten Daten Massings (1982) sowie der erwähnten Mythensammlung von Hopes et al. (1997).

Kayangan und Perjadiiq Bantikng Langit (Lantalah)
Dem Mythos über den Ursprung der Welt zufolge (Hopes et al. 1997) gibt es eine Gruppe sehr alter Geistwesen, die auf den Schultern von Wook Ngesok leben und jeweils acht Vorfahrengenerationen von Lolakng Kintang und von Imang Mengkelayakng umfassen. Unter diesen befinden sich ebenfalls Tataau Junyukng Ayus, Ayakng Siluuq Urai sowie Perjadiiq Bantikng Langit (s. o.). Eventuell sind diese urzeitlichen Geistwesen identisch mit den *Kayangan*, von denen meine Informanten in Lempunah und Tanjung Isuy sprachen[100]. Diese Wesen, die häufig als *Kayangan Walo*, die acht *Kayangan*[101] bezeichnet werden, gelten als die ältesten Geister, die bereits existierten, als Himmel und Erde noch dicht bei einander waren.

---

[100] Die *Kayangan* werden weder von Hopes noch von Massing erwähnt. Auch meine Informanten konnten lediglich die symbolisch zugeordneten Farben der *Kayangan*, nicht aber deren einzelnen Namen angeben. Ein Informant berichtete, dass die *Kayangan* auf dem Berg Meratus leben, der unter den Benuaq Ohookng als Geisterwohnort bekannt ist.

[101] Die Bezeichnung *walo* (8) wird häufig Geisternamen beigefügt (z. B. Luikng Walo, Siluuq Walo, Seniang Walo). Die Zahl ist dabei nicht wörtlich zu verstehen sondern eher im Sinne von 'alle' oder 'viele'.

Unter diesen primordialen Wesen befindet sich auch *Perjadiiq Bantikng Langit* (vgl. auch Hopes et al. 1997:5,188, *Perejadig* in Massing 1982:61, bzw. *Lantalah*, vgl. 2.2.9). Gelegentlich wird *Perjadiiq Bantikng Langit* als Schöpfergott bezeichnet, obwohl er im Mythos *Temputn Langit Tana* (Hopes et al. 1997:20-28) lediglich als primus inter pares (der allerdings den Auftrag zum Ausbau der Welt erteilte, s. o.) auftritt. Es erscheint sehr wahrscheinlich, dass sich der Charakter *Perjadiiq Bantikng Langits* im Laufe der Zeit vor allem unter dem Einfluss monotheistischer Religionen wie des Islam oder später auch des Christentums von einem unter mehreren Geistwesen zu einem Schöpfergott gewandelt hat (vgl. auch Massing 1982:61). Abgesehen vom Ursprungsmythos tritt er mythologisch kaum in Erscheinung und wird nur selten in Riten beschworen[102].

Seniang-Geister

Die *Seniang*-Geister stehen in der direkten Abstammungslinie der oben beschriebenen Geistwesen der mythologischen Urzeit. Den *Temputn* zufolge gibt es primäre *Seniang*, die Kinder Lolakng Kintangs und Imang Mengkelayakngs sowie sekundäre *Seniang*, jenen Kindern Taman Rikukngs und Ayakng Dilakng Tunyukngs, die nichts vom Fleisch ihrer Schwester Bura gegessen hatten (s. o.).

Die *Seniang* sind die Geister der Naturkräfte (vgl. Massing 1982:61) einschließlich des Jahreszyklus' (Seniang Tautn), der Sonne (S. Olo), des Mondes (S. bulatn), der Sterne (S. bintakng), des Regens (S. Osaq), des Windes (S. Dolaq), und der Dürre (S. Koren), sowie Geister, die über Moral und Tabus wachen (S. Sahu). Die *Seniang* leben in verschiedenen Ebenen über dem Himmel Tenung Tenangkai und können nur in großen Ritualen sowie den *Belian Turaatn*-Riten angerufen werden.

Bei Verstößen gegen das traditionelle *Adat*-Recht oder im Falle eines gebrochenen Tabus (v. a. bei Inzest) erzürnen die *Seniang*, bis die Himmel sich so stark erhitzen, dass es auf der Erde zu Trockenheit und Dürre kommt. Derartige Katastrophen können nur mit Hilfe geeigneter Opfer verhindert oder beendet werden, durch die sich Himmel und Erde wieder abkühlen; Beispiele dafür sind *Nular*- und *Melas Tautn*-Riten.

Den *Temputn* zufolge gibt es noch zwei weitere Geistergruppen, die auf Taman Rikukng und seine dritte Frau zurückgehen: die *Tangkai*, Geister, die von jenen Kindern abstammen, die das gekochte Fleisch ihrer Schwester Bura gegessen hatten, und die *Papaiq*, Geister, deren Ursprung die Geschwister waren, die das rohe

---

102 Ich hörte dies lediglich ein oder zweimal während eines *Belian*-Ritus.

Fleisch zu sich nahmen[103]. Beide Bezeichnungen waren allerdings meinen Informanten in Lempunah unbekannt. Dennoch werde ich die wichtigsten von Hopes et al. (1997:13-16,186-190), von Massing (1982:61-62) sowie von meinen eigenen Informanten erwähnten Geister diesen beiden Linien zuordnen, auch wenn der Mythos nicht die exakte Abstammung aller Geister wiedergibt.

Tangkai-Geister

Tangkai-Geister sind im Allgemeinen den Menschen wohlgesonnen und helfen im Krankheitsfall und bei anderen Schwierigkeiten gegen entsprechende Opfergaben. Obwohl der generische Name *Tangkai* in Lempunah sowie bei Massing (1982:62) unerwähnt blieb, lassen sich einige sowohl in Lempunah bekannte als auch von Massing (ibid.) aufgeführte Untergruppen wie die *Mulukng* (*Molukng*, *Ntuh*) hinsichtlich ihrer mythologischen Abstammung und ihres Aufenthaltsortes (ein *Tenung Tenangkai* genannter Himmel[104]) zu dieser Gruppe rechnen.

Die *Mulukng* umfassen unter anderem: Kenyong [Dewa][105], ein wichtiger Hilfsgeist für die *Belian*-Heilriten; *Ton(d)oi* Erdgeister, die in alten Amphoren, Speeren, Gongs, Tellern sowie den acht Erdschichten leben und Langhaus, Feld und Dorf bewachen; *Juata* Wassergeister, die vor allem während der Schwangerschaft und nach der Geburt von großer Bedeutung sind und häufig als Krokodil oder Fisch symbolisiert werden; außerdem gehören noch die im *Belian* angerufenen Sentiu, Jamu, Bisu Walo, und Gaib Wali dazu.

Massing (ibid.) stellt zur Diskussion, ob *Nayukn* (*Nayuq*), *Jiwata* (*Juata*) und *Ntonoi* (*Tonoi*) ebenfalls als *Ntuh* (*Mulukng*) oder nicht vielmehr als *Seniang* klassifiziert werden müssen, da sie direkt angerufen aber auch zur Vermittlung auf höchster Ebene gebeten werden, was sonst nur den *Seniang* vorbehalten ist. Der Entstehungsmythos ist hier nicht eindeutig. Zunächst wird ausdrücklich die Abstammung der *Tonoi*, *Juata*, *Nyahuq*, *Nayuq* sowie einiger Waldgeister beschrieben, bevor an späterer Stelle lediglich die drei generischen Kategorien *Tangkai*, *Papaiq* und *Seniang* unterschieden werden. Folgt man dieser Dreiteilung, so gehören die *Mulukng* zusammen mit den *Nayuq*, *Timang*, *Juata* und *Tonoi* zu den *Tangkai*.

Die *Nayuq*-Geister werden mit Blut, Krieg und Kopfjagd assoziiert. Sie sind vor allem für die großen *Belian*-Rituale wie *Bekeleeu* oder *Guguq* von Bedeutung. Die

---

[103] Außer den *Papaiq*-Geistern stammen auch die Tiere des Waldes von jenen Kindern ab, die das rohe Fleisch von Bura aßen, während die Menschheit auf Narik zurückgeht, die zu diesem Zeitpunkt noch zu klein war, um an diesem dramatischen Vorfall teilzunehmen.

[104] Einige *Mulukng*-Geister sollen auf dem Meratus leben, der sich ca. 70 km südlich von Lempunah befindet. Andere halten sich angeblich im Wasser sowie an mächtigen irdischen Plätzen auf.

[105] Die auch im Indonesischen verwendeten Sanskritausdrücke *Dewa* (= Gott, Göttin) und *Rajah* (= König; z. B. Rajah Kenyong) werden *Mulukng* Geistern häufig als Ehrentitel beigegeben. Einige Informanten erklärten jedoch, dass *Dewa* selbst ein Hilfsgeist sei.

Nayuq leben in den Himmelsebenen sowie in speziellen Orten auf der Erde. In Lempunah werden sie im Allgemeinen von den *Mulukng* unterschieden und in die eher pragmatisch definierte Gruppe der *Pengirikng* eingeordnet (s. u.).

Die *Timang* sind mächtige Geister, die meist als Tiger[106] dargestellt werden, aber auch menschliche Form annehmen können (vgl. Hopes et al. 1997:189). Ähnlich wie die *Nayuq* werden die *Timang* in Lempunah zu den *Pengirikng* nicht aber zu den *Mulukng* gezählt.

Eine weitere *Tangkai*-Gruppe bilden die *Nyahuq*-Geister. Nachdem sie das gekochte Fleisch ihrer Schwester Bura gegessen hatten, behielten die *Nyahuq* zunächst ihre menschliche Gestalt. Als ihnen jedoch später Apen Peningir, ein weiterer Kulturheroe, 'alten *Tuak*' – mit Blut vermengten ungekochten Reis – (wörtlich: 'alter Palmwein') zu essen gegeben hatte, brachen sie unwissentlich das ihnen von ihrem Vater Taman Rikukng auferlegte Tabu, niemals rohes Fleisch oder Blut zu verzehren. So wurden sie verflucht und nahmen die Gestalt von Vögeln an (vgl. Hopes 1997:15-24). Seither helfen die *Nyahuq*-Geister den Menschen gegen entsprechende Opfergaben vor allem beim Reisanbau. Diese Opfergaben – die *Pakatn Nyahuq* – werden traditionell zu Beginn des Reiszyklus dargereicht. Obwohl dieser Ritus auch in Lempunah noch bekannt ist, bekam ich ihn nie zu sehen. Dennoch spielen die *Nyahuq* nach wie vor bei der Deutung der Omen (vgl. 3.2.1) eine wesentliche Rolle, die den Verlauf des Reisanbaus sowie den Ausgang riskanter Tätigkeiten wie Reisen oder (früher) Kopfjagden anzeigen.

Papaiq-Geister

Auch diese generische Bezeichnung ist in Lempunah unbekannt[107]. Dem entsprechenden Mythos zufolge (Hopes et al. 1997:39,188) bilden die *Papaiq* eine Gruppe von Geistern, die den Menschen Krankheit und Schaden zufügen. Es ist nicht klar, ob diese Gruppe auch die große Vielzahl von Wald- und Berggeistern beinhaltet, die als *Wook*, *Blih* oder *Jin* bekannt sind. Bei den *Wook* handelt es sich um ortsunabhängige Geister, die mit ungewöhnlichen Lauten und Rufen im Wald in Verbindung gebracht werden. Die bekannteste Erscheinung ist darunter *Banci*, ein Geist, der häufig die Form einer wilden, zerzausten schwarzhaarigen Frau mit langen Klauen annimmt. Obwohl *Banci* schwere Fieberschübe verursachen kann, ist sie bei angemessener Behandlung auch wohlwollend und hilfreich. Weitere

---

[106] Interessant ist, dass es auf Borneo keine Tiger gibt und wohl auch zumindest in historischen Zeiträumen nicht gab (vgl. Payne et al. 1985). Somit deuten die *Timang*-Symbole vermutlich auf hinduistischen Einfluss hin, der wohl noch aus der hinduistischen Epoche Kutais her rührt (4./5.-16. Jahrhundert, vgl. Boyce 1986:C1-C6).

[107] Es gibt in Lempunah den Ausdruck *Papaq* für eine nicht weiter bezeichnete Gruppe schadbringender Geister. Allerdings scheint dieser Ausdruck nicht die übrigen oben geschilderten Wesen mit zu beinhalten.

Beispiele der *Wook* umfassen die *Mulaakng*-Waldgeister sowie die untoten *Merwaaq*-Wiedergänger.

Blih (von ind. *iblis* = Teufel) Geister verursachen Krankheiten, indem sie von Menschen Besitz ergreifen, während *Jin* (ind. = Tschinn, böser Geist) im Allgemeinen an bestimmte Orte wie Bäume (v. a. Würgefeigen), Felsen, Höhlen oder Quellen gebunden sind.

Krankheiten verursachen die *Papaiq*-Geister, indem sie die Lebensseelen oder die Vital-kraft der Menschen, die sogenannte *Juus* (s. u.), rauben oder in Menschen eindringen und von ihnen Besitz ergreifen.

Geister der Anbaupflanzen

Die Geister der Anbaupflanzen bilden eine wichtige Gruppe, deren mythologischer Ursprung jedoch weitgehend unklar ist[108]. Zu dieser Gruppe gehören Lolakng Luikng[109] (Reisgeist), Lolakng Legikng (Maniokgeist), Lolakng Leok (Bananengeist), Lolakng Lebukng (Maisgeist), Lolakng Rejeh (Geist der Süßkartoffel), sowie Lolakng Lueh (Ingwer- und Curcumageist). Von diesen Geistern spielt Lolakng Luikng (auch als Luikng Walo – die 8 Luikng – bezeichnet, vgl. Hopes et al. 1997:187) die wichtigste Rolle. Lolakng Luikng entspricht in vielerlei Hinsicht der Reisseele, die vor der Ernte von ihrem vorübergehenden Aufenthaltsort in der Mitte des Wassers (ind. *Pusat Air*), wo sie bei Siluuq wohnt[110], auf das jeweilige Reisfeld zurückgeführt werden muss. Diese Reise wird vom *Ngeluikng*-Ritus begleitet, der an späterer Stelle beschrieben ist (vgl. 3.2.2). Lolakng Luikng wird auch in *Belian*-Heilriten angerufen, in denen sie als Mittlerin zwischen den *Pemeliatn*-Heilern und den helfenden *Mulukng*-Geistern fungiert[111].

---

[108] Diese Geister sind weder bei Massing (1982) noch in der *Temputn*-Sammlung von Hopes et al. (1997) weiter beschrieben. Lediglich Luikng wird von Hopes (ibid.:187) als Bezeichnung der Reisseele genannt.

[109] Lolakng bedeutet auf Benuaq 'schön' [für Frauen]. Bei Lolakng Luikng handelt es sich um ein 'Dema'-ähnliches Wesen im Sinne Adolf E. Jensens (1992 [1951]:135-137), das von seinem Vater geopfert wird (vgl. Mythos). Allerdings entstehen die Feldfrüchte nicht wie bei echten 'Dema'-Wesen aus den Leichenteilen. Der 'Hainuwele'-Topos süd-ostasiatischer bzw. melanesischer Pflanzerkulturen scheint bei den reisanbauenden Benuaq allenfalls vage durch.
Da es keinen eigentlichen Kult um Lolakng Luikng gibt, möchte ich dieses Geistwesen auch nicht als Göttin bezeichnen. In der Mythologie der Benuaq entspricht sie eher der Gestalt einer wohlwollenden Fee oder eines guten Hilfsgeistes.

[110] Dieses an den griechischen Demeter-Persephone (Kore)-Mythos erinnernde Sujet wird nicht von allen Informanten bestätigt. Auch der Mythos von Lolakng Luikng (s. o.) gibt hier keine klaren Hinweise. Allerdings deutet er eher darauf hin, dass sich Lolakng Luikng vorübergehend bei einem *Seniang*-Geist im Himmel als im Zentrum des Wassers aufhält. Bei letzterer Version könnte es sich jedoch auch um eine lokale Variante handeln.

[111] Die Übermittlung von Botschaften wird vom *Pemeliatn* durch das Werfen von gelbem Reis symbolisiert.

Bei Gefahr eines Ernteausfalls werden die Geister der Anbaupflanzen im *Belian Turaatn*-Teil eines *Nular*- oder *Guguq*- (*Melas Tautn*) Rituals gerufen (vgl. 3.2.2).

Einem *Temputn*-Mythos aus Mancong zufolge[112], handelt es sich bei Lolakng Luikng um die einzige Tochter von Beritutn Tautn, Sohn des Seniang Penitah, und Diaakng Serunaai.

Wie von Seniang Penitah vorhergesagt, litt das Paar trotz vielfältiger Bemühungen an schweren Problemen. Dürrekatastrophen und Schädlingsplagen quälten die Familie, bis Beritutn Tautn am Ende seiner Einfälle war. Da erschien ihm im Traum eine alte Frau (vermutlich die Mutter von Siluuq und Ayus) und trug ihm auf, seine Tochter Lolakng Luikng zu opfern. Beritutn Tautn tat wie ihm befohlen, und das Elend hatte ein Ende. Doch das Leben war nicht mehr wie zuvor, und Trauer quälte nun Beritutn Tautn und Diaakng Serunaai. Schließlich machten sie sich auf den Weg zu Beritutn Tautns Vater Seniang Penitah, der in einem der Himmel wohnte. Als sie zu seinem Haus kamen, sahen sie, wie ein junges Mädchen Reis drosch, das Lolakng Luikng wie aus dem Gesicht geschnitten war. In der Tat handelte es sich um Lolakng Luikng, die vor dem Opfer durch Lolakng Tepukng, eine Doppelgängerin, ersetzt worden war, welche Seniang Penitah zuvor aus Mehl angefertigt hatte. Als die Eltern diese Geschichte erfuhren, war ihre Trauer verflogen und sie lebten glücklich mit ihrer Tochter für einige Zeit im Hause Seniang Penitahs, bis sie wieder auf die Erde zurückkehrten. Ihre Tochter Lolakng Luikng aber blieb im Himmel und wurde zu einer Mittlerin, die den Menschen in Riten beisteht.

Außer den bisher vorgestellten Gottheiten und Geistern gibt es eine Vielzahl männlicher und weiblicher Kulturheroen, die gelegentlich als *Nabi* (ind. [muslimische] Propheten) bezeichnet werden. Unter diesen finden sich Taman Rikukng, Punen, Aji, Datu, Monaq, und Kilip, von denen letzterer der Menschheit vielerlei Arten von Wissen brachte, so die Kenntnisse über die Verwendung von Wasser, Feuer und Reis, über Hausbau, traditionelles Adat Recht und zahlreiche für Leben und Tod bedeutsame Riten. In vielen Mythen und Märchen treten auch zwei Charaktere mit den Namen Ayus und Siluuq als Kulturheroen auf, die jedoch nach Auskunft meiner Informanten nicht mit den gleichnamigen Geistwesen der Entstehungsmythen (vgl. Hopes et al. 1997:22,31) identisch sind. Teilweise können *Nabi* auch in Riten angerufen werden, wobei jedoch häufig Ritualnamen (z. B. Waatn für Siluuq) verwendet werden.

Eine letzte Kategorie bilden die *Pengirikng*-Geister. Diese Gruppe bezeichnet die unmittelbaren Verbündeten der *Pemeliatn*-Heiler. Sie umfasst sowohl die *Nayuq* und die *Timang* als auch persönliche *Sahabat* (ind. = Freunde) der Heiler (häufig die Seelen von Vorfahren), sowie die *Kelelungan Kelangun*, die unsterblichen

---

[112] Durch meinen Assistenten Benyamin im April 2000 im Rahmen einer lokalen *Temputn*-Sammlung aufgezeichnet (Benyamin 2000).

Kopfseelen der Verstorbenen (auch nur als *Kelelungan* bezeichnet, vgl. Massing 1982:61, Hopes et al. 1997:187).

2.2.9 Riten

Die Riten der Benuaq und Tonyoi[113] weisen ein duales Grundmuster auf, welches Riten der lebenden Welt (*Belian*) von denen, die dem Tod verbunden sind (*Kwangkai*)[114], unterscheidet. Diese bewusst wahrgenommene Dichotomie wurde von all meinen Informanten bestätigt, auch wenn ein dritter Ritualkomplex, der mit den landwirtschaftlichen Aktivitäten zusammenhängt, trotz seines eindeutigen Lebensbezugs nicht so richtig in den *Belian-Kwangkai*-Dualismus hineinpasst. Daher werde ich zunächst die *Belian*-Riten beschreiben, dann jene, die zum *Kwangkai*-Komplex gehören und schließlich Riten, die andere Aspekte des Lebens wie Geburt, Heirat oder Landwirtschaft betreffen.

Lebensriten
Nach Weinstock (1983a:38) gibt es unter den Luangan drei Hauptarten von Lebensriten: (1) heilende *Balian* (*Belian*), (2) danksagende *Balian*, und (3) Familienriten. Ich werde dieser Klassifizierung jedoch nicht folgen, da es bei den Benuaq keinerlei fundierte Hinweise für die Existenz von Dankesriten (vgl.FN 119) gibt, und einige der sogenannten Familienriten unter den Agrarriten diskutiert werden. Statt dessen werde ich zunächst die generellen Charakteristika der Lebensriten vorstellen, bevor ich auf deren einzelne Anwendungsbereiche eingehe.

Die meisten Lebensriten der Benuaq erfordern die Mithilfe der *Pemeliatn*[115]. *Pemeliatn* sind männliche oder weibliche Mittler zwischen der menschlichen Welt

---

[113] Es wird allgemein angenommen, dass die Dayak Tonyoi (Tunjung) bereits vor langer Zeit die Riten der Benuaq übernommen haben (vgl. Weinstock 1983a:82,85-87,198; Sillander 1995:76).

[114] Zwischen beiden Ritualkomplexen gibt es auch symbolische Unterschiede wie die grundlegenden Zahlen (acht für *Belian*-Riten, sieben für *Kwangkai*-Riten), geschlechtsspezifische Rollenverteilungen (männliche und weibliche *Pemeliatn*-Heiler, aber ausschließlich männliche *Pengewara*-Spezialisten im *Kwangkai*), sowie die Art der Bezahlung der rituellen Spezialisten (im *Belian* wird ihnen die rechte Hälfte der Opfertiere gegeben, im *Kwangkai* die linke).

[115] *Pemeliatn* sind das Benuaq-Pendant zu den *Manang*-Schamanen der Iban. Graham (1987:1-2) bezeichnet die *Manang*, Mircea Eliade (1991) folgend, auf Grund ihrer Seelenwanderungen (Wanderschamanismus) als Schamanen und unterscheidet 'shamanism' von 'spirit possession' und 'spirit mediumship'. Analysiert man die Tätigkeit der Benuaq-*Pemeliatn*, so finden sich jedoch auch Elemente des Besessenheitsschamanismus sowie medialer Vermittlung zwischen menschlicher Welt und Geisterwelt. Folgt man der Schamanismusdefinition Thiels (1984:133-137), so sind die *Pemeliatn* als 'echte Schamanen' aufzufassen, da sie alle fünf, von Thiel geforderten Wesenselemente aufweisen: (1) Ekstase (teilweise wohl auch 'gespielt', doch vgl. Hultkrantz 1973:28), (2)

und der der Geister. Im Krankheitsfall ist es ihre Aufgabe, nach der Krankheits-ursache zu forschen und jene Riten durchzuführen, mit deren Hilfe, die von den *Papaiq* geraubten *Juus*-Seelen zurückgebracht, bzw. bösartige Geister ausgetrieben werden können. *Pemeliatn* erlernen ihre Kunst über mehrere Jahre hinweg, sofern sie ihr Wissen nicht in Träumen offenbart bekommen. Die übliche Ausbildung ist kostspielig und mühsam, weshalb sich die *Pemeliatn* meist auf bestimmte *Belian*-Arten spezialisieren (s. u.)[116]. In den größeren Ritualen (z. B. *Bekeleeu* oder *Guguq*) werden diese verschiedenen *Belian*-Arten meist kombiniert, so dass gegen Ende der Feiern oft bis zu einem Duzend *Pemeliatn* gemeinsam agieren.

Wann immer sie gebraucht werden, müssen *Pemeliatn* ihrer Aufgabe nachkom-men[117], wobei ihre Bezahlung eher spärlich ist[118]. Daher arbeiten die *Pemeliatn* wie alle übrigen Dorfbewohner auch als Bauern.

Belian

Belian-Riten werden üblicherweise zur Heilung von Krankheiten (*Rotatn*) aus-geführt. Daneben dienen sie jedoch auch zur Bereinigung gebrochener Tabus (*sahu*) oder zur präventiven Vorbereitung eines erfolgreichen neuen Jahres[119]. Die größeren Rituale wie *Bekeleeu* oder *Guguq* werden meist aus mehreren kombi-nierten Gründen abgehalten[120].

Schutzgeist (*Sahabat, Pengirikng*, s. o.), (3) Berufung (vgl. Träume, s. o.), (4) Eingebundenheit in die Gesellschaft sowie (5) Formgebundenheit (vgl. Bilder).

[116] Im Untersuchungszeitraum gab es in Lempunah sieben Spezialisten für *Belian Sentiu*, zwei für *Belian Turaatn*, eine Spezialistin für *Belian Bawe* (ein ausschließlich von Frauen ausgeführter *Belian*) sowie zwei *Pengewara*-Spezialisten für die *Kwangkai* Riten. Das bereits erwähnte *Melas Tautn* in Tanjung Isuy (1996) wurde von einem externen *Pemeliatn* geleitet, der sowohl *Sentiu*- als auch *Turaatn*-Riten beherrschte und zusätzlich auch noch als *Pengewara* Spezialist arbeitete. Ein derartig umfangreiches Ritualwissen ist heute jedoch nur noch selten anzutreffen.

[117] Als ich eines Abends zusammen mit einem *Pemeliatn* nach einer mehrtägigen Datenerhebung nach Lempunah zurückkehrte, wurde er noch in derselben Nacht trotz seiner offensichtlichen Müdigkeit zu einem *Belian* gerufen, der ihn bis ins Morgengrauen beschäftigt hielt.

[118] Die Bezahlung beinhaltet Teile der geopferten Tiere, Reis, Tuchstoffe, Teller und gelegentlich (nicht immer) etwas Geld. Die Summe ist nicht vorgeschrieben; es muss jedoch zumindest eine Kleinigkeit bezahlt werden.

[119] Da *Melas Tautn* (*Guguq*) oft nach der Reisernte durchgeführt werden, wurden sie fälschlicher Weise als Erntedankfeste interpretiert (z. B. Weinstock 1983a:44-47, Massing 1982:67). Aus-führliche Interviews mit anerkannten *Pemeliatn* aus verschiedenen Gebieten ergaben jedoch, dass der Zweck eines *Melas Tautn* stets in die Zukunft gerichtet ist. Für die rituell dargebotenen Opfer erwarten die Benuaq im Gegenzug die entsprechende Hilfe der Geister. Erfolgt diese, so handelt es sich um eine Selbstverständlichkeit, für die man sich nicht bedanken muss (in der Benuaqsprache gibt es im übrigen auch keine Bezeichnung für 'Danke'). Bleibt sie aus, so gibt es auch dafür meist gute Gründe (z. B. ein Tabuverstoß).

[120] Das große *Guguq*, das 1996 in Tanjung Isuy über drei Monate lang abgehalten wurde, hatte als wesentlichen Beweggrund die rituelle Bereinigung eines Tabuverstoßes (*sahu*), der bei vier Heiraten aufgetreten war. Die vier Paare hatten jeweils Partner aus unterschiedlichen Abstam-

Theoretisch sollte ein vollständiger *Belian* stets acht Nächte oder aber eine viel-fache Anzahl von acht Nächten dauern. Da eine *Belian*-Nacht jedoch nicht not-wendigerweise einer physikalischen Nacht entspricht[121], erscheint die tatsächliche Länge auf den ersten Blick sehr variabel (kleinere *Belian*-Heilriten dauern oft nur ein bis zwei Nächte und umfassen lediglich Hühneropfer[122]).

Der mit Abstand häufigste *Belian* in Lempunah ist der *Belian Sentiu* (*Senteo*, vgl. Massing 1982:73), ein Ritus, der als relativ jung gilt. Dem *Kepala Adat* Lempunahs zufolge, stammt der *Belian Sentiu* vom Bongan Fluss (vgl. Karte 3), wo er zu Beginn des zwanzigsten Jahrhunderts von zwei Schamanen eingeführt wurde. Der *Belian Sentiu* ist ein Heilritus, der Elemente des Mediumwesens, sowie des Wander- und des Besessenheitsschamanismus in sich vereint. Obwohl die rituelle Ausstattung von Nacht zu Nacht an Umfang gewinnt, zeigen doch alle Nächte eine Dreiteilung (vgl. auch Massing 1982:71):

1. Die Eröffnung
Zur Eröffnung des Ritus wird *Luaq* (*Dianella* sp.) Räucherwerk abgebrannt und der bzw. die *Pemeliatn* tritt betend und singend in Kontakt mit der Geisterwelt. Der *Pemeliatn* behandelt sich dann selbst mit einer Reispaste und sogenanntem *Tawar*-Wasser (Wasser, das mit verschiedenen Kräutern versetzt ist). Gelber Reis wird in die Luft geworfen, um Lolakng Luikng als Mittlerin für die Gunst der *Mulukng*-Geister zu gewinnen, und die persönlichen Hilfsgeister werden um Unterstützung gebeten. Die Kommunikation mit den Geistern erfolgt über die *Awiir*, ein Holz-kreuz (*Kota Batuq* – 'Steinerne Stadt'), von dem mehrere farbige Tücher herab hängen[123]. Die Beschwörung wird dann mit verschiedenen Tanzelementen und Gesängen fortgesetzt, die mit schnellen Trommelrhythmen und Gongmelodien (gespielt auf fünf kleinen Gongs) begleitet werden.Während dieser dynamischen Tänze wandert die *Juus*-Seele des *Pemeliatn* in die Geisterwelt, um hier Ausschau

---

mungsebenen (vgl. 2.2.4) geheiratet, was gegen das traditionelle *Adat*-Recht verstößt (vgl. *Temputn* über die drei Heiraten von Taman Rikukng, s. o.). Darüber hinaus sollte die ganze Umgebung der Dörfer für das kommende Jahr rituell gereinigt (*melas*) werden. Im Laufe dieser Reinigungsriten (daher auch *Melas Tautn* oder *Nalitn Tautn* = Reinigung/Heilung des Jahres) wurden nebenbei zudem etliche erkrankte Personen behandelt. Stehen Krankheiten im Vordergrund, so spricht man bei einem derart großen Ritual von *Nalitn Rotatn* (=Krankheitsheilung).

121 Da die letzten Abschnitte einer *Belian*-Nacht oft auf Grund unvorhergesehener Umstände (z. B. neue Erkrankungen, unvollständige Ritualausstattung) nicht zum Abschluss gebracht werden können, werden diese häufig auf den nächsten Tag verschoben.

122 Im *Belian Menengal*, der nur eine Nacht dauert, wird ebenfalls ein Schwein geopfert. Dieser *Belian* ist speziell zur Beschwichtigung von Geistern gedacht, die sich von menschlichem Blut ernähren. Als Ersatz dafür wird den Geistern Schweineblut dargeboten.

123 Bei *Belian*-Riten ohne Schweineopfer wird anstelle der *Kota Batuq* der *Mayang* genannte Blütenstand der *Sepootn*-Palme (*Areca catechu*) verwendet.

nach der Krankheitsursache zu halten[124]. Dieser erste Teil schließt mit der Anhörung von Familienangehörigen, die den Geistern mit Hilfe des *Pemeliatn* die Situation schildern.

Pemeliatn, der über das *Awiir*-Tuch Kontakt zur Geisterwelt aufnimmt.

2. Der Behandlungsteil

Nach der Anhörung der Familienmitglieder beginnt der *Pemeliatn* singend und betend mit den Geistern zu kommunizieren. Danach folgen weitere Tanzelemente und die spirituelle Behandlung (ohne Verwendung von Medizinalpflanzen oder Medikamente) des oder der Patienten. Dieser Teil beinhaltet zusätzlich Reinigungsriten aus dem *Belian Turaatn* sowie die abschließenden Opfer[125] der letzten Nacht.

---

[124] Ein wichtiger spiritueller Ort ist *Sencangan Walo* – die Kreuzung der acht Pfade (vgl. Hopes et al. 1997:188). Von hier aus lassen sich die verschiedenen Geisterwelten erreichen, in denen nach der Krankheitsursache Ausschau gehalten wird.

[125] Geopfert werden nur Haustiere wie Hühner, Schweine oder, im Falle eines *Guguq*, auch Wasserbüffel. Zur Speisezubereitung werden diese Tiere nur ausnahmsweise getötet, und wenn, dann meist auf eine Weise, bei der kein Blut fließt (z. B. durch Ertränken), da dieses die Geister erzürnen könnte.

Rappaport (1984:80-87) betont die ernährungsphysiologische Bedeutung von Schweineopfern in Stress- und Notsituationen (Krieg, Krankheit). Von einem solchen, sehr funktionalistischen Effekt würde jedoch eine erkrankte Person in Lempunah kaum profitieren, da das Opferfleisch meist nur von den beim Opfer anwesenden Verwandten, nicht aber von Schwerkranken, die häufig kaum Nahrung zu sich nehmen können, verzehrt wird.

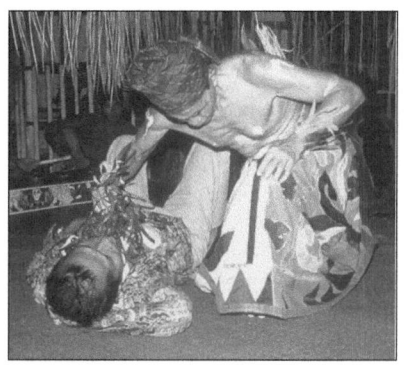

Der *Pemeliatn* begibt sich tanzend in die Geisterwelt. Er ist mit einem Blattschwert (*Pengumaq*) bewaffnet und trägt die *Lantikng Laukng*-Kopftracht sowie einen *Ulap Beliatn*-Rock. Im rechten Bild behandelt ein *Pemeliatn*-Heiler einen Patienten mit dem *Daun Telolo*, mit dem die Krankheit aus dem Körper 'gefischt' wird (das *Daun Telolo* ist Symbol für ein Netz).

3. Der Schlussteil

Nach einer weiteren Pause wird die *Eboq* gebracht. Dabei handelt es sich um eine Stange oder eine Schnur, an der verschiedene rituelle Gegenstände hängen. Die *Eboq* ist der Ort, an dem die geraubten *Juus*-Seelen der Erkrankten gegen entsprechende Bezahlung oder Ersatzseelen (*Silih*) ausgetauscht werden. Hier holen auch die *Pemeliatn* ihre eigenen *Juus* zurück, die zuvor die Geisterwelt bereisten. Danach wird der Ritus beendet. Anschließend gilt das Haus als *tuhing*, d. h. es darf je nach Länge und Bedeutung des Rituals einige Tage lang nur von Personen betreten werden, die auch beim Abschluss des Ritus anwesend waren.

Der *Pemeliatn* bieten den Geistern Gaben und sucht mit Hilfe der brennenden Kerzen in der Geisterwelt nach der Ursache der Erkrankung.

61

Innerhalb des *Belian Sentiu* werden verschiedene Unterarten verwendet. Zu diesen gehören *Belian Kenyong, B. Dewa, B. Joget, B. Kuyakng, B. Jamu, B. Ruang, B. Dari, B. Pantun, B. Semur, B. Timuuq* sowie *B. Semuan.* Diese Unterarten dienen zur Anrufung verschiedener Hilfsgeister (z. B. Kenyong, Joget, Pantun, Jamu etc.), wobei jeweils unterschiedliche rituelle Gegenstände, Tänze, Rhythmen und Melodien (auf Gongs oder im Falle des *B. Jamu* auch auf Bambusflöten gespielt) benötigt werden. Eine ausführliche Beschreibung mehrerer vollständiger *Belian Sentiu* sowie deren ritueller Ausstattung findet sich in meinem unveröffentlichten Bericht über eine Studie in den Jahren 1988/89 (Gönner 1990).

Die zweite in Lempunah anzutreffende *Belian*-Art ist der *Belian Turaatn* (auch *Belian Timeeq* oder *Belian Beneeq* – 'gewöhnlicher *Belian*' genannt). Der *Belian Turaatn* gilt im Vergleich zum *Belian Sentiu* als wesentlich älter. Die entsprechenden rituellen Spezialisten sind gleichzeitig die Wissensträger der *Temputn*-Mythen[126]. Im Gegensatz zum *Belian Sentiu* wird im *Belian Turaatn* jedoch nicht getanzt. Die Geister sowie die *Kelelungan*-Seelen werden von langsamen Trommelschlägen begleitet angerufen. Meist sind für die beiden *Belian*-Arten auch jeweils unterschiedliche Spezialisten zuständig.

Eine dritte *Belian*-Art, *Belian Bawo*, wird in Lempunah nicht zelebriert, obwohl sie in anderen Siedlungsgebieten der Benuaq weit verbreitet ist (vgl. Bonoh 1985, Massing 1982:71-72, Weinstock 1983a:39). Der *Belian Bawo* ähnelt in vielerlei Hinsicht dem *Belian Sentiu*, der ihn vermutlich in den östlichen Gebieten ersetzte (vgl. also Massing 1982:73).

In ihrer reinen Form werden diese *Belian*-Arten meist nur in kleinen, ein bis zwei Nächte lang dauernden Riten verwendet[127]. Dabei wird *Belian Sentiu* für die meisten Krankheitsarten angewendet, während *Belian Turaatn* eher für die *Juus*-Seelen des Kopfes durchgeführt wird. Schwerwiegendere Krankheiten, die Bereinigung von Tabuverstößen sowie die präventive Reinigung des neuen Jahres erfordern hingegen größere Rituale, in denen *Belian Sentiu, Belian Turaatn*, bzw. der von Frauen durchgeführte *Belian Bawe* kombiniert werden (*Bawe* = Frau).

Naraja, Nerajaah, Toraja
Hierbei handelt es sich um einen meist vier Nächte dauernden Heilritus, in dem *Belian Sentiu*- und *B. Turaatn*-Elemente kombiniert werden. Als minimales Opfer ist ein Schwein gefordert. *Naraja*-Riten wurden im Untersuchungszeitraum vor allem in den beiden Siedlungen des Dorfteils RT III durchgeführt.

---

[126] Die *Temputn* werden in den großen *Belian*-Ritualen, die *Turaatn*-Elemente beinhalten, rezitiert, nicht aber im *Belian Sentiu.*

[127] Zusätzlich gibt es noch einig kleinere Heilriten wie *Nyemur* und *Memang*, die weniger ritueller Ausstattung bedürfen, und für die auch keine Tieropfer notwendig sind. Diese Riten stellen jedoch nur einen ersten Versuch dar die Krankheit zu heilen.

Bekeleeu

Dieser Ritus ähnelt einem *Naraja*, dauert aber mindestens acht Nächte und erfordert das Opfer mehrerer Schweine. *Bekeleeu* werden in Lempunah alljährlich abgehalten. Dabei teilen sich meist mehrere verwandte Kernfamilien die Organisation und Kosten (s. 4.1.3).

Bekeleeu werden meist veranstaltet, um Versprechen einzulösen, die den Geistern während früherer Krankheitsfälle abgelegt wurden. Vor allem bei schwereren Erkrankungen versprechen *Bekeleeu*, bei denen mehrere *Belian*-Arten kombiniert und zusätzlich *Nayuq*-Geister um Hilfe gebeten werden, gute Chancen auf Heilung (vgl. den entsprechenden Mythos in Hopes et al. 1997:141-150).

Seniang

Sollte auch ein *Bekeleeu* nicht helfen, werden die *Seniang*-Geister mit Hilfe des *Belian Turaatn* direkt, d. h. ohne die Vermittlung über die *Mulukng* beschworen. Für diesen selten durchgeführten Ritus ist das Opfer von zwei Schweinen erforderlich.

Nular

Nular-Riten sind vor allem zur Beschwichtigung durch Tabuverstöße erzürnter *Seniang*-Geister notwendig, um Dürren und andere Naturkatastrophen abzuwenden oder zu beenden (vgl. 3.2.1). Außer den *Seniang* werden zusätzlich die Geister der Anbaufrüchte sowie die *Kelelungan*-Seelen und die *Timang*-Geister um Unterstützung bei der Feldarbeit gebeten. Das *Nular* besteht überwiegend aus Elementen des *Belian Turaatn*. Obwohl seine Hauptaufgabe in der rituellen Reinigung besteht, kann es auch mit *Belian Sentiu*-Heilriten kombiniert werden.

Guguq

Das *Guguq* ist der ranghöchste *Belian*. Ein *Guguq* dauert mindestens sechzehn Nächte[128], gelegentlich auch mehrere Monate, bis all die verschiedenen Riten durchgeführt sind. Das *Guguq* erfordert neben dem Opfer mehrerer Schweine zusätzlich das Opfer von mindestens einem Wasserbüffel[129] und kann aus mehreren, oft kombinierten Gründen stattfinden:

> Zur Heilung in Fällen schwerer Erkrankungen, die sich nicht mit kleineren Ritualen behandeln ließen. *Guguq* dieser Art werden als *Nalitn Rotatn* ('Krankheitsheilung') bezeichnet.

---

[128] Das *Guguq* von Tanjung Isuy (1996) bestand aus 16 verschiedenen rituellen Teilen. Da die meisten dieser Bestandteile jedoch mehrere Tage und Nächte benötigten, dauerte das gesamte Ritual erheblich länger als 16 Nächte.

[129] Früher wurden anstelle der Wasserbüffel *Ripatn* (Sklaven, vgl. 2.2.3) geopfert.

➢ Zur <u>Reinigung</u> in Fällen gebrochener Tabus (*sahu*, vgl. 2.2.4). Dieses Ritual heißt *Nalitn Tautn* ('Heilung des Jahres').

➢ Zur <u>Vorbereitung</u> des neuen Jahreszyklus. Hierbei werden den Geistern vorab Opfer dargeboten, um sich ihrer Unterstützung zu versichern. Diese Form des *Guguq* heißt *Melas Tautn* oder *Nyolukng Tautn* ('Bereinigung des Jahres').

Guguq-Feiern beinhalten in der Regel viele verschiedene Elemente anderer Rituale wie *Bekeleeu* oder *Nular* sowie Kombinationen der unterschiedlichen Heilriten (*Belian Sentiu*, *Belian Turaatn*). *Guguq*, die von mehreren Dörfer gemeinsam abgehalten werden, bezeichnet man als *Ngompokng* oder *Nuaq*.

Die rituelle Ausstattung der verschiedenen *Belian*-Formen hängt von der jeweiligen Länge der Riten ab und kann Hunderte von Elementen sowie zahlreiche Ritualpflanzenarten umfassen (vgl. Gönner 1990, Massing 1982:67-74, vgl. 3.6.5, A2). Im Allgemeinen gilt, dass die Dauer eines *Belian* mit der Schwere der Krankheit zunimmt, um möglichst viele Geister um Hilfe bitten zu können. Während der letzten Phase des *Guguq* von Tanjung Isuy (1996) wurden zum abschließenden Büffelopfer selbst islamische Propheten eingeladen, da vergessene Geister sich unter Umständen an den *Pemeliatn* rächen könnten.

Totenriten
Wie auch die übrigen Barito-sprechenden Dayakgruppen führen die Benuaq sekundäre Bestattungsriten in Form des sogenannten *Kwangkai* (*Kuangkai* bzw. *Gombok*) durch (vgl. Weinstock 1983a:49-57, Sillander 1995:71). Eine ausführliche Beschreibung dieser Riten findet sich bei Massing (1981), Weinstock (1983a), Bonoh (1985b), sowie unveröffentlicht bei Gönner (1990).

Unmittelbar nach dem Tod einer Person wird das Dorf mit Gongschlägen informiert (*Titi*). Der Leichnam wird dann bewacht, während ein Sarg gezimmert wird. Am zweiten Tag wird die verstorbene Person im nahen Wald begraben, und das Haus wird rituell mit Hilfe eines *Tota Timui*-Ritus gereinigt[130]. Sieben[131] Tage später wird im Haus des Toten eine *Took* (ind. *Beroah*) genannter Ritus abgehalten, bei dem den Seelen des Verstorbenen, begleitet von *Sentangih*-Gesängen der *Pengewara*[132], Essensgaben und Kleidung dargeboten werden[133]. Nach dem

---

130 Im *Tota Timui*-Ritus werden Elemente des *Belian Turaatn* sowie gelegentlich auch des *Belian Sentiu* verwendet.

131 Sieben und Vielfache davon gelten als mit dem Tod assoziierte Zahlen.

132 Im Gegensatz zu den *Pemeliatn* sind als *Pengewara* nur Männer zugelassen, während die Bestattungsriten bei den nahe verwandten Ma'anyan eine ausschließlich weibliche Domäne sind (vgl. Weinstock 1983a:52, Hudson 1966:359).

Glauben der Benuaq verwandeln sich mit dem Tod die *Juus*-Seelen des lebenden Körpers (vgl. also Hopes et al. 1997:187, Massing 1982:61) in zwei unsterbliche Seelen: *Liau* (*Liaaw*), die mit dem Körper (Leichnam) assoziiert wird, und *Kelelungan*, die mit dem Intellekt (Schädel) in Verbindung gebracht wird. Beide unsterbliche Seelen werden als *Roh* (ind. = Seele) bezeichnet.

Im Rahmen eines zweiten Ritus (*Ngelangkakng*) werden den Seelen erneut Speisen, Zigaretten, Getränke, und Süßigkeiten angeboten. Massing zufolge (1981:90) findet dieser Ritus 100 Tage nach dem Tod statt. Allerdings wurde das einzige *Ngelangkakng*, das ich in Lempunah mitverfolgen konnte, zu Beginn der Erntezeit für die Seelen von 64 über die vergangenen Jahrzehnte verstorbenen Dorfbewohner abgehalten. Die Feier wurde ebenfalls von den *Sentangih*-Gesängen der *Pengewara* begleitet, die den Seelen den frischen jungen Reis (*Keloq*) darboten.

Die abschließende Feier wird hingegen meist Jahre nach dem Tod veranstaltet[134], wenn die Familie des Verstorbenen genügend Geld gesammelt hat, um ein *Kwangkai* durchführen zu können. Das *Kwangkai* besteht aus zahlreichen Teilen[135], die mit dem Opfer eines Wasserbüffels sowie der Begleitung der Seelen an ihre endgültigen Bestimmungsorte ihren Abschluss finden. Dieser befindet sich für die *Kelelungan*-Seele in einem Himmel mit Namen Tenung Tenangkai, wo die *Kelelungan* gemeinsam mit den *Nayuq*-Geistern leben (vgl. Hopes et al. 1997:187). Die *Liau*-Seelen hingegen wohnen in der Parallelwelt eines mythischen Langhauses auf dem Saikng (Berg) Lumut. Im Gegensatz zur *Liau*-Seele kann die

---

[133] Diese Vorgehensweise unterscheidet sich von Massings Beobachtungen aus anderen Benuaqgebieten (1981:89), wo der Leichnam sieben Tage lang in einem geschnitzten Sarg aufbewahrt wurde. Weinstock zufolge (1983a:52) ordnete die niederländische und später die indonesische Verwaltung an, dass Bestattungen aus hygienischen Gründen innerhalb von 24 Stunden zu erfolgen haben. Allerdings wird diese Anordnung nicht immer befolgt.

[134] Obwohl das *Kwangkai* idealerweise sieben Jahre nach dem Tod abgehalten werden sollte, dauert es in aller Regel länger die benötigte Summe zusammenzutragen. Im Fall einer jungen Frau aus Mancong fand das *Kwangkai* jedoch bereits nach wenigen Monaten statt.

[135] Der verstorbene *Kepala Adat* von Tanjung Isuy, der einer der bekanntesten Benuaq *Pengewara* war, ordnete das *Kwangkai* in 14 Stufen: (1) *Domaq Ampa* – Vorbereitungsphase, (2) *Sentangih* – Exhumierung, Reinigung und Überführung der Gebeine ins Langhaus, sowie Rezitieren der *Temputn* und *Intootn* (Geschichten), (3) *Ngerankau* – ein Tanz, bei dem zunächst sieben oder eine vielfache Anzahl an Männern und später an Frauen hintereinander siebenmal (oder eine vielfache Anzahl) durchs Langhaus tanzen, (4) *Noong Banukng Oree* – Schweineopfer, (5) *Beriputn Batur Mesatn* – Heirat zwischen Eisenholzbaum (männlich) und *Bengeris* Baum (weiblich), (6) *Beriputn Belontakng* - Heirat des Eisenholzpfahls (männlich) und des Rattanstricks (weiblich), mit dem der Büffel an besagten Pfahl gebunden wird, (7) *Ngencoor* – Geleiten des Pfahls zum Opferplatz, (8) *Belontakng* – Aufstellen des Pfahls, (9) *Malapm Kendoyakng* – die Nacht vor dem Opfer, (10) *Noong Banukng Solukng* – Büffelopfer, (11) *Numpuq Kelelungan* – Geleiten der *Kelelungan*-Seelen in den Tenung Tenangkai Himmel, (12) *Ncoi Liau* – Geleiten der *Liau*-Seelen zum Berg Lumut, (13) *Nulaq Banukng* – sekundäre Bestattung der Gebeine, (14) *Tapung Tawar* – rituelle Reinigung des Langhauses.

Kelelungan-Seele auch später noch im Belian um Hilfe gebeten werden. Diese, von den *Pengewara* den Seelen ausführlich beschriebene 'Reise ins Paradies' (Massing 1981), passiert viele real existierende Orte zurück bis ins Quellgebiet der Flüsse Mea und Tewe, in welchem die Luangan nach Weinstock (1983a:72,73) ihren Ursprung lokalisieren.

Ein *Kwangkai* sollte idealerweise ein Vielfaches von sieben Tagen dauern, obwohl, ähnlich wie im Fall der *Belian*-Riten, diese Regel nicht notwendigerweise mit astronomischen Tagen übereinstimmt. Vor allem das Abschlussopfer wird häufig verschoben, bis alle Riten vollständig ausgeführt sind und der Zeitpunkt für günstig befunden wird[136].

Im linken Bild ist der rituelle Aufbau der letzten *Kwangkai*-Nacht zu sehen. Für die Seelenreise stehen verschiedene Speisegaben bereit. Das rechte Bild zeigt den *Ngerankau*-Tanz (vgl. FN 135).

---

136 Dies hängt u. a. auch vom Ertrag der im Umfeld stattfindenden Gewinnspiele ab, da diese erheblich zur Finanzierung der Ritualkosten beitragen.

Neben ihrer religiösen Bedeutung beinhalten *Kwangkai* und *Guguq* auch wichtige soziale Aspekte. Die organisierenden Familien[137] eines derart großen und kostspieligen Festes erwerben oder erneuern ihren sozialen Status, während sie sich gleichzeitig des Wohlwollens der *Kelelungan*-Seelen sowie hilfreicher Geister versichern. Vor allem aber gegen Ende der Feiern werden die religiösen Riten durch die jahrmarktähnlichen Festivitäten fast gänzlich in den Hintergrund gedrängt. Glücksspiele (*Tongkok*[138]), Hahnenkämpfe (*Saukng Piaq*), traditionelle Sportwettkämpfe (Blasrohrschießen, *Behempas*-Fechten, Baumklettern), Dichterwettstreite (*Pentangin*), und ein Markt mit Essens- und Verkaufsständen ziehen dann Tausende meist einheimischer Besucher an, wobei diese Ereignisse für jüngere Festbesucher oft eine willkommene Chance zur Partnersuche darstellen.

Traditioneller Kampfsport (*Behempas*).

---

137 Riten werden meist von Großfamilien durchgeführt (vgl. das Soziale Netz in Abbildung 3), obwohl gelegentlich auch nicht direkt verwandte Freunde mithelfen. Eine Ausnahme sind die kleinen Agrarriten sowie individuelle kleine Heilriten (s. o.).

138 Der Spielleiter setzt einen Würfel, der eine rote Seite besitzt, unsichtbar für die anderen unter ein Hütchen. Daraufhin platzieren die Spieler ihr Geld auf Felder mit unterschiedlichen Gewinnchancen. Wenn jeder gesetzt hat, hebt der Spielleiter das Hütchen, und es gewinnen jene Einsätze, auf die die rote Seite zeigt. Dabei lassen sich auch kombinierte Strategien mit verminderten Gewinnchancen spielen. Neben diesem *Tongkok* genannten Spiel werden auch verschiedene Kartenspiele um Geld ausgetragen.

Hahnenkampf (*Saukng Piaq*).

Diese Jahrmarktaktivitäten sind u. a. auch notwendig, um zumindest einen Teil der Ritualkosten abzudecken[139]. Händler und Standbesitzer bezahlen vorher festgelegte Konzessionsgebühren, und auch ein gewisser Anteil der Einnahmen aus Glücksspielen trägt zur Kostendeckung bei[140]. Gelegentlich gibt es des weiteren kleinere staatliche Zuwendungen von Seiten der Bezirksregierung (vor allem in Wahlkampfzeiten).

Die Organisation von *Kwangkai*- oder *Guguq*-Riten erfordert die enge Zusammenarbeit meist Duzender von Familienmitgliedern und Dorfältesten, die sich die vielfältigen Aufgabenbereiche aufteilen.

Andere Riten
Außer diesen beiden großen Ritualkomplexen gibt es noch eine Reihe weiterer, meist kleinerer Riten.

Riten während der Schwangerschaft und nach der Geburt
Nach dem dritten Schwangerschaftsmonat findet ein *Nyamatn Butukng* genannter Ritus statt, bei dem ein weißes Töpfchen, das den Embryo im Uterus symbolisiert, in einen *Sarung* gewickelt und auf einen weißen Teller gestellt wird. Der *Sarung* wird nach der Geburt wieder geöffnet. Am vierten Tag nach der Geburt findet ein

---

[139] Das *Guguq* von Tanjung Isuy (1996) kostete 16 Million Rupiah (zu dieser Zeit entsprach dies in etwa 6.000 US$ bzw. den durchschnittlichen täglichen Ausgaben einer Familie über elf Jahre hinweg). Die Ausgaben für *Kwangkai*-Riten liegen in einer ähnlichen Größenordnung (vgl. Massing 1981:101-103).

[140] Zehn Prozent aller Gewinne (sowohl die der Bank als auch die der Spieler) werden abgezogen und in drei Teile geteilt. Ein Drittel erhält die Polizei, da Glücksspiele nach indonesischem Recht verboten sind, ein Drittel erhält der Besitzer des Spiels, und ein Drittel geht an den Organisator des *Kwangkai*.

Tota Timui Reinigungsritus statt, der Elemente aus dem *Belian Sentiu* sowie dem *Belian Turaatn* enthält. Zudem werden den Hilfsgeistern der Hebamme(n) in einem *Luran Pujut* genannten Ritus Speisegaben dargeboten.

Die ganze Schwangerschaft über gibt es eine Vielzahl von Speisegeboten (*Buyatn*) zu befolgen (vgl. 4.3.2).

Heiratsriten

Die Heirat (*Beriputn*) wird meist durch einen *Belian Turaatn-Pemeliatn* oder durch den *Kepala Adat* vollzogen und von den Dorfältesten sowie den Adligen (*Mantiiq*) bezeugt. Die Heiratsriten beinhalten wiederholte rituelle Reinigungen der Braut und des Bräutigams, die auf zwei Gongs sitzen. Die Reinigungen nimmt der *Pemeliatn* vor indem er Hühner, Blätter und Tücher über den Köpfen des Brautpaares von Gebeten begleitet hin und herschwenkt. Abgeschlossen wird die Reinigung mit einem *Tota Timui*-Ritus, der Segnungen mit *Tawar*-Wasser und Reispaste sowie ein Bad in mit *Ngeraseh* und *Mayang* (der Blütenstand der *Areca catechu* Palme) versehenem Wasser umfasst.

Der rituelle Brautpreis (*Pengalaq*) beträgt zehn chinesische *Antaakng* (Vasen, jeweils als 20.000 Rp gewertet[141]), ein *Genikng* (Gong, als 50.000 Rp gewertet) und ein *Tumak* (Speer, als 25.000 Rp gewertet), zusammen also 275.000 Rp, die an die Brauteltern zu zahlen sind. Im Gegenzug muss die Braut fünf *Antaakng* (= 100.000 Rp) den Eltern des Bräutigams zahlen.

Agrarriten

Die Agrarriten der Benuaq umfassen *Pakatn Nyahuq*, die Opfergaben für die *Nyahuq*-Geister zu Beginn des Jahreszyklus (s. o.), *Ngeluikng*, die Rückführung der Reisfee/-seele Lolakng Luikng sowie eine Vielzahl kleinerer Riten zur Abwehr von Schädlingen. Im Falle von Dürrekatastrophen können *Nular*- oder *Melas Tautn*-Riten abgehalten werden (s. o.).

Die meisten der hier geschilderten Riten werden in Lempunah und seiner Umgebung noch regelmäßig ausgeübt. *Belian*-Heilriten finden fast allnächtlich in einem der Dörfer statt, und größere Rituale wie *Bekeleeu*, *Guguq* oder *Kwangkai* werden beinahe alljährlich im Unterbezirk durchgeführt.

Eine Stichprobe von 36 zwischen 1996 und 1998 interviewten Haushalten ergab folgende Beteiligung an Riten:

---

[141] Diese Bewertung ist lediglich symbolischer Natur, da auf dem lokalen Antiquitätenmarkt chinesische Keramikvasen oft mehrere Millionen Rupiah kosten.

	1996	1997	1998
Kwangkai	1	0	3
Guguq	0	1	0
Bekeleeu	30	10	20
Naraja	3	2	2
Seniang	3	0	0
Belian Sentiu	23	25	19
Belian Turaatn	2	4	2
Tota Timui	1	0	2
Summe:	63	42	48

Tabelle 2: Zusammenstellung der Riten zwischen 1996 und 1998 aus 36 Haushalten (RT I/II, RT III). Da verschiedene Familien gelegentlich an denselben Riten beteiligt waren, entsprechen die Zahlen nicht der Gesamtanzahl an durchgeführten Riten.

Während der drei untersuchten Jahre nahmen 86 % der Haushalte an mindestens einem *Bekeleeu* Teil[142]. Darüber hinaus waren 69 % bis 92 % aller Haushalte alljährlich an *Belian*-Riten beteiligt. Die von den Befragten eingeschätzte Erfolgsrate dieser Heilriten lag dabei zwischen 68 % und 79 %[143]. Bedenkt man, dass *Belian*-Riten oft erst abgehalten werden, wenn die moderne medizinische Versorgung keine Besserung bringt[144], so unterstreicht diese hohe subjektiv wahrgenommene Heilungsrate die lokale Bedeutung der Heilriten. Finanzielle Aufwendungen für Heilriten rangieren zudem unter den größten Ausgabeposten der meisten Familien (vgl. 4.1.3).

Angesichts ihrer gesundheitlichen wie sozialen Bedeutung spielen Riten nach wie vor eine zentrale Rolle in Lempunah, obwohl sich die meisten Bewohner und Bewohnerinnen des Dorfes offiziell zu einer der christlichen Konfessionen bekennen. Generell ist das rituelle Leben der Benuaq trotz staatlicher Gesundheits-

---

[142] 86 % der Haushalte nahmen an mindestens einem *Bekeleeu* zwischen 1996 und 1998 Teil, 45 % an mindestens zwei, und 14 % sogar an drei *Bekeleeu*-Ritualen.

[143] Ein *Belian* wurde als erfolgreich eingestuft, wenn sich der Patient anschließend von seiner Erkrankung erholt hatte. Die nicht erfolgreichen Fälle umfassen vor allem chronische Erkrankungen (z. B. Rheuma, Erblindungen) sowie Krankheiten, die eventuell mit einem späteren größeren *Belian* erfolgreich behandelt werden konnten.

[144] In Tanjung Isuy gibt es eine kleine Klinik mit einem Arzt und ausgebildetem Pflegepersonal, die gelegentlich auch die umliegenden Dörfer besuchen. Teilweise werden schwerer erkrankte Personen von ihren Familien aber auch bis in die über eine Tagesreise weit entfernten Krankenhäuser von Muara Muntai, Tenggarong und Samarinda gebracht.

posten und kirchlicher Missionen weit aktiver als in den meisten anderen Gebieten Borneos (vgl. also Massing 1981:85, 1982:58,59). Dies könnte zweierlei Ursachen haben:

(1) Das Siedlungsgebiet der Benuaq befand sich lange Zeit zwischen den Einflusssphären von Islam (Küstengebiete, unterer Mahakam) und Christentum (Inselinneres, z. B. Apo Kayan und oberer Mahakam). So erreichte der erste erfolgreiche Missionar (ein Indonesier aus Nusa Tenggara Timur, Ost-Indonesien) Tanjung Isuy erst im Jahr 1978[145], mehr als 70 Jahre nachdem die katholische Kirche ihre Missionsarbeit in Ost-Kalimantan in Laham (1906) am Oberlauf des Mahakam aufgenommen hatte.

(2) Die Benuaq besitzen ein relativ anpassungsfähiges Glaubenssystem, in welches häufig exogene Elemente mit aufgenommen wurden. Ein gutes Beispiel ist der *Belian Sentiu*, der höchstwahrscheinlich aus Bongan stammt. Unter den östlichen Benuaq ersetzt dieser populäre Heilritus heute den älteren *Belian Bawo* (s. o.), wobei gelegentlich sogar Surenteile des Koran rezitiert werden. Zudem gibt es Hinweise darauf, dass die oberste Gottheit der Benuaq *Lantalah* (*Perjadiiq, Latala, Lahatala, Mahatala, Mahatara, Hatala* bzw. *Alatala* in anderen Luangan-Gebieten, vgl. Weinstock 1983a:24-25) ein von Islam ('Allah Ta'ala') und Hinduismus (*maha* = groß) beeinflusstes Konzept ist (vgl. Weinstock ibid., Massing 1982:61)[146].

Vermutlich hat die konfliktarme Begegnung der alten Benuaq-Glaubensformen mit anderen Religionen einen allmählichen, teilweise synkretistischen Glaubenswandel zugelassen, ohne die alten Vorstellungen zu ersetzen. Diese überdauerten jedoch auch, da sie bis heute als sozioreligiöse wie auch medizinische Notwendigkeit betrachtet werden. In Bereichen, in denen diese Notwendigkeit erlischt (z. B. wegen alternativer Einkommensquellen beim Feldbau), verschwinden auch unter den Benuaq Riten und Glaubensinhalte.

---

[145] Protestantische Missionare hatten mit ihrer Arbeit bereits in den 1950er Jahren begonnen, fanden aber lange Zeit kaum Anhänger, da sie von der Lokalbevölkerung als zu restriktiv angesehen wurden.

[146] Der offene Charakter der Benuaq-Religion trat auch während des *Guguq* von Tanjung Isuy (1996) zu Tage, als der oberste *Pemeliatn* vierzehn islamische Propheten zum abschließenden Büffelopfer einlud (s. o.).

2.3 Lempunah – das Dorf, seine Bewohner und wichtige Ereignisse

2.3.1 Beschreibung des Dorfes

Der mündlichen Überlieferung zufolge stammen die Dörfer entlang des Ohong aus dem westlich gelegenen Gebiet des Kelawit. Von dort aus wanderten die Vorfahren der heutigen Dorfbewohner allmählich flussabwärts, wobei sie an verschiedenen Stellen neue Langhäuser errichteten, bis sie schließlich ins Gebiet des heutigen Lempunah kamen, in dem sie seit 'Jahrhunderten' siedeln[147]. Zwei Felsformationen – Batuq Baliq und Batuq Nontoy – werden als die von Geistern verwandelten ersten Langhäuser Lempunahs betrachtet. Auf diese folgten mindestens elf weitere Langhäuser[148], bis das Dorf zu Beginn des zwanzigsten Jahrhunderts an seiner gegenwärtigen Stelle angelegt wurde.

Die ersten beiden nicht-mythologischen Langhäuser, Rawa Opotn und Naroy, sind auch als Vorläuferlanghäuser des Nachbardorfes Muara Nayan bekannt. Erst das darauf folgende Langhaus, Akas, scheint das erste ausschließlich bis zu Lempunah führende Haus gewesen zu sein. Von diesem leitet sich auch der lokale Name der Bewohner Lempunahs ab, die unter den Benuaq Ohookng meist als Akas bezeichnet werden.

Eine weitere Langhausspaltung erfolgte vermutlich im neunzehnten Jahrhundert in Perau, als ein Teil der Bewohner das Langhaus verließ und ins Kelawitgebiet zurückkehrte.

Da ein Langhaus in der Regel eine Generation lang benutzt wurde (30 bis 40 Jahre), errechnet sich die jüngere Besiedlungsgeschichte rings um Lempunah auf einen Zeitraum von 300-400 Jahren. Diese Schätzung beruht allerdings ausschließlich auf mündlichen Überlieferungen und relativ groben Hochrechnungen. Genauere Daten ließen sich wohl nur über eine ^{14}C-Analyse der Eisenholzreste vornehmen, die man teilweise noch an den alten Langhausplätzen findet[149].

---

[147] Diese Auskunft stammt vom *Kepala Adat* Lempunahs. Diese Version wird u. a. auch durch die Namen der beiden ersten Langhausvorsteher Lempunahs gestützt – Impotn Unguq (Vorsteher von Rawa Opotn) und Impotn Mahaan (Vorsteher von Naroy), da Impotn die Tonyoi-Bezeichnung (Tunjung) für Großvater ist (der entsprechende Benuaqbegriff wäre *Kakah*), und die Toyoi nur unweit des Kelawit siedeln.

[148] Nach Auskunft des Dorfvorstehers wurden diese elf Langhäuser nacheinander errichtet und existierten nicht zeitlich überlappend. Alle diese ehemaligen Langhäuser befanden sich innerhalb des administrativ zugewiesenen Dorfgebietes (vgl. Karte 6 im Anhang), wo ihre Überbleibsel noch teilweise zu erkennen sind. Die genaue Chronologie dieser Vorgängerhäuser konnte nur noch von einem alten Mann (ein ehemaliger *Kepala Adat* Lempunahs) wiedergegeben werden. Allerdings ist die exakte Abfolge der Langhäuser in Lempunah nicht unumstritten.

[149] Auch diese Methode würde nur stark eingeschränkte Erkenntnisse liefern, da die rasche Zersetzung organischer Materialien unter tropischen Verhältnissen nur einen gewissen zeitlichen Rück-

Administrativ gehört Lempunah zum Unterbezirk (ind. *Kecamatan*) Jempang sowie zum Bezirk (ind. *Kabupaten*) Westkutai[150]. Im Osten bildet der Ohong die Grenze zum Nachbardorf Pentat, welches im Süden durch den kleinen Tola-Fluss abgetrennt ist, während die Flüsse Nayan und Merayo im Norden die Grenze zu Muara Nayan bilden. Gegen Westen trennt die Wasserscheide zwischen Ohong und Kelawit das Dorfgebiet vom Unterbezirk Muara Pahu (vgl. Karte 3 und 4).

Das Dorf besteht aus drei Verwaltungsteilen, von denen zwei das Hauptdorf bilden (RT I, RT II[151]), während zwei kleinere, etwa sechs Kilometer entfernte Siedlungen als dritter Dorfteil zu Lempunah gerechnet werden (Kangkang Puya and M(u)ara Gusiq, vgl. Karte 4).

Karte 4: Lempunah (RT I/II & RT III) und seine Nachbardörfer (dunkle Fläche = Dorfgebiet). Quelle: vom Autor bearbeitete, digitalisierte GIS-Version einer für die
GTZ erstellten Karte, Samarinda 1999.

---

blick erlaubt Immerhin könnten sich auf diese Weise die Generationszeiten einzelner Langhäuser überprüfen lassen.

[150] Die verwaltungstechnische Aufteilung Kutais in drei neue Bezirke erfolgte 1999 im Zuge der Dezentralisierungsbemühungen Indonesiens. Zuvor gehörte Lempunah zu Kutai mit Verwaltungssitz in Tenggarong.

[151] RT bedeutet *Rukun Tetangga* (Nachbarschaftsvereinigung).

Die Bevölkerung Lempunahs besteht überwiegend aus Dayak Benuaq sowie einer kleinen Minderheit von zwei Dayak Tonyoi (Tunjung), zwei Javanern und einer Banjar. Der Dorfstatistik zufolge bekennen sich 54 % der Bevölkerung zur katholischen Kirche, 43 % zu protestantischen Kirchen und 3 % zum Islam[152]. 1998 umfasste Lempunahs Bevölkerung 117 Haushalte mit 347 Personen (51 % Männer und Jungen, 49 % Frauen und Mädchen). Diese teilten sich auf in: 57 Haushalte in RT I, 27 Haushalte in RT II, 26 Haushalte in RT III, sowie 7 Haushalte mit unklarer RT-Zugehörigkeit. Die auf das gesamte Dorfgebiet hochgerechnete Bevölkerungsdichte betrug somit 3,77 Personen/km^2.

Der Erinnerung zweier ehemaliger Dorfvorsteher zufolge blieb die Bevölkerung Lempunahs zwischen 1940 und 1998 weitgehend stabil, auch wenn einige Familien nach Tenggarong (die ehemalige Bezirkshauptstadt) bzw. in die Provinzhauptstadt Samarinda abwanderten. Zwischen 1996 und 1998 nahm die Bevölkerung lediglich um vier Personen zu (Geburten minus Sterbefälle, zwei Zuwanderer).

Die Fertilität, ausgedrückt in der abgeschlossenen Kinderzahl von Frauen jenseits der Gebährfähigkeit, ist für traditionelle Völker vergleichsweise gering (vgl. Lang 1993:128). Die 17 interviewten Frauen hatten durchschnittlich 3-4 Kinder geboren, von denen 2-3 das Säuglingsalter überlebten und im Durchschnitt eines starb (Fehl- und Totgeburten nicht eingerechnet). Die Anzahl der Geschwister dieser Frauen, die ihr Säuglingsalter überlebten, betrug 4-5 (n=30)[153], was auf eine, innerhalb von nur einer Generation deutlich gesunkene Familiengröße hindeutet[154]. Die aktuelle (1999) Altersverteilung ist in Abbildung 4 dargestellt:

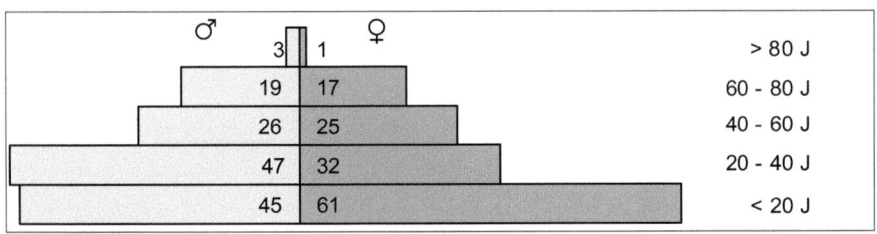

Abbildung 4: Alterspyramide in Lempunah; 140 Männer (helle Balken), 136 Frauen (dunkle Balken)[155]

---

[152] Zwischen 1993 und 1996 wurde eine katholische Kirche errichtet, 1999 folgte die Einweihung einer protestantischen.

[153] Methodisch war es nicht möglich, die exakte Anzahl im Kindesalter verstorbener Geschwister zu ermitteln. Daher liegt die tatsächliche Kinderzahl der vorigen Generation erheblich höher.

[154] Ein wesentlicher Grund für die rückläufige Geburtenzahl ist die Verwendung von Verhütungsmitteln (i. A. Pille) seit Anfang der 1970er Jahre.

[155] Die Altersangaben der Erwachsenen stammen aus der offiziell geführten Dorfstatistik. In einigen Fällen wurden offensichtlich falsche Angaben durch eigene Schätzwerte (in Alters-

Die traditionelle Wohnform der Benuaq ist das für viele Dayak-Gruppen typische Langhaus (*Louu*). Was die Länge betrifft, so rangieren Benuaq-Langhäuser zwischen den oft beeindruckenden Langhäusern Zentralborneos[156] und den einzeln stehenden Mehrfamilienhäusern anderer Barito-sprechender Gruppen wie der Ngaju, der Ma'anyan und einiger Luangan-Untergruppen[157]. Das *Louu* von Lempunah war ursprünglich 100 m lang, maß aber zur Zeit der Untersuchung nur noch 70 m[158].

Das Langhaus (*Louu*) von Lempunah

---

kategorien) ersetzt. Die Altersangaben für Kinder wurden im Rahmen der Haushaltsinterviews erhoben.

[156]Als übliche Länge von Langhäusern gibt Rousseau 75 bis 150 Meter an (Rousseau 1990:104). Das Langhaus von Long Laput soll hingegen in den 1950ern 700 Meter lang gewesen sein (Southwell 1959:49, zitiert in Rousseau 1990:104).

[157]In Loksado (Süd-Kalimantan) lebte die Dorfbevölkerung im November 1996 in sogenannten *Rumah Besar* (ind. = großes Haus). Dabei handelt es sich um große, beinahe quadratische Häuser, deren Appartements umlaufend angeordnet sind, wodurch in der Mitte ein überdachter Gemeinschaftsraum übrig bleibt.

[158]Alte Pfeiler waren über weitere dreißig Meter sichtbar.

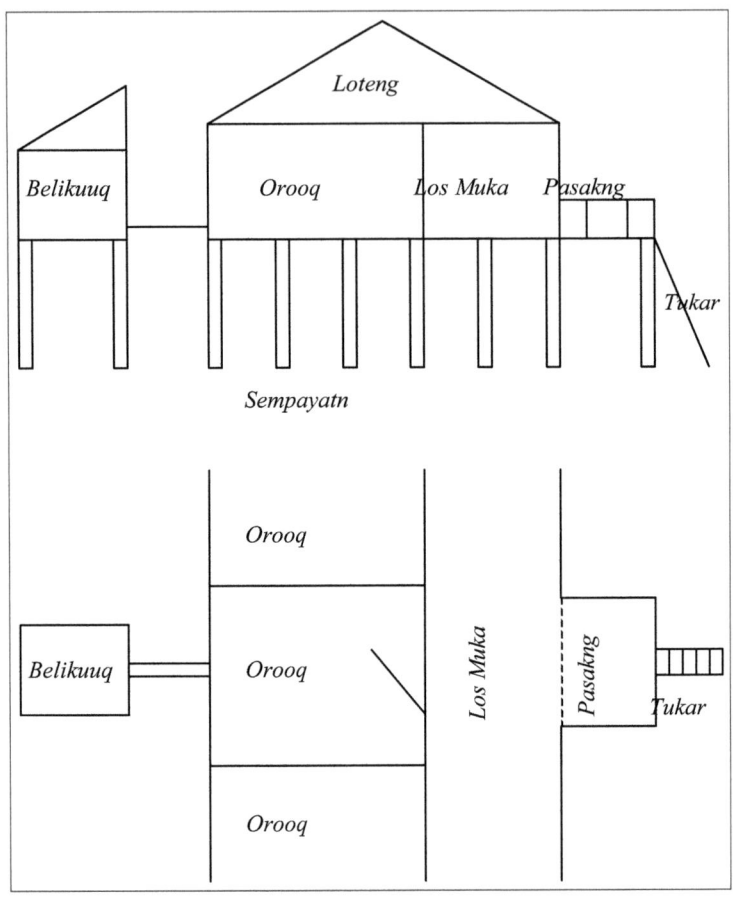

Abbildung 5: Schematischer Querschnitt und Grundriss des Langhauses von Lempunah.

Legende:
Orooq	Appartement einer Familie
Los Muka	innere Veranda
Pasakng	Plattform
Tukar	Leiter
Sempayatn	Pfähle
Loteng	zweiter Stock (überwiegend als Speicher genutzt)
Belikuuq	Küche[159]

---

[159] Nicht alle Küchen sind vom Hauptgebäude getrennt; manche befinden sich auch innerhalb des *Orooq*.

Das Langhaus von Mancong. Dieses *Louu* zeigt städtischen Einfluss niederländischer Kolonialbauten. Ein ehemaliger Dorfvorsteher hatte sein Langhaus nach einem Besuch in Samarinda in diesem Stil errichten lassen. Das Bild zeigt einen zunächst privat finanzierten, später vom Ministerium für Bildung und Kultur übernommenen und für touristische Zwecke genutzten Nachbau des ursprünglichen *Louu*.

Beim Bau eines Benuaq-Langhauses wird der Teil der Gründerfamilie (*Mantiiq*) als erstes errichtet. An diesen werden dann rechts und links die weiteren Abschnitte angefügt, wodurch das Appartement der *Mantiiq* meist in der Mitte zu liegen kommt. Ursprünglich musste dem *Adat* Lempunahs zufolge nach dem Tod eines Langhausvorstehers ein neues Haus gebaut werden[160]. Die zentralen Tragepfosten waren dabei aus Eisenholz (*Eusideroxylon zwageri*), der Fußboden aus Rattan und die Wände aus Baumrinde. Die heutigen Langhäuser der Benuaq verfügen inzwischen alle über Holzwände und Holzfußböden, eine haltbare Neuerung, die durch (Motor-)Sägen vereinfacht wurde.

Seit den 1960ern leben die meisten Familien in Lempunah und den umliegenden Dörfern in Einzelhäusern[161]. Nur noch wenige Familien wohnen dauerhaft im Langhaus, welches sich trotz mehrfacher kleinerer Renovierungen in einem stark baufälligen Zustand befindet. Dennoch wird das Langhaus noch immer regelmäßig für die Austragung größerer Rituale (*Kwangkai*, *Guguq*, *Bekeleeu*) sowie für Dorfversammlungen (*Berinuq*) genutzt. Nach Angaben des Dorfvorstehers beabsichtigen mehrere Familien, nach dem für 2000/2001 geplanten und von der Regierung finanzierten Neuaufbau des Langhauses in dieses zurückzukehren.

---

[160]Es ist unklar, ob diese Regel stets befolgt wurde.

[161] Nach Auskunft des Dorfvorstehers zogen die meisten Familien freiwillig in Einzelhäuser, da das alte Langhaus baufällig war und Einzelhäuser im Zuge einer gewissen Individualisierung gegenüber der Langhauswohnweise bevorzugt wurden. Allerdings wurde dieser Trend von Seiten der indonesischen Regierung stark unterstützt, wenn nicht gar erheblich forciert (vgl. Rousseau 1990:124).

Bevor das Schulsystem (mit seiner Schulpflicht für die erste bis sechste Klasse), das staatliche Gesundheitswesen sowie vielfältige wirtschaftliche Möglichkeiten ein dauerhaftes Wohnen im Dorf attraktiv werden ließen, verbrachten die Familien den größten Teil des Jahres auf ihren teilweise weit entfernten Feldern. Hier wohnten sie in Feldhäusern, die meist nur für ein Jahr gebaut (*Ukop*), manchmal aber auch über einen längeren Zeitraum benutzt wurden (dann *Balai* = Haus genannt). In der Regel legten mehrere (5-20) Haushalte einer Großfamilie benachbarte Felder an und halfen sich gegenseitig bei der Feldarbeit, in Krankheitsfällen oder (früher) bei feindlichen Angriffen[162]. Nach der Reisernte begaben sich die Familien für eine gewisse Zeit ins Langhaus, wo dann auch Feste gefeiert und Rituale abgehalten wurden. Über das Feldjahr wurde das Langhaus sowie die einzelnen Siedlungen wie Kangkang Puya oder Muara Gusiq zudem aufgesucht, wenn Händler ins Dorf kamen, um Stoffe und Eisen gegen Waldprodukte und Reis zu tauschen.

Heute besteht Lempunah überwiegend aus einzeln stehenden, hölzernen Pfahlhäusern, die den Ohong an beiden Ufern säumen[163].

Typisches Einzelhaus in Lempunah, in dem drei Generationen leben.

Die Grundschule in Lempunah (erste bis sechste Klasse) wird von den Kindern aus Lempunah, Pentat und Muara Nayan[164] besucht. Die nächste Mittelschule (siebte

---

[162]Gelegentlich ziehen einzelne Familien auch eine abgeschiedene Wohnweise vor. Während des Untersuchungszeitraums lebte ein älteres Ehepaar abseits jeglicher Siedlungen weit flussaufwärts in einem einzelnen Haus. Beide besuchen das Dorf nur alle paar Monate, um Schmiedearbeiten zu verkaufen, die der Mann selbst herstellt.

[163] Siedlungen entlang der Flüsse stellen das hauptsächliche Siedlungsmuster auf Borneo dar (Rousseau 1990:103).

[164] Abhängig vom Wasserstand des Ohong müssen sie dabei einen Schulweg von bis zu vierzig Minuten (aus Muara Nayan) in Kauf nehmen.

bis neunte Klasse) befindet sich im dreizehn Kilometer entfernten Tanjung Isuy, während die nächste Oberschule (zehnte bis zwölfte Klasse) in Muara Muntai bereits zwei Bootsstunden von Tanjung Isuy entfernt ist[165]. Beide weiterführende Schulen bieten teilweise Wohnmöglichkeiten, sind aber für viele Dorfbewohner aus Kostengründen unerschwinglich.

Drei kleinere Verkaufsläden versorgen das Dorf mit Waren des täglichen Bedarfs wie Hygieneartikeln, Konserven, Zucker, Speiseöl, Getränken, Gewürzen, Zwiebeln und vielem mehr.

Ende 1998 wurden mehrere, relativ wohlhabende Haushalte ans elektrische Netz des Unterbezirks angeschlossen, welches von abends fünf Uhr bis morgens sieben Uhr Strom aus einem Ölkraftwerk bei Tanjung Isuy liefert. Zuvor gab es nur unregelmäßig Strom aus dem dorfeigenen, häufig defekten Dieselaggregat.

Die gleiche Flussbiegung in Lempunah, einmal während des Hochwassers (Februar 1996) und einmal während der Trockenzeit (September 1997).

---

[165] Im Jahr 2000 soll das Schulsystem umgestellt werden, so dass Tanjung Isuy eine integrierte Schule von der siebten bis zur zwölften Klasse erhält. Zusätzlich sollen sogenannte offene Schulen (ind. *Sekola Terbuka*) eingeführt werden , bei denen der Unterricht (bis zur zwölften Klasse) blockweise in den Dörfern stattfindet.

Verkehrstechnisch ist Lempunah über eine dreizehn Kilometer lange, wetterfeste Straße mit der Verwaltungszentrale des Unterbezirks, Tanjung Isuy, verbunden. Bevor diese Straße Anfang der 1990er Jahre vom Militär angelegt wurde, bildeten der Ohong sowie ein schmaler Fußpfad die einzige Verbindung zwischen den beiden Dörfern. Heute erfolgt der Transport im wesentlichen über LKWs, Minibusse, Pick-ups, Motorräder[166] und, abhängig vom Wasserstand, mit Hilfe motorisierter Kanus. Die beiden weiter abgelegenen Siedlungen im RT III lassen sich nur zu Fuß über einen kleinen Waldpfad (ein bis zwei Stunden) oder (während der Regenzeit) mit motorisierten Kanus über den Ohong (eine Stunde) erreichen.

Die LKWs der verschiedenen Unternehmen befördern auch Passagiere zwischen Lempunah und Tanjung Isuy.

2.3.2 Eine Chronologie der Ereignisse in Lempunah

Die folgenden Ereignisse hatten einen signifikanten Einfluss auf das Dorfleben und die Ressourcennutzung in Lempunah. Die Zusammenstellung beruht auf einer subjektiven Auswahl gewichteter Informationen der Dorfbevölkerung sowie auf persönlichen Beobachtungen seit 1988.

1970er	Eine Holzgesellschaft schlägt die Wälder rings um Lempunah ein. Es gibt keine größeren Konflikte, da den Dörfern die weitere Waldnutzung (auch zum Schwendbau) erlaubt wird.

---

[166] Die unregelmäßigen Autoverbindungen werden von Privatunternehmern aus Tanjung Isuy angeboten. Zusätzlich nehmen auch die Lastwagen regionaler Unternehmen (Kohle, Ölpalmgesellschaft, Holzkonzession) Passagiere umsonst oder gegen ein kleines Entgeld mit. Alternativ bieten Motorradtaxis (ind. *Ojek*) für 5.000 Rp (1996) bis 10.000 Rp (2000) eine Fahrt zwischen Lempunah und Tanjung Isuy (ca. zwanzig Minuten) an.

Juni 1988	Hohe Rattanpreise bringen der Dorfbevölkerung einen gewissen, vorübergehenden Wohlstand. Viele Familien kaufen sich Fernsehgeräte, Generatoren und Bootsmotoren.
Ende 1989	Der Rattanpreis verfällt; etliche Familien verkaufen ihre Errungenschaften wieder.
März 1991	Der Rattanpreis ist noch immer niedrig. Holzstege werden gegen die regelmäßigen Überschwemmungen gebaut.
Juli-November 1993	Eine mechanische Wasserpumpe wird installiert, und der Bau der katholischen Kirche wird begonnen. Inzwischen gibt es auch eine Verbindungsstraße zwischen Tanjung Isuy und Lempunah. Eine Holzplantage (HTI[167]) sowie ein daran angegliedertes Umsiedlungsprojekt roden mehrere Duzend Hektar Wald. Auf diesen Flächen befanden sich u. a. auch Grabstätten und Waldgärten, wodurch schwerwiegende Konflikte ausgelöst werden. Lokale Rechtshilfegruppen sowie privat agierende Rechtsbeistände versuchen zu vermitteln.
1994	Die Rodungen werden gestoppt; allerdings bleibt die Frage einer finanziellen Entschädigung ungeklärt. Die Rinde einer Baumart (*Kayu Lem – Litsea* sp. c. f.) wird vorübergehend zu einem guten Preis verkauft; nach relativ kurzer Zeit bricht der Bestand jedoch zusammen.
1995	Ähnlich wie 1994. Hohe Gummipreise sorgen für relativ hohes Einkommen; die Reisernte ist eher spärlich.
1996	Die Verbindungsstraße nach Tanjung Isuy wird repariert und wetterfest gemacht. Noch immer ist die finanzielle Entschädigung der durch das Holzplantagenunternehmen zerstörten Gärten und Gräber nicht geregelt. Dessen Arbeiten ruhen inzwischen, und auch der größte Teil der javanischen Transmigranten hat die Siedlung wieder verlassen. Ein neuer Konflikt keimt auf, als ein privates Ölpalmplantagenunternehmen im Unterbezirk mit seinen Rodungsarbeiten beginnt. Etwa 30 % der Bewohner Lempunahs befürworten das Unternehmen, welches hohe Einkommen und Modernisierung verspricht; 70 % lehnen das Projekt ab. Preise für natürliche Ressourcen sind allgemein niedrig; die Reisernte ist gut. Viele Dorfbewohner finden beim Ölpalmunternehmen vorübergehend Arbeit (in der Baumschule sowie bei den Rodungstrupps). Die ersten 20 Millionen Rupiah der staatlichen IDT Armutshilfe[168] werden verteilt.

---

[167] HTI bedeutet *Hutan Tanaman Industri* (= industriell gepflanzter Wald).

[168] Das sogenannte IDT (*Inpres Desa Tertinggal* – 'Präsidiale Anordnung für rückständige Dörfer') Programm war als zinsfreier Kredit geplant. Dörfer unter der offiziellen Armutslinie (u. a. auch

1997	Bislang sind durch das Ölpalmunternehmen 16.500 ha an Wald-gärten und Bracheflächen in der unmittelbaren Nähe Lempunahs gerodet worden. Die Reisernte fällt durchschnittlich aus; die Ressourcenpreise sind nach wie vor niedrig. Lohnarbeit bei der Öl-palmgesellschaft ist die wichtigste Einkommensquelle. Im September beginnen nach viermonatiger Trockenheit die Waldbrände. Im Oktober brennt ein Großteil der Wälder rings um Lempunah.
1998	Zwischen Februar und April brennen die Wälder erneut. Die meisten Rattanvorräte werden dabei zerstört, Gummi- und *Simpukng*-Gärten sind stark geschädigt. Die Reisernte fällt vollständig der Trockenheit zum Opfer. Das Ölpalmunternehmen unterbricht seine Feldaktivitäten auf Grund der Trockenheit und finanzieller Schwierigkeiten (bedingt durch die asiatische Finanzkrise). Mitte des Jahres werden auf Grund hoher Preise, und begünstigt durch die Trockenheit mehrere Tausend Sumpfschildkröten gesammelt. Ab September steigen die Preise für Rattan und Gummi zum Teil erheblich. Im November und Dezember werden zwei der drei Basislager des Ölpalmunternehmens von Demonstranten (aus neuen Dörfern) besetzt, die eine finanzielle Entschädigung sowie den sofortigen Stopp weiterer Rodungsarbeiten fordern.
1999	Auf Grund des Mangels an Saatgut sowie einer Heuschrecken-plage fällt die Reisernte erneut schlecht aus. Die Gummipreise gehen teilweise wieder stark zurück. Die beiden besetzten Basislager werden von der Bevölkerung bis Ende April gehalten, dann stürmen Polizeieinheiten und Söldner der Ölpalmgesellschaft die Lager. Mehrere Benuaq werden verhaftet und im Gefängnis von Tenggarong inhaftiert. Alle angeklagten Dayak werden im Oktober freigesprochen, da das Unternehmen über keine staatlichen Arbeitsgenehmigungen verfügt. Gegen Jahresende werden mehrere Haushalte ans elektrische Netz des Unterbezirks angeschlossen.
2000	Ratten und Mäuse dezimieren die Reisernte. Trotz nur mäßiger Preise ernten die meisten Familien die verbliebenen Rattanreste, die im Dorf gereinigt und sulphurisiert werden. Auf Grund der ungeklärten Rechtssituation lässt das Ölpalmunternehmen seine

Lempunah) erhielten über einen Zeitraum von drei Jahren verteilt 30 Millionen Rupiah. Dieses Budget sollte von der Dorfbevölkerung in Kleinprojekte investiert werden, was jedoch auf Grund häufig mangelnder Information oder anderer Bedürfnisse (s. o.) oft scheiterte. Der jeweilige Anteil pro Familie hing zum einen von der Größe des Haushalts ab, zum anderen aber auch von den persönlichen Beziehungen zum Budgetverwalter (dies war nicht der Dorfvorsteher).

Feldaktivitäten ruhen. Eine Einigung zwischen den Konflikt-parteien ist noch nicht in Sicht. Ein Regierungsprogramm zur Renovierung des alten Langhauses läuft an. Im Februar dreht ein Team des Bayrischen Rundfunks einen Dokumentarfilm über das Dorfleben in Lempunah.

3 Beschreibung und Analyse der Ressourcennutzung

3.1 Landnutzungskategorien und Sukzessionszyklen

Die Bewohner Lempunahs sichern ihre Lebensgrundlage ('livelihood') durch eine Kombination aus Schwendbau und der Nutzung einer Vielzahl von Waldprodukten. Auf dieser Basis wird auch der Ressourcenbegriff in dieser Arbeit verstanden. Zwar gibt es im Indonesischen den Ausdruck *Sumber Daya Alam* (wörtlich 'Energiequelle der Natur'), doch die Benuaq besitzen keinen abstrakten Ressourcenbegriff. Ohne eine definitorische Abgrenzung zu Nicht-Ressourcen vornehmen zu wollen, bezeichne ich vor allem Pflanzen- und Tierarten, die die Benuaq (in welcher Form auch immer) verwenden, als Ressourcen. Diese nutzungsorientierte Sichtweise wird von den Benuaq durchaus geteilt, für die die direkte Verwertungsmöglichkeit von Pflanzen und Tieren meist Vorrang hat vor weltanschaulichen Aspekten. Selbstverständlich können auch naturräumliche Materialien wie Wasser oder Nährstoffe, menschliche Arbeit, individuelles Wissen, Kapital oder verfügbare Information als Ressource aufgefasst werden, doch an den Stellen der Arbeit, an denen diese Aspekte eine Rolle spielen, werden sie auch expressis verbis als solche genannt.

Durch das Anlegen alljährlicher Schwendflächen sowie dauerhafter Waldgärten wurde die Waldlandschaft rings um das Dorf über mehr als dreihundert Jahre in einem sich ständig wandelnden Gesamtzustand gehalten, der sich aus aktiv veränderten Teilen (Schwendflächen und Waldgärten) sowie aus Bereichen, deren Veränderung durch die natürliche Sukzession bedingt ist (Bracheflächen), zusammen setzt. Die lokalen Bezeichnungen für die verschiedenen Sukzessionsstadien und Kulturformen sind in Tabelle 3 zusammengefasst:

Umaq	einjähriges Schwendfeld (im wesentlichen für Reisanbau)
Babar	einjährige Brache, die erneut als Schwendfeld genutzt wird
Kwakoq	zwei- bis etwa zehnjährige Brache, die erneut als Schwendfeld genutzt wird
Uraaq	allgemeine Bezeichnung für Schwendbrachen (v. a. im Hinblick auf die Besitzrechte); auch für etwa zehn- bis dreißigjährigen Brachewald verwendet
Kerengkakng	Brachewald, der älter als dreißig Jahre ist
Bengkar	Primärwald oder zumindest sehr alter *Kerengkakng*
Payaq	Sumpf (-wald)
Jaras	Kerangas-Heidewald
Dempaq	flaches Land (kein Sumpf, keine Hügel)
Saikng	Hügel oder Berg
Roboot	Wald (im Gegensatz zu Dorf, Feld oder Waldgarten)
Kayuq	Gehölz, Holz
Kebotn	Garten
Simpukng	gemischter Waldgarten (v. a. Fruchtbäume)
Kebotn Ue	Rattangarten
Kebotn Getah	Gummigarten

Tabelle 3: Lokal definierte Landschafts- bzw. Landnutzungskategorien.

Die Begriffe in Tabelle 3 sind allerdings nicht streng definiert. So wird ein 25 Jahre alter Brachewald von manchen Personen als *Uraaq* bezeichnet, während andere ihn bereits als *Kerengkakng*[169] betrachten. Die jeweilige Bezeichnung hängt dabei neben dem eigentlichen (oft nur abschätzbaren) Alter der Brachefläche auch von der relativen Größe der Bäume (v. a. hinsichtlich ihres Stammumfangs), den anwesenden Baumarten sowie vom gesamten Erscheinungsbild der Waldfläche ab.

---

[169] Gelegentlich wird *Kerengkakng* weiter differenziert in *Kerengkakng Tia* (junger *Kerengkakng*) und *Kerengkakng Tuha* (alter *Kerengkakng*). Die Bezeichnungen *Babar* und *Kwakoq* werden nur benutzt, wenn die jeweilige Bracheflächt tatsächlich wieder zum Reisanbau verwendet wird, nicht aber wenn das entsprechende Waldstück weiter unbearbeitet bleibt. Eine solche Fläche würde dann als *Uraaq* bezeichnet werden, vor allem, wenn man dabei den Besitzstatus betonen möchte ('*Ohoq uraaq aap.*' – 'Dies ist meine Brache'). *Uraaq* hat jedoch noch eine zweite Bedeutung im Sinne einer spezifischen Brache, die zwischen zehn und dreißig Jahre alt ist.

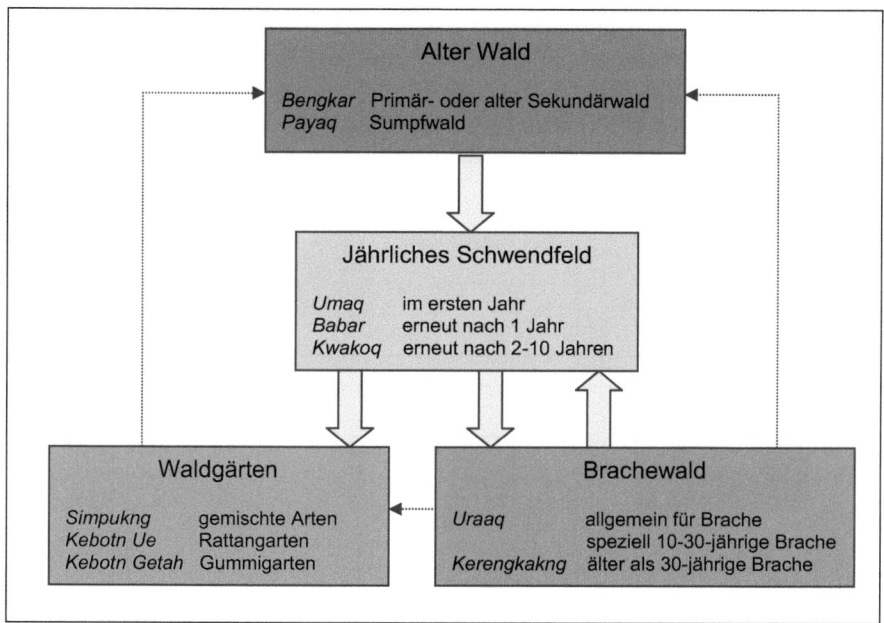

Abbildung 6: Lokal definierte Landnutzungsbegriffe. Die Pfeile bezeichnen die Übergänge zwischen den einzelnen Kategorien. Gestrichelte Pfeile stehen für seltene aber mögliche Übergänge.

Die Ausgangsbasis für die meisten Waldgärten sowie die verschiedenen Brachearten ist das *Umaq* (ind. *Ladang*), ein jährliches Schwendfeld, auf dem im Regenfeldbau Reis sowie eine Vielzahl weiterer Kulturpflanzen angebaut werden. Das Schwendfeld, welches sowohl im Primärwald (sofern noch vorhanden) als auch im sekundären Brachewald angelegt werden kann, ist Ausgangspunkt für zwei mögliche künftige Entwicklungen: Es kann bis zu seiner erneuten Nutzung im Rahmen einer Landwechselwirtschaft brachliegen, oder aber Teile des Feldes werden mit Rattan, Gummi- oder Fruchtbäumen angereichert, wodurch dauerhafte Waldgärten entstehen. Nach dieser Anreicherung mit erwünschten Arten hängt die weitere Entwicklung der Waldgärten stark von der Eigendynamik der natürlichen Sukzession ab, während zusätzlicher Arbeitseinsatz auf ein notwendiges Maß beschränkt bleibt (vgl. 4.3.3).

Die in Abbildung 6 dargestellten Landnutzungskategorien bilden einen in sich geschlossenen Satz von Anbauformen, deren jeweilige Übergänge von unterschiedlicher Wahrscheinlichkeit sind. Daher sollte die Landwechselwirtschaft Lempunahs nicht als 'shifting cultivation' sondern vielmehr als 'cyclical cultivation' bezeichnet werden[170]. Selbst unberührt erscheinende *Bengkar-* oder *Payaq-*Wälder können das Resultat langer und ungestörter Bracheperioden sein, auch wenn derartige Entwicklungen heute immer unwahrscheinlicher werden. Die einzelnen Übergänge zwischen den jeweiligen Nutzungs- und Bracheformen einschließlich ihres eigendynamischen Wachstums und weiterer Anreicherungen sind in Abbildung 7 aufgezeigt.

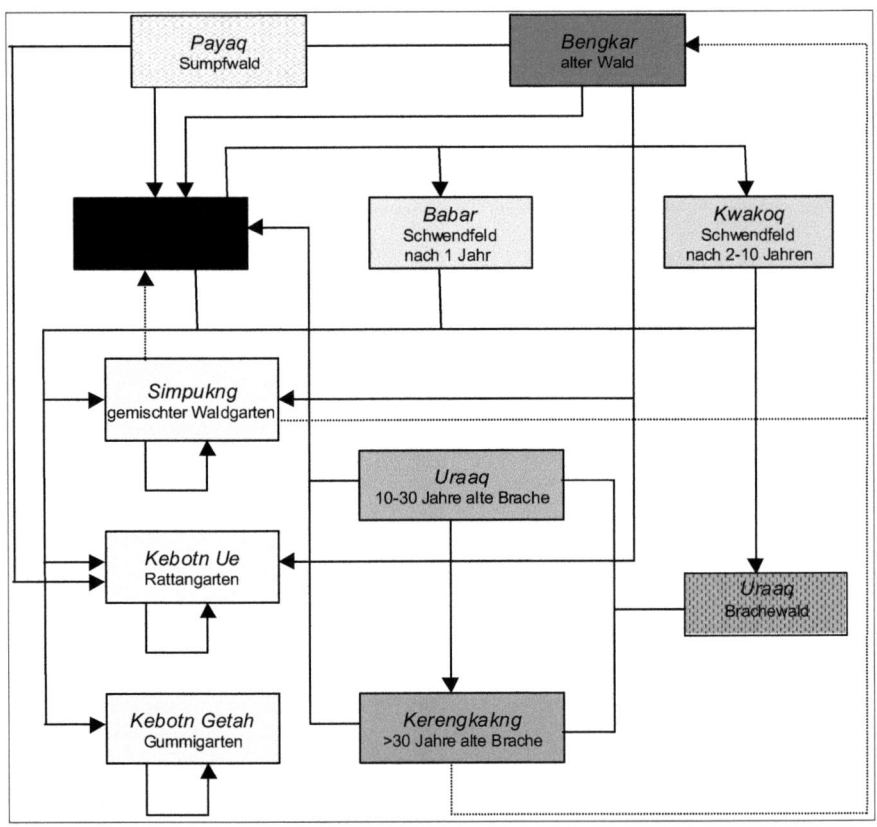

Abbildung 7: Brachesukzession und zeitliche Übergänge zwischen den einzelnen Ressourcenkategorien. Die Stärke der Linien symbolisieren qualitativ die Wahrscheinlichkeit der jeweiligen Übergänge.

---

[170] Die qualitativen Eigenschaften, die Spencer (1966:25) für 'shifting cultivation' aufzählt, treffen alle für die Schwendbauweise in Lempunah zu.

Auf Grund der fließenden Übergänge ist eine strenge Trennung zwischen kultivierten und natürlichen Waldflächen kaum möglich, zumal alle Waldgebiete rings um Lempunah von Menschen beeinflusst sind, manche stärker und direkter, manche schwächer und indirekter. Somit erscheint die Auffassung dieser Landschaft mit ihren Menschen, Pflanzen und Tieren als eine Art 'Amalgam' ('amalgamation') aus Natur und Kultur (Seeland 1997:1) zutreffender als eine zergliedernde Sichtweise. Dennoch werden im weiteren Verlauf dieser Studie die lokal definierten Landschaftsbezeichnungen scheinbar isoliert verwendet, um begrifflich zwischen unterschiedlichen Nutzungsweisen differenzieren zu können. Mit dieser Vorgehensweise folge ich anderen Autoren, die mit einer indigenen Begrifflichkeit operieren (z. B. Conklin 1957, Rappaport 1968). Dabei ist die zeitliche Dynamik dieser Übergänge auch der Schlüssel zum räumlichen Verständnis der mosaikartigen Waldlandschaft Lempunahs, auch wenn eine systemtheoretische Simulation künftiger Entwicklungen und damit räumlicher Verteilungsmuster der verschiedenen Landnutzungsformen auf Grund meist unvorhersehbarer Ereignisse nicht möglich ist. Wie in späteren Kapiteln gezeigt wird, macht es keinen Sinn, unter der Annahme durchschnittlicher Verteilungswerte zeitlich zu extrapolieren, da sogenannte 'Durchschnittsjahre' nicht zu existieren scheinen. Vielmehr ist die Ausnahme die Regel, so dass die in Abbildung 7 so mechanistisch anmutenden Übergänge jedes Jahr unterschiedlich gewichtet werden müssten.

Neben dem Aufzeigen der Übergangsmöglichkeiten dient die Abbildung vor allem zur Illustration des rekursiven Zusammenhangs der verschiedenen, lokal definierten Landnutzungskategorien. Um die Rationalität hinter den jeweiligen Ressourcennutzungsstrategien zu verstehen, ist zunächst deren ausführliche Beschreibung erforderlich. Ausgehend von der Landwechselwirtschaft des Reisanbaus, die die Subsistenzbasis der Dorfbevölkerung darstellt, werden die dauerhaften Waldkulturen (Rattan, Gummi, Fruchtbäume), die Nutzung des nicht-kultivierten Waldes sowie verschiedene Formen meist unregelmäßiger Einkommenstätigkeiten beschrieben.

3.2 Schwendbau

Der Regenfeldbau von Reis auf alljährlichen Schwendflächen bildet für die meisten Dayakgruppen Borneos die Basis ihrer Subsistenzstrategien (vgl. für die Iban Freeman 1992:152, für die Kantu' Dove 1985a, sowie für die Kenyah Colfer 1997:46-51). Trotz der Einführung von Hochertragssorten und Bewässerungstechniken in einigen Gebieten der Insel ist die traditionelle Landwechselwirtschaft sowie der Wanderfeldbau (z. B. bei einigen Ibangruppen) noch immer von essentieller Bedeutung für die Sicherung des Lebensunterhalts[171]. Neben seinen Ernährungseigenschaften ist Reis auch von großer religiöser Relevanz. So wurden traditioneller Weise die einzelnen Schritte des landwirtschaftlichen Jahreszyklus von jeweils entsprechenden Riten begleitet (vgl. Freeman 1992:154, 173, 179, 189, 203, 205, 209, 214, 217, 238; Dove 1985a:163-4, 174, 185, 266, 281, 288, 290, 304-5, 329, 341; Sumual 1998:52-55). Gegenwärtig werden die meisten dieser Riten jedoch nur von einigen wenigen Bauern in Lempunah durchgeführt. Dennoch ist Reis (sowie die Reisfee Lolakng Luikng) rituell wichtig und wird in verschiedenen anderen Riten als Opfergabe an die Geisterwelt sowie für die Kommunikation mit dieser verwendet (vgl. 2.2.8, 2.2.9).

Der jährliche Anbauzyklus bestimmt das Leben in Lempunah und setzt den Rahmen für wirtschaftliche Aktivitäten. Trotz eines nicht unwesentlichen Bedarfs an Geld (für zusätzliche Nahrungsmittel, Zigaretten, Medikamente, Schulbildung, Kleidung, Motorsägen, Fernsehgeräte, Bootsmotoren, Motorräder, etc.) wird die meiste Zeit zur Sicherung der Subsistenz aufgewendet[172]. In der Regel gilt dies auch für die wenigen beruflichen Spezialisten in Lempunah (Lehrer, Zimmermänner, Schmiede, Geschäftsinhaber), die sich selten einmal ganz auf ihr Einkommen verlassen können und ebenfalls Reis und Gemüse anbauen.

Die meisten Familien legen ein *Umaq* [*Tautn*]-Feld pro Jahr an[173]. Die Größe dieser Felder liegt zwischen 0,5 ha und 2,9 ha pro Kernfamilie (Durchschnitt: 1,58 ha, n=19, 1995/96). Da sich gelegentlich Familienmitglieder zu Gemeinschaftsfeldern zusammenschließen, lag die Gesamtgröße der gerodeten Flächen zwischen 0,5 ha und 5 ha (Durchschnitt: 2,15 ha, n=19, 1995/96). Mit diesen Zahlen bewegen sich die Benuaq in der selben Größenordnung wie die Kenyah (Ost-Kalimantan) mit durchschnittlichen Feldgrößen zwischen 1,36 ha und 2,38 ha (Colfer 1991:70-71), wie die Kantu' (West-Kalimantan) mit 0,03 ha bis 7,95 ha (Dove 1985a:91), sowie die Iban (Sarawak) mit 0,6 ha bis 2,7 ha pro (*Bilek[174]*) Familie (Freeman 1992:248).

Zwischen 1991 und 1998 legte jede Familie durchschnittlich in 6,4 von 8 Jahren zumindest ein Feld an (RT I/II: n=11, RSD=19 %; RT III: n=15, RSD=11,5 %).

---

[171] Eine Umfrage unter den Dorfbewohnern nach den wichtigsten Lebenszielen ergab als häufigste Antwort die erfolgreiche Feldwirtschaft sowie die Sicherung der Ernährung.

[172] Es wurden zwar keine quantitativen Arbeitsallokationsstudien durchgeführt, doch die zeitliche Dominanz der landwirtschaftlichen Tätigkeiten war im gesamten Untersuchungszeitraum offensichtlich.

[173] Dieser Befund steht im Gegensatz zu einigen anderen Dayakgruppen, die zwei oder drei Felder pro Jahr anlegen (z. B. Dove 1985a:69, Colfer 1991:75, und Jessup 1983, letzterer zitiert in Colfer 1991:71).

[174] Unter *Bilek* versteht man den separaten Wohnraum einzelner Familien in den Langhäusern der Iban. Das *Bilek* entspricht somit dem *Orooq* der Benuaq (vgl. Seitz 1988b:193).

Die meisten Schwendflächen werden ein Jahr lang zum Reisanbau genutzt. Nur gelegentlich, wenn die Bodenfruchtbarkeit als ausreichend eingestuft wird oder andere Gründe gegen das Anlegen eines neuen Feldes sprechen (vgl. 3.2.1), wird das Feld auch ein weiteres Jahr genutzt, wobei es dann als *Babar* bezeichnet wird. Felder, auf denen auch mehrjährige Feldfrüchte (z. B. Ananas, Bananen, Papaya, etc.) angebaut werden, lassen sich meist noch einige Jahre als Gärten nutzen. Zusätzlich gepflanzte Rattanpalmen, Gummi- oder Fruchtbäume können sich im Laufe der Jahre zusammen mit der natürlichen Sukzession zu Waldgärten entwickeln, die als dauerhafte Kulturformen aus dem Schwendzyklus genommen werden. Die übrigen Flächen liegen dann brach, bis der nachwachsende Wald erneut gerodet wird. Die Brachezyklen liegen in Lempunah zwischen 5 und 30 Jahren, abhängig von den jeweiligen Voraussetzungen[175].

	1995/96	1996/97	1997/98	1998/99
RT I/II	25-30 Jahre	15-20 Jahre	-	5-10 Jahre
RT III	25-30 Jahre	25-30 Jahre	-	5-10 Jahre

Tabelle 4: Durchschnittliche Bracheperioden neu angelegter Schwendfelder.

In RT I/II wurden in 13 % aller Fälle alte *Bengkar*-Waldgebiete als Felder genutzt, die neu in den Zyklus der Landwechselwirtschaft hinein kamen[176]. Im Gegensatz dazu nutzten Bauern aus RT III ausschließlich Sekundärwälder.

Tabelle 5 fasst die Verteilung der Felder hinsichtlich ihrer Gesamtzahl und der beteiligten Haushalte und Wohneinheiten ('domestic units') für den Zeitraum zwischen 1995 und 1998 zusammen. Die räumliche Verteilung der Felder ist in Karte 7 (Anhang) wiedergegeben.

---

[175] 1998/99 wurden junge Bracheflächen bevorzugt, da älterer Wald durch die vorausgegangenen Waldbrände stark geschädigt war, so dass das Risiko der damit verbundenen Holzbruchgefahr als zu groß eingestuft wurde. Weitere Vorteile waren die geringe Entfernung der jungen Flächen vom Dorf sowie deren vollständige, wenn auch unbeabsichtigte Verbrennung während der Waldbrände (im Gegensatz zu den älteren Waldgebieten), was deutlich weniger Arbeit für das Anlegen der Felder bedeutete.

[176] *Bengkar*-Wald gibt es nur noch in einer Entfernung von mehr als 15 km vom Hauptdorf. Dabei befanden sich die meisten dieser Felder in unmittelbarer Nähe zu einer Transmigrationssiedlung, die über eine Straße relativ gut zugänglich war.

	RT I/II 1995	1996	1997	1998	RT III 1995	1996	1997	1998
n Felder	62	41	13	74	18	24	7	21
n Rodungen	52	36	13	66	18	24	6	19
Haushalte mit Feldern	76,5 %	54,7 %	14,9 %	81,0 %	70,8 %	87,5 %	29,1 %	79,2 %
Felder pro Wohneinheit	1.1	0.8	0.2	1.4	0.9	1.1	0.3	1.0

Tabelle 5: Anzahl der Felder, Rodungen (für Einzel- und Gemeinschaftsfelder), Anteil der Haushalte mit Feldern sowie durchschnittliche Anzahl von Feldern pro Wohneinheit (d. h. pro Haus).

Der Agrarzyklus beginnt meist im Juni mit der Entscheidung, ob und wo ein neues Feld angelegt werden soll. Er endet im April mit dem Abschluss der Reisernte. Dazwischen liegen zahlreiche lokal definierte Arbeitsschritte (s. u.), deren zeitlicher Ablauf in Abbildung 7 dargestellt ist. Diese Arbeitsschritte sind auch in der Auflistung Spencers (1966:137) für eine vollständige Analyse des Schwendbaus enthalten. Aspekte, die Spencer zusätzlich zu Tabelle 6 auflistet, wie Werkzeuge, Riten, Verbrauch, etc. werden im Text unter den entsprechenden Arbeitsschritten diskutiert.

Eraakng	Standortwahl und Markierung des neuen Feldes; Juni bis August; 1 Tag, Männer & Frauen
Nokap	Auslichten kleiner Bäume und Büsche mit einem *Mandau* (Haumesser); Juni bis September; bis zu 1 Monat, Männer & Frauen
Noong	Fällen größerer Bäume mit einer Axt oder Motorsäge; Juli bis September; einige Tage bis Wochen, Männer
Oikng Joa	Trocknen der Vegetation; September; 10 Tage bis zu 1 Monat
Nyuru	Brennen; September, Oktober; 1 Tag, Männer & Frauen
Mongkakng	ggf. wiederholtes Brennen, unverbrannte Vegetation wird aufgehäuft, getrocknet und erneut abgebrannt; September, Oktober; einige Tage bis Wochen, Männer & Frauen

Ngasaq & Moyaas	Aussaat; einige Tage nach dem Brennen stechen Männer Saatlöcher in den Boden (*Ngasaq*), in welche die Frauen die Saat geben (*Moyaas*); auch andere Kulturpflanzen werden angebaut; Oktober; 3-10 Tage, Männer & Frauen
Ngejikut	Jäten; November bis Januar; 2 bis 3 Monate, Männer & Frauen
Durukng Umaq	Bewachen des Feldes gegen Tiere; Januar, Februar; 1-2 Monate, Männer & Frauen
Ngotapm	Ernte; Februar bis April; einige Wochen, Männer & Frauen

Tabelle 6: Lokal definierte Arbeitsphasen während des Feldjahres einschließlich abgeschätztem Arbeitsaufwand und geschlechtsspezifischer Arbeitsteilung.

Die hier aufgelisteten Feldaktivitäten sind alle stark witterungsabhängig und sollten in einem bestimmten, durch das langjährige Niederschlagsregime vorgegebenen und durch Sternkonstellationen angezeigten Zeitplan erfolgen. Tatsächlich gibt es jedoch eine große Variationsbreite, da vor allem die langjährige Regenverteilung in den einzelnen Jahren unvorhersehbare Schwankungen aufweist. Somit kommt es immer wieder zu zeitlichen Verschiebungen, die in Abbildung 8 durch sich überlappende Bögen angedeutet sind.

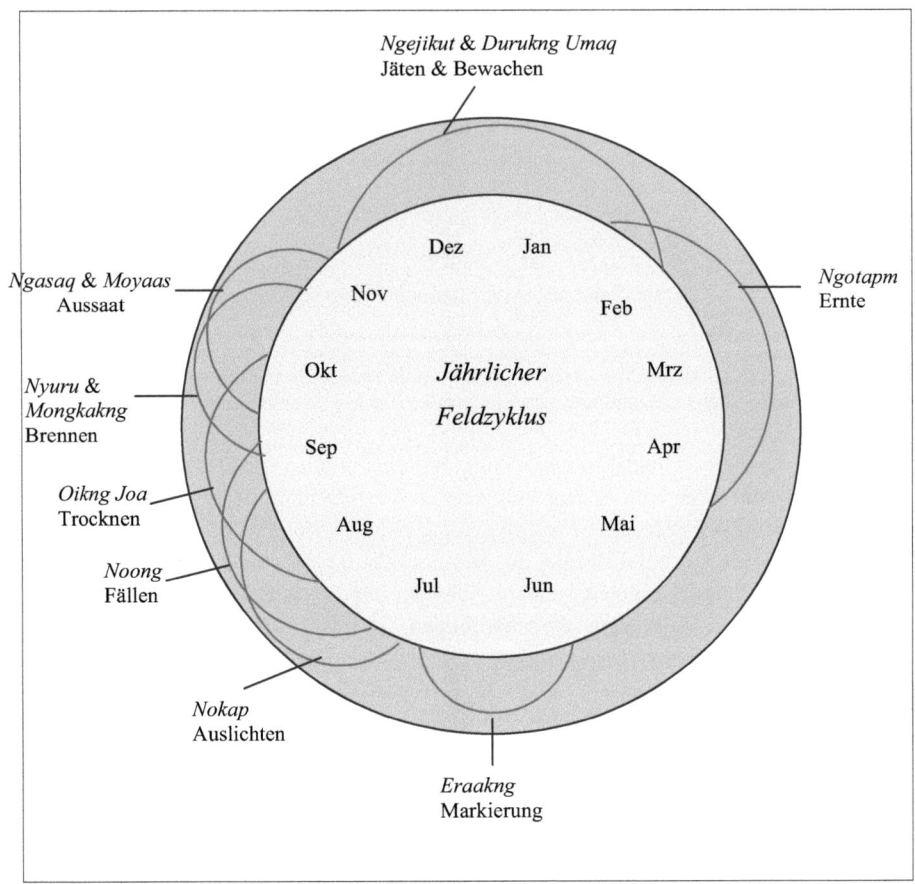

Abbildung 8: Der Agrarzyklus in Lempunah mit zeitlich überlappenden Arbeitsphasen.

Den eigentlichen Arbeitsschritten gehen zwei wesentliche Entscheidungsprozesse voraus: (1) die Frage, ob überhaupt ein Reisfeld angelegt werden soll, sowie (2), im Falle einer positiven ersten Entscheidung, die Suche nach einem geeigneten Standort.

Im folgenden Unterkapitel wird versucht, die Rationalität dieser beiden Entscheidungsprozesse nachzuzeichnen, bevor die eher technischen Aspekte der Arbeitsschritte im Detail vorgestellt werden.

3.2.1 Entscheidungsprozesse vor den Feldarbeiten

Soll überhaupt ein Feld angelegt werden?
Die Beantwortung dieser Frage hängt von der Abwägung mehrerer Faktoren ab, deren direkte Wechselwirkungen in Abbildung 9 dargestellt sind. Die meisten dieser Faktoren sind für sich genommen jeweils noch von anderen Größen beeinflusst, die nachfolgend erläutert werden[177].

Aus der Summe der individuellen Entscheidungen, die je nach Situation und Relevanz der einzelnen Faktoren für oder gegen ein neues Feld ausfällt, ergibt sich das von Jahr zu Jahr stark variierende Gesamtbild der Daten in Tabelle 5. In manchen Jahren können jedoch zumeist äußere Faktoren ein derart dominantes Gewicht erhalten, dass sich die Entscheidungsprozesse individuell kaum unterscheiden (z. B. 1997/98 auf Grund der Dürre und der Waldbrände).

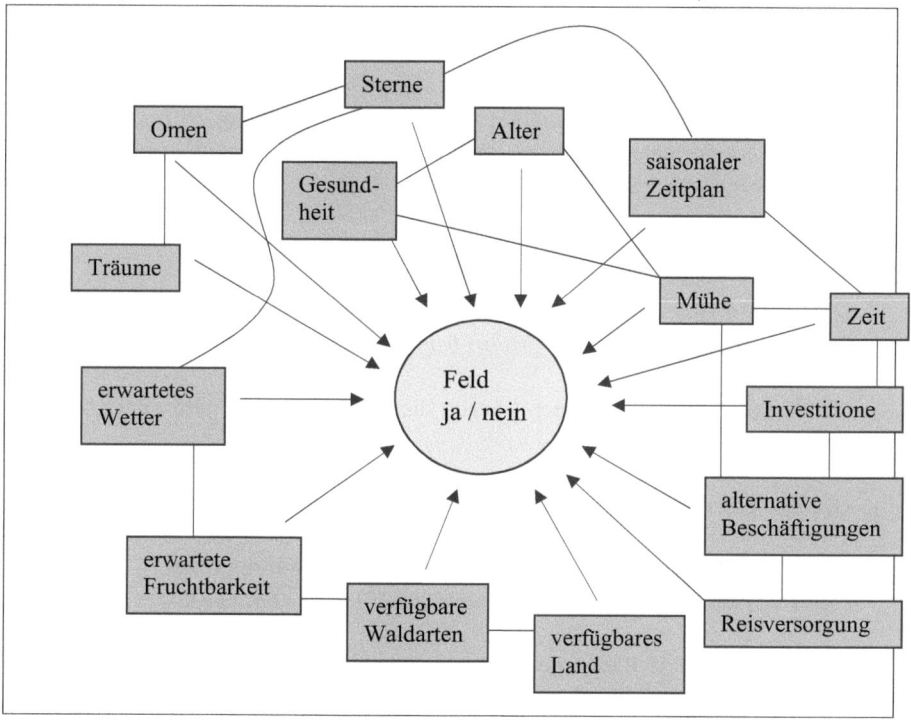

Abbildung 9: Kausalnetz der Einflussfaktoren auf die Entscheidung für oder gegen das Anlegen eines neuen Feldes. Jeder dieser Faktoren ist zusätzlich mit einer Reihe anderer Faktoren vernetzt.

---

[177] Das Spektrum dieser Faktoren ergab sich im wesentlichen aus Gesprächen mit meinen Schlüsselinformanten.

Trotz der großen Bandbreite individueller Entscheidungen gibt es einige Grundmuster sowohl für Einschränkungen der Entscheidungsfreiheit als auch für Strategien, mit denen diesen Restriktionen begegnet werden kann (kursiv).

➤ Eine ausreichende Reisversorgung erlaubt anstelle der Bewirtschaftung eines neuen Feldes alternative, oft Einkommen schaffende Tätigkeiten.

Reismangel kann durch Einkommen aus alternativen Beschäftigungen (zum Kauf von Reis), durch Ergänzung mit Maniok oder durch die Hilfe von Verwandten gemildert werden.

➤ Wichtige Riten, Krankheit oder soziopolitische Probleme (z. B. Konflikte) können die Feldarbeiten so weit aufschieben, bis kein neues Feld mehr angelegt werden kann.

Derartige Verzögerungen können zumindest teilweise durch den Einsatz von Motorsägen, mit Hilfe bezahlter Leiharbeiter, gegenseitiger Hilfe, Gemeinschaftsfeldern, jüngeren Brachflächen sowie durch schnell reifende Reissorten kompensiert werden.

➤ Einigen Familien mangelt es an geeignetem Land.

Diesem Mangel kann durch Leihen von Land von Seiten meist naher Verwandter(auch aus anderen Dörfern) begegnet werden.

➤ Schlechte Träume und Omen können die Feldarbeit verzögern oder gar verhindern.

Einige schlechte Omen lassen sich rituell bereinigen (vgl. FN 179).

➤ Die Vorhersage ungünstiger Witterung (z. B. während der Trockenzeit 1997/98) kann Haushalte vom Anlegen neuer Felder abbringen.

Gegen ungünstige Witterung wird meist rituell gehandelt. In Fällen extremer Niederschlagsverteilungen (zu viel oder zu wenig) kann sich die Kombination unterschiedlicher Bodentypen und Reissorten teilweise risikominimierend auswirken.

Um eine Entscheidung für oder gegen ein neues Feld treffen zu können, müssen somit mehrere Faktoren gegeneinander abgewogen werden.

Im Folgenden werden die Einzelfaktoren aus Abbildung 9 hinsichtlich ihrer weiteren Beeinflussung durch zusätzliche Größen diskutiert.

Omen und Träume

Als ausgesprochen ungünstige Vorzeichen (*Nyahuq*, vgl. 2.2.8) für das Anlegen eines neuen Feldes gelten dort aufgefundene tote Tiere (vor allem tote Hirsche wie *Muntiacus* spp. oder *Tragulus* spp.) sowie gelbe Blätter. Im Gegensatz dazu weist die Öffnung des Nestes einer bestimmten Vogelart (*Laliaq*, nicht identifiziert) auf eine günstige Feldlage hin. Ist der 'ne-ne-ne-ne...' Gesang des *Seset*-Vogels (*Arachnothera longirostra*[178]) während der ersten Auslichtungsarbeiten (*Nokap*) zu hören, so ist es besser eine neue Stelle zu suchen. Ungünstige Omen lassen sich zumindest teilweise durch bestimmte Reinigungsriten kompensieren (*Petawai Betentau, Nempalah*[179]). Ist der Jahresverlauf bereits zu weit vorangeschritten, so werden die Omen häufig unbeachtet übergangen[180].

Bei den *Nyahuq* handelt es sich um eine Geistergruppe, die den Menschen in der Gestalt von Vögeln und gelegentlich anderen Tieren gute wie schlechte Vorzeichen zukommen lässt (vgl. Hopes 1997:166). Ihr mythologischer Ursprung findet sich bei Hopes et al. (1997:23-4; vgl. auch 2.2.7, 2.2.8).

Zusätzlich zu den bereits erwähnten Omen schreibt Hopes (1997:24-25), dass während der Rodungsphase die Rufe mehrerer Vogelarten von Bedeutung sind. Neben *Seset* (*Arachnothera* spp.) führt er *Juruh* (*Platylophus galericulatus*[181]), *Apou* oder *Papo* (*Harpactes* spp.), *Bumut* (*Centropus sinensis*), verschiedene Spechte, *Belakotok* (*Phaenicophaeus* spp.) sowie *Selebumatn* (*Copsychus malabaricus*) als relevante Omenvögel der Benuaq und Tunjung (*Tonyoi*) aus der Region um Eheng (ca. 80 km nordwestlich von Lempunah) an[182].

---

[178] I.a. wird *Seset* aber auch für andere *Arachnothera*-Arten verwendet.

[179] *Petawai Betentau* ist die einfachste Form, ungünstige Omen rituell zu kompensieren. Dieser kleine Ritus, bei dem u. a. sieben bis acht kleine Holzfiguren aus *Pesaq* (*Fordia* sp.) dargeboten werden, kann unterwegs abgehalten werden. Findet er im Haus statt, so werden den *Nyahuq* zudem Teller mit Stoffen, Reisgaben und hölzernen Figuren (aus *Pesaq* und *Toouq Tawai* – *Costus* sp.) geboten. Die nächst höhere rituelle Stufe, die ebenfalls zu Hause durchgeführt wird und das Opfer eines Huhns beinhaltet, heißt *Nempalah*.

[180] Ein Bauer aus Lempunah bezog die Nichtbeachtung schlechter Omen direkt auf den Tod seiner Frau sowie der anschließend verlorenen Ernte. In einem anderen Jahr missachtete er dreimal die Zeichen der *Nyahuq*, was schließlich, seiner Meinung nach zum Tod seines Sohnes führte.

[181] Diese Art kommt im Gebiet um Lempunah nicht vor.

[182] Hopes schreibt, dass Omenvögel vor allem durch ihre Rufe auffielen, zumal etliche unter ihnen im Aussehen eher unscheinbar wären (1997:24). Dies trifft keinesfalls für die überaus farbenprächtigen Trogone (*Harpactes* spp.) zu. Als ich jedoch auf einer gemeinsamen Wanderung mit einem meiner Schlüsselinformanten (einem Schamanen und bekannten Jäger) einen der buntesten Trogone aus geringer Entfernung sah, so erkannte er den Vogel nicht am Aussehen. Tatsächlich scheinen zahlreiche Vogelarten eher an ihren Rufen erkannt zu werden als an ihrem Aussehen. Dove (1985a:86) erwähnt als Omenvögel der Kantu' *Sasia abnormis, Copsychus malabaricus,*

Auch in Lempunah sind neben *Seset* noch weitere Omenvögel bekannt: *Kang-kang Kapot* (*Cuculus micropterus*) als Indikator für gute Fruchtzeiten, *Sentapit* (*Cacomantis merulinus*) als Todesbote, sowie *Mentit* (*Diceidae*) und *Beniang* (*Haliastur indus*), deren Bedeutung meinen Informanten nicht näher bekannt war[183].

Während die meisten Benuaq einige Omenvögel und deren Bedeutung kennen, so liegt das vollständige Wissen in den Händen der *Belian Turaatn-Pemeliatn*, die in Ritualen wie *Nular* oder *Melas Tautn* mit den *Nyahuq* Geistern kommunizieren.

Träume (*Umpiiq*) werden in ähnlicher Weise wie Omen interpretiert und beeinflussen häufig anstehende Entscheidungen. Daher kann es durch schlechte Träume (*Umpiiq Daat*) zur Verschiebung einer Reise oder zur Suche nach einem neuen Feldstandort kommen.

Sternkonstellationen

Verschiedene Sternbilder, deren Position in der Regel gegen fünf Uhr morgens bestimmt wird, dienen als landwirtschaftlicher Kalender[184]. Dabei scheinen jedoch die Sternbilder der Sternatlanten sich nicht vollständig mit denen der Benuaq zu decken. So stimmen *Potiiq* und Orion, wie von Hopes (1997:39) gleichgestellt, in Lempunah nicht vollständig mit einander überein. *Potiiq* bezieht sich lediglich auf den Gürtel des Orion sowie einige wenige Sterne auf dessen rechter Seite, was zusammen betrachtet in etwa das Aussehen einer Speerfalle (= *Potiiq*) ergibt. Das Benuaqsternbild *Beapm* ist hingegen der westlichen Astronomie als Konstellation gänzlich unbekannt und besteht aus einem Sternenbogen, der Ähnlichkeit mit einem Schweinekiefer (= *Beapm*) aufweist, und mit Bellatrix, einem Stern im Orion, beginnt. Lediglich die Pleiaden scheinen mit *Sempuatn* (= Schweinesuhle) völlig übereinzustimmen. Der Benuaqname für Sirius, *Beramanuq*, bezeichnet auch

---

Harpactes duvaucelii, Harpactes diardii, Lacedo pulchella, Platylophus galericulatus sowie *Blythipicus rubiginosus*. Die gleichen Arten werden von Freeman für die Iban angegeben (1999:107).

183 Ein interessanter Befund ist, dass keine der hier aufgeführten Omenvogelarten selten ist. Im Gegenteil, es ist praktisch unmöglich, zwei Stunden durch den Wald zu gehen, ohne dass einem ein *Seset*-Vogel rufend über den Weg fliegt. Und selbst der Tod ankündigende *Sentapit*-Vogel ist täglich in unmittelbarer Dorfnähe zu hören. Vermutlich werden Omenvögel jedoch überwiegend in unentschiedenen Situationen wahrgenommen und interpretiert, wobei intuitive, unbewusste Entscheidungsprozesse eventuell durch die Deutung der Omen an eine bewusste Oberfläche gelangen. Beachtet man, dass sich zahlreiche Omen auf die kritische und riskante Phase der Rodungsarbeiten beziehen, in denen etwas zuviel an Vorsicht unter Umständen lebensrettend sein kann, so ergäbe sich eine durchaus plausible Erklärung für das Phänomen der großen Häufigkeit der Omenvögel.

184 Die Bestimmung dieser Konstellationen entpuppte sich in Lempunah als schwieriges Unterfangen, da während der entsprechenden Untersuchungsphase (1997/98) monatelang auf Grund des durch die Waldbrände verursachten Rauchs keine Sterne zu sehen waren. So konnte ich nur im September 1998 bei einer einzigen Gelegenheit einige Sternbilder von meinen Informanten bestimmen lassen.

eine Heilpflanze (*Eurycoma longifolia* Jack.), die von oben betrachtet ebenfalls an einen Stern erinnert.

Lokaler Name	Bedeutung	Konstellation	Zenith	Feldarbeiten
Piuluuq		unbestimmt	August	Aufgehen von *Piuluuq*: Roden; Zenith: Brennen und Aussaat auf *Babar* Feldern
Sempuatn	Wildschwein-suhle	Pleiaden	9.9.	Aussaat
Beapm	Unterkiefer eines Wild-schweins	Sternenbogen ausgehend von Bellatrix (im Orion)	29.9.	Aussaat
Potiiq	Speerfalle für Wildschweine	Gürtel des Orion	1.10.	Aussaat
Beramanuq		Sirius	24.10.	zu spät für die Aussaat

Tabelle 7: Lokal für die Feldarbeiten relevante Sternkonstellationen. Die Bestimmung erfolgte teilweise nach Hopes (1997:39), teilweise durch meine Informanten.

Die selben Sternkonstellationen sind auch bei den Iban bekannt. Nach Freeman (1992:171) markiert das erste Erscheinen der Pleiaden im Morgengrauen den Beginn des landwirtschaftlichen Jahreszyklus mit der Deutung der Omen und dem Auslichten des Unterwuchses (im Juni). Die Zeit zwischen ihrem Erscheinen im Zenith und dem Zenith Orions (d. h. in Sarawak Ende August bis Ende September) gilt als geeignet für die Aussaat. Hat jedoch Sirius den Zenith passiert, so glauben auch die Iban, ähnlich wie die Benuaq, dass erst jetzt ausgesäter Reis nicht mehr reifen würde.

Während die meisten Tätigkeiten größere zeitliche Überlappungen zulassen, gilt das Erscheinen von *Beramanuq* (Sirius) als ultimatives Zeichen. Wird der Reis später ausgesät, so passt das langjährige Mittel der Niederschläge nicht mehr zum Reifungsprozess der Anbaufrüchte. Einen letzten Ausweg bieten allenfalls noch die schnell reifenden *Sanukng*-Sorten.

Obwohl Sternkonstellationen noch immer in ihrer wesentlichen Bedeutung bekannt sind[185], so folgen die meisten Bauern in Lempunah heute modernen Monatskalendern oder aber den Aktivitäten der übrigen Dorfbewohner.

Gesundheit, Alter und Anstrengung
Die Entscheidung für oder gegen das Anlegen eines Feldes hängt auch von der körperlichen Verfassung der jeweiligen Personen ab. So wird sich eine alte oder eine kranke Person, die über ausreichende Alternativen verfügt (z. B. Zuwendungen der Familie oder alternatives Einkommen aus handwerklicher Tätigkeit) eher gegen ein neues Feld entscheiden als ein junger, gesunder Bauer.

In anderen Fällen wurde auf ein neues Feld verzichtet, da kranke Familienmitglieder ständiger Pflege und ritueller Hilfe bedurften.

Ein weiteres zu berücksichtigendes Kriterium ist die erwartete Mühe und Anstrengung, die ein Feld mit sich bringt. Gibt es einfachere, tragfähige Alternativen, so kann die Entscheidung auch aus diesen Gründen gegen ein neues Feld ausfallen.

Zeit, saisonaler Zeitplan und Hilfe
Zwischen Juni und dem Erscheinen von *Beramanuq* gibt es viel Raum für Flexibilität um im Zeitplan zu bleiben. Entstehen zeitliche Verzögerungen, so lassen sich diese teilweise mit Hilfe anderer Personen wieder aufholen (*Konookng* – Lohnarbeit, *Plou* – gegenseitige Hilfe). Durchschnittlich waren 33 % (RT I/II) bis 60 % (RT III) der Haushalte zeitweise in *Plou*-Systeme eingebunden (i.A. für Aussaat und Ernte). Falls die damit verbundenen Arbeitsschritte mehrere Tage beanspruchen, so wechseln die *Plou*-Gruppen täglich zwischen den Feldern ihrer Mitglieder, um jedes Feld zeitlich gleich zu behandeln. In anderen, weniger häufigen Fällen werden auch Lohnarbeiter (*Konookng*) für einzelne Arbeiten bezahlt. Der Lohn für einen Erntetag beträgt in der Regel ein *Beleq* Reis (ind. *Kaleng*, ca. 11 kg ungeschälter Reis) oder das entsprechende Äquivalent in Rupiah. Für Jätarbeiten werden die *Konookng*-Kräfte für Flächen von ca. 100 m² bezahlt (1996/97: 5.000 Rp), während der Lohn für Rodungsarbeiten individuell ausgehandelt wird.

Eine weitere Möglichkeit verlorene Zeit gut zu machen, ist das Ausweichen auf jüngere Bracheflächen, die mit weniger Aufwand gerodet werden können. Wird älterer Wald auf Grund des höheren erwarteten Ertrags bevorzugt, so lassen sich

---

[185] Im Allgemeinen beachteten die meisten Dorfbewohner lediglich die in Tabelle 7 aufgeführten Sternkonstellationen, wobei es selbst bei deren Identifizierung und zeitlichen Einordnung (einschließlich ihrer landwirtschaftlichen Bedeutung) Uneinigkeit gab. Einzelne Informanten nannten bis zu neun relevante Sternbilder. Zu den oben erwähnten kamen noch *Malikng, Nyui Jongkokng, Breoo* sowie *Belentookng* hinzu.

die Rodungsarbeiten durch die Verwendung von Motorsägen[186] deutlich be-
schleunigen. In vielen Fällen werden die Motorsägen ausgeliehen, oder *Konookng*-
Helfer werden mit den Rodungsarbeiten beauftragt.

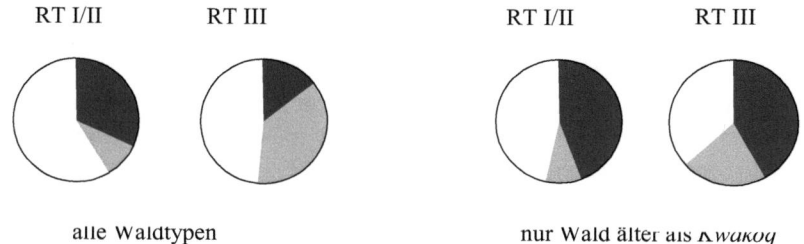

Abbildung 10: Verwendung von Motorsägen für Rodungsarbeiten (1995-98); RT I/II
n=81 , RT III n=53 eigene Säge ☐   geliehene Säge ■   ohne Säge ☐

Der höhere Anteil geliehener Motorsägen im RT III ist durch die generell schwä-
chere Wirtschaftskraft dieses Dorfteils bedingt, in dem sich nur wenige Familien
eine eigene Motorsäge leisten können.

Investitionen

Ein Fall, in dem die Entscheidung für oder gegen ein neues Feld bis zum letzten
möglichen Zeitpunkt offen blieb, wurde 1997 beobachtet:

Auf Grund der allgemeinen Prognose der Wetterdienste, die anhaltende Dürre
voraussagten, verzichteten die meisten Familien in Lempunah 1997 auf ein Reisfeld und suchten nach alternativen Einkommensmöglichkeiten. Einer meiner
Schlüsselinformanten tendierte ebenfalls zu dieser Strategie, wartete aber, zumal er
bereits 110.000 Rp für Rodungsarbeiten ausgegeben hatte, zunächst ab, ob der
Reis, den einige wenige Bauern gesät hatten, gedeihen würde. Als er dann schließlich (nachdem *Beramanuq* im Zenith stand) sein Feld ein letztes Mal (in der Absicht, es nicht zu bestellen) aufsuchte, pflanzten er und seine Frau doch noch drei
Beleq (ca. 33 kg), um zumindest die Investitionskosten wieder zurückzubekom-
men. Da die Dürre jedoch anhielt, fiel die Ernte vollständig aus.

Erwartete Fruchtbarkeit

Nach Auskunft meiner Informanten hängt die erwartete Fruchtbarkeit eines Feldes
vom Zusammenspiel mehrerer Faktoren ab. Je länger die Brachezeit ist, desto

---

[186] Motorsägen wurden in Lempunah Anfang der 1970er Jahre eingeführt, als in unmittelbarer
Nähe ein malaysisches Holzunternehmen arbeitete.

höher wird die Bodenfruchtbarkeit eingeschätzt, wobei für ein Feld, das auf zuvor ungenutztem Wald (d. h. *Bengkar*) angelegt wird, mit der maximalen Fruchtbarkeit gerechnet wird[187]. Die Fruchtbarkeit (bzw. die erwarteten Erträge) wird zudem durch das Verhältnis zwischen Niederschlagsmenge, geeigneten Reissorten und Bodentypen beeinflusst.

Neben den reinen Standortfaktoren gibt es zusätzlich die Möglichkeit, rituell Einfluss auf den Ernteertrag zu nehmen (vgl. 2.2.9, 3.2.2).

Der Einfluss dieser Aspekte, deren Vernetzung in Abbildung 11 dargestellt ist, wurde statistisch gegengeprüft (s. u.), konnte aber nicht für alle berichteten Abhängigkeiten bestätigt werden[188].

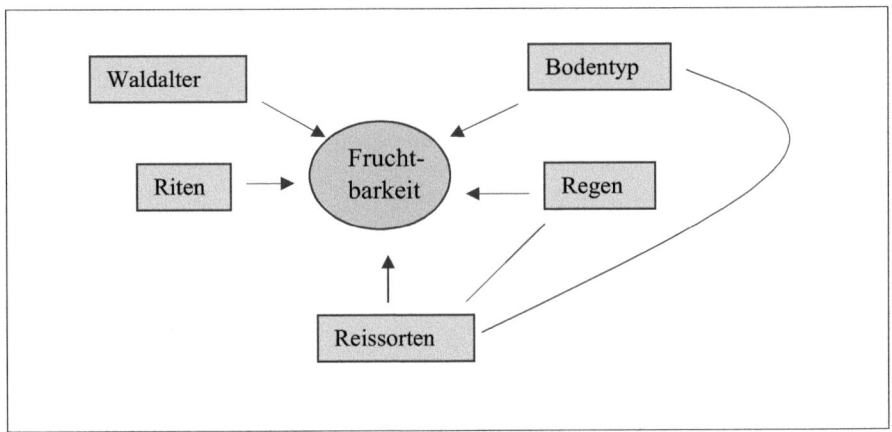

Abbildung 11: Lokal wahrgenommenes Abhängigkeitsmodell der erwarteten Bodenfruchtbarkeit.

Waldalter

Die Fruchtbarkeit eines Feldes hängt von der vorausgegangenen Bracheperiode ab. Ein Mann-Whitney U-Test zeigt signifikante Unterschiede im durchschnittlichen Reisertrag zwischen Feldern auf *Babar*- und *Kwakoq*-Brachen (d. h. jünger als 10 Jahre), solchen mittleren Alters auf *Uraaq*- und *Kerengkakng*-Brachen (10-50 Jahre) sowie alten *Bengkar*-Gebieten (älter als 100 Jahre)[189].

---

[187] Zu den reinen Nährstoffaspekten kommt für Felder auf *Bengkar*-Flächen noch hinzu, dass die Problematik konkurrierender Gräser kaum eine Rolle spielt (vgl. 3.2.2).

[188] Teilweise liegt dies wohl auch an den zu wenig vergleichbaren Rahmenbedingungen verschiedener Jahre, deren Daten gepoolt wurden, wie beispielsweise im Fall der Abhängigkeit der Erträge von Bodentyp und Niederschlagsmenge.

[189] *Babar/Kwakoq* vs. *Uraaq/Kerengkakng*: t=1,755 (p<0,05); *Babar/Kwakoq* vs. *Bengkar*: U=31 (p<0,01); *Uraaq/Kerengkakng* vs. *Bengkar*: t=2,625 (p<0,01).

Je älter ein Waldgebiet jedoch ist, desto weiter entfernt ist es auch vom Dorf. So zeigt der gleiche Test ebenfalls signifikante Unterschiede zwischen diesen drei Brachekategorien hinsichtlich ihrer mittleren Entfernung vom Dorf[190].

Brachetyp	Brache	mittlerer Ertrag	n	mittlere Entfernung	n
Babar & *Kwakoq*	1-10 Jahre	22,3	8	2,9 km	13
Uraaq & *Kerengkakng*	10-50 Jahre	34,8	54	3,6 km	41
Bengkar	> 100 Jahre	75,0	4	17,0 km	7

Tabelle 8: Mittlerer Ertrag (kg ungeschälter Reis pro kg Saatgut) und durchschnittliche Entfernung der Felder von den Siedlungen in Abhängigkeit vom Brachetyp.

---

[190] *Babar/Kwakoq* vs. *Uraaq/Kerengkakng*: t=2,064 (p<0,05); *Uraaq/Kerengkakng* vs. *Bengkar*: t=4,192 (p<0,001).

Die Verteilung der jeweiligen Wald- bzw. Brachetypen ist in Abbildung 12 dargestellt.

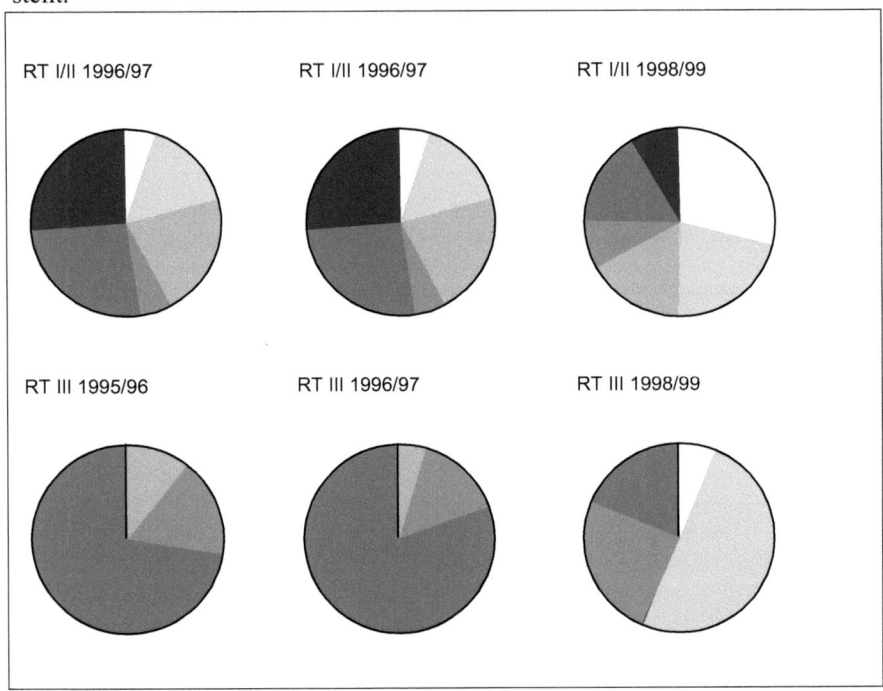

Abbildung 12: Verteilung von Wald- und Brachetypen zwischen 1995/96 und 1998/99.

Legende:

☐ *Payaq* (Sumpfwald)	▨ *Uraaq* (10-30-jährige Brache)
▨ *Babar* (1-jährige Brache)	▨ *Kerengkakng* (> 30-jährige Brache)
▨ *Kwakoq* (2-10-jährige Brache)	■ *Bengkar* (sehr alter Wald)

Da eine alte Brachefläche somit neben höheren Ertragserwartungen auch größere
Gehentfernungen und einen größeren Arbeitsaufwand bei der Rodung (jedoch
weniger Jätarbeit) bedeutet, muss ein individueller Kompromiss gefunden werden.
Dieser Kompromiss ist gegenwärtig etwas in Richtung älterer Wälder verschoben,
da den meisten Familien Motorsägen zur Verfügung stehen, die die Rodungsarbeiten erheblich erleichtern.

Bodentypen und Reisvarietäten

Tests zur Überprüfung der Bodenfruchtbarkeit, wie sie in Poffenberger & McGean (1993:16-7) für Benuaq-Bauern beschrieben sind, ließen sich in Lempunah nicht beobachten. Meine Informanten kannten weder die Methode, ein *Mandau* in die Erde zu stechen, um den Feuchtigkeitsgehalt und die Bodenfruchtbarkeit von den Erdresten an der Klinge abzulesen, noch das Vergraben einer wilden Ingwerknolle, um dessen Auskeimung zu beobachten.

Generell gelten in Lempunah zwei Bodentypen als geeignet für den Reisanbau: schwarze, sandige Böden (*Oneeq Metapm*, nicht identifiziert, reich an organischen Materialien) sowie 'gelber Boden' (*Tana Lemit*, z. B. alluviale Böden). Weiße Sandböden (*Oneeq Bura*), die sich vor allem unter Kerangas-Heidewäldern finden, gelten als wenig fruchtbar.

Hinsichtlich der Reiserträge zeigte sich jedoch kein signifikanter Unterschied zwischen den beiden wesentlichen Bodenarten. Felder auf *Oneeq Metapm* erzielten im Durchschnitt das 36,5-Fache der Saatmenge (n=24), während Felder auf *Tana Lemit* Böden das 36,3-Fache erbrachten (n=25). Felder, in denen beide Bodentypen vorkamen, ergaben das 39,8-Fache (n=13, kein signifikanter Unterschied zu den einzelnen Böden, Daten: 1995 und 1996).

Allgemein gelten *Oneeq Metapm* Böden in trockenen Jahren als geeignet, während *Tana Lemit* in durchschnittlich feuchten Jahren zu guten Ergebnissen führen soll. Meine Daten erlauben allerdings keinen statistischen Test dieser Hypothese, da während der Trockenheit von 1997/98 sämtliche Felder (egal auf welchem Boden) ohne Ertrag blieben.

Auf Grund der lokal als unvorhersehbar empfundenen Niederschlagsverteilung gibt es auch keine klaren Präferenzen für einen der beiden Bodentypen. Die Verteilung der Felder nach Bodentypen zeigt in RT I/II keine Unterschiede (21 *Tana Lemit* gegenüber 20 *Oneeq Metapm* sowie 9 gemischte Standorte in 3 Jahren) und lediglich eine geringe Präferenz für *Tana Lemit* in RT III (27 gegenüber 20 *Oneeq Metapm* sowie 6 gemischte Standorte in 3 Jahren), die vermutlich auf eine ungleiche Verteilung der Böden um RT III zurückzuführen ist[191].

Weitreichendere Folgen als die Bodenwahl hat die Entscheidung, ob Reis in den Sumpf gepflanzt wird oder auf ein regenbewässertes Feld. Sumpffelder bieten vor allem in trockenen Jahren relativ sichere Standorte, benötigen aber auch ein größeres Maß an Arbeitseinsatz verglichen mit üblichen Schwendfeldern. So reifte während der langen Dürreperioden von 1982/83 und 1997/98 ausschließlich Reis, der direkt in den Sumpf gepflanzt worden war. Für derartige Sumpfwälder gibt es lokal spezielle Varietäten wie *Payaq Kepoyu*, *Payaq Kumpat*, *Payaq Muntai*, *Payaq Popoq* oder *Pulut Payaq*.

---

[191] Bodentypen und deren räumliche Verteilung wurden in dieser Arbeit nicht weiter untersucht.

Riten

Verschiedene Riten beinhalten Gebete für ein fruchtbares und ertragreiches Jahr. Vor allem während der *Guguq*-Feiern werden die *Nyahuq*-Geister sowie die zahlreichen Geister der Anbaupflanzen (z. B. Lolakng Luikng) gegen die Darreichung von Opfergaben um Hilfe gebeten. Andere Riten beziehen sich auf spätere Abschnitte im Reisanbau und werden weiter unten vorgestellt.

Traditionell musste im Feld ein spezieller Platz für Lolakng Luikng angelegt werden, der verschiedene Ritualpflanzen als 'Spielsachen' beinhaltet. Unter diesen Pflanzen befinden sich: *Touq Salah* (*Saccharum spontaneum*), *Ngeraseh* (*Ocimum basilicum* c. f.), *Mengkuning* (*Baccaurea stipulata*), *Komaat* (*Codiacum variegatum*), *Koyur* (*Tetracera asiatica*), *Biowo* (*Cordilyne* sp.), *Perowali* (*Cinnamomum partenoxylon*), *Sekur, Serai* (*Cymbopogon nardus*) sowie gelbe und rote Blumen (*Bungaq Gerungakng Lemit/Meaq*). Gelegentlich werden Lolakng Luikng zudem Trinkgefäße aus Bambus bereitgestellt. Die meisten Felder werden heute allerdings ohne diese rituellen Beigaben angelegt.

Erwartetes Wetter

Die jährliche Niederschlagsverteilung im Mittelmahakamgebiet ist praktisch unvorhersagbar und weist größere Regelmäßigkeiten allenfalls im langjährigen Mittel auf (vgl. Abbildung 2). Diese Unvorhersagbarkeit wurde auch wiederholt von meinen Informanten betont, die etwaige Präventivmaßnahmen als stark schicksalsabhängig betrachten. Trotz dieser zugestandenen Unsicherheit versuchen dennoch einige Bauern Niederschläge im Hinblick auf das vergangene Jahr zu prognostizieren. So wird teilweise angenommen, dass das Jahr niederschlagsreich wird, wenn das vergangene Jahr trocken war, und umgekehrt.

Verschiedene Rituale wie *Nular* oder *Melas Tautn* dienen zumindest teilweise auch zur Erbittung günstiger Witterungsverhältnisse und einer guten Ernte. Vor allem in Fällen gebrochener (Inzest-) Tabus (*sahu*) ist es die Aufgabe der Schamanen, die verärgerten *Seniang*-Geister rituell zu versöhnen, so dass sich die Himmel wieder abkühlen, da deren Hitzeabstrahlung für die Dürre verantwortlich gemacht wird. Abkühlung wird vor allem mit Hilfe von *Tawar*-Wasser (Wasser mit verschiedenen Kräutern und Blüten) und durch das Blut geopferter Tiere erzielt. *Nular*-Riten können auf dem Feld ausgerichtet werden (meist arbeiten dabei verschiedene Familien zusammen), oder, in schwerwiegenderen Fällen, auch im Dorf.

Nachdem es im Oktober 1993 seit drei Monaten nicht geregnet hatte und die für die Aussaat günstigste Zeit fast verstrichen war, wurde im Nachbardorf Pentat ein *Nular* abgehalten (vgl. 2.2.9). Die Riten dauerten über zwei Wochen (16 rituelle Nächte) und beinhalteten das Opfer mehrerer Schweine. Kurz vor Abschlussopfer begann es schließlich zu regnen.

Während der Trockenheit von 1997/98 halfen *Nular*-Riten jedoch nicht weiter, obwohl ich zweimal beobachtete, dass es am Opfertag ein wenig regnete[192].

Obwohl es in Lempunah keine klaren Strategien zur Vorhersage von Niederschlägen über einen längeren Zeitraum gibt, ist allgemein bekannt, dass sich die verschiedenen Bodentypen und Reissorten hinsichtlich der Niederschlagsmenge und -verteilung in ihrer Eignung unterscheiden (vgl. 3.2.1). Dieser Erkenntnis wird jedoch nicht durch eine bestimmte Bodenpräferenz Rechnung getragen sondern vielmehr durch eine Tendenz zur Diversifizierung (vgl. 4.3.4). Eine ähnliche Strategie berichtet auch Dove (1993:145-159) von den Kantu' aus West-Kalimantan, die offensichtlich mit ritueller Hilfe eine Art Zufallsverteilung der Bodentypen anstreben. Laut Dove bieten bei einer derart gestreuten Verteilung zumindest einige Felder den richtigen Boden, während bei einer Entscheidung, die durch eine (schein-)exakte Wettereinschätzung bedingt wäre, das Risiko besteht, dass alle Felder eines Jahres ohne Ertrag bleiben.

Im Nachhinein werden in Lempunah Ertragsunterschiede häufig durch die kausalen Beziehungen zwischen Böden, Reissorten und tatsächlicher Niederschlagsverteilung erklärt.

Verfügbare Land- und Waldflächen
In der Regel wählen Familien Land aus, das ihnen auch nach dem *Adat*-Recht gehört. In Fällen freier Verfügbarkeit der Waldflächen ('open access' für *Hutan Bebas* − 'freier Wald' oder *Hutan Adat* − 'Wald, der dem *Adat* unterliegt') muss der Dorfvorsteher informiert werden[193]. Da jedoch die meisten Waldgebiete rings um Lempunah bereits vergeben sind, gibt es deutliche Einschränkungen, wo ein neues Feld angelegt werden kann. Stehen keine geeigneten eigenen Flächen zur Verfügung, so muss Land geliehen werden (*Opeekng*, meist von Verwandten). Auf diesen geliehenen Feldern dürfen zumeist jedoch nur einjährige Kulturpflanzen angebaut werden, um spätere Landrechtskonflikte zu vermeiden[194] (vgl. 2.2.6).

---

[192] Eine rationale Erklärung dieser rituell passenden, wenn auch kurzen Niederschläge könnte darin bestehen, dass die *Pemeliatn* auf eine Änderung der vorherrschenden Windrichtung achten, bevor sie den exakten Opfertermin ansetzen (während des El Niño von Südost nach Nordwest). Während der Dürre folgten regelmäßig kleinere Niederschläge auf derartige Windrichtungswechsel (meist innerhalb von 24 Stunden).

[193] Nur *Bengkar*-Wälder ermöglichen eine freie Verfügbarkeit ('open access'). Diese normalerweise freie Verfügbarkeit kann jedoch vom Dorfvorsteher eingeschränkt werden. So verbat der Dorfvorsteher in einem Fall das Anlegen eines Feldes in einem entfernten *Bengkar*-Wald, da dieser für ein kleines, vom Dorfvorsteher initiiertes Ökotourismus-Projekt geschützt werden sollte.

[194] Tatsächlich sind Fälle, in denen auf geliehenen Feldern mehrjährige Pflanzen angebaut werden, nicht selten. Diese Situation führte jedoch in den vergangenen Jahren zu zahlreichen dorfinternen Konflikten über Entschädigungszahlungen (vgl. 2.2.6).

Auf Grund ihrer Abstammung oder der früheren Rodung von *Bengkar*-Wald besitzen viele Familien auch Land außerhalb der offiziellen Dorfgrenzen. Andere leihen sich extern gelegene Flächen, wenn diese beispielsweise deutlich näher liegen als verfügbare Alternativen innerhalb des Dorfgebietes. So war die Entfernung solcher externer Felder 1995 signifikant geringer als die der internen (2,9 km gegenüber 4,1 km)[195]. Insgesamt befanden sich 1995 über 50 % der Felder des RT I/II außerhalb von Lempunahs Grenzen.

Von diesen extern gelegenen Feldern ist etwa die Hälfte geliehen, während dies lediglich bei einem Sechstel der innerhalb der Dorfgrenzen gelegenen Felder der Fall ist[196]. In RT III liegt der Anteil externer Felder deutlich niedriger, da es dort auch innerhalb der Dorfgrenzen ausreichend viele Möglichkeiten gibt[197].

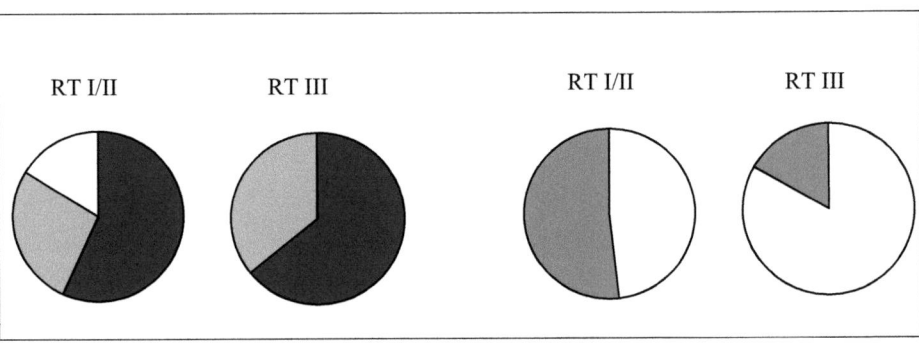

Abbildung 13: Verteilung der Felder bezüglich Besitzstatus und Lage.

■ eigene Felder   □ innerhalb des Dorfgebiets

▨ geliehene Felder   ■ außerhalb des Dorfgebiets

□ freier Zugang

---

[195] Ein zweiseitiger Mann-Whitney U-Test ergab eine Irrtumswahrscheinlichkeit von p<0,05 (t=2,217).

[196] Dieser Unterschied ist signifikant: χ^2=5,457 (für p=0,05: χ^2=3,841). Somit muss die Hypothese, dass geliehene Felder hinsichtlich ihrer Lage (intern/extern) in gleicher Weise wie eigene Felder verteilt sind, verworfen werden. Andererseits zeigte ein 2x2 Test auf Unabhängigkeit (mit Yates Korrektur), dass der Besitzstatus von der Position innerhalb oder ausserhalb der Dorfgebietsgrenzen unabhängig ist (G=2,42).

[197] Anteile extern gelegener Felder in RT I/II: 53 % (1995), 52 % (1996), 29 % (1998); in RT III: 17 % (1995, 1996), 13 % (1998). Berücksichtigt man die Bevölkerungsdichte sowie die Anzahl an dauerhaften, d. h. nicht umwandelbaren Waldgärten im Umkreis von 5 km, so wird deutlich, dass es um RT III erheblich mehr geeignete Feldflächen gibt.

Reisversorgung und Feldgröße

Die Reisversorgung ist das wesentliche Entscheidungskriterium in der Frage, ob ein neues Feld angelegt werden soll oder nicht. Gibt es ausreichend Vorräte, um einige Monate des neuen Jahres zu überdauern, so werden oft alternative Tätigkeiten gegenüber einem neuen Feld bevorzugt. Nimmt die Reisversorgung nach einer erfolgreichen Ernte zu, so ist unter den Bauern Lempunahs eine Tendenz zu kleineren neuen Feldern feststellbar. In acht von zwölf Einzelfällen, in denen sich zwischen 1995 und 1998 die Reisversorgung verbessert hatte, war das neue Feld kleiner als das alte (zwei Felder blieben gleich groß, zwei waren größer).

| | RT I/II | | | RT III | | |
	Reisversorgung	Saat	Feldgröße	Reisversorgung	Saat	Feldgröße
1995	5,4 Monate	43 kg	1,9 ha	9,0 Monate	37 kg	1,6 ha
1996	10,5 Monate	26 kg	1,1 ha	11,0 Monate	30 kg	1,3 ha
1998	0 Monate	34 kg	1,5 ha	1,7 Monate	20 kg	0,9 ha

Tabelle 9: Reisversorgung (in Monaten von der letzten Ernte) gegen mittlere Saatmenge und Feldgröße[198].

Die relativ geringe mittlere Feldgröße von 1998 (im Vergleich zur schlechten vorausgegangenen Ernte) ist mit bedingt durch einen gravierenden Mangel an Saatgut, der seinerseits auf den Ernteausfall des Vorjahres zurückzuführen ist. Da die Keimfähigkeit des Saatguts bereits nach nur einem Jahr deutlich abnimmt[199], und 1998 kein Neues gewonnen werden konnte[200], mussten die Dorfbewohner Saatgut von Händlern, Freunden und Verwandten erwerben, die in Gebieten mit zumindest marginaler Ernte lebten. Auf Grund des Saatgutmangels stiegen die Preise um bis zu tausend Prozent, und etliche Familien erhielten nicht so viel Saatgut, wie sie benötigten[201].

Die Größe der Reisfelder wird ferner durch die Familiengröße[202], die Anzahl verfügbarer Arbeitskräfte sowie durch den Subsistenzbedarf (abhängig von alternativen Einkommensmöglichkeiten) bestimmt. Zudem zeigte sich ein hoch signifi-

---

[198] Der Korrelationskoeffizient zwischen Saatmenge und Größe der Rodungsfläche beträgt 0,967 (n=19). Somit entspricht 1 *Beleq* (app. 11 kg) 0,48 ha.

[199] Zumindest besagt dies das lokale Wissen, nach dem gehandelt wird.

[200] Tatsächlich fiel die Ernte von 1997/98 praktisch gänzlich aus.

[201] Teilweise erreichten auch staatliche Hilfslieferungen Lempunah und die übrigen Dörfer des Unterbezirks. Allerdings handelte es sich dabei (trotz teilweise anders lautender Aufschriften) um Nassreis, der auf den unbewässerten Schwendflächen nicht gedieh.

[202] Der Korrelationskoeffizient zwischen Feldgröße und Konsumentenzahl pro Familie (Kinder unter elf Jahren sowie Menschen über siebzig wurden auf Grund ihres geringeren Reiskonsums nur mit 0,5 gewertet) betrug lediglich 0,59.

kanter Unterschied in der Feldgröße zwischen Feldern auf junger Brache (*Babar*, *Kwakoq*: 0,9 ha, n=11) und solchen auf alter (*Uraaq*, *Kerengkakng*: 1,5 ha, n=43). Kein signifikanter Unterschied ließ sich hingegen zwischen der Größe von Feldern auf alter Brache und solchen, die in *Bengkar*-Wald (n=7) angelegt wurden, feststellen[203]. Die Ursache für die vergleichsweise kleineren Felder auf jungen Brachen könnte daran liegen, dass diese Felder häufig erst in letzter Minute angelegt werden, um wenigstens die Versorgung des kommenden Jahres mit Saatgut zu gewährleisten.

Der Erinnerung der meisten Informanten nach, lag die durchschnittliche Feldgröße in den vergangenen Jahrzehnten in der selben Größenordnung wie heute (1995-1999), obwohl mittlerweile Motorsägen zur Verfügung stehen, die das Anlegen größerer Felder erleichtern. In anderen Gebieten Ost-Kalimantans führte hingegen die Verwendung von Motorsägen zu einer Zunahme der durchschnittlichen Feldgröße (Colfer 1983:16).

Alternative Tätigkeiten
Unter den Gründen, weshalb kein neues Feld angelegt wurde, befanden sich: lukrative Lohnarbeit (überwiegend für das Ölpalmunternehmen), gute Ressourcenpreise (z. B. für Gummi 1995), länger dauernde Rituale (*Kwangkai*, *Bekeleeu*) sowie politische Aktivitäten im Zusammenhang mit Landrechtskonflikten zwischen Dörfern und Unternehmen.

Feierlichkeiten wie *Kwangkai*-Bestattungsriten oder *Guguq*-Rituale können bis zu drei Monate lang dauern. Die dafür notwendige Organisation sowie die Bewirtung und Beherbergung oft Duzender Familiengäste erlaubt in der Regel nicht die parallele Bestellung eines Reisfeldes.

Für Kleinfamilien oder Unverheiratete bieten Einkommen erzielende Tätigkeiten oft eine attraktive Alternative zum arbeitsintensiven Feldbau. Zudem sind junge Dorfbewohner häufig weniger durch lokale soziale Verpflichtungen eingeschränkt und können so flexibler auf neue Erwerbsmöglichkeiten reagieren. Dies beinhaltet auch temporäre Abwesenheit über Zeiträume von Wochen und Monaten.

Sind all diese Einflussparameter gegeneinander abgewogen, und soll ein neues Feld angelegt werden, so folgt die Auswahl und Markierung eines geeigneten Standortes.

---

[203] Für den Unterschied zwischen *Babar/Kwakoq* und *Uraaq/Kerengkakng* ergab ein Mann-Whitney U-Test eine hoch signifikante Irrtumswahrscheinlichkeit von $p<0,001$ (t=3,110), während sich *Uraaq/Kerengkakng* und *Bengkar* nicht signifikant unterschieden (t=1,177).

Eraakng – Wo soll das Feld angelegt werden?

Die Auswahl und Markierung eines neuen Feldstandorts findet meist zwischen Juni und Juli statt. In vielen Fällen befindet sich das neue Feld in geringer Entfernung zum alten. Etwa 50 % der Bauern, die Felder in zwei aufeinander folgenden Jahren anlegten, wählten einen Standort, der weniger als 500 m vom alten entfernt war (RT I/II: 49 % 1996, 52 % 1998; RT III: 65 % 1996, 29 % 1998)[204]. In einigen wenigen Fällen wird das selbe Feld nochmals benutzt (RT I/II 4 Fälle zwischen 1995 und 1998, RT III kein Fall).

Eine geringe Entfernung zwischen altem und neuem Feld hat den Vorteil, dass die selbe Feldhütte (*Ukop*) erneut genutzt werden kann. Dies erspart außer der Zeit für einen Neubau auch Gehzeit vom Dorf zum Feld, da die Hütte bereits zu Beginn des neuen Feldjahres als Übernachtungsmöglichkeit zur Verfügung steht. Da die Benuaq ihren Reis im Allgemeinen unter der Feldhütte speichern und die Ernte nur nach Bedarf ins Dorf tragen, entfällt durch eine erneute Nutzung der selben Hütte überdies Zeit und Arbeit für den Transport eines Teils der Ernte. Ein zusätzlicher Vorteil besteht in der Verfügbarkeit vorjährig ange-pflanzter Feldfrüchte[205].

Eine weitere Präferenz gibt es für Standorte in der Nähe von Waldgärten gezeigt. Diese können während des Feldjahres genutzt und anschließend, je nach Bedarf, erweitert werden[206].

---

[204] Eine ähnliche Präferenz schildert Dove (1985:63) für die Kantu', die ihre Felder ebenfalls mit Vorliebe nahe früheren Feldern, in der Nähe zusätzlicher Felder oder unweit von Gummigärten anlegen. Etwa ein Drittel der von Dove untersuchten Haushalte legte das neue Feld angrenzend an das alte an.

[205] Die selben Vorteile beschreibt Dove für die Kantu' (1985:64).

[206] Diese Vorgehensweise berichtete ein Bauer, der auf diese Art verschiedene verstreute Gummigärten mit einander vernetzen wollte.

111

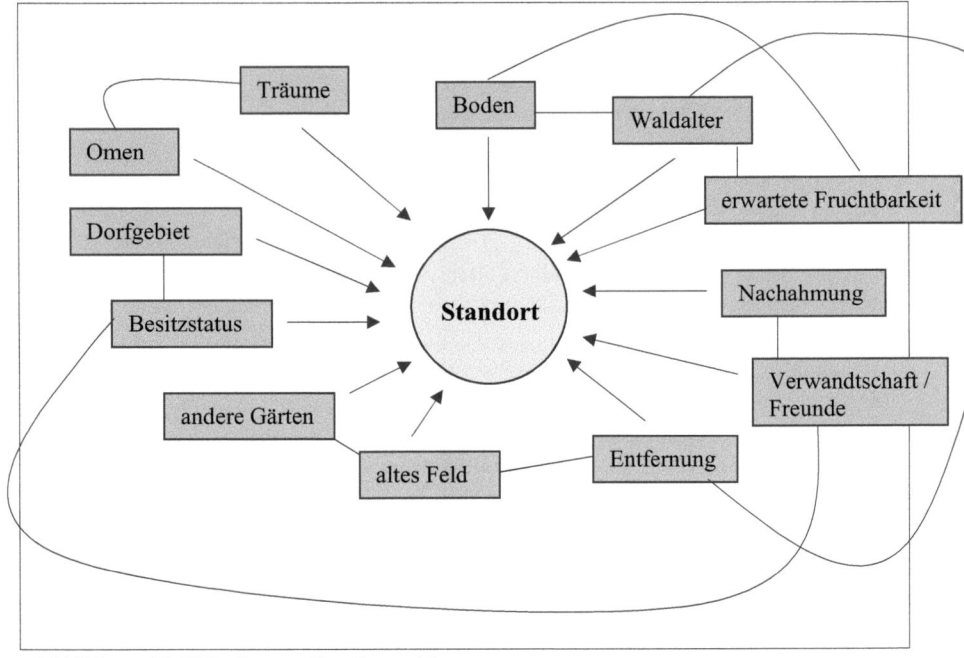

Abbildung 14: Kriterien zur Standortwahl.

Fragt man Bauern in Lempunah, wie sie den Standort für ein neues Feld auswählen, so antworten viele: '*Kaitn neyau Kayuq*' – 'Wir sehen uns den Wald (das
Gehölz) an. Dabei muss man diese Antwort wohl in einem holistischen Sinn
verstehen. Die Bauern wissen intuitiv auf Grund ihrer Erfahrung, ob ein Waldstück
zum Reisanbau geeignet ist oder nicht[207]. Da es jedoch praktisch unmöglich ist,
dieses empirische, teilweise sogar unbewusste Wissen zu erfassen und auf eine
allgemein verständliche Art darzustellen, versuche ich, diese Vorgehensweise in
verschiedene, jeweils einzeln bestätigte, Entscheidungskriterien analytisch zu zergliedern, wohl wissentlich, dass damit der wahre Charakter des Entscheidungs-
prozesses verschleiert wird. So kann ich nicht mit letzter Sicherheit sagen, wie
diese Kriterien tatsächlich gegeneinander abgewogen werden, sondern allenfalls
Korrelationen zwischen beobachteten Entscheidungen und rationalen Kriterien
aufzeigen, deren Plausibilität sich jedoch meist erst im Nachhinein ergibt. Der Ent-
scheidungsprozess selbst bleibt im Verborgenen und variiert in seiner Art stark
individuell, wobei einige Personen tatsächlich Kriterien wie in Abbildung 14

---

[207] Padoch (1986:279) schreibt, dass die Betrachtung der stehenden Vegetation hinsichtlich ihres
Alters und der Artenzusammensetzung eine häufig beobachtete Art der Standortwahl unter
Schwendbauern sei.

gegeneinander abwägen[208], während andere sich entweder auf ihre Erfahrung und erworbenes Wissen verlassen oder aber die Entscheidungen anderer, erfahrenerer Bauern nachahmen[209].

In Lempunah wurden folgende Kriterienmuster für die Standortwahl beobachtet:

- Ältere Bracheflächen lassen höhere Erträge erwarten.
- Ältere Bracheflächen sind weiter vom Dorf entfernt als jüngere.
- Ältere Bracheflächen bedeuten mehr Aufwand bei der Rodung aber weniger beim Jäten.
- Die Verwendung von Motorsägen reduziert den Arbeitsaufwand bei der Rodung.
- Kurze Entfernungen zum Dorf werden bevorzugt.
- Unterschiedliche Böden zeigen unterschiedliche Eignung bei Dürre oder Überschwemmung.
- Flaches Terrain wird gegenüber steilem Gelände bevorzugt.
- Omen und Träume schränken die Standortwahl ein.
- Eigener Grundbesitz sowie Felder innerhalb der Dorfgrenzen werden bevorzugt.
- In vielen Fällen wird ein Feld nahe dem Vorjahresstandort angelegt.
- Standorte in der Nähe von (eigenen) Waldgärten werden oft bevorzugt.
- Die Standortwahl wird durch soziale Gruppen (Verwandtschaft, Freunde) beeinflusst.

Die Standortwahl bedarf eines individuellen Kompromisses zwischen obig aufgeführten Kriterien. Daher mag ein älterer Bauer einen nahegelegenen Standort für sein Feld auswählen, der für ihn gut erreichbar ist, auch wenn er damit (dorfnahe Brachewälder sind meist jünger und weniger ertragreich als entfernte) mit einem geringeren Ertrag rechnen muss. Der nahegelegene, jüngere Wald bedeutet zwar zunächst weniger Arbeit beim Roden, doch umso mehr fürs Jäten. Hierbei könnte der ältere Bauer jedoch seine Familie um Unterstützung bitten oder einen Lohnarbeiter beschäftigen.

So trifft jeder Haushalt seine eigene Wahl, wodurch sich ein vielfältiges Gesamtbild ergibt, das sich aus den zahlreichen Einzelpräferenzen konstituiert[210].

---

[208] D. h. die Kriterien werden gegeneinander abgewägt. Dabei versuchen die Bauern ihre Entscheidungen hinsichtlich persönlicher Präferenzen zu optimieren. Die hier aufgeführten Entscheidungskriterien stammen aus den Erklärungen meiner Informanten.

[209] Letzteres ist vor allem unter jüngeren Bauern eine verbreitete Strategie.

[210] Im Gegensatz zu den Kantu' (Dove 1985a:63), anderen Benuaq-Gruppen (Poffenberger & McGean 1993:19) sowie Kenyah in Ritan Baru (eigene Beobachtungen August 1998) gibt es in

Gelegentlich gibt es aber auch Ereignisse, wie beispielsweise die Trockenheit und die Waldbrände von 1997/98, die die Vielfalt individueller Entscheidungen einschränken und zu einem fast homogenen Erscheinungsbild führen. So bedingten die Waldbrände eine Verschiebung der ausgewählten Bracheflächen hin zu jüngerem Alter (*Babar, Kwakoq*). Da ältere Brachewälder nur teilweise abgebrannt waren, blieb noch sehr viel Totholz stehen, das während der Rodungsarbeiten ein hohes Gefahrenpotential (Windwurf) darstellt. Zudem hätte die unvollständige Verbrennung ein arbeitsintensives Aufhäufen der unverbrannten Vegetation bedeutet, so dass der Vorteil höherer Erträge durch die zusätzlichen Mühen zu nichte gemacht worden wäre. Daher brannten die meisten Bauern die Buschbrache jüngerer Flächen ab und legten ihre Felder an diesen oft dorfnahen Standorten an.

Zusätzlich zu den bislang beschriebenen Auswahlkriterien müssen nun noch einige weitere Aspekte diskutiert werden, um die Rationalität hinter den Entscheidungen der Bauern zu verstehen.

Indikatorpflanzen
Trotz der eher holistischen Wahrnehmung eines möglichen Feldstandortes sind lokal mehrere Pflanzenarten als Indikatoren für eine gute Bodenfruchtbarkeit bekannt:

Bekalukng (nicht identifiziert)
Bemaatn (*Donax caniformis, Maranthaceae*)
Beramboyut (*Macropanax dispermus*)
Beteteq (nicht identifiziert)
Butootn (*Stachypterinum jagorianum, Maranthaceae*)
Isaaq Ngkookng (*Cominsia gigantea, Maranthaceae*)
Ngkuukng (*Macaranga* sp., *Euphorbiaceae*)
Tempuro (*Dillenia* sp., *Dilleniaceae*)

Maranthaceae werden auch von Poffenberger und McGean (1993:19) als häufige Indikatorarten der Benuaq in der Gegend um Damai (ca. 70 km westlich von Lempunah) genannt. Ferner erwähnen sie *Musaceae* (Bananengewäche), *Arecaceae, Myrtaceae* sowie *Zingiberaceae* (Ingwergewächse).

In Lempunah ist eine weitere Art als Anzeiger für sandige Böden bekannt (*Nagaaq – Schima wallichii*), während eine andere Baumart 'gelben Boden' (*Tana Lemit*) anzeigt (*Pipit – Lithocarpus elegans*).

Lempunah keine Präferenzen für Felder in Fluss- oder Straßennähe. Bis auf die Ausnahmen zweier Feldgruppen (vgl. FN 211) wurden alle Felder zu Fuß besucht.

Entfernung

Zwischen 1995 und 1998 betrug die durchschnittliche Distanz (Luftlinie) zwischen Siedlung und Feld 2,8 km (RT I/II) beziehungsweise 2,0 km (RT III). Eine solche Entfernung lässt sich auch im Regenwald in weniger als einer Stunde bewältigen[211]. Die etwas größere mittlere Entfernung der Felder in RT I/II spiegelt die auf Grund der Dorfgrenzen geringere Verfügbarkeit freier Bracheflächen wieder (vgl. 3.2.1).

Eine große Entfernung des Feldes vom Dorf bringt etliche Nachteile mit sich wie längere Gehzeit, mehr körperliche Anstrengung (v. a. für das Zurücktragen der Ernte; aber auch die täglichen Hin- und Rückwege können für ältere und kranke Menschen äußerst anstrengend sein), eingeschränkte Überwachungsmöglichkeiten (gegen Schädlinge, aber auch gegen Diebstahl), sowie eine (zumindest früher) geringere Sicherheit. Somit müsste die optimale Wahl eigentlich auf nahe gelegene Standorte fallen[212].

Dem steht die räumliche Verteilung alter, und damit fruchtbarerer Brachewälder entgegen, die im Vergleich zu jungen Bracheflächen weiter vom Dorf entfernt liegen.

In einigen Fällen führte eine zu große Entfernung auch zur Vernachlässigung des Feldes, bedingt durch eingeschränkte Zugangsmöglichkeiten (v. a. auf Grund der bei Regen für Motorräder und Lastwagen unpassierbaren Straßen) sowie durch Krankheitsfälle und andere Ereignisse (z. B. Konflikte oder Riten), die eine vorübergehende Anwesenheit des Bauern im Dorf mit sich bringen. Ließe sich dabei ein nahe gelegenes Feld von Zeit zu Zeit noch besuchen, so ist dies bei weit abgelegenen Standorten unmöglich, weshalb es selbst in guten Reisjahren bei einigen weit entfernten Feldern zu Missernten kam.

Die Strategie, die Lawrence et al. (1998:145) aus West-Kalimantan beschreiben, wo Dayakbauern ihre Felder möglichst groß anlegen, um Verlusten durch Schädlinge zu begegnen, konnte in Lempunah nicht beobachtet werden[213].

Die Entfernung der Felder vom Dorf war 1995 für Felder, die außerhalb der Dorfgrenzen lagen, signifikant geringer als für Felder innerhalb des Dorfge-

---

[211] Dieser Vergleich beinhaltet nicht eine Gruppe von Feldern, die in der Nähe einer entfernten Transmigrationssiedlung angelegt wurden. Diese Siedlung ist zeitweise über eine unbefestigte Straße erreichbar. Die durchschnittliche Entfernung der zu Fuß erreichbaren Felder liegt somit in der selben Größenordnung wie die Angaben Doves über die Kantu', die je nach Waldtyp zwischen 1,6 und 2,7 km beträgt (1985:412).

[212] In einigen wenigen Fällen lebten die Familien dauerhaft auf ihren Feldern.

[213] Der Korrelationskoeffizient betrug für den Vergleich zwischen Feldgröße und Entfernung zur jeweiligen Siedlung lediglich 0,017 im Fall von RT I/II (n=61) sowie 0,044 im Fall von RT III (n=51).

bietes[214]. Dies weist darauf hin, dass die Einhaltung politischer Grenzen im Vergleich zu eher praktischen Aspekten wie geringer Entfernung, ohne größere Bedeutung ist. Was den Besitzstatus angeht, so zeigten sich ebenfalls keine signifikanten Unterschiede hinsichtlich der Entfernung der Felder, auch wenn 1995 eine deutliche Korrelation zwischen extern gelegenen Feldern und 'geliehenem' Status gefunden wurde.

Verwandtschaft und Freundschaft
Ein weiteres Kriterium für die Auswahl des geeigneten Standorts ist Verwandtschaft. In 19 Fällen (RT I/II zwischen 1995 und 1998) folgten junge Familien den Eltern der Frau. Dieses Muster war das mit Abstand häufigste unter Verwandtschaftsgruppen, die benachbarte Felder oder Gemeinschaftsfelder anlegten. In zehn Fällen folgten meist unverheiratete erwachsene Kinder ihren Eltern, in fünf Fällen besaßen Geschwister benachbarte Felder. Ansonsten fanden sich aber auch Gruppierungen über weitere Familien- sowie über Freundschaftsbande.

Benachbarte Felder ermöglichen gegenseitige Arbeitshilfe sowie Solidarität bei Krankheitsfällen oder anderen Problemen[215]. Ein weiterer Vorteil besteht nach Aussagen von Bauern in einem 'Verdünnungseffekt' bei einem etwaigen Schädlingsbefall. Da die Arbeiten auf benachbarten Feldern meist synchronisiert ablaufen (vgl. Rotationsprinzip bei *Plou*-Gruppen, vgl. 3.2.2, 4.3.5), reifen die Anbaufrüchte in etwa zur selben Zeit, so dass Schädlinge Schwierigkeiten haben, die ganze stehende Ernte auf einmal zu vernichten[216]. Falls beispielsweise ein Trupp Makaken (*Macaca* spp.) ein Feld heimsucht, so kann die Ernte binnen weniger Tage gänzlich vernichtet sein. Handelt es sich um mehrere benachbarte Felder, so besteht die Chance, dass sich der Schaden auf mehrere Haushalte verteilt. Um derartige Einbußen zu vermeiden, bieten benachbarte Felder zudem den Vorteil, dass einzelne Personen meist mehrere Felder gleichzeitig im Blick haben und so vor größeren Schädlingen wie Affen, Schweinen oder Hirschen schützen können. So gab 1996 ein Bauer sein bereits gerodetes Feld auf, da ihm niemand folgte, weshalb er, nach eigener Aussage, gegen die Affen chancenlos gewesen wäre.

Ist ein Standort für das neue Feld gefunden, so wurden traditionell die *Pakatn Nyahuq*-Riten ausgeführt, bei denen den *Nyahuq*-Geistern Speiseopfer dargeboten

---

[214] 1995 betrug die mittlere Entfernung von RT I/II 4,1 km für intern gelegene und 2,9 km für extern gelegene Felder. Dies ist nach einem zweiseitigen Mann-Whitney U-Test signifikant (t=2,217, p<0,05, 21 'interne', 24 'externe' Felder). In anderen Jahren unterschieden sich die Entfernungen extern gelegener gegenüber intern gelegener Felder nicht signifikant.

[215] In mehreren Fällen wurden mit Hilfe benachbarter Familien *Belian*-Heilriten in der Feldhütte ausgetragen. In früheren Zeiten boten große Feldnachbarschaften zudem Schutz gegen Angriffe.

[216] Diese Strategie hilft nur bedingt in Jahren extremen Schädlingsbefalls, wie 1999 und 2000, als Heuschrecken, Mäuse und Ratten über die Hälfte der gesamten Ernte vernichteten.

werden, um sich ihrer Gunst für den Reisanbau zu versichern (vgl. 2.2.8). Dieser Ritus, der von Sumual beschrieben wird (1998:53-55), ist auch in Lempunah bekannt. Allerdings konnte ich ihn in all den Jahren nicht ein einziges Mal beobachten. Omen werden hingegen nach wie vor häufig beachtet, und manche Bauern besprenkeln ihre Felder mit *Tawar*-Wasser oder dem Blut eines geopferten Huhnes, um das Feld rituell abzukühlen und so fruchtbar zu machen.

3.2.2 Arbeitsschritte während der Feldarbeiten

Ist die Entscheidung für ein Feld getroffen und der Standort markiert, so beginnt die eigentliche Arbeit – das Roden.

Nokap – Auslichten kleiner Bäume und Büsche

Das Auslichten kleiner Bäume und Büsche mit dem *Mandau* (Haumesser) erfolgt zwischen Juni und September durch Männer und Frauen. Der optimale Beginn wird durch das Aufgehen des Sternbildes *Piuluuq* sowie durch die Fruchtbildung des *Pesaaq* (*Fordia* sp.) angezeigt. Die *Nokap*-Arbeiten dauern für ein übliches Feld bis zu einem Monat. Bei jungen Bracheflächen (*Babar*, *Kwakoq*) reicht dieser erste Rodungsschritt bereits zur Bestellung des Feldes aus, da größere Bäume fehlen (vgl. Dove 1985a:103-4).

Durch das Auslichten stirbt der Unterwuchs ab und kann nun bis zum Abbrennen trocknen. Dove (1985:101) weist zudem darauf hin, dass das Auslichten die Sicherheit der Bauern beim späteren Roden erhöht, wenn diese umstürzenden Bäumen ausweichen müssen. Generell erleichtert das Auslichten weitere Arbeitsschritte, da man sich im oft dichten und stachligen Unterwuchs ansonsten nur sehr schwer bewegen kann.

Der Arbeitsaufwand beträgt je nach Feldgröße zwischen 4 und 9 Personentagen/ha, was mit den Kantu' (7-8 Personentage/ha, Dove 1985a:106) und den Kenyah (1-30 Personen-tage/ha, Lahjie 1996:153) vergleichbar ist. Dabei spielt auch das Brachealter eine wesentliche Rolle, da jüngerer Wald deutlich mehr arbeitsintensiv zu entfernenden Unterwuchs aufweist als alter Wald (vgl. detaillierte Daten in Lahjie 1996:153).

Wird das Auslichten nur unzureichend durchgeführt, so nennen die Benuaq dies *bemas*.

Noong – Roden größerer Bäume

Zwischen Juli und September werden die restlichen Bäume gerodet. Dabei kann diese *Noong* genannte Phase mit der vorausgegangenen *Nokap*-Phase überlappen, auch wenn Dove zurecht betont, dass das Auslichten deutlich vor dem Roden beendet sein sollte, da die zuerst gelichtete Vegetation unter den gefällten Bäumen ansonsten nur schlecht trocknen kann (1985:110)[217].

Die Bäume werden gefällt, um den Lichteintrag zu erhöhen und um dem Boden über das Verbrennen der Vegetation Nährstoffe zuzuführen (vgl. Dove 1985a:115)[218].

Gefällt werden die Bäume traditionell in Brusthöhe mit einer *Wase* genannten Axt. Die Axt besteht aus einer 1-1,5 kg schweren Beilklinge, die der Dorfschmied anfertigt, und einem hölzernen Stiel (60-80 cm lang), an dessen Ende die Klinge mit Rattanschnüren fest gebunden wird. Das Stielholz ist flexibel, wodurch die Axt zusätzlichen Schwung erhält.

Zum Fällen werden etwa dreißig kleinere Bäume angekerbt. Dann wird ein größerer Baum gefällt, der in einer Art Kettenreaktion die angekerbten mit sich reißt. Die selbe Technik beschreibt Dove für die Kantu' (1985a:119-120). Durch diese sich selbst verstärkende Fällmethode kann der Arbeitsaufwand deutlich verringert werden, da das Ankerben etwa 75 % schneller vonstatten geht als das Roden (ibid.). Allerdings birgt diese 'Dominotechnik' die nicht unerhebliche Gefahr in sich, dass Arbeiter von umstürzenden Bäumen getroffen werden können[219].

Lianen vernetzen häufig einzelne Bäume und beeinträchtigen so die gewünschte Fällrichtung. Daher werden Lianen meist vor dem Fällen mit dem *Mandau* gekappt.

Bäume mit Brettwurzeln oder außergewöhnlich hartem Stamm werden mit Hilfe einer *Santukar* genannten Leiter in zwei bis vier Meter Höhe gefällt. Eine detaillierte Beschreibung verschiedener Leiter- und Plattformmodelle, die auch bei den Benuaq verwendet werden, findet sich bei Dove (1985:116). Allerdings sind Bäume mit ausgeprägten Brettwurzeln eher selten in den relativ jungen Wäldern um Lempunah. Dies passt zu Doves Befund, dass Fällplattformen nur selten in Sekundärwäldern verwendet werden[220] (1985:117).

---

[217] In einem Fall, den ich genauer beobachten konnte, lichtete die Frau des Bauern noch auf gut 20 % der Feldfläche das Unterholz aus, während ihr Mann und ihr Sohn bereits die großen Bäume fällten. Allerdings war auch die spätere Verbrennung nur unvollständig (1996 war ein regenreiches Jahr), und die Familie erlitt einen fast vollständigen Ernteausfall. Eventuell hätte ein größerer zeitlicher Abstand zwischen Auslichten und Roden die Trocknung und damit auch die Verbrennung verbessert.

[218] Bestünde das Problem nur in reinem Lichtmangel, so würde auch das Ringeln von Bäumen genügen, wie es in Rattangärten erfolgt (vgl. 3.4).

[219] Als ich im September 1996 einen Bauern zum Roden begleitete, gelang es uns nur um Haaresbreite, einigen Bäumen auszuweichen, die der Wind vorzeitig umgeworfen hatte. Im selben Jahr wurden zwei Bauern von umstürzenden Bäumen getroffen. Während der eine eine Hüftluxation erlitt, trug der zweite einen Schädelbruch davon. Zwar überlebten beide ihre Unfälle, leiden aber noch heute an den Folgen.

[220] Dove erklärt diesen Befund nicht weiter, doch er muss wohl mit einer geringeren Häufigkeit durch Brettwurzeln gestützter Baumarten im Brachewald zusammenhängen.

Frucht- und Gummibäume, die während des letzten Feldzyklus' gepflanzt wurden, werden beim Roden ebenso ausgespart wie vorhandene Honigbäume (vgl. 3.3).

Noong gilt als schwere Arbeit. Erleichterung gibt es durch wechselseitige Hilfe sowie durch den Einsatz von Motorsägen. Heute werden mehr als die Hälfte aller Brachewälder, die älter als zehn Jahre sind (d. h. *Uraaq, Kerengkakng* und *Bengkar*), mit Motorsägen gerodet (vgl. 3.2.2)[221]. In Fällen, in denen keine Motorsägen verfügbar sind, können Lohnarbeiter angeheuert werden (1996: 35.000 Rp pro Tag; 1997: 110.000 Rp für das Auslichten und Roden von etwa 2 ha). Dabei lässt sich kein Unterschied in der Feldgröße zwischen Feldern, die mit Motorsägen, und solchen, die mit Äxten gerodet wurden, feststellen (jeweils 3,0 *Beleq* oder 1,44 ha for *Uraaq, Kerengkakng* und *Bengkar*). Dies widerspricht Beobachtungen aus Kenyah Dörfern, in denen die Feldgröße durch den Einsatz von Motorsägen signifikant anstieg (Colfer 1983:16).

Der Zeitbedarf für Rodungen wurde nicht exakt bestimmt. Nach Angaben meiner Informanten beträgt er zwischen 2 Tagen (bei Benutzung einer Motorsäge) und 3 Wochen für ein durchschnittliches Feld von etwa 1,5 ha. Auch diese Angabe liegt in der Größenordnung der Kantu' (44 Personentage für gerodete Waldflächen zwischen 1,1 und 10,4 ha pro Haushalt, Dove 1985a:94, 128) sowie der Kenyah (zwischen 8 und 40 Tagen pro ha, Lahjie 1996:153-4). Die tatsächliche Anzahl an Personentagen hängt jedoch stark vom Waldtyp und der gewünschten Feldgröße ab.

Wird das Roden fehlerhaft ausgeführt, so bezeichnen es die Benuaq als *kuhu*.

Oikng Joa – Trocknen der Vegetation

Ist das Unterholz gelichtet und sind die Bäume gefällt, lässt man diese für mindestens vier Wochen zum Trocknen liegen. Die in Lempunah optimale Zeit zum Trocknen liegt zwischen August und September, da in diesen beiden Monaten die geringste Niederschlagsmenge fällt. Die Trocknungsdauer hängt dabei von der Feuchtigkeit der Vegetation und damit vom Waldalter ab, da alter Wald mehr Feuchtigkeit speichert als junger.

Ist *Oikng Joa* unvollständig, so wird auch die Verbrennung unvollständig sein, womit der Zeitaufwand für ein erneutes Brennen unproportional ansteigt.

Nyuru – Brennen

Durch das Verbrennen der getrockneten Vegetation werden Nährstoffe aus der Biomasse sowie der Humusschicht freigesetzt und den angebauten Kulturpflanzen zur

---

[221] Um die Gefahr, von einer Motorsäge verletzt zu werden, abzuwenden, wurde die Motorsäge meiner Gastfamilie während des *Ngeluikng*-Ritus mit *Tawar*-Wasser gesegnet.

Verfügung gestellt[222]. Zusätzlich entfernt das Feuer (für eine gewisse Zeit) unerwünschte, um Licht und Nährstoffe konkurrierende Pflanzen, und erleichtert das anschließende Arbeiten im Feld (vgl. Dove 1985a:131).

Ist die gerodete Vegetation ausreichend trocken, so wird das Feld innerhalb weniger Stunden abgebrannt. Dieser Arbeitsschritt kann von Männern und Frauen durchgeführt werden. Traditionell gilt als optimaler Zeitpunkt die Vereinigung der Sternbilder *Piuluuq, Beapm, Sempuatn* und *Potiiq* 'in ihrem Zenith'[223].

Die getrocknete Vegetation wird mit einer Petroleum-Fackel angezündet.

Das Abbrennen geschieht meist gegen Mittag, wenn die Temperatur ihr Maximum erreicht und die Luftfeuchtigkeit am geringsten ist. Dabei wird das Feuer entlang einer von außen nach innen führenden, beziehungsweise durchs Feld mäandrierenden Reihe im Abstand von jeweils zehn bis zwanzig Metern gelegt[224].

---

[222] Nach Whitmore (1990:136-137) befinden sich je nach Element und Waldtyp 40-90 % der Nährstoffe oberhalb des Bodens (im Fall von Stickstoff befinden sich 60-90 % unter dem Boden). Etwa 10 % der im Boden gebundenen Nährstoffe entfallen auf das Wurzelsystem (ibid.). Whitmore weist in diesem Zusammenhang darauf hin, dass die weit verbreitete Annahme, die überwiegende Menge der Nährstoffe befinde sich in der Biomasse, nur selten zutrifft (ibid.).

[223] Mit Ausnahme von *Piuluuq* (früher) erreichen diese Sternkonstellationen ihren Zenith zwischen dem 9.9. und dem 1.10. Streng genommen vereinen sich die Sterne also nicht gleichzeitig im Zenith, sondern durchschreiten diesen im relevanten Zeitraum. In ähnlicher Weise sagen die Kantu': 'Wenn wir [die drei Sterne in Orions Gürtel] das Zentrum des Himmels passiert haben, müsst Ihr mit dem Pflanzen aufhören. Da die Aussaat nur wenige Tage auf das Brennen folgt, entspricht diese Aussage auch der der Benuaq.

[224] Zum Anzünden wurde in Lempunah ein mit Petroleum gefülltes Bambusrohr verwendet, das mit einem Stofftuch verschlossen war.

120

In trockenen Jahren legen die Bauern einen ein bis zwei Meter breiten Feuerkorridor (*Ladakng*) rings um das Feld an, der das Feuer daran hindert, auf den angrenzenden Wald mit seinen Gärten überzugreifen. In diesem Korridor wird jegliche Vegetation beseitigt, und der Boden wird mit einem besenähnlichen Stock frei gefegt. Diese Vorsichtsmaßnahmen sind in regenreichen Jahren (wie 1996) nicht notwendig[225]. Ähnliche *Ladakng* werden auch um die im Feld stehenden Nutzbäume und Waldgarteninseln angelegt, um diese vor dem Feuer zu schützen. Während der Trockenzeit 1997 wurden *Ladakng* auch um kleinste Gärten gezogen, da die Gefahr unkontrollierbarer Brände als äußerst hoch eingeschätzt wurde[226].

Um ein Ausbrechen des Feuers zu verhindern wird in trockenen Jahren ein *Ladakng*-Korridor um das Feld angelegt.

1996 führte bereits Anfang Oktober einsetzender Regen dazu, dass viele Bauern das Brennen immer wieder verschieben mussten, bis ihnen zu guter Letzt keine andere Wahl mehr blieb, als die feuchte Vegetation anzuzünden, die entsprechend unvollständig verbrannte. Manche Bauern schichteten daraufhin in mühevoller Arbeit die unverbrannte Vegetation erneut auf, um sie ein zweites Mal zu ver-

---

[225] Ein Informant erklärte, dass *Ladakng* immer seltener angelegt würden, da gegenseitige Hilfe bei der Feldarbeit abgenommen habe.

[226] Die Waldbrände von 1997/98 gingen in der Umgebung von Lempunah nicht von den Schwendflächen aus, da die Bauern die Waldbrandgefahr zurecht als hoch einschätzten und auf das Abbrennen ihrer Felder bis in den November hinein verzichteten. Auf benachbarte Waldgärten übergreifende Feuer hätten dabei auch hohe *Adat*-Strafen nach sich gezogen, zumal der Verursacher leicht überführbar gewesen wäre.

brennen (*Mongkakng*). Dennoch fiel die Ernte zumeist gering, in manchen Fällen gar vollständig aus[227].

Als letztmöglicher Zeitpunkt für das Abbrennen gilt bei den Benuaq das Erscheinen von Sirius (*Beramanuq*) in der zweiten Oktoberhälfte, wenn es normalerweise zu regnen beginnt.

Die von Dove (1985:141-2) beschriebene Alternative, das Abbrennen bei zu viel Niederschlag auf das kommende Jahr zu verschieben, konnte ich in Lempunah nicht beobachten. Eventuell hätten 1997 einige Bauern auf Grund der Dürre ihre Flächen nicht abgebrannt. Doch diese Vermutung bleibt müßig, da die betreffenden Flächen alle den Waldbränden zum Opfer fielen. Gegen ein alternatives Aufschieben des Brennens spricht in Lempunah allerdings, dass die Bauern hier jährlich nur ein einziges Feld anlegen, auf das sie dann auch angewiesen sind (im Gegensatz zu den von Dove untersuchten Kantu', die meist zwei bis drei Felder pro Jahr anlegen).

Mongkakng – Wiederholtes Brennen

Verlief die Verbrennung unzureichend, so wird die unverbrannte Vegetation gelegentlich erneut zum Trocknen aufgehäuft[228]. Dieser arbeitsintensive Schritt hängt von der Witterung ab und kann bis zu mehreren Wochen dauern. Da das zweite Abbrennen zumeist bereits auf den Beginn der Regenzeit fällt, verbessert es die Nährstoffverhältnisse oft nur marginal.

Eine weitere Methode wird von Dove beschrieben (1985:154-6): Nach dieser häufen die Kantu' das unverbrannte Pflanzenmaterial nicht ein zweites Mal auf, sondern brennen einzelne Feldbereiche ab und tragen anschließend die unverbrannten Stämme und Äste aus dem Feld, um das weitere Arbeiten zu erleichtern und die Sonneneinstrahlung zu maximieren. Diese Technik ist in Lempunah nicht bekannt.

Ist eine Fläche erst einmal abgebrannt, so muss sie auch bepflanzt werden, da ansonsten bis zum folgenden Jahr zu viele Nährstoffe an die natürliche Buschsukzession verloren gingen oder ausgewaschen würden.

Ngasaq / Moyaas – Aussaat

Einige Tage nach dem Brennen beginnt die Aussaat. Abhängig von der Feldgröße und der verfügbaren Hilfe kann dieser Arbeitsschritt bis zu drei Wochen dauern. Meist arbeiten dabei größere *Plou*-Gruppen zusammen. In RT I/II waren 33 % aller

---

[227] Das Feld, das ich am intensivsten untersuchte, erbrachte 1996/97 lediglich 50 kg Reis. Als Ursache für diese marginale Ernte führte der Bauer an: '*Api beau maan.*' – 'Das Feuer hat nicht gegessen.'

[228] Es ist nicht einfach möglich, das Feld erneut abzubrennen, ohne die unverbrannte Vegetation aufzuhäufen, da die bereits verbrannten Bereiche als Feuerkorridore fungieren würden (vgl. Dove 1985a:154).

reisanbauenden Haushalte in *Plou*-Gruppen eingebunden (durchschnittlich 3 zusätzliche Personen; 1999 bestand eine Gruppe aus mehr als 60 Personen). In RT III lag der Anteil mit 60 % (6-7 zusätzliche Personen; die größte Gruppe bestand aus 20 Personen) deutlich höher[229]. Diese Arbeitsgruppen wechseln täglich zwischen den Feldern ihrer Mitglieder, um eine gleichmäßige und zeitlich passende Arbeitsverteilung zu gewährleisten.

Zusätzlich werden gelegentlich auch *Konookng*-Lohnarbeiter angestellt. In einem Fall bezahlte ein Haushalt 1996 30.000 Rp pro ausgesätem *Beleq* (ca. 11 kg ungeschälter Reis), da alle Familienmitglieder zur gleichen Zeit mit Gummizapfen beschäftigt waren.

Theoretisch ist die Arbeitsteilung bei der Aussaat strikt nach Geschlechtern getrennt: Männer stechen die Saatlöcher in die Erde (*Ngasaq*), in die Frauen dann das Saatgut geben (*Moyaas*)[230]. Falls jedoch Mangel an Arbeitskräften besteht, können beide Schritte sowohl von Männern als auch von Frauen ausgeführt werden[231]. Die Aussaatgruppen arbeiten in der Regel in Reihen hangabwärts. Meist wird die Aussaat als *Ngasaq*, d. h. nur den männlichen Part betreffend[232], oder als *Ngasaq-Moyaas* bezeichnet.

Die *Ngasaq*-Arbeit wird mit einem etwa zwei Meter langen Stab ausgeführt, an den eine Eisenholzspitze (*Asaq*) befestigt ist. Früher wurden auch Perkussionsspitzen verwendet, die heute nur noch als Kunsthandwerk hergestellt und verkauft werden. Das Saatgut bewahren die Frauen in kleinen Rattankörbchen (*Bisaatn*) auf, die mit einer Schnur um die Hüfte gebunden werden.

---

[229] Der Unterschied zwischen RT I/II und RT III hängt wohl mit den näheren Abständen der Felder im RT III zusammen, während Bauern in RT I/II eher zu individueller Standortwahl neigen.

[230] Diese Art der Arbeitsteilung findet man in ganz Borneo (vgl. Sutlive 1992:75 für die Iban, Dove 1985a:175-9 für die Kantu').

[231] Dies wird von Dove auch von den Kantu' berichtet (1985a:179).

[232] Dieser Ausdruck wird auch in einem sexuellen Sinn benutzt: *Ngasaq Sobot* = 'ins/im Moskitonetz stechen' = Geschlechtsverkehr haben.

Bei der Aussaat stechen die Männer die Saatlöcher in die Erde (*Ngasaq*).
An den Setzhölzern ist eine harte Eisenholzspitze (*Asaq*) befestigt.

Die Pflanzabstände werden nicht bewusst variiert. Bei der Aussaat betonten die
Bauern immer wieder, dass weder die Abstände der Saatlöcher noch die Anzahl der
Saatkörner vom Bodentyp, Brachealter oder der Hangneigung abhingen. Einige Informanten erwähnten allerdings, dass derartige Unterschiede in der Vergangenheit
eine Rolle spielten. Der Abstand zwischen zwei Löchern sollte dabei in altem Wald
eine Armlänge (ca. 50-75 cm) und auf jüngeren Bracheflächen eine Handbreite und
eine Ellenlänge (ca. 20-50 cm) betragen. Diese Unterschiede wurden damit erklärt,
dass Reis auf alten Brachen höher wächst und damit mehr Platz braucht als auf
jungen Brachen, auf denen zudem eine stärkere Konkurrenz durch Gräser besteht[233]. Eventuell verlor dieses Wissen mit zunehmendem Einfluss einkommens-
relevanter alternativer Tätigkeiten über die letzten Jahrzehnte an Bedeutung[234].

Nach der Trockenheit und den Waldbränden wurde 1998/99 Reis auch in Sumpfflächen angepflanzt. Die Anbauweise entsprach dabei weitgehend der des Nassreis-
anbaus (ind. *Sawah*). Dabei werden Setzlinge zunächst zwei Monate lang auf spezi-

---

[233] Ähnliche Unterschiede in den Pflanzabständen berichtet Colfer von Kenyah (1991:71) mit 80
cm für Felder, die auf ehemaligen Primärwaldflächen angelegt wurden, 50 cm für Felder auf
Bracheflächen.

[234] Auch die vergleichsweise geringe Feldzahl pro Haushalt (sowohl pro Jahr als auch über
mehrere Jahre hinweg, vgl. 3.2) deutet auf einen gewissen Bedeutungswandel des Reisanbaus hin,
der mit der Entwicklung zusätzlichen Subsistenzstrategien einhergeht.

ellen Flächen angezogen und anschließend in etwa 15 cm tiefes Wasser gesetzt. Größere Setzlinge können zuvor noch in zwei bis vier Bündel geteilt werden. Diese Sumpffelder wurden zusätzlich zu Schwendfeldern angelegt.

Reisvarietäten

Zwischen 1995 und 1999 wurden in Lempunah 106 lokal identifizierte Reisvarietäten (71 'normale' *Pare*-Sorten, 35 *Pulut*-Klebereissorten) angebaut[235].

Pare ('normale' Reissorten, gelten als männliche Varietäten)

Abong	*Jangkau*	*Kumpat Metapm*	*Payaq Muntai*	*Tokookng Bujur*
Ampung	*Jawa Bali*	*Lempukat*	*Payaq Popoq*	*Tokookng Bulaau*
Bau Beneeq	*Jeluakng*	*Lempunyau/Tahai*	*Pemerintah*	*Tokookng Guntul*
Bawiiq	*Jemiaq*	*Lisaat*	*Penawar*	*Tokookng Jarum*
Bekapm	*Jempaka*	*Loh*	*Piraaq*	*Tokookng Kantur*
Bentiatn	*Jerai*	*Lunkot*	*Sabuuq*	*Tokookng Pelanuq*
Beramaakng	*Kalang Niwokng*	*Majaat*	*Sahai*	*Tokookng Sebet*
Bidai	*Beleq Bitiq*	*Mayang Liukng*	*Sanukng Beneeq*	*Uraakng*
Bogor	*Kalukng Kelawat*	*Mayang Ukor*	*Sanukng Sinang Pariq*	*Ureeq*
Boyut	*Kalukng Niukng*	*Mayas*	*Sasaq Jalan*	*Uway*
Bura	*Kaluq*	*Ngkotiq*	*Serai Bau/Gunung*	*Waatn*
Busaakng Bura	*Kempal*	*Ngono*	*Sinang Boyus/Buyut*	
Busaakng Meaq	*Kenyah*	*Nyium*	*Sirep Lais*	
Daliiq	*Keriyat*	*Payaq Kepoyu*	*Sului*	
Isip	*Kumpat Bura*	*Payaq Kumpat*	*Titus*	

Pulut (Klebereissorten, gelten als weibliche Varietäten)

Ajaatn	*Jomit*	*Mayang*	*Payaq*	*Saruuq Solai*
Berempet	*Jue*	*Meaq Kediq*	*Pelet*	*Seloping Kediq*
Beteteq	*Kelingkap*	*Meaq Sarukng*	*Petutn*	*Seluakng*
Buaq	*Keramuuq*	*Mening*	*Rau/Metapm*	*Seset*
Bujaq	*Kesuma*	*Mit*	*Samarinda*	*Tiwaq/Tiwakng*
Gusiq	*Kumpir*	*Ngeraseh*	*Sanukng*	*Tongau*
Jaring	*Langooq*	*Pariq*	*Saruuq Kediq*	*Wakaai*

Außer der Unterscheidung nach Klebeeigenschaft[236] werden die Sorten nach Herkunft, Erscheinungsbild der Pflanze oder der Körner sowie nach ihrem Geschmack differenziert.

---

235 Da meine Schlüsselinformanten nicht alle hier aufgeführten Namen kannten, enthält die Liste vermutlich auch Doppelnennungen von Arten, die unter verschiedenen Namen bekannt sind. In Lempunahs Nachbardorf Mancong wurden von 25 Bauern im Laufe ihres bisherigen Lebens 139 unterschiedene Reisvarietäten angebaut. Die durchschnittliche Sortenzahl betrug 7 und reichte von 2 Varietäten jüngerer Bauern bis hin zu 19 Sorten. Da die durchschnittliche Sortenzahl pro Feld bei 5 bis 7 liegt, scheint die Variabilität über die Zeit bei Bauern in Mancong eher gering zu sein.

Die lokalen Namen lassen sich dabei in folgende Kategorien einordnen[237]:

> Herkunftsort (z. B. *Bogor, Jawa Bali, Payaq Muntai, Samarinda*)
> Herkunftsgruppe (z. B. andere Dayakgruppen wie *Bentiatn, Kenyah*, aber auch die Indonesische Regierung – *Pemerintah*)
> andere Arten der Herkunft (*Bawiiq*, Reis, der im Magen eines Wildschweines gefunden wurde)
> Größe (z. B. *Isip* – 'klein wie ein Erntemesser', *Sabuuq* – 'klein wie Asche', *kediq* = klein)
> Farbe (*meaq* = rot, *bura* = weiß, *metapm* = schwarz, *bulaau* = gold)
> Tiere (*Bitiq* = Ameise, *Kelawat* = Gibbon, *Ngkotiq* = Insektenart, *Lais* = Fischart, *Uraakng* = Flusskrebs, *Ureeq* = Fischart, *Pelanuq* = Kantschil)
> Pflanzen (*Jangkau* = Baumart, *Niwokng* = Palmenart, *Ngono* = Rattanart, *Serai* = Zitronengras)
> Früchte (z. B. *Lempukat, Lisaat, Mayang*)

Nicht alle Namen ließen sich durch meine Informanten interpretieren, und es bleibt in vielen Fällen offen, ob der Name eines Tieres oder einer Pflanze aus physischen Ähnlichkeitsgründen (z. B. *Sirep Lais* = 'Flosse des *Lais*-Fischs') oder auf Grund der jeweiligen Herkunftsgeschichte (z. B. *Bawiiq*) gewählt wurde.

Saatgut wird außer durch die eigene Ernte durch Tausch, Geschenke, Bezahlung, Rückgabe[238] sowie gelegentlich wohl auch durch Diebstahl (vgl. Dove 1985a:165-9) erworben. Da sich das Saatgut ohne Beeinträchtigung seiner Keimfähigkeit nur etwa ein Jahr lang aufbewahren lässt, ist die Erhaltung der Sortenvielfalt in situ von großer Bedeutung[239]. Daher hatten anhaltende Dürreperioden wie 1982/83 und 1997/98 schwerwiegende Folgen für die Diversität lokaler Reissorten. Bedingt durch die vorausgegangene Missernte nahm 1998 die Vielfalt der *Pare*-Reissorten um 24 %, die der *Pulut*-Sorten sogar um 49 % gegenüber dem Vergleichsjahr 1995

---

[236] Klebereissorten enthalten 3,7-5 % Dextrin sowie einen hohen Anteil an Amylopektin in der Stärke (Rehm & Espig 1984:20).

[237] Auch Dove (1985:161) nennt ähnliche Kategorien für Kantu' (Ort, Gruppe und Art der Herkunft, Größe, Gestalt).

[238] Geliehenes Saatgut muss nach der nächsten erfolgreichen Ernte mit einer 50-100 %-igen Verzinsung zurückerstattet werden, während geliehener Reis (als Nahrung) unverzinst zurückzugeben ist.

[239] Nach lokaler Überzeugung keimt nach einem weiteren Jahr nur noch eines von drei Körnern aus. Somit ließen sich etwaige Reste der Ernte von 1997 nicht mehr als Saatgut für 1998/99 verwenden. Dennoch war diese Frage eher hypothetischer Natur, da die Ernte inklusive der Saat angesichts der Dürre und der teilweise dramatisch gestiegenen Lebensmittelpreise zum Zeitpunkt der Aussaat bereits aufgegessen war.

ab (n=24 Haushalte)[240]. Die Suche nach geeignetem Saatgut reichte flussabwärts bis nach Tenggarong, wo einige Familien Verwandte hatten, und flussaufwärts bis an den Rand der Gebirge, die während der Trockenheit wenigstens etwas Regen und damit eine, wenn auch geringe Ernte erhalten hatten[241]. Der Preis für Saatgut stieg, bedingt durch den Mangel und den allgemeinen Preisanstieg (etwa 300 %) auf Grund der indonesischen Finanzkrise, um das Zehnfache gegenüber dem Vorjahr an (40-60.000 Rp pro *Beleq*).

Generell zeigt die Sortenvielfalt über alle Untersuchungsjahre einen signifikanten Unterschied zwischen RT I/II und RT III.

RT	Σ 1995 Pare + Pulut	Σ 1996 Pare + Pulut	Σ 1998 Pare + Pulut	Σ 1995-98 Pare + Pulut
RT I/II (n=12)	25 + 16	21 + 8	17 + 5	43 + 17
RT III (n=12)	15 + 7	15 + 8	11 + 2	23 + 10

Tabelle 10: Anzahl der zwischen 1995 und 1998 angebauten Reissorten in 12 Haushalten.

Die folgende Tabelle zeigt die Verteilung der Sorten auf die beiden Dorfteile:

		nur in RT I/II	**nur in RT III**	**in beiden**
Pare	1995	14	4	11
Pare	1996	13	7	8
Pare	1998	11	5	6
Pulut	1995	10	1	6
Pulut	1996	3	3	5
Pulut	1998	5	2	0
Pare	1995-98	23	3	20
Pulut	1995-98	10	3	7

Tabelle 11: Verteilung der Reissorten in RT I/II und RT III.

---

[240] Die beiden Jahre sind in so fern vergleichbar, als beiden eher marginale Ernten (1995) oder sogar Ernteausfälle (1998) vorausgegangen waren. Vergleicht man die Sortenvielfalt zwischen 1996 und 1998, so sind die Verluste geringer: 21 % für *Pare*, 36 % für *Pulut*). Ein Kurzbesuch Anfang 2000 ergab, dass sich die Anzahl der *Pulut*-Sorten leicht erholt hatte (13 Sorten in 12 Haushalten in RT I/II), während die *Pare*-Vielfalt noch immer auf niedrigem Niveau lag (16 Sorten in 12 Haushalten).

[241] Nur wenige Sorten werden im Dorf verkauft. Es gab während der Dürre einige Hilfslieferungen durch die Regierung, die zwar teilweise als 'Padi Gunung' – 'Bergreis' (d. h. für Regenfeldbau) deklariert waren, sich aber als gewöhnlicher Reis für bewässerte Felder herausstellten.

Der beobachtete Unterschied der Gesamtdiversität in beiden Dorfteilen lässt sich nicht ausschließlich durch unterschiedliche Sortenzahlen der einzelnen Haushalte begründen, wie Tabelle 12 zeigt:

	RT I/II (n=12)		RT III (n=14)	
	Pare	*Pulut*	*Pare*	*Pulut*
1995	4,1	2,6	2,9	1,4
1996	2,8	1,5	2,6	1,6
1998	2,8	0,5	1,9	0,2
Mittel:	3,2	1,5	2,5	1,1

Tabelle 12: Mittlere Sortenzahl pro Haushalt.

Da auch der jährliche Wechsel der Sortenzusammensetzung in beiden Dorfteilen ähnlich groß war, muss der Unterschied der Gesamtdiversität durch größere individuelle Unterschiede in der Sortenzusammensetzung der einzelnen Haushalte in RT I/II bedingt sein. Diese größere Varianz ist Folge einer größeren Gesamtzahl an Reissorten in RT I/II, welche ihrerseits in der größeren Anzahl an Haushalten sowie besseren Zugangsmöglichkeiten zu Nachbardörfern (und damit oft anderer Sorten) begründet ist.

	RT I/II		RT III	
	Pare	*Pulut*	*Pare*	*Pulut*
1996 vs. 1995	60,9 %	66,7 %	93,3%	80,0 %
1998 vs. 1996	31,6 %	50,0 %	30,8%	20,0 %
1998 vs. 1995	28,6 %	30,0 %	23,1%	22,2 %

Tabelle 13: Sørensen-Indizes (vgl. Krebs 1985:447-450) für die Ähnlichkeit der Reissortenzusammensetzung zwischen verschiedenen Jahren[242].

---

[242] Sørensen Index $= 100\% - \dfrac{\sum\limits_{i=1}^{n} |x_i - y_i|}{\sum\limits_{i=1}^{n} (x_i + y_i)} \cdot 100\%$ xi, yi: =1 falls Sorte i im Jahr x oder y angebaut wird

Die Sortenähnlichkeiten in RT III zwischen 1995 und 1996 sind vermutlich auf Grund eines Erfassungsproblems zu hoch eingeschätzt, da die Sortenvielfalt der Felder von 1995/96 in RT III erst Anfang 1997 erfragt wurden, als bereits die Saat für 1996/97 ausgebracht war. Somit wurden vermutlich nicht mehr alle 1995 angebauten Sorten aufgeführt; vor allem nicht jene, die in der neuen Saison (1996/97) nicht mehr verwendet wurden.

Vergleicht man die Sortendiversität benachbarter Felder mit der beliebiger Kombinationen zweier Felder, so findet sich kein signifikanter Unterschied (vgl. Tabelle 14).

	benachbart	nicht benachbart
Pare	5,0	5,2
Pulut	3,4	3,6

Tabelle 14: Mittlere Sortenzahl zweier benachbarter Felder im Vergleich mit der mittleren Sortenzahl zweier nicht benachbarter Felder (1995, n = jeweils 5 Paare in RT I/II).

Dieser Befund ist in so fern überraschend, da benachbarte Felder meist zur selben (Groß-) Familie gehören (s. o.). Die meist engen Verwandtschaftsbeziehungen bedeuten jedoch nicht, dass damit auch das gleiche Saatgut verwendet wird. Dies erklärt sich durch die lokale Annahme, dass der Erfolg einer Sorte unter anderem davon abhängt, ob sie zu den persönlichen Eigenschaften des jeweiligen Bauern passt oder nicht, woraus eine stark individuelle Präferenz von Sorten jenseits verwandtschaftlicher Bahnen resultiert. Hinzu kommt, dass immer wieder neue Sorten erprobt werden, wobei das Risiko auf verschiedene Familienmitglieder verteilt wird, die zumeist unterschiedliche Sorten anbauen.

Setyawati (undat.) berichtet von Apau Ping-Bauern in Ost-Kalimantan, dass sie wegen ihrer Frage, ob unterschiedliche Reissorten zu unterschiedlichen Bodenverhältnissen passten, ausgelacht wurde. Obwohl auch die Apau Ping vier bis fünf Varietäten pro Feld anbauen (n=44), wurde als Begründung dieser Vielfalt Geschmackspräferenzen sowie unterschiedliche Verwendungszwecke angegeben[243]. Diese beiden Aspekte wurden auch von meinen Informanten in Lempunah betont, wobei vor allem die *Pulut*-Sorten häufig rituelleVerwendung finden. Zwar sind einige Sorten für ihre speziellen ökologischen Anpassungseigenschaften bekannt, wie bedingte Trockenresistenz (*Tokookng Bujur, Lisaat*), Eignung zum Anbau in Sumpfflächen (z. B. *Payaaq* Sorten, *Jemiaq, Kempal, Lempunyau, Mayas*), schnelles Reifen (*Sanukng*), Eignung für große Familien (*Lisaat, Kalang Niwokng*, wegen ihrer überdurchschnittlichen Korngröße), oder hoher Wuchs (*Jawa Bali*), doch die Vorstellung, dass unterschiedliche Varietäten für unterschiedliche Mikrostandorte

---

Die Abnahme der Sortenähnlichkeit zwischen 1996 und 1998 liegt hingegen vor allem im dürrebedingten Verlust von Reissorten und der ausgefallenen Ernte von 1998 begründet.

[243] Ein wesentlicher Unterschied zwischen Bauern in Apau Ping und jenen in Lempunah ist, dass die Apau Ping Bauern ihre Entscheidung, welche Sorte sie anbauen wollen, bereits nach der Ernte, d. h. einige Monate im voraus fällen, während es in Lempunah bis zur Aussaat noch regen Saatentausch und -handel gibt.

in Bezug auf Bodentyp oder Hangneigung ausgewählt würden (vgl. Dove 1985a:163) konnte in Lempunah nicht bestätigt werden.

Eine große Sortenvielfalt ist in Lempunah kein Ziel per se, das ähnlich wie bei den Kantu' rituell vorgeschrieben wäre, um das Risiko von Missernten zu verringern (Dove 1985a:163-5). Dennoch wird de facto eine hohe Vielfalt erhalten, ob nun aus unbewußt (gewordenen?) ökologischen Gründen oder aus reiner Gewohnheit[244].

Im Durchschnitt werden pro Jahr abhängig von der Feldgröße und der Verfügbarkeit des Saatguts 20 bis 43 kg an Saatgut pro Feld ausgebracht. Im Mittel bedeutet dies 5,6 bis 8,6 kg pro Sorte, wobei *Pulut* und *Pare* im Verhältnis von etwa 1:3, d. h. 14 zu 29 kg/ha stehen. Diese Daten liegen in der selben Größenordnung wie die von Kenyah-Bauern im Apo Kayan (22 bis 33 kg/ha), die jedoch pro Familie weniger Sorten anbauen (im Mittel 3,2; Colfer 1991:71).

Reifestadien der Reispflanze
Die verschiedenen Reifestadien des Reis werden von den Benuaq mit den Phasen der Schwangerschaft einer Frau verglichen.

Beramaq	'möchte schwanger werden'
Nyeloi	'beginnt schwanger zu sein'
Untukng Maiiq	'schlanke Schwangerschaft' (*maiiq* = dünn, schlank; *untukng* = schwanger)
Untukng	'schwanger'
Meet	'beginnt sichtbar zu werden'
Mentir Uraakng	'hier und da erscheint einer [ährentragender Halm]' (wie die Flusskrebse, *Uraakng* = Flusskrebs)
Tompoq Olukng	'erscheint inselartig' (*Tompoq* = Insel)
Belampar	'beginnt Früchte zu tragen'; dieses Stadium heißt auch *Lolakng* – die Schöne
Jehas	'alle [Ähren] sind erschienen und sind mit Früchten gefüllt
Luai	junger Reis (*luai* = 'weich')

---

[244] Wie schon weiter oben angedeutet, könnte es sein, dass die Bedeutung des Reisanbaus über die vergangenen Jahrzehnte auf Grund neuer Einkommensmöglichkeiten allmählich nachgelassen hat. So könnte (ähnlich wie in Apau Ping, wo Setyawati keine Omendeutung mehr vorfand) die zu Grunde liegende Rationalität bestimmter, ehemals bewusst angepasster Anbaustrategien im Laufe der Zeit verloren gegangen sein. Bestätigt wurde von meinen Informanten, dass früher zumindest mehr Zeit auf den Feldern verbracht wurde als heute.

Andere Anbaupflanzen

Außer Reis werden auf den Schwendfeldern Lempunahs mindestens weitere 150 Kulturpflanzen (-arten und -sorten) angebaut. Unter diesen befinden sich 20 Manioksorten (*Manihot esculenta* Crantz), 15 Süßkartoffelsorten (*Ipomoea batatas* (L.) Poir.), 26 Bananensorten (*Musa x paradisiaca* L.), 17 Zuckerrohrsorten (*Saccharum spp.*), 9 Gurkensorten (*Cucumis sativus* L.), 11 Chillisorten (*Capsicum spp.*), 4 Ingwersorten (*Zingiber officinale* Rosc.) sowie 48 weitere Gemüsearten (vgl. Anhang 3).

1995 und 1996 bauten 76,7 % der vierzig untersuchten Haushalte außer Reis noch weitere Kulturpflanzen an. Im Durchschnitt handelte es sich dabei um 31,3 Varietäten (Std. = 22,6), zwischen nur einer weiteren Pflanzensorte und 106 zusätzlichen Varietäten pro Haushalt und Jahr. Verglichen mit Reis wird jedoch erheblich weniger Arbeit in den Anbau zusätzlicher Kulturpflanzen investiert. So fallen diese auch häufig Affen, Hirschen oder Wildschweinen zum Opfer, bevor sie geerntet werden können.

Eine Ausnahme bildet Maniok. In Jahren mit geringen Reisernten (z. B. 1998/ 1999) werden spezielle Maniokgärten angelegt, die mit aufwendig erstellten Zäunen geschützt werden. Der schnell reifende, saisonal unabhängige, stärke- und eiweißhaltige Maniok dient dann als sogenannte 'famine-food' (vgl. Spencer 1966:124-125), während er in normalen Jahren eher als Nahrung zweiter Wahl gilt[245].

Verschiedene Kulturpflanzen wie beispielsweise Zuckerrohr oder Bananen werden auch über mehrere Jahre hinweg genutzt. Wieder andere, wie Fruchtbäume oder Zuckerpalmen (*Arenga pinnata* (Wurmb.) Merr.) werden über einen noch längeren Zeitraum genutzt und entwickeln sich bisweilen zu *Simpukng*-Gärten (vgl. 3.3).

Diese zusätzlichen Anbaufrüchte werden meist gemeinsam mit Reis ins frisch abgebrannte Feld gepflanzt (einige, wie Bananen, werden auch vor dem Brennen gepflanzt). Prinzipiell lassen sich diese Pflanzen aber auch zu anderen Jahreszeiten anbauen, abhängig von ihrer Verfügbarkeit und dem Bedarf an ergänzenden Feldfrüchten.

---

[245] Diese Strategie ist auch von den Kantu' bekannt (vgl. Dove 1985a:345).

Im obigen Reisfeld sind mehrere *Tuak*-Palmen (*Arenga pinnata*) stehen gelassen worden.
Diese werden zur Zuckergewinnung genutzt (vgl. 3.3).
Im rechten Bild ist eine Feldhütte (*Ukop*) zu sehen. Der diesige Hintergrund stammt vom
Rauch der Waldbrände 1997/98.

Ngejikut – Jäten

In allen Schwendfeldern, die auf Bracheflächen angelegt werden, müssen Gräser
und andere mit dem Reis um Nährstoffe, Wasser und Licht konkurrierende
Pflanzen gejätet werden. Diese Konkurrenzpflanzen werden vor allem nach unvoll-
ständigem Abbrennen der gerodeten Vegetation (*Bangkakng*) zu einem ertrags-
mindernden Problem. Das Jäten entfällt auf Feldern, die im *Bengkar*-Wald angelegt
werden.

In der Regel werden die Felder einmal zwischen November und Januar gejätet.
Diese *Ngejikut* genannte Phase kann dabei bis zu sechs Wochen lang dauern und
wird von Männern und Frauen durchgeführt[246]. Wohlhabendere Familien greifen
dabei häufig auf *Konookng*-Lohnarbeiter zurück, die nach gejäteter Fläche bezahlt
werden (1996/97 5.000 Rp für ca. 100 m^2; Gesamtausgaben pro Feld für Jätarbeiten durch *Konookng*: 40.000-125.000 Rp).

Da das Jäten viel Zeit beansprucht, entstehen häufig zeitliche Überlappungen
mit anderen Tätigkeiten. Im Gegensatz zu den Iban, bei denen ausschließlich
Frauen die Jätarbeit übernehmen (Sutlive 1992:77), teilen sich bei den Benuaq die
Geschlechter diese Aufgabe. Somit stehen die Benuaq vor allem in Jahren erhöhten
Geldbedarfs (beispielsweise nach Missernten) vor der Frage Einkommen zu
schaffen (z. B. durch Gummizapfen oder das Sammeln von Rattan) oder aber die
Chance auf eine gute Reisernte durch arbeitsaufwendiges Jäten zu verbessern.

---

[246] Dove (1985:231) gibt für die Kantu' als Durchschnitt 49 Arbeitstage/ha an.

Dieser Interessenskonflikt kann bisweilen sogar in einem Teufelskreis enden, da ungenügendes Jäten (*Kejomooq*) zu einer weiteren schlechten Ernte führt, die im folgenden Jahr das bekannte Dilemma zwischen Geldbedarf (zum Zukauf von Reis) und der Notwendigkeit zu Jäten weiter verstärkt.

Durukng Umaq – Bewachen
Konkurrenzpflanzen sind nicht das einzige Problem, das eine ausreichende Ernte gefährdet. Die folgenden Abbildungen stellen lokal nach ihrer Bedeutung gewichtete Schädlingsprobleme dar.

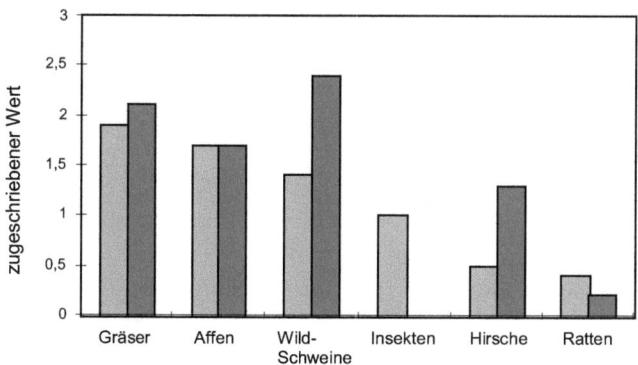

Abbildung 15: Mittelere lokal zugeschriebene Bedeutung (0-3, 3 = stark) von Schäd-lingsproblemen (1995/96). RT I/II   RT III

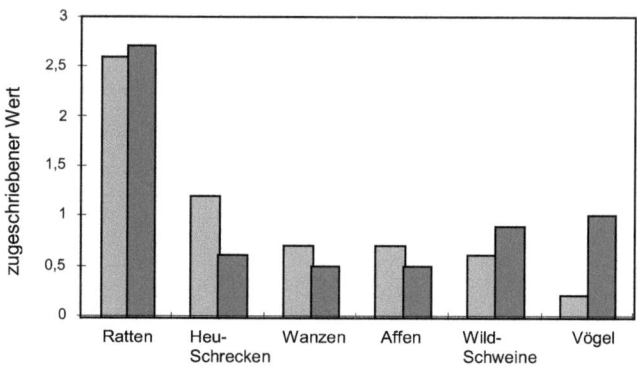

Abbildung 16: Mittelere lokal zugeschriebene Bedeutung (0-3, 3 = stark) von Schädlings-problemen (1998/99). RT I/II   RT III

Diese Probleme werden auf verschiedene Weise bekämpft. Um größere Säugetiere wie Bartschweine (*Sus barbatus*) oder Hirsche (*Cervus unicolor, Muntiacus* spp., *Tragulus* spp.) fernzuhalten, werden die Felder gelegentlich eingezäunt, oder aber mit Speerfallen (*Potiiq*) gesichert[247]. Ist ein Zaun zu arbeitsaufwendig, so können auch kleinere Bäume und Büsche so gefällt werden, dass die Kronen und Zweige nach außen weisen und auf diese Art ebenfalls das Eindringen von Hirschen und Schweinen erschweren. Diese Technik wird als *Bentiakng* bezeichnet und entspricht den *Perimpah* der Kantu' (Dove 1985a:252-3).

Säugetiere[248]	Schaden
Javaneraffe (*Macaca fascicularis*)	frisst reifen Reis, Früchte, Gemüse, reißt Maniokknollen aus; gewöhnlich in Flussnähe
Schweinsaffe (*Macaca nemestrina*)	s. Javaneraffe, abseits der Flüsse
Bartschwein (*Sus barbatus*)	frisst unreifen Reis, gräbt Schößlinge und Wurzeln aus
Indischer Sambar (*Cervus unicolor*)	frisst Reis, drückt Reispflanzen nieder, die damit schwieriger abzuernten sind
Muntjak (*Muntiacus* spp.)	frisst Rinde der Gummibäume und Maniokstauden
Kantschil (*Tragulus* spp.)	frisst Rinde der Gummibäume
Wasserbüffel (*Bubalus bubalis*)	tritt Reispflanzen nieder (s. o.)
Munia (*Lonchura* spp.)	frisst Reiskörner
Feldsperling (*Passer montanus*)	frisst Reiskörner
Mäuse (*Mus* spp.)	frisst Ernte und Wurzeln
Ratten (*Rattus* sp.)	frisst Ernte und Wurzeln

Tabelle 15: Zusammenstellung von Säugetieren und deren Schadenswirkung[249].

---

[247] Dove berichtet, dass bei den Kantu' 62 % aller gejagter Hirsche und Wildschweine in oder in der Nähe von Schwendfeldern erlegt werden (1985:239). Zwar gibt es für Lempunah keine exakten Zahlen, doch wurden auch hier viele Schweine mit Speerfallen in der Nähe der Felder getötet.

[248] Die deutschen Namen richten sich nach Grzimek 1988.

[249] Wildschweine, Affen und Hirsche sind nach Colfer (1997:120-123) auch bei den Kenyah als wesentliche Schädlinge bekannt.

Zusätzlich werden die Felder von Menschen, Hunden und Katzen bewacht. Im Fall von Gemeinschaftsfeldern haben auch Nachbarn ein Auge auf die Felder der anderen.

Gelegentlich wird, meist ohne größeren Erfolg, Rattengift gegen Makaken eingesetzt. Schweinsaffen wird zudem nachgesagt, dass sie Frauen und Kinder verfolgen und anfallen.

Insekten (z. B. *Nango Kodoq, Nango Longkueh, Nango Rangau, Upatn* (Heuschrecken), *Berukat* und *Tengkala Bulatn*) werden mit Riten und Gebeten bekämpft.

Um Heuschrecken abzuhalten, wurde traditionell die Blüte der *Sepootn*-Palme (*Areca catechu*) rings um das Feld angebracht, da ihr Duft angeblich Heuschrecken abschreckt. *Nango* (Wanzen) werden durch das Abbrennen von *Serai* (Zitronengras – *Cymbopogon nardus*), *Perowali* (*Cinnamomum partenoxylon*), *Potukng* (*Evodia alba*), *Nancaakng* (*Macaranga triloba*) und *Ayau Bulau Baliq* (*Litsea firma*)[250] vertrieben, während Ratten durch das Pflanzen von Maniok vom Reis abgelenkt werden sollen. Zusätzlich wird bis zu dreimal im Jahr den *Meruaq*-Seelen (= *Liau*-Seelen) Reis geopfert, um Schädlinge (v. a. Ratten) fernzuhalten.

All diese Maßnahmen halfen jedoch nichts Anfang 1998, als ein großer Teil der anstehenden Ernte durch Heuschrecken und Ratten vernichtet wurde[251]. Auch Sutlive berichtet von den Iban (1992:79-80): 'Trotz der Riten und Techniken, die zur Bewachung der Felder dienen, geht jedes Jahr unwiederbringlich ein Teil der Feldfrüchte an Insekten, [andere] Tiere und Vögel verloren.' Und auch Dove schreibt (1985:243): 'Das Vergiften von Schadinsekten ist nie mehr als nur teilweise erfolgreich in den Sumpfflächen, und noch weniger effektiv in den Trockenfeldern.' (m. Ü.)

Auch Diversifizierung vermochte nicht, diese Verluste in Grenzen zu halten. So waren Felder mit bis zu elf verschiedenen Reissorten ebenso stark betroffen wie Felder mit nur ein oder zwei Varietäten (vgl. auch die Diskussion in Kapitel 4.3.4 sowie in Brown & Marten 1986:252-259).

Selbst zeitliche Synchronisation (s. o.) half weder 1998/99 noch 1999/2000. Dies wird für extreme Schädlingsjahre auch von Dove (1985:244-5) und Sutlive (1992:71) bestätigt. In weniger dramatischen Jahren mag diese Strategie jedoch den Schädlingsdruck auf verschiedene Felder verteilen und somit im Hinblick auf das einzelne Feld tatsächlich abschwächen. Nach den Waldbränden waren allerdings

---

[250] *Serai* und *Perowali* beinhalten starke Aromastoffe, während *Potukng* und *Nancaakng* von allgemeiner ritueller Bedeutung sind (vgl. 3.6.5).

[251] 1999/2000 wurden die Felder Lempunahs erneut durch Nager (Ratten, Mäuse) geschädigt. Die meisten Bauern schätzten die Ernteverluste auf über 75 %, wodurch der restliche Ertrag lediglich zur Bereitstellung des neuen Saatguts, nicht aber zur Deckung des Nahrungsbedarfs ausreichen würde.

die Bestände von Schlangen und Zibetkatzen derart dezimiert, dass sich Nager-
populationen ungehemmt vermehren konnten.

Obwohl es eine gewisse Akzeptanz für Verluste an Schädlinge gibt, die mythologisch in Verbindung zur Führungsrolle und Verantwortung des Menschen unter
allen Lebewesen steht[252], wurde ich mehrfach gefragt, ob ich nicht ein effizientes
Gift gegen diese Schädlinge kenne.

Ngotapm – Ernte

Abhängig vom Reifeprozess der einzelnen Reissorten beginnt die Ernte im Februar
und dauert bis April. Bevor jedoch die eigentliche Ernte beginnt, wird noch unreifer, weicher *Pulut*-Reis geschnitten und ins Dorf gebracht. Hier wird er un-
geschält in einer Pfanne geröstet und anschließend mit zwei bis zweieinhalb Meter
langen Eisenholzstößeln (*Alu*) in einem Eisenholzmörser (*Losukng*) rythmisch von
meist drei Personen (in der Regel von Frauen) gestoßen (*Tempaq*). Der entspelzte
Reis wird dann mit rotem Palmzucker (hergestellt aus dem Saft der Zuckerpalme –
Arenga pinnata) und mit geriebenen Kokosraspeln vermischt als schmackhafter
Keloq-Reis gegessen[253]. Dieses Mahl ist Bestandteil des im Haus der einzelnen
Familien ausgeführten *Ngeluikng*-Ritus, mit dem die Reisseele (Reisfee) Lolakng
Luikng auf das Reisfeld zurückgebracht wird. Nach der Vorstellung der Benuaq
begibt sich die schöne (= *lolakng*) Luikng gemeinsam mit den anderen Geistern/
Seelen der Anbaufrüchte flussabwärts, wo sie sich solange aufhalten, bis sie auf die
Felder zurückgerufen werden. Auf diesem Rückweg werden sie u. a. von den
Kelelungan-Seelen der verstorbenen Familienahnen begleitet. Der Rückweg selbst
wird Lolakng Luikng von den Ritualspezialisten detailliert beschrieben. Dabei
werden auch die Familienmitglieder vorgestellt, damit die Reisfee sich nicht irr-
tümlich auf das falsche (Nachbar-) Feld begibt. Beim *Ngeluikng*-Ritus werden auch
viele andere wichtige Geister (z. B. *Timang*, *Juata*, *Nayuq*, *Mulaakng*, *Tonoi*, sowie
die *Belian*-Geister Rajah Kenjong, Rajah Dewa, Bisu Walo, Gaib Wali, Pantung
und viele andere) darüber unterrichtet, dass der Wald verletzt wurde und große
Bäume gefällt werden mussten, um das Überleben der Familie zu sichern. Würden
die Geister nicht informiert werden, so folgte unweigerlich deren Zorn, der Krank-

---

[252] Einer Erzählung des *Kepala Adat* zufolge wurde der Mensch vom Schöpfergott *Lantalah*
(*Perjadiiq Bantikng Langit*) zum 'König der Tiere' ernannt. Als König ist es jedoch auch seine Aufgabe, seine Ernteerträge mit den anderen Tieren wie Mäusen, Ratten, Affen, Wildschweinen, Hirschen und Vögeln zu teilen. In ganz ähnlicher Weise sagen auch die Iban bei der Aussaat: 'Ein
[Teil] für die Ratte, einer für den Spatzen, einer für das Schwein und einer für uns.' (Sutlive
1992:75, m. Ü.). Brown und Marten (1986:242) bemerken dazu: 'Die [Subsistenzbauern Südost-
Asiens] betrachten die Tiere, die von ihren Feldfrüchten nehmen, oft als Mitgeschöpfe, die ein legi-
times Anrecht auf einen Teil der Ernte haben, solange sich die Tiere nicht mehr als ihren gerechten
Anteil nehmen.' (m. Ü.)

[253] Eine Beschreibung dieser Zubereitung ist im Film 'World Courier – Borneo' des Bayrischen
Rundfunks (2000) zu sehen.

heit und Tod nach sich zieht. Die Gebete (auch bei anderen Riten) werden dabei mit (meist gelbem) *Pulut*-Reis in die Geisterwelt geschickt. Für die Geister in den Himmelsebenen wird der Reis in die Luft geworfen, für die Geister in den Erdschichten wird er durch die Spalten des Fußbodens fallengelassen; in beiden Fällen hilft Lolakng Luikng, diese Botschaften zu übermitteln. Arbeitswerkzeuge wie Beilklingen, Haumesser und Schleifsteine werden symbolisch mit dem jungen *Keloq*-Reis gefüttert, da sie gut gearbeitet und niemanden verletzt haben[254]. Der *Keloq*-Reis sowie die Spelzen werden dann zum alten Reis gegeben, um die beiden mit einander bekannt zu machen[255].

Im Feld werden zudem jeweils acht Ähren pro Reissorte in unreifem Zustand geschnitten und in der Feldhütte (*Ukop*) an die Wand gehängt. Diese Bündel werden als *Ayapm Luikng* – 'Luikngs Schuppentier (*Manis javanica*)' bezeichnet und sollen Lolakng Luikng als Spielzeug (ind. *Mainan*) erfreuen.

Eine Plou-Gruppe bei der Ernte.

Die Ernte wird gemeinsam von Männern, Frauen und Kindern durchgeführt. Dabei sind gegenseitige Hilfe (*Plou*) und bezahlte Leiharbeit (*Konookng*[256]) üblich. Obwohl die Reisernte als mühsame Arbeit gilt[257], herrscht meist eine fröhliche, bis-

---

[254] Wurde weiter oben gesagt, dass die Benuaq keine eigentlichen Dankesriten kennen, so ist dies eine der seltenen Ausnahmen (ebenso die Gesänge für Lolakng Luikng).

[255] Dieser Ritus wird auch von Weinstock (1983:45) für die Luangan beschrieben, wo er *Kerwaiyu* heißt.

[256] Pro Arbeitstag wird als Lohn im Allgemeinen ein *Beleq* (ca. 11 kg) ungeschälten Reis oder dessen Äquivalent in Rupiah bezahlt.

[257] Einem Mythos zufolge genügte es zur Zeit als Puteri Siluuq noch flussaufwärts lebte, Reisblätter zu kochen, die zuvor über Rattanstricke von allein in die Feldhütte gekommen waren. Eines Tages aber schaute Olooq, die Frau von Siluuqs Bruder Ayus trotz Siluuqs ausdrücklichen Verbots in den Kochtopf. Daraufhin verwandelte Siluuq erzürnt Olooq in einen Hund und verließ ihren Bruder flussabwärts, wo sie den Menschen in den Städten Wissen und Weisheit brachte. Im Gegensatz

weilen sogar ausgelassene Stimmung. Diese zeigt sich vor allem in den Gesängen der Frauen, die teils lustiger oder spöttischer Natur sind, teils aber auch Dankbarkeit gegenüber Lolakng Luikng ausdrücken.

Die Ähren werden mit einem speziellen Fingermesser (*Isip*) abgeschnitten und in einem an der Hüfte befestigten Rattankorb (*Gamaq*) gesammelt. Ist der *Gamaq*-Korb voll, so werden die Ähren in einen *Amoq* genannten größeren Korb umgefüllt, in dem sie dann zur Feldhütte (*Ukop*) getragen werden. Hier wird der Reis nach den jeweiligen Kernfamilien getrennt aufbewahrt und später mit den Füßen gedroschen (*Neek Pare*). Der so von der Spreu getrennte Reis wird dann geworfelt (*Nyoet/Niyau*), wobei die leeren Spelzen vom Wind weggeweht werden, in dem der Reis mit einem runden Worfelbrett aus geflochtenem Rattan (*Lewakng*) in die Luft geworfen wird. Danach wird der gedroschene und geworfelte Reis (*Oikng*) in der Sonne getrocknet (*Moing*) und in der *Ukop*-Hütte gelagert, bis er im Dorf gebraucht wird. Um den Reis vor Affen und Dieben zu schützen wird er in einem hölzernen Verschlag unter der Hütte (*Kelengkikng* bzw. *Lasaq*) oder aber in einem runden Behälter aus Baumrinde (*Ancooq* bzw. *Ongkaq*, aus der Rinde alter *Bekalukng*-Bäume) gelagert.

Diese Vorgehensweise unterscheidet sich von vielen anderen Dayakgruppen (z. B. Bahau, Iban, Kantu', vgl. Sutlive 1992:81, Freeman 1992:216-8, Dove 1985a:323), die die gesamte Ernte direkt ins Langhaus bringen, wo sie entspelzt und gewogen wird[258].

Der *Oikng*-Reis wird im Dorf getrocknet.

---

dazu besitzen die Dorfbewohner flussaufwärts heute nur noch das 'grobe' Wissen von Ayus (d. h. landwirtschaftliches, jagdtechnisches und kriegerisches Wissen). Seit diesem Vorfall muss der Reis zudem in mühevoller Arbeit eingeerntet werden.

[258] Somit ließen sich die Ernteerträge in Lempunah quantitativ nicht exakt erfassen, sondern nur nach Angaben der Bauern abschätzen.

Gegen ein Schwinden der Ernte durch Geister[259], Diebe oder Schädlinge gibt es mehrere Abwehrtechniken. Besitzt ein Bauer einen magischen Stein (meist rund und glatt), so kann dieser als Schutz in den Reisspeicher gegeben werden. Zusätzlich werden oft verschiedene aromatische Pflanzen wie *Berowali* (*Cinnamomum partenoxylon*), *Koyur* (*Tetracera asiatica*), *Sekur*, *Longaq*, *Penyempur* (*Ilex* sp.), *Serai* (*Cymbopogon nardus*) oder *Bekakakng* (*Melastoma malabathricum*) beigegeben, um Schadinsekten fern zu halten.

Entsteht später Bedarf an Reis, so wird dieser nach und nach in geflochtenen *Lanjukng*-Rattankörben bzw. in 25 kg Säcken ins Dorf gebracht. Die Bauern, die ich begleitete, trugen dabei 20-55 kg ungeschälten Reis pro Person (Männer und Frauen; gelegentlich zweimal am Tag). Lag das Feld weit entfernt an einer Straße, so wurde meist die gesamte Ernte auf einmal per Lastwagen ins Dorf transportiert. Im Dorf wird der *Oikng*-Reis entweder durch Stoßen (*Tempaq*) oder, inzwischen häufiger, maschinell geschält. Der geschälte Reis wird als *Boyas* bezeichnet und ist kochfertig.

3.2.3 Ertrag und Reisversorgung

Im Durchschnitt wurden pro Familie die folgenden Erträge an gedroschenem aber ungeschältem Reis (*Oikng*) erzielt[260]:

	RT I/II		**RT III**	
1996	101 B (SD = 77)	33 x Saat (SD = 21)	116 B (SD = 97)	37 x Saat (SD = 21)
1997	67 B (SD = 88)	36 x Saat (SD = 27)	96 B (SD = 50)	36 x Saat (SD = 20)
1998	kein Ertrag		kein Ertrag	
1999	< 50 B	< 20 x Saat	< 50 B	< 30 x Saat

Tabelle 16: Durchschnittlicher Ertrag der selben Familien in *Beleq* (B, ca. 11 kg ungeschälter Reis), bezogen auf die Menge an ausgebrachtem Saatgut zwischen 1996 und 1999 (RT I/II: n=10, RT III: n=14).

Pro Hektar und Jahr beträgt der mittlere Ertrag 650-700 kg an gedroschenem, ungeschältem Reis. Dieser Wert liegt in derselben Größenordnung wie bei anderen

---

[259] Dass Reisvorräte nach der Ernte auf mysteriöse Weise schwinden können, berichtet auch Sutlive von den Iban (1992:83).

[260] Die Werte für 1996 und 1997 sind Schätzungen der Bauern, die Werte für 1999 beruhen auf eigenen Schätzungen dar.

Dayakgruppen Borneos (Kantu': 293-606 kg/ha[261] vgl. Dove 1985a:409; Kenyah: 442-2.600 kg/ha vgl. Lahjie 1996:157). Auch Freemans Daten von Ibanbauern (das 20,6-Fache der Saatmenge[262], 1992:252-3) entsprechen diesem Bereich, während die Erträge, die Colfer für Kenyah-Bauern angibt, etwas höher liegen (783 kg/ha für junge Brachewälder, bis zu 1.392 kg/ha in anderen Gebieten, 1997:50-51). Alle Autoren betonen dabei jedoch, wie überaus groß die Variationsbreite der Erträge ist, abhängig von der Erfahrung, den individuellen Fertigkeiten (einschließlich der passenden Zeitwahl), Ablenkung durch andere Aktivitäten, verfügbare Hilfe, Gesundheitszustand, Witterungsbedingungen, Schädlingsbefall und der Bodenfruchtbarkeit. Die Auswirkungen dieser Faktoren wurden im Fall von Lempunah teilweise statistisch untersucht, wobei sich ein signifikanter positiver Einfluss des Waldalters (vermutlich auf Grund der höheren Bodenfruchtbarkeit und geringerer Konkurrenzpflanzenproblematik sowie eine moderate positive Korrelation zwischen Saatmenge (bzw. äquivalent dazu: Feldgröße) und Ertrag[263] ergab, während sich keine signifikanten Ertragsunterschiede hinsichtlich verschiedener Bodentypen feststellen ließen (vgl. 3.2.1). Das gesamte Kausalnetz der wechselwirkenden Ertragseinflussparameter ist in Abbildung 17 dargestellt.

---

[261] Pro Hektar gerodeter Waldfläche, d. h. nicht notwendiger Weise pro Hektar ausgesäter Fläche.

[262] Diese Zahl ergibt sich durch den Vergleich der 343 Gallonen (1 Gallone = 4,546 l), die als sehr optimistische Schätzung dem 60-Fachen der ausgebrachten Saatmenge entsprechen (ibid.:252), mit dem durchschnittlichen Ertrag von 118 Gallonen pro Acre (1 Acre = 0,405 ha, vgl. S.253).

[263] Obwohl dieser Zusammenhang trivial erscheint, wurde von Colfer (1991:71) keine Korrelation für Felder der Kenyah in Long Ampung und Long Segar gefunden. Auch in Lempunah betrug der Korrelations-koeffizient lediglich 0,56 in RT I/II (n=20) und 0,53 in RT III (n=28). Allerdings lässt sich die positive Korrelation in einem Streudiagramm gut erkennen.

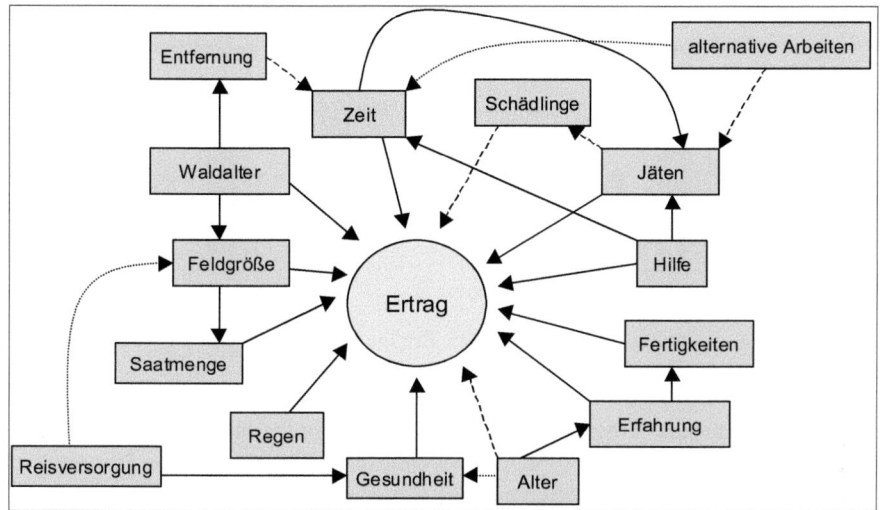

Abbildung 17: Kausalnetz teilweise mit einander wechselwirkender Parameter, die den Reisertrag beeinflussen. Die durchgehenden Linien symbolisieren positive Einflüsse, die gestrichelten Linien stehen für negative Einflüsse.

Wesentlich ist für die Bevölkerung die Frage, ob die Ernte bis zum kommenden Jahr ausreicht. Aus den Haushaltsinterviews (n=74) ergab sich ein jährlicher Bedarf an geschältem Reis von 635 kg pro Familie. Dies entspricht etwa 900 kg unge-schältem Reis (ca. 80-85 *Beleq*). Zuwendungen für Riten erfordern im Mittel weitere 10 *Beleq*[264], neues Saatgut noch einmal 3 *Beleq*. Somit ergeben sich als Jahresbedarf in etwa 95 *Beleq* bzw. 1.045 kg ungeschälter Reis. In RT I/II wurde diese Menge im Dorfdurchschnitt nur 1996 erreicht, in RT III 1996 und 1997.

Auf der Ebene individueller Haushalte erreichten im Schnitt nur 33 % (RT I/II 1997) bis 75 % (RT III 1996) aller Familien eine ausreichende Reisversorgung bis zur neuen Ernte.

---

[264] Für *Bekeleeu-* und *Kwangkai*-Riten werden im Schnitt pro Kernfamilie 142 kg ungeschälter Reis über einen Zeitraum von zwei Jahren benötigt. Hinzu kommen noch etwa 30 kg für kleinere *Belian*-Heilriten.

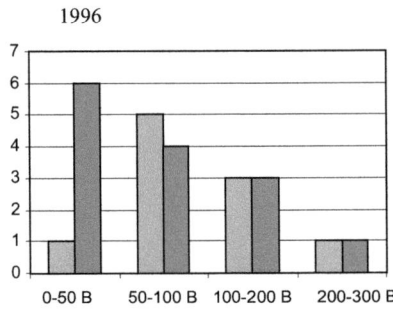
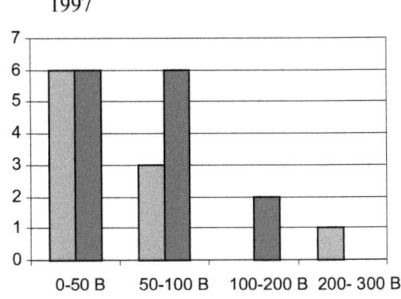

Abbildung 18: Verteilung der individuellen Erträge in *Beleq* (ca. 11 kg). Die Ordinate zeigt die Anzahl der Haushalte pro Kategorie an. RT I/II RT III

Die von den Bauern selbst abgeschätzte Reisversorgung (in Monaten ausgehend von der letzten Ernte) ist in Abbildung 19 dargestellt. Die relativ gute Versorgung von 1997 in RT III geht größtenteils auf Reste der überdurchschnittlichen Ernte von 1996 zurück.

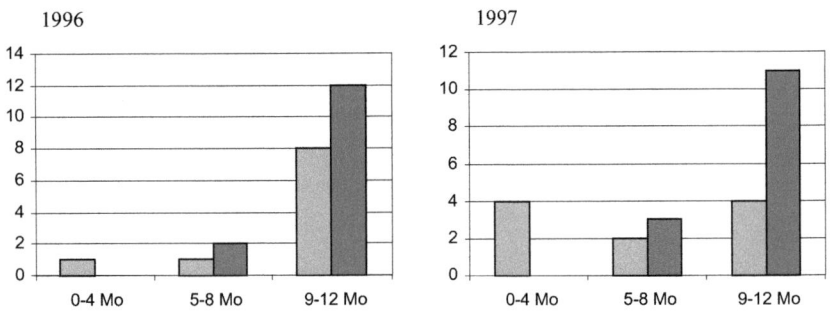

Abbildung 19: Verteilung der Reisversorgung in Monaten (Mo). Die Ordinate zeigt die Anzahl der Haushalte pro Kategorie. RT I/II RT III

Bis zur Dürre von 1997/98 war die Reisversorgung in Lempunah (über das Dorf gemittelt) gesichert (im Mittel für 1996-97: 95 *Beleq* pro Haushalt). Die Situation änderte sich dramatisch 1998, als die Ernte vollständig ausfiel. Reis musste bei ständig steigenden Preisen[265] gekauft werden. Zudem fehlte das Saatgut für das folgende Jahr. Schädlinge (hauptsächlich Heuschrecken, Mäuse und Ratten) min-

---

[265] Auf Grund des geringen Angebots, starker Nachfrage und der indonesischen Finanzkrise stieg der Reispreis im Laufe eines Jahres auf das Vierfache. Anfang 2000 war er noch immer fast dreimal so hoch wie vor der Krise.

derten die Erträge 1999 und 2000. Ähnliche Folgeerscheinungen nach Dürren und Waldbränden berichtete Mayer auch über die Trockenheit von 1982/83 (1989:32).

Ist die Ernte abgeschlossen, so gilt das Jahr als beendet[266]. Im Gegensatz zu den Kenyah (Colfer 1997:51) werden keine Erntedankfeste gefeiert. Allerdings wird die Zeit zwischen Abschluss der Ernte und Beginn des neuen Jahreszyklus gerne für religiöse Feiern, wie das *Guguq Tautn*, genutzt, welches Gebete und Riten im Hinblick auf ein erfolgreiches *neues* Jahr beinhaltet (vgl. FN 119).

Obwohl in Lempunah keine exakte Erfassung der Arbeitszeit erfolgte, so lassen sich entsprechende Schätzwerte (basierend auf den Aussagen mehrerer Informanten sowie auf eigenen Beobachtungen) mit anderen Dayakgruppen vergleichen[267].

	Benuaq	Kantu'	Iban	Kenyah
Standortwahl	1	1	keine Werte	keine Werte
Auslichten	6-8	8-9	12-14	1-30
Roden	2-14	4-12	10-34	1-40
Brennen	1-6	1-4	1	1-3
Aussaat	10-12	13-15	22	9-16
Jäten	0-40	0-49	29-48	0-82
Bewachen	2-10	1-4	keine Werte	keine Werte
Ernte	25-45	30-49	34-48	46-105
Transport	6-12	4-5	2-3	keine Werte
Hüttenbau	4-36	3-4	keine Werte	keine Werte
Summe:	**57-184**	**73-143**	**> 110-170**	**>50-165**

Tabelle 17: Geschätzte Anzahl an Arbeitstagen pro Hektar im Vergleich mit anderen Dayakgruppen (Kantu' vgl. Dove 1985a:377; Iban vgl. Freeman 1992:245; Kenyah vgl. Lahjie 1996:153-4). Der Arbeitsaufwand für Geräteherstellung ist nicht aufgeführt, da sich Daten hierfür nur bei Dove (ibid.) finden.

---

[266] In ähnlicher Weise betrachten auch die Kantu' das Jahr nach der Ernte als beendet und nennen das Reisfeld von *Umai* um zu *Memudai* (Dove 1985a:265).

[267] Der zeitliche Aufwand für die Bewachung des Feldes wurde von mir selbst eingeschätzt. Allerdings ist dieser Wert angesichts der Überlappung mehrerer Aktivitäten wie Herstellung von Werkzeugen, Jäten oder Ernte nur als ungefähres Maß zu nehmen.

3.2.4 Abschließende Bemerkungen

Die kausale Verflechtung der Aspekte, die in Lempunah für Entscheidungsprozesse im Schwendbau relevant sind, ist in Abbildung 20 wiedergegeben. Das Kausalnetz ergibt sich aus dem Übereinanderlegen individueller Entscheidungsrationalitäten; es bleibt somit offen für zukünftige Ergänzungen.

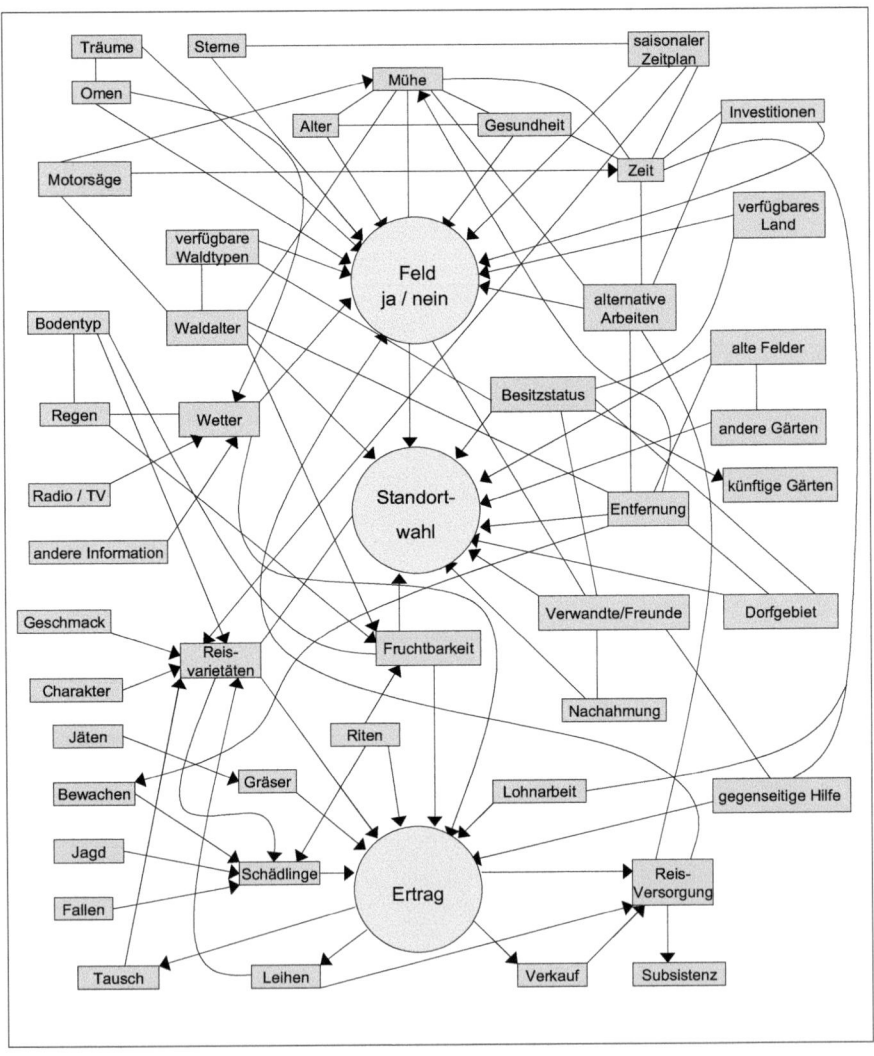

Abbildung 20: Wechselseitige Abhängigkeiten von Entscheidungsfaktoren im Schwendbau.

Jede der Verbindungslinien in Abbildung 20 stellt eine weiter oben beschriebene Kausalbeziehung dar. Pfeile stehen dabei für unilineare Beziehungen (überwiegend positive, teilweise negativ), einfache Linien stehen für nicht notwendiger Weise gerichtete Kausalbeziehungen.

Der wesentliche Zweck dieser Darstellungsweise liegt in der Visualisierung des komplexen Charakters dieser Entscheidungsprozesse. Jede einzelne Entscheidung erfordert ein individuelles (nicht immer bewusstes) Abwägen verschiedener Aspekte, das sich auf Grund seiner Quervernetzungen nicht als vereinfachtes Entscheidungsflussdiagramm darstellen lässt. Oft wirken zur gleichen Zeit einander widersprechende Kausalbeziehungen, die eine lineare Betrachtung ausschließen. Dennoch gibt es trotz der großen individuellen Variationsbreite auch übergeordnete Muster, die sich aus der Integration einzelner Fallstudien ableiten lassen. Diese Muster werden in späteren Kapiteln gesondert behandelt (vgl. 4.2.1).

Diese Art der Darstellung gibt keine Auskunft über Präferenzen[268], sondern dient im Wesentlichen dazu, die Dimension des Kausalraums aufzuzeigen, innerhalb dessen über den gegebenen Beobachtungszeitraum in Lempunah schwendbaurelevante Entscheidungen getroffen wurden. Dabei ist der Grad der Vernetzung nicht beliebig: Es ist nicht alles mit allem vernetzt. Die Verknüpfung der realisierten Verbindungen konstituiert einen 'Kausalraum', der den Rahmen für die integrierten Einzelfälle darstellt.

Methodologisch bietet dieser relativ vollständige Kausalraum einen idealen Startpunkt für weiterführende Fragestellungen, die den zunächst groben, im Laufe der 'progressive contextualization' (s. o.) gegebenenfalls sich feiner verästelnden Kausalketten folgen, ohne den Bezug zur kontextspezifischen Einbettung aus den Augen zu verlieren.

Sind beispielsweise Strategien zur Überwindung zeitlicher Einschränkungen beim Reisanbau von speziellem Interesse, so bieten die unmittelbar mit den Feldern 'Zeit' und 'Saisonaler Zeitplan' verbundenen Aspekte den Ausgangspunkt für weiterführende Untersuchungen. So würde die Analyse in diesem Fall ergeben, dass sich mit der Verwendung von Motorsägen, der Einstellung von Lohnarbeitern oder geschickter Sortenwahl auch bei starken zeitlichen Verzögerungen (z. B. auf Grund anderer Tätigkeiten oder gesundheitlicher Probleme) wieder Boden gutmachen ließe. Alternativ könnte jüngerer Brachewald gerodet werden, was weniger Arbeitsaufwand bedeutet, oder man könnte sich in gegenseitiger Nachbarschaftshilfe arrangieren.

---

[268] Dies könnte man durch ein Gewichten der Verbindungslinien erreichen, sofern es das Datenmaterial zulässt. In der vorliegenden Studie hätte eine solche Gewichtung lediglich Gutachterqualität, da es keine entsprechend quantifizierbaren Primärdaten gibt, wohingegen die Existenz der Kausalbeziehungen unmittelbar aus qualitativen und halb-quantitativen Daten abgeleitet ist.

Netzwerke wie in Abbildung 20 stellen somit grafische Zusammenfassungen kausaler Wechselbeziehungen dar. Sie sind nicht mit systemtheoretischen Flussdiagrammen zu vergleichen, die Flüsse einheitlicher Größen (z. B. Materie, Energie und Information) modellieren, da die Kausalnetze dieser Studie Beziehungen unterschiedlichster Art integrieren. Dazu gehören physikalische Abhängigkeiten wie zwischen Waldalter und Fruchtbarkeit ebenso wie kognitive Beziehungen zwischen Riten und Fruchtbarkeit.

Zwei Fallstudien aus meiner Gastfamilie sollen diesen Ansatz näher erläutern:

Fallstudie 1

Eine mäßige Reisernte führte 1995 dazu, dass viele Haushalte nur über geringe Reisvorräte verfügten. Somit entschloss sich die Mehrheit der Haushalte, einschließlich Bauer A, ein neues Reisfeld anzulegen. Landrechtskonflikte sowie gesundheitliche Probleme zweier Familienmitglieder hatten jedoch zu einer starken zeitlichen Verzögerung geführt, die Bauer A u. a. an der Sternenkonstellation erkannte. Diesen Rückstand holten A und seine Familie mit dem Einsatz von Motorsägen wieder auf, mit denen sie ein altes *Kerengkakng*-Waldstück in erheblich kürzerer Zeit roden konnten, als es mit der Axt möglich gewesen wäre. Die *Kerengkakng*-Brache war wegen ihrer als gut eingestuften Bodenfruchtbarkeit (erkenntlich am Gesamtzustand des Waldes) ausgewählt worden. Begünstigend kamen die relativ geringe Entfernung vom Dorf (ca. 1,5 Stunden) sowie der gesicherte Besitzstatus hinzu. Da das Waldgebiet A's Familie gehörte, konnte er die Schwendfläche zusätzlich mit Rattan, Gummi und mit Fruchtbäumen anreichern, um damit dauerhafte Waldgärten anzulegen. Tatsächlich führte die relativ gute Bodenfruchtbarkeit sowie der ausreichende Niederschlag zu einer guten Ernte, die die leeren Reisspeicher füllte. Schädlinge und Gräser beeinträchtigten die Ernte nur teilweise, da die Familie jätete und mit Fallen und Bewachung das Feld schützte.

Die Kausalbeziehungen dieser Fallstudie sind in Abbildung 21 mit dicken Linien markiert.

Fallstudie 2

Im Oktober 1997 deutete alles auf eine anhaltend lange Dürre hin. Es hatte seit Juni nicht mehr geregnet, und Nachrichten, dass der stark ausgeprägte El Niño bis ins Jahr 1998 hineinreichen würde, erreichten die Dorfbewohner über Radio und Fernsehen. Daher trafen die meisten Haushalte die Entscheidung, trotz knapper Reis-

146

vorräte kein Feld anzulegen, da man den Feldfrüchten keine Chancen einräumte. Auch Bauer A zögerte mit seinen Feldarbeiten fortzufahren. Andererseits hatte er bereits einiges für das Roden seines Standortes bezahlt, der in der Nähe einer weit entfernten (ca. 20 km Luftlinie) Transmigrationssiedlung lag. Dort hatte A bereits im Vorjahr gemeinsam mit Verwandten und Freunden Reis angebaut.

Obwohl das Feld schwer erreichbar war, galt die Wahl als gut, versprach doch der alte *Bengkar*-Wald gute Erträge.

Anfang November schließlich besuchte A sein Feld ein letztes Mal, um ein paar Gerätschaften mit ins Dorf zurück zu bringen. Er hatte für sich bereits die Entscheidung getroffen, das Feld brachliegen zu lassen, als er sich an das bereits investierte Geld erinnerte. Und so beschloss er am Ende doch Reis auszusäen, in der Hoffnung, wenigstens Saatgut für das kommende Jahr ernten zu können. Die Dürre aber hielt an, und A sowie die wenigen anderen Bauern, die ihr Glück versucht hatten, erlitten eine komplette Missernte.

Die Kausalbeziehungen dieser Fallstudie sind in Abbildung 22 mit dicken Linien markiert.

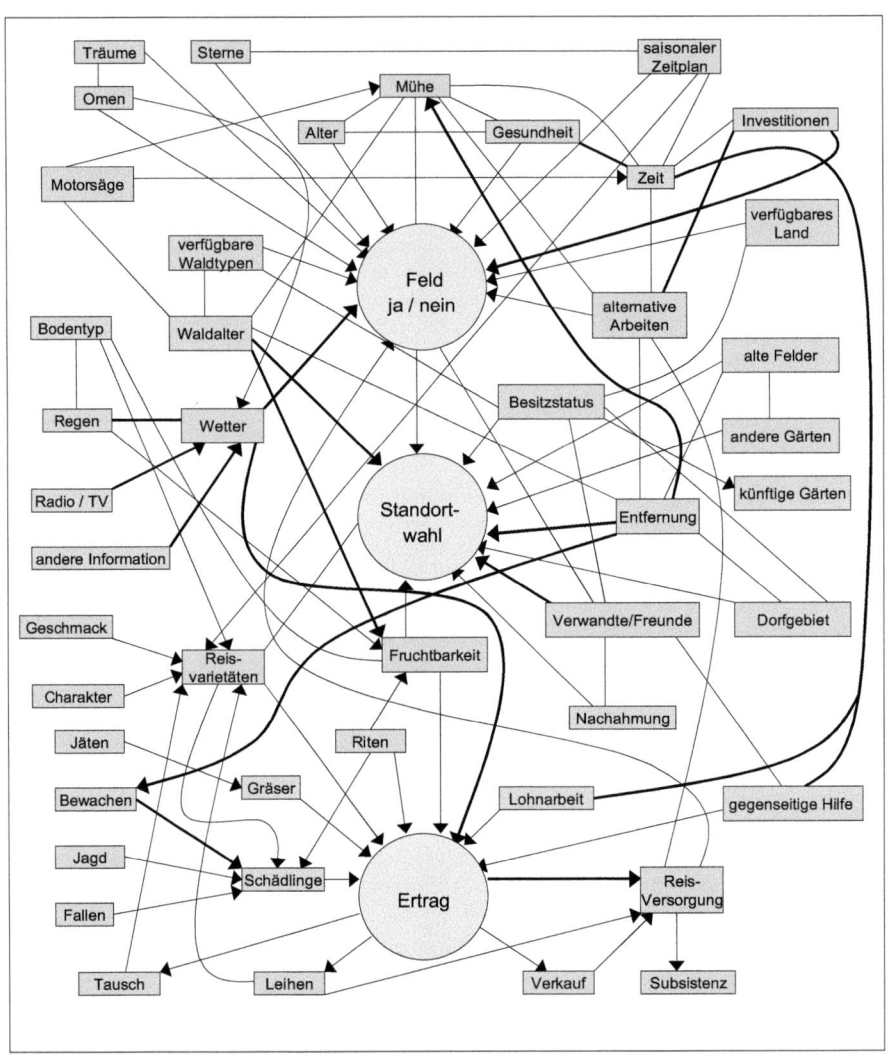

Abbildung 21: Für Fallstudie 1 relevante Kausalketten sind dick eingetragen.

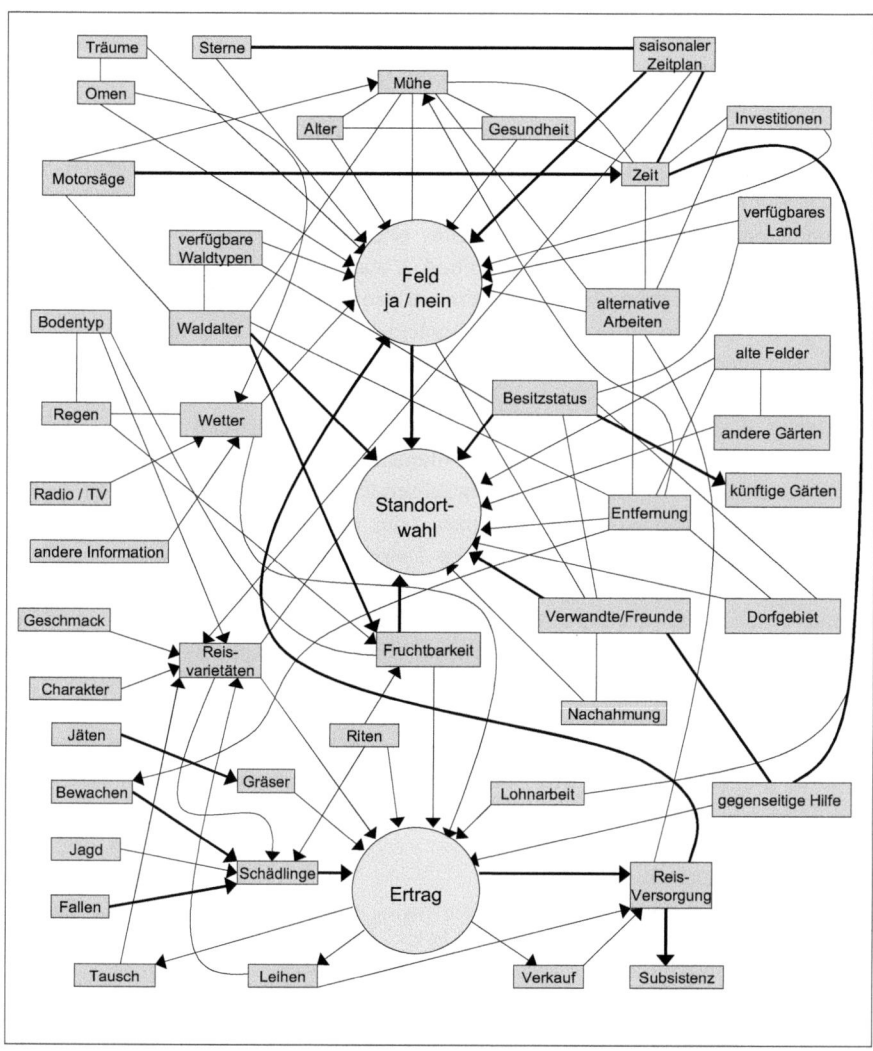

Abbildung 22: Für Fallstudie 2 relevante Kausalketten sind dick eingetragen.

3.3 *Simpukng*-Waldgärten

Simpukng- oder *Lembo*- (ind.) Waldgärten der Dayak Benuaq sind ein traditioneller und wichtiger Bestandteil ihrer Ressourcennutzung (vgl. Sardjono 1990). Die durchschnittliche Größe dieser Waldgärten beträgt in Lempunah 0,1 ha (n=26)[269]. Sie bestehen aus wildwachsenden, halbkultivierten und angepflanzten Nutzbaumarten (ibid., z. B. Fruchtbäume oder *Tanyut* [*Luatn*] 'Honigbäume'[270]). Andere in *Simpukng* vorkommende Pflanzen (z. B. Heilkräuter oder Ritualpflanzen) sowie jagdbare Tiere werden ebenfalls genutzt (vgl. ibid.:47), auch wenn sich dieser Nutzen nicht speziell auf *Simpukng* beschränkt sondern auf den gesamten Wald erstreckt.

Simpukng können auf zwei Arten angelegt werden: (1) Fruchtbäume, die auf einem Schwend- oder Brachefeld angepflanzt wurden, können sich im Laufe der Zeit zu einem *Simpukng* entwickeln[271] (vgl. auch Sardjono 1990:43), oder aber (2) ein kleines Waldstück kann zum *Simpukng* erklärt werden, wenn man darin wilde Frucht- oder *Tanyut*-Bäume findet, die niemandem gehören[272]. Außer neu angepflanzten Bäumen werden auch wildwachsende Arten gezielt unterstützt (z. B. durch Entfernen von Konkurrenzpflanzen oder das Ringeln von um Licht konkurrierenden Bäumen[273]). Da die meisten *Simpukng* auf die erste Weise angelegt werden, stellen heutige Waldgärten die Spuren ehemaliger Schwendfelder dar. Hieraus ergeben sich wichtige Schlussfolgerungen über die räumliche und zeitliche Veränderung der genutzten Waldlandschaft rings um Lempunah. Diese Prozesse werden jedoch in einem späteren Kapitel ausführlich diskutiert (vgl. 4.2.2)[274].

Die meisten Familien in Lempunah besitzen zwischen 1 und 30 *Simpukng*. Das Ergebniss einer kognitiven Waldgartenkartierung deutet darauf hin, dass es im 9.200 ha großen Dorfgebiet etwa 600-700 aktuelle *Simpukng* gibt, was ca. 0,7 %

---

[269] Im etwa 70 km von Lempunah entfernten Barong Tongkok (Dayak Benuaq und Tonyoi/ Tunjung) beträgt die durchschnittliche Größe 0,1 ha bis 2 ha (Sardjono 1990:65).

[270] Mehrere hochwachsende Baumarten (z. B. *Koompassia excelsa*) werden von verschiedenen Bienenarten als Nestbäume genutzt (vgl. 3.3). Diese Bäume befinden sich in Privatbesitz mit ausschließlichem Nutzungsrecht des Besitzers.

[271] Nicht jedes Schwendfeld wird mit Fruchtbäumen bepflanzt. Diese Anreicherung hängt in der Regel von der Verfügbarkeit an Samen oder Setzlingen sowie vom Besitzstatus des Feldes ab (vgl. 2.2.6).

[272] D. h. dies ist nur in frei verfügbarem *Bengkar*-Wald möglich.

[273] Durch das Ringeln wird das Phloem (Leitbahnen) durchtrennt, so dass die Bäume nach einiger Zeit ihre Blätter verlieren.

[274] Eine ähnlich mosaikartige Landschaft wird von Pinedo-Vasquez und Padoch (1996:335) aus dem Unterbezirk Balai in West-Kalimantan berichtet. Auch dort zeugen heutige *Mawa'n*-Waldgärten von ehemaligen Schwendflächen, da sich diese Gärten aus Fruchtgärten rings um ehemalige, oft nur vorübergehende Siedlungen entwickelten.

der gesamten Fläche entspricht[275]. Die räumliche Verteilung der *Simpukng* ist in Karte 8 (Anhang) dargestellt.

Simpukng befinden sich gewöhnlich in individuellem Privatbesitz und werden von Eltern auf ihre Kinder vererbt[276]. Soll ein *Simpukng* verkauft werden, so muss der Erbe oder die Erbin diesen Fall mit den übrigen erbberechtigten Familienmitgliedern besprechen. In mehreren Fällen der letzten Jahre wurde diese *Adat*-Regel nicht beachtet, was zu teilweise schweren dorf- und familieninternen Konflikten führte[277].

Im Gegensatz zu anderen Gebieten (Sardjono 1990:44) gibt es in Lempunah keine Gemeinschafts-*Simpukng*[278].

Genutzt werden *Simpukng* überwiegend während der Mastjahre der Fruchtbäume. In diesen Zeiten darf sich jeder an den Früchten bedienen, solange dies ausschließlich den persönlichen Bedarf deckt; die kommerzielle Nutzung der Erträge fremder Gärten ist hingegen untersagt. Während dieser Phasen werden die Waldgärten auch gepflegt. Der Unterwuchs wird ausgelichtet und Lianen und andere Kletterpflanzen werden geschnitten, um die erwünschten Bäume zu unterstützen und das Sammeln der Früchte zu erleichtern. Ähnliche Pflegemaßnahmen werden von Pinedo-Vasquez und Padoch (1996:335) für *Mawa'n* Waldgärten in West-Kalimantan berichtet. Auch hier fallen die Jätarbeiten in Duriangärten (*Durio zibethinus*) mit der Fruchternte zusammen[279].

Die meiste Zeit des Jahres über werden *Simpukng* (wie auch *Mawa'n*) ihrer eigenen Dynamik überlassen. Dieser begrenzte Arbeitseinsatz führt dazu, dass diese Waldgärten in ihrer räumlichen Struktur weitgehend der natürlichen Sukzession der sie umgebenden Waldflächen ähneln.

---

[275] Betrachtet man nur den dorfnahen Wald, so liegt der Flächenanteil unter Waldgartennutzung in einer ähnlichen Größenordnung wie in einer Fallstudie aus West-Kalimantan, wo 4 % des Waldes (von 1.800 ha, d. h. ein Umkreis von 3,3 km um das Dorf) auf ähnliche Weise genutzt wurden (Lawrence 1997:Abbildung 2).

[276] Bei der Vererbung von *Simpukng* müssen alle Gärten gleich auf die Kinder verteilt werden. Im Fall von Scheidungen werden die Gärten aus der ersten Ehe unter den Kindern derselben, und jene aus der zweiten unter den Kindern der zweiten Ehe aufgeteilt.

[277] Offenbar wurden *Simpukng* früher nur sehr selten veräußert.

[278] Ein ehemaliger gemeinschaftlich bewirtschafteter Langhaus-*Simpukng* brannte vor vielen Jahren ab.

[279] *Mawa'n*, die überwiegend aus wirtschaftlich bedeutsamen *Illipe*-Nüssen bestehen, werden durch kontrollierte Brände von konkurrierenden Pflanzen gesäubert.

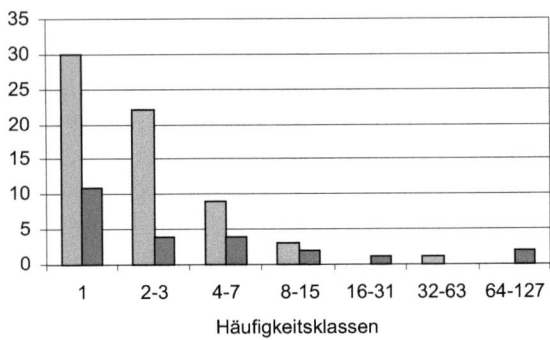

n

Abbildung 23: Häufigkeitsverteilung gepflanzter (dunkel) und wild wachsender (grau) Baumarten (DBH > 10 cm) in 4 *Simpukng* (= 1 ha).

Sieht man einmal von den beiden häufigsten gepflanzten Arten, Gummi (*Hevea brasiliensis*) und *Kelapapa* (*Vitex pinnata*)[280] ab, so unterscheidet sich die Häufigkeitsverteilung der gepflanzten Arten nicht wesentlich von der der wild wachsenden. Die meisten Arten sind selten und kommen nur ein oder zweimal in der gesamten Untersuchungsfläche von einem Hektar vor. Dies spiegelt die natürliche Konkurrenzsituation wider, die nur gelegentlich durch eingreifende Pflegemaßnahmen zugunsten erwünschter (d. h. nicht nur angepflanzter) Arten verschoben wird.

Die Anzahl der Baumexemplare und der Arten ist in Tabelle 18 zusammengefasst:

---

[280] In *Simpukng* A, B und C dominieren Gummibäume (*Hevea brasiliensis*: A: 33 % aller gepflanzter Bäume, B: 71 % und C: 39 %), während *Kelapapa* (*Vitex pinnata*) auf Fläche D in Monokultur angepflanzt wurde (99 %). Trotz der Dominanz der Gummibäume werden diese Gärten lokal als *Simpukng* bezeichnet, da ein Gummigarten, ein *Kebotn Getah*, ausschließlich Gummibäume als gepflanzte Art enthalten würde. Die Einbeziehung von Gummibäumen ist auch von den *Mawa'n*-Waldgärten in West-Kalimantan bekannt (Pinedo-Vasquez & Padoch 1996:336). Generell handelt es sich auf Borneo bei reinen Gummigärten um eine neue Entwicklung der letzten Jahrzehnte, während gemischte Waldgärten wie *Simpukng* oder *Mawa'n* eine erheblich ältere Kulturform darstellen.

	Fläche A	Fläche B	Fläche C	Fläche D
Alter	40 J	10 J	50 J	15 J
gepflanzte Bäume				
DBH >10 cm	40	64	83	91
DBH > 5 cm	45	122	128	154
wild wachsende Bäume				
DBH >10 cm	136	24	17	18
DBH > 5 cm	> 198	116	47	29
gepflanzte Arten				
DBH >10 cm	4	4	17	1
DBH > 5 cm	9	11	20	2
wild wachsende Arten				
DBH >10 cm	37	12	10	9
DBH > 5 cm	> 51	18	23	14

Tabelle 18: Vergleich von vier Probeflächen (je 250 m^2). In Fläche A wurden nur Arten innerhalb des *Simpukng* mit einem DBH > 5 cm erfasst; Arten mit DBH > 10 cm wurden hingegen auf der ganzen Fläche A erfasst.

Auf den ersten Blick unterscheidet sich ein *Simpukng*-Waldgarten mit seinen fließenden Übergängen und unscharfen Konturen nicht wesentlich vom übrigen Wald. Er bildet lediglich eine wenig bestimmte, jedoch in ihrem Artenspektrum manipulierte Insel inmitten des Brachewalds.

Die räumliche Verteilung gepflanzter und wild wachsender Baumarten (DBH > 10 cm) ist für alle vier Flächen in Abbildung 24 dargestellt:

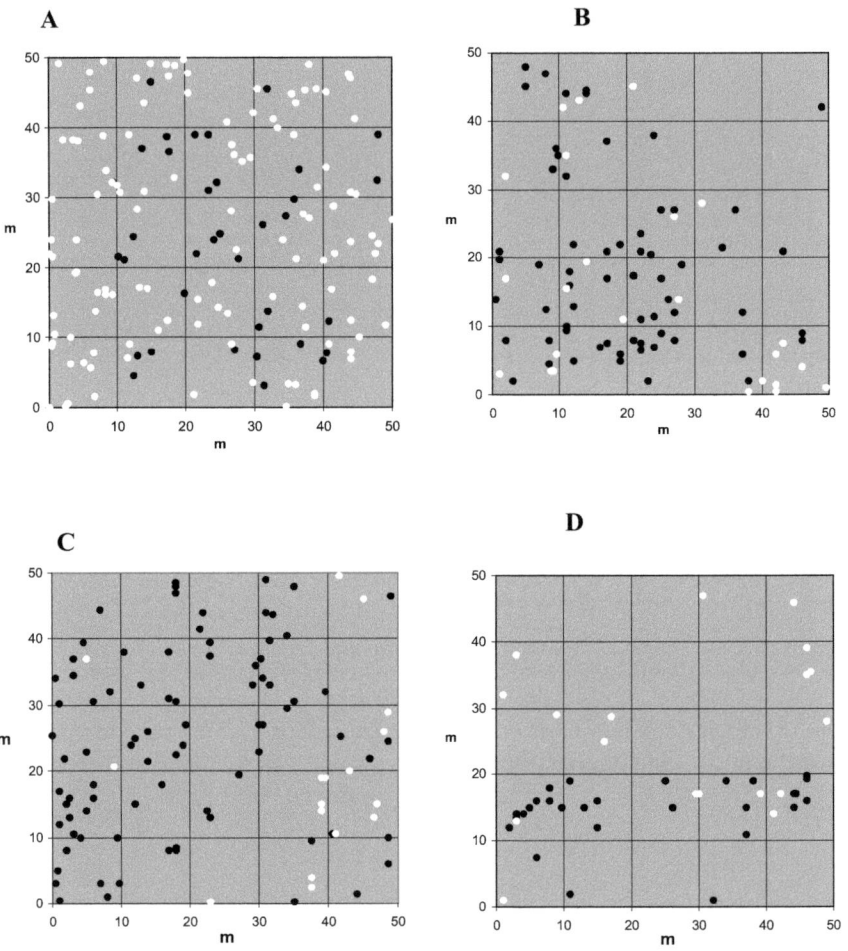

Abbildung 24: Verteilung gepflanzter (schwarz) und wild wachsender (weiß) Bäume (DBH > 10 cm) in 4 Untersuchungsflächen unterschiedlichen Alters: 40 Jahre (A), 10 Jahre (B), 50 Jahre (C, vor zehn Jahren mit Gummi angereichert) und 15 Jahre (D, ausschließlich *Vitex pinnata*)[281]. <u>Bemerkung</u>: Krautige Pflanzen und Sämlinge sind nicht abgebildet.

---

[281] Die Daten für die Flächen B, C und D wurden von Basuki und Sunaryo erhoben (Basuki 1999).

Von den mehr als vierhundert lokal unterschiedenen Pflanzenarten (76 Pflanzenfamilien), die aus den Wäldern um Lempunah genutzt werden, finden sich mindestens 163 Arten (34 Familien) in *Simpukng*[282]. Diese Zahl ist vergleichbar mit den mehr als hundert Fruchtbaumarten, die Pinedo-Vasquez und Padoch (1996:337) für *Mawa'n*-Waldgärten in West-Kalimantan angeben, sowie mit Sardjonos Daten aus Barong Tongkok mit 127 Holzpflanzen (35 Familien), von denen 55 % wild wachsen, 23 % als halbkultiviert bezeichnet werden und die verbleibenden 22 % angepflanzt werden (Sardjono 1990:67).

Obwohl die meisten dieser Pflanzen einen Nutzwert besitzen, ist eine große Diversität nicht der eigentliche Zweck eines *Simpukng* sondern vielmehr das Resultat geringen Arbeitsaufwands verbunden mit natürlicher Sukzession. Tatsächlich bestehen manche *Simpukng* (s. Fläche D) lediglich aus einigen wenigen kultivierten Arten, die zusätzlich gepflanzt und der Sukzession der Brachefläche überlassen werden. Doch gerade durch die Beschränkung des Arbeitsaufwands auf die anfängliche Pflanzphase (sowie gelegentliche spätere Pflege) haben die Benuaq (und andere Dayakgruppen) ein hocheffizientes Anbausystem entwickelt, bei dem mit Hilfe der Nutzung natürlicher Wachstumsdynamik erwünschte Ressourcen vermehrt werden. Zwar könnten eventuell zusätzliche Pflegemaßnahmen den Ertrag pro *Simpukng* steigern, doch bislang gibt es keine Notwendigkeit für eine Intensivierung dieses Anbauverfahrens, da die Anzahl an diesen 'low-labour-input'-Gärten groß genug ist, um den lokalen Bedarf an Früchten und anderen Waldprodukten zu decken.

Simpukng sind integrale Bestandteile des Waldes, und solange es das Nutzungsrecht erlaubt[283], macht es keinen Sinn zwischen Ressourcen, die in *Simpukng* vorkommen und jenen, die außerhalb wachsen, zu unterscheiden. Da die in *Simpukng* gefundenen wild wachsenden Pflanzenarten auch in anderen Bereichen des Waldes wachsen, wird ein Bauer, der eine spezielle Art sucht, nicht unbedingt einen *Simpukng* aufsuchen, wenn die Pflanze in einem nahen Brachewald vorkommt. In stärker umgewandelten Waldgebieten wie auf Sumatra (Michon et al. 1986:246-9)

---

[282] Die Daten stammen aus den vier Untersuchungsflächen (mindestens 25 gepflanzte und 75 wild wachsende Baumarten mit DBH > 5 cm, 8 Rattanarten und 1 Bambusart) sowie aus Befragungen.

[283] Nach dem traditionellen *Adat*-Recht gehören Brachflächen einschließlich der darauf errichteten *Simpukng* der Person, die das entsprechende Waldstück als erste gerodet (und im Fall eines *Simpukng* mit Fruchtbäumen angereichert) hat, bzw. deren Erben. Daher gibt es im Grunde genommen keinen *Adat*-rechtlichen Unterschied zwischen einem *Simpukng* und der umgebenden Brachefläche. Ein solcher Unterschied kann jedoch im Laufe der Zeit entstehen, wenn die Brachefläche an andere Personen verliehen wird, und später Nutzungsrechte von beiden Seiten eingefordert werden. In der Praxis der vergangenen Jahre zeigte sich jedoch, dass der Besitz von Waldgärten eher extern (vom Staat und von Unternehmen) anerkannt wird als der von Brachflächen. So wurden im Konflikt zwischen den Benuaq-Dörfern und dem Ölpalmunternehmen lediglich für in Waldgärten kultivierte Pflanzen Schadensersatz bezahlt, nicht aber für etwaige Schwendbrachen.

oder in West-Kalimantan (Pinedo-Vasquez & Padoch 1996:334) ist die Situation hingegen anders, da hier Waldgärten zahlreiche Funktionen (z. B. Versorgung mit Baumaterial, Medizinalpflanzen, jagdbare Tiere) übernehmen müssen, die in Lempunah durch den umgebenden Wald abgedeckt werden. Schreitet jedoch die Waldumwandlung im Unterbezirk Jempang ähnlich voran, wie es sich in den vergangenen Jahren abzeichnete, so wird auch die Bedeutung der *Simpukng* als generelle Ressourcenquelle in Lempunah zunehmen.

Im Gegensatz zu den marktorientierten Waldgärten, die Salafsky in West-Kalimantan untersuchte (Salafsky 1994), besteht der wesentliche Zweck eines *Simpukng* in Lempunah darin, Früchte oder Honig für den Eigenbedarf zu liefern. Lediglich in Mastjahren werden auch Durian und Mango verkauft[284].

In Lempunah werden fünf der achtzehn auf Borneo vorkommenden Durianarten (*Durio* spp.) kultiviert, die ebenso wie die achtzehn lokal unterschiedenen *Mangifera*-Varietäten (einschließlich acht der sechzehn Mangoarten Borneos) zu den regional am höchsten wertgeschätzten Fruchtbäumen gehören.

Mindestens zehn hochwachsende Baumarten gelten als *Tanyut* [*Luatn*] oder 'Honigbäume': *Aput* (*Dipterocarpus* sp.), *Bilaas* (*Ficus albifila*), *Butakng Metapm* (*Shorea* sp.), *Lomuuq* (*Canarium decumanum*), *Lutukng* (*Alstonia* sp.), *Marlangat* (*Anisoptera* sp.), *Merjaakng* (*Sindora* sp.), *Puti* (*Koompassia excelsa*), *Tae* (*Canarium* sp.) und *Tempudau* (*Dipterocarpus* sp.). Zusätzlich sind für Bienen (hauptsächlich *Apis dorsata*[285] vgl. Lahjie & Seibert 1990:153, Koeniger et al. 1998:24) die Blüten von Reis (*Oryza sativa*), Mais (*Zea mays*) sowie mindestens zwölf weiteren Pflanzenarten von Bedeutung. Sechs dieser weiteren Arten werden für 'Berghonig' – *Waniiq Saikng* benötigt (*Lempukng Akas* – *Shorea* sp., *Nagaaq* – *Schima wallachii*, *Ngoiiq* – *Dryobalanops* sp., *Pengeraya* – *Spatholobus percicinus*, und *Puti* – *Koompassia excelsa*), sechs Arten geben den Pollen für 'Sumpfhonig' – *Waniiq Lerap* (*Jelomaaq* – *Eugenia* sp., *Juaaq* – *Daemonorops halleriana*, *Kedemaaq* – *Adina minutiflora*, *Prupuq* – *Barringtonia* sp., und *Putat* – *Barringtonia* sp.). Lediglich eine Art – *Koompassia excelsa* – bietet den Bienen sowohl geeignete Blüten als auch den idealen Aufhängeplatz für Waben. *Koompassia excelsa* gilt als wichtigster und am meisten verehrter *Tanyut*-Baum, der bis zu 84 m hoch werden kann (MacKinnon et al. 1996:179). Rituell ist der Baum das Pendant zum *Teluyatn* Eisenholzbaum (*Eusideroxylon zwageri*). Einem Mythos nach stammt er von einem menschlichen Herzen ab.

---

[284] Zwischen Januar 1996 und März 2000 gab es keine Mastjahre in Lempunah. Somit verfüge ich über keine guten Daten hinsichtlich des marktwirtschaftlichen Potentials der Früchte. Allerdings wurde dieses von meinen Informanten als eher gering eingestuft.

[285] Zwei weitere Arten (darunter eine stachellose) sind lokal bekannt aber nicht identifiziert.

Puti (Koompassia excelsa).

Die Honigernte hängt saisonal von den Blütezeiten der oben erwähnten Pflanzenarten ab. Zum Besteigen der hohen *Tanyut*-Bäume können harte Pflöcke (ca. 3 cm stark und 25-30 cm lang, vgl. Lahjie & Seibert 1990:155) aus Eisenholz (*Eusideroxylon zwageri*) oder aus Bambus in den Stamm getrieben werden. Diese Pflöcke werden nach einiger Zeit vom Baum überwachsen, bis sie schließlich eine Art Leiter bilden. Alternativ kann der *Tanyut*-Baum von einem niedrigeren Nachbarbaum aus bestiegen werden. Dazu schleudert man eine dünne Nylonschnur (*Tali Jau*), deren Ende mit einem Stein oder einem Stück Holz beschwert ist (*Bontakng*), über einen Ast des großen Baumes. Am Ende der Nylonschnur ist ein dünner Rattanstrick (*Luyatn*) befestigt, an dem wiederum eine Rattanleiter (*Kerapai*) hängt, mit deren Hilfe der *Tanyut*-Baum nun bestiegen werden kann. Die Bienen werden mit raucherzeugenden Fackeln vertrieben, und der Honig wird in Körben zu Boden gelassen (oft mit Hilfe eines hölzernen Gegengewichts, vgl. Lahjie & Seibert 1990:156), wo er ausgepresst und in Plastikkanister umgefüllt wird.

Alte *Tanyut*-Bäume können bis zu sechzig Waben[286] tragen, von denen jede 5-25 Liter Honig beinhaltet. Der herb schmeckende Honig wird zum Eigenbedarf verwendet (z. B. zum Süßen von Backwaren) oder lokal verkauft. Die Preise bewegten sich dabei zwischen 5.000 Rp (1996/97) und 10.000 bis 15.000 Rp (1998/99) pro Liter. Veranschlagt man eine durchschnittliche Jahresproduktion von 200 Liter[287],

---

[286] Tingek in Koeniger et al. (1998:29) schreibt von 50-100 Waben pro Baum, Lahjie & Seibert (1990:155) sprechen von 50 Waben.

[287] Lahjie & Seibert berichten von 50 bis 300 l/a (ibid.).

so kann ein einzelner alter *Tanyut*-Baum jährlich mehrere Millionen Rupiah an Einkommen erbringen. Das Besteigen der *Tanyut*-Bäume ist allerdings nicht ohne Gefahr, und die Honigernte wird gelegentlich mit dem Risiko gebärender Frauen verglichen[288].

Ein weiteres süßes *Simpukng*-Produkt ist *Gula Meaq* – roter Palmzucker, der aus der *Tuak* (ind. *Aren*) Palme (*Arenga pinnata*) gewonnen wird. Dieser Baum muss nicht gepflanzt werden, da die Samen mit dem Kot von Zibetkatzen (*Viverridae*) auf Waldlichtungen und Bracheflächen verteilt werden. Durch Anzapfen des Blütenstandschafts lässt sich ein saccharosehaltiger Saft gewinnen. Um den Saftfluss zu erhöhen, wird der Blütenstand abwechselnd zwei Wochen lang geschwungen und geschlagen[289]. Die Abfolge von Schwingen und Schlagen ist dabei individuell verschieden (z. B. drei Tage Schwingen – *Ngupi Kami Tuak* – 'Schütteln der Hände der *Tuak*-Palme', ein Tag sanftes Schlagen des Fruchtstandes mit einem hölzernen Hammer – *Ngentur*). Dann wird der Schaft zweimal am Tag mit einem scharfen Messer angeschnitten (*Ngetus*), und der Saft wird in einem Bambusrohr gesammelt und anschließend über Feuer verdampft. Sobald der Zucker eine dunkelrote Farbe annimmt, wird er in die konischen Mulden eines Auffangholzes gegossen, in denen er sich verfestigt. Zum weiteren Transport und Verkauf wird er als Kegel (ca. 0,5-1 kg) in Palmblätter gewickelt.

Ein einzelner Baum liefert pro Tag 25-40 Liter[290] (als Maßeinheit verwenden die Benuaq ein *Bane* – ein Bambusinternodium von ca. zwei Liter Fassungsvermögen), die bis zu fünf Kilogramm Zucker ergeben[291]. Palmzucker wird zum Süßen von Reiskuchen (v. a. während größerer Rituale wie *Kwangkai* oder *Guguq Tautn*, aber auch für gewöhnliche Süßspeisen), *Keloq*-Reis oder für Snacks (z. B. zu frittiertem Maniok) verwendet. Lokal wird roter Palmzucker zu Preisen zwischen 1.000 Rp (1996) und 4.000 Rp (1999/2000) pro Doppelkegel (1-2 kg) gehandelt.

Zudem wird der Palmsaft als erfrischendes Getränk geschätzt, wobei dieser in Lempunah jedoch nicht (im Gegensatz zu anderen Gebieten auf Borneo) zu Palmwein fermentiert wird.

---

[288] Stürzt ein Sammler, der dem Besitzer des Baumes bei der Ernte hilft zu, Tode, so geht der Besitz des Baumes nach dem *Adat*-Recht auf die Familie des Verunglückten über.

[289] Es gibt offenbar große regionale Unterschiede. Nach Smits (in Flach & Rumawas (eds.) 1996:57) variiert die Bearbeitungszeit mit Schwingen und Schlagen zwischen einigen Tagen und mehreren Wochen.

[290] Smits (ibid.) nennt 60 l/d für große Palmen. In Gebieten, die sich auf Palmzuckerproduktion spezialisiert haben (z. B. Nord-Sulawesi), lassen sich jährliche Erträge von bis zu 25 t/ha ableiten (ibid.).

[291] Der Saft enthält 5-21 % Zucker (ibid.:55).

Gemischte Waldgärten gibt es auf ganz Borneo (Ost-Kalimantan: Sardjono 1990, Lahjie 1996; West-Kalimantan: Salafsky 1993, 1994, Lawrence et al. 1995, Momberg 1993, Padoch & Pinedo-Vasquez 1996, Peluso & Padoch 1996, Pinedo-Vasquez & Padoch 1996; Sarawak: Harrison 1962) sowie auch in anderen Bereichen der Tropen (West-Sumatra: Michon & Mary 1990; Michon et al. 1986; Zentral-Sumatra: Werner 1997; West-Java: Christanty et al. 1986; Peru: Boster 1983). Ihr ökonomischer Wert hängt dabei unter anderem von der Einbindung in die regionalen Märkte ab. So reicht das wirtschaftliche Bedeutungsspektrum von reiner Subsistenz (die meiste Zeit über in Lempunah) bis hin zu Cash-Crop ähnlichen Anbauverhältnissen (einige Waldgärten in West-Kalimantan, vgl. Salafsky 1994). Die meisten dieser Gärten gehen dabei auf ehemalige Fruchtgärten in der unmittelbaren Nähe zu früheren Siedlungen oder Feldhütten zurück (z. B. Pinedo-Vasquez & Padoch 1996:335), obwohl sich Waldgärten durchaus auch in größerer Entfernung von Siedlungen etablieren können (vgl. diese Studie). In vielen Fällen aber findet man einen kontinuierlichen Übergang von Hausgärten zu Waldgärten, was auch von Salafsky betont wird, der beide Gartenformen entlang eines Gradienten betrachtet (1994b:264), während Sardjono (undatiert:122) abhängig von der Lage des Gartens zwischen Haus- und Waldgarten[292] differenziert.

Auf Grund ihrer Entstehungsgeschichte sind Waldgärten wie die *Simpukng* Lempunahs oder die *Mawa'n* in West-Kalimantan oft über große Gebiete hinweg verstreut, wobei sie zu einer mosaikartigen Landschaftsstruktur beitragen, die die Spuren früherer Siedlungen und Felder in sich trägt (vgl. 4.2.2).

---

[292] Hausgärten, die vor allem auf Java gut untersucht sind (Abdoellah 1990, Christanty 1990, Soemarwoto 1985a, 1985b), sind in Lempunah von geringer Bedeutung. Auf Grund der alljährlichen Überschwemmungen bauen nur wenige Menschen Pflanzen um ihre Häuser herum an. Darüber hinaus ist der dorfnahe Wald (näher als ein Kilometer) weitgehend in dauerhafte Waldgartenkulturen umgewandelt, so dass auch hier keine Möglichkeit zum Anbau von Gemüse besteht. Dennoch haben sich eventuell einige *Simpukng* historisch aus Hausgärten entwickelt, wie es Salafsky für Waldgärten in West-Kalimantan vermutet (1994:265). Hausgärten in Lempunah befanden sich rings um alte Langhausstandorte sowie um Feldhütten. Wo letztere mehrere Jahre hintereinander benutzt wurden, etablierten sich teilweise große *Simpukng*. Diese verblieben schließlich im nachwachsenden Wald, während neue Hausgärten an anderen, neu gerodeten Stellen angelegt wurden.

3.4 Rattangärten

3.4.1 Rattananbau in Lempunah

Die langen, rohrartigen Stämme der Rattanpalmen[293] gehören zu den wichtigsten Nicht-Holz-Waldprodukten Borneos (vgl. Godoy 1990:164, Weinstock 1983b:59-60, Peluso 1992:115-6, Weidelt 1990:26). Bereits vor achthundert Jahren wurde Rattan zwischen Borneo und China gehandelt[294] (Weidelt 1990:26). Dieser Handel dehnte sich Mitte des neunzehnten Jahrhunderts auf eine größere internationale Ebene aus (Dransfield & Manokaran 1994:16). Als Einkommensquelle lokaler Bauern in Ost-Kalimantan erlangte Rattan vor allem während der 1970er und 1980er Jahre Bedeutung, als eine starke Nachfrage auf dem Weltmarkt auch in den Dayakdörfern für gute Preise sorgte (Peluso 1992:119-123, Godoy & Feaw 1991, Safran & Godoy 1993:294)[295]. In der Folge führten jedoch Auswirkungen politischer Handelsrestriktionen sowie regionalwirtschaftliche Probleme zu einem teilweise dramatischen Verfall der Rattanpreise (vgl. Haury & Saragih 1997), die sich erst 1998 nach dem Erlass neuer Exportregulierungen und unter Einfluss einer parallel verlaufenden Rupiahschwäche langsam wieder zu erholen begannen.

In Lempunah werden zwei der 28 lokal genutzten Rattansorten häufig, weitere vier gelegentlich angebaut[296].

---

[293] Rattane sind stachelige Kletterpalmen der Tropen und Subtropen der Alten Welt. Die 13 bekannten Gattungen (mit etwa 600 Arten) gehören zur Abteilung *Calameae* der Unterfamilie *Calamoideae* in der Familie der *Palmae* (Dransfield & Manokaran 1994:13-15,24-25).

[294] Nach Hall (1985, zitiert in Peluso 1992:115) wurden NTFPs wie Harze, Kampher, essbare Vogelnester, sowie aromatische Hölzer (z. B. Aloe) mindestens seit dem zweiten oder dritten Jahrhundert unserer Zeitrechnung im Inneren Borneos gesammelt und von dort aus gehandelt.

[295] Ende der 1980er betrug das gemeinsame Exportvolumen Indonesiens, Malaysias, Thailands sowie der Philippinen 400 Millionen US $ (Dransfield & Manokaran 1994:17).

[296] In Lempunah wird *Calamus trachycoleus* nur selten gepflanzt. Es hat ähnliche Eigenschaften wie *Calamus caesius*, wächst jedoch verzweigter (Shim & Tan 1994:76). 1996 wurde *Calamus trachycoleus* nur innerhalb des Unterbezirks gehandelt. *Calamus manan*, eine solitär (d. h. nur mit einem Strang) wachsende Art, wird ebenfalls gelegentlich angebaut. *Si'it* und *Ue Merangui* werden gemeinsam mit *Sokaq* (*Calamus caesius*) gepflanzt, als dessen Unterart sie lokal auch betrachtet werden.

Benuaq	Indonesisch	Botanische Bezeichnung	kultiviert
Sokaq	Sega	*Calamus caesius*	häufig
Jepukng	Pulut Merah	*Daemonorops crinita*	häufig
Jehap	Jahab, Irit	*Calamus trachycoleus*	gelegentlich
Ngono	Manau	*Calamus manan*	gelegentlich
Si'it	Sega c.f.	*Calamus* c.f. *balingensis* oder *Daemonorops grandis*	gelegentlich
Ue Merangui	Sega c.f.	nicht identifiziert	gelegentlich

Tabelle 19: In Lempunah kultivierte Rattansorten.

Während viele wild wachsende Rattanarten aus dem Wald gesammelt werden, wird *Sokaq* (ind. *Rotan Sega – Calamus caesius*) seit mehr als zweihundert Jahren in speziellen Waldgärten kultiviert (Fried 1995:93). Die bedeutendsten Rattangärten Ost-Kalimantans befinden sich dabei in den Verwaltungsbezirken Pasir und Kutai (Bentian Besar, Damai, und Jempang), während sich die Gärten Zentral-Kalimantans in der Gegend um Sampit sowie im Baritobecken befinden[297].

Die meisten Familien in Lempunah besitzen mehrere (1-20) Rattangärten, die überwiegend aus *Sokaq* oder *Jepukng*[298] bestehen und durchschnittlich 0,25 ha (n=15) umfassen. Rattangärten werden meist auf Schwendflächen oder als Anreicherungspflanzungen direkt im Wald angelegt. Die Standorte werden den ökologischen Ansprüchen der jeweiligen Arten entsprechend ausgewählt[299]. Die Gärten sind in individuellem Besitz und werden wie *Simpukng*-Gärten von Eltern auf ihre Kinder vererbt.

Karte 8 (Anhang) zeigt die räumliche Verteilung der Rattangärten um Lempunah. Diese Verteilung reflektiert dabei räumliche Aspekte früherer Aktivitäten wie ehemalige Schwendflächen oder temporäre Siedlungen. Dieses Muster wird in Kapitel 4.2.2 weiter analysiert.

Sokaq-Samen können vor dem Abbrennen eines Schwendfeldes 2-3 cm tief gesetzt werden (vgl. Soetarso & Amblani 1988:63 für eine ähnliche Technik bei Bentian-Bauern). Dabei verursacht die Verbrennungshitze offenbar das Platzen der Samenkapsel, wodurch das Auskeimen der Rattanpflanze ermöglicht wird, bevor

---

[297] Laut Shim und Tan (1994:76) sollen diese Gärten seit über 150 Jahren bestehen. Sie enthalten neben *Calamus caesius* auch *Jahab* bzw. *Irit* (*Calamus trachycoleus*), das auf über 12.000 ha angebaut wird (ibid. sowie Godoy & Feaw 1991:29).

[298] Da diese beiden Arten unterschiedliche ökologische Standortbedingungen benötigen, werden sie in der Regel getrennt angebaut.

[299] Eine gesonderte Studie über die Ökologie von Rattangärten wird gegenwärtig von Paulus Matius (Mulawarman Universität Samarinda) im Auftrag der GTZ durchgeführt.

161

sich konkurrierende Pflanzen nach dem Feuer ausbreiten können[300]. Nach einer anderen Methode wird die Samenhülle zunächst entfernt. Die Samen werden dann gewaschen und nach dem Brennen in den Boden gesteckt (vgl. auch Tan & Shim 1994:44). Dabei ist wichtig, dass die Samen vor dem Pflanzen gut getrocknet werden, um sie vor Ameisen zu schützen.

Im Gegensatz zu Gummi (vgl. 3.5) hängt der Anteil der Haushalte, die neue *Sokaq*-Gärten anlegen, nicht vom aktuellen Verkaufspreis ab, sondern vielmehr von der Verfügbarkeit der Samen sowie der Eignung des entsprechenden Feldes für die Kultivierung von Rattan.

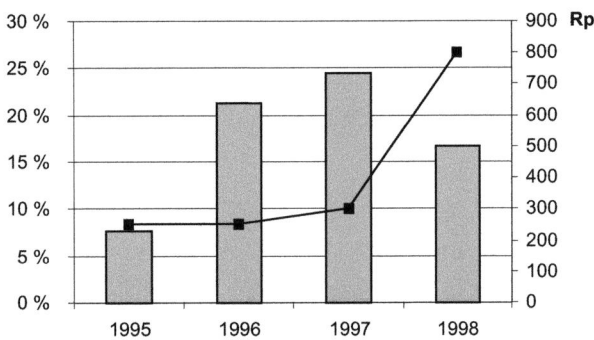

Abbildung 25: Anteil der Haushalte, die zwischen 1995 und 1998 neu *Sokaq* pflanzten. Die Linie stellt den Verlauf des Verkaufspreises pro Kilogramm *Sokaq* (ungetrocknet) dar.

Rattangärten werden häufig aus Transportgründen in der Nähe von Flussläufen angelegt (vgl. Sasaki 1997:6), nicht aber auf dauernassen Böden. Die Pflanzabstände variieren individuell, sollten idealerweise jedoch mindestens 5x5 m betragen, was sich auch mit Weidelts Befunden aus einem anderen Benuaq-Dorf deckt (1990:33)[301].

Die jungen Pflanzen benötigen zunächst Schatten. Werden sie größer, so steigt ihr Lichtbedarf, und der Garten muss gejätet werden. Größere Bäume werden dabei häufig geringelt, um den Lichteintrag zu erhöhen[302].

---

[300] Auch Bananenableger werden vor dem Brennen gepflanzt (vgl. 3.2.2).

[301] Die Empfehlung des Forstministeriums (auf der Ebene des Kanwil Kehutanan) lautet 10x10 m (d. h. 100 Palmen/ha), während Tan und Shim (1994:45) von kommerziellen Plantagen mit 500 Palmen/ha schreiben. Von Bentian Rattanbauern berichten Soetarso und Amblani (1988:64) 500-800 Setzlinge/ha (bzw. 1.500-2.000 Samen/ha).

[302] Nach dem Ringeln (vgl. FN 273) verliert der Baum seine Blätter, bleibt aber als Kletterstütze stehen (vgl. auch Sasaki 1997:5). Godoy und Feaw (1991:30-31) berichten, dass in Zentral-Kalimantan *Lagerstroemia* sp. speziell als Schatten- und Stützbäume gepflanzt werden. Da *Lagerstroemia* alljährlich ihre Blätter abwirft, ist der Lichteintrag höher als im Fall anderer Stützbäume.

162

Sokaq wächst horstweise mit 20-60 Strängen (Tan & Shim 1994:44)[303], die nach 12 Jahren eine Länge von 20-30 m erreichen und mehr als 100 kg/Horst wiegen können (Sasaki 1997:5). Allerdings berichteten einige Informanten deutlich geringere Erträge von lediglich 10 kg/Horst nach 10 Jahren, die im Laufe der Zeit auf 40-50 kg anwachsen.

Im Durchschnitt besteht ein *Sokaq*-Garten aus 50-150 Horsten, die nach 15 Jahren je nach Standort einen Ertrag von 2-7,5 t ergeben[304]. Diese Zahlen liegen in der selben Größenordnung, die auch Weidelt (1990:35) mit 10 t für einen 10 Jahre alten Garten (ohne Größenangaben) nennt.

Geht man von einer konservativ geschätzten Dichte von 400 Horsten pro Hektar mit jeweils 50 kg Ertrag[305] aus, so könnte ein Hektar an *Sokaq* nach 12-15 Jahren einen Gesamtertrag von 20 Tonnen erbringen. Dies entspricht einer durchschnittlichen jährlichen Zuwachsrate von etwa 1,7 Tonnen pro Hektar[306]. Godoy und Feaw (1991:30) berichten für *Calamus trachycoleus* jährliche Zuwachsraten von 3,5 t/ha (nach 12-14 Jahren), Soetarso und Amblani (1988:64) sprechen von 3 t alle 2 Jahre, während Tan und Shim (1994:45) von jährlich 1,5 t (ab dem zwölften Jahr) in kommerziellen Plantagen ausgehen. Obwohl lokal als optimales Erntealter 15-20 Jahre angegeben wird, warten die meisten Rattanbauern nicht so lange. Gute Verkaufspreise, dringender Geldbedarf oder die Furcht vor Feuer und Diebstahl kann dazu führen, dass Gärten bereits vorher abgeerntet werden (vgl. auch Godoy & Feaw 1991:31, Sasaki 1997:6).

Werden Setzlinge gepflanzt, so lässt sich ein *Sokaq*-Garten das erste Mal bereits nach 6-8 Jahren abernten. Werden Samen verwendet, so erfolgt die erste Ernte meist nach 10 Jahren. Theoretisch lassen sich *Sokaq*-Gärten nach jeweils 2-5 Jahren wieder ernten. Allerdings führte der Rattanboom Ende der 1980er Jahr dazu, dass in Lempunah alle Gärten vollständig, d. h. inklusive unreifer Stränge abgeerntet wurden. Das von Weinstock beschriebene idealtypische Erntesystem, nach dem Rattan alljährlich vor dem Roden mit Rattan bestückter Bracheflächen geerntet wird, ließ sich weder in Lempunah noch laut Belcher (1997:49) andernorts in Ost- Kalimantan beobachten.

Die wechselseitigen Abhängigkeiten der Entscheidungskriterien für oder gegen ein Abernten der Rattanbestände sind in Abbildung 26 dargestellt.

---

[303] Werden Samen gesetzt, so besteht nach Auskunft lokaler Informanten ein Horst aus nur 20-30 Strängen, die nach 12 Jahren ein Gewicht von 50-100 kg/Horst erreichen.

[304] In Lempunah wird kein Dünger verwendet. Die Rattanbauern sind der Ansicht, dass gedüngte Pflanzen zu dick würden, was einen geringeren Preis bedeutete. Allerdings sollte Düngung lediglich zu einem verstärkten Längenwachstum führen, da Palmen über kein sekundäres Dickenwachstum verfügen.

[305] Informanten bestätigten, dass einzelne Horste bis zu 200 kg erreichen können.

[306] Das Wachstum erfolgt nicht-linear.

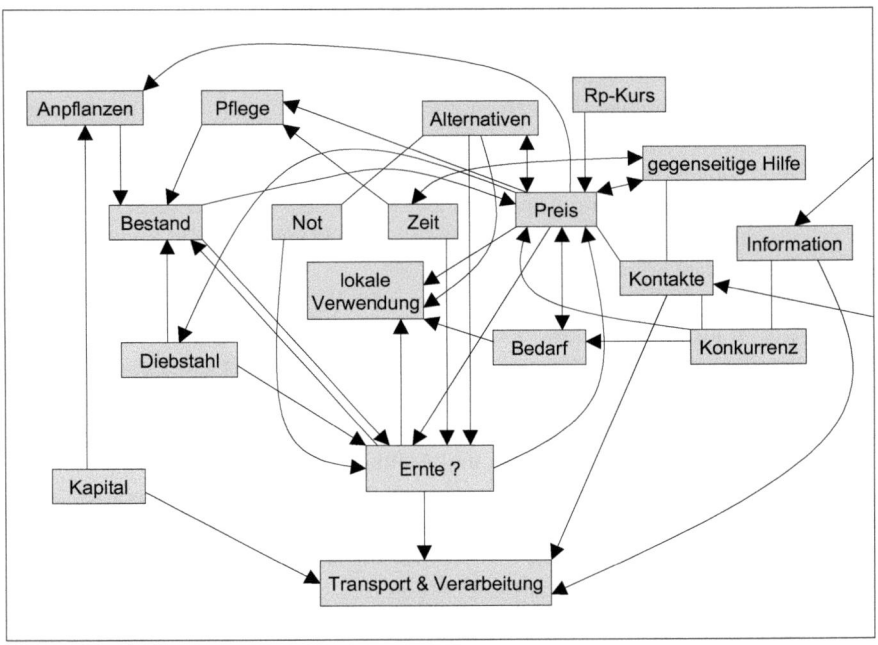

Abbildung 26: Kausalnetz der Entscheidungskriterien bezüglich der Rattanernte.

Sokaq wird von Männern geerntet, die dazu oft mehrere Wochen im Wald verbringen. Dabei kann ein Mann pro Tag etwa 50 kg Rattan ernten[307].

Der Rattanstrang wird aus der Krone des Stützbaums gezerrt. Verhakt sich der
Strang, so müssen die Sammler auf den Baum steigen, um ihn wieder zu lösen.
Bereits während der Ernte wird die harte Epidermis mit dem *Mandau* (Haumesser)
entfernt (vgl. auch Weidelt 1990:34, sowie Bayrischer Rundfunk 2000).

Die Ernte wird dann in Bündeln zu 70-100 kg zu Fuß oder per Boot ins Dorf
gebracht. Die noch ungetrockneten Rohrattanstränge werden dort entweder direkt
an Zwischenhändler verkauft[308] oder zur Wertsteigerung weiter verarbeitet. Die
Verarbeitungsschritte im Dorf umfassen Waschen, Polieren (meist von Frauen und
Kindern ausgeführt) sowie, abhängig von Nachfrage und Preis, Schwefeln und
Trocknen[309].

---

[307] Diese Zahl wird auch von Godoy und Feaw (1991:31) für *Calamus trachycoleus* berichtet.

[308] Teilweise wird Rattan bereits im Wald an Händler verkauft, die auch für den Transport per
Boot oder Lastwagen sorgen.

[309] Der gereinigte Rattan wird in der Sonne getrocknet und anschließend gegebenenfalls ein bis
drei Tage lang unter dichten Plastikplanen mit Schwefeldampf behandelt.

Polierter, ungeschwefelter Rattan (*Calamus caesius*).

Schwefeln von *Calamus caesius* unter einer Plastikplane. Rechts fertig geschwefelter Rattan.

Aus Rattan (*Calamus caesius*) gefertigte Geldbeutel, die lokal an Touristen und Händler verkauft werden.

Nach dem Trocknen und Schwefeln (Sulphurisieren) werden die *Sokaq*-Bündel auf Lastwagen und Schiffen nach Samarinda oder Banjarmasin transportiert. Diesen Transport übernehmen in aller Regel Zwischenhändler, die ihre Ladung in der Stadt an oft kartellartig zusammenarbeitende Unternehmer verkaufen. Nur gelegentlich versuchen Sammler, die über gute Kontakte verfügen, diese Zwischenstufe zu umgehen, und die Ernte direkt in Samarinda zu verkaufen[310].

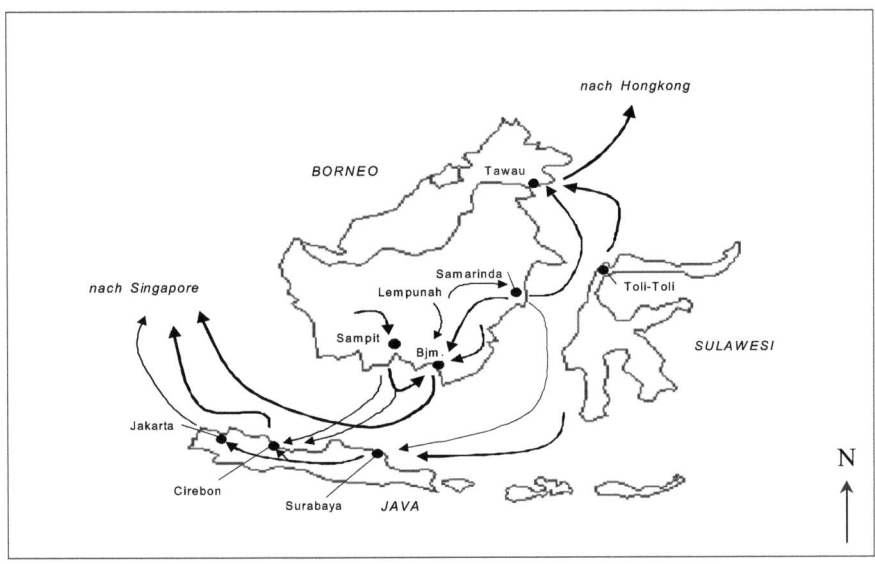

Karte 5: Rattanflüsse in/aus Indonesien unter besonderer Berücksichtigung Kalimantans. Die Stärke der Pfeile symbolisiert qualitativ das Volumen der Handelsströme.

Bis Ende der 1980er Jahre wurde geschwefelter Rattan von Samarinda aus zur weiterverarbeitenden Industrie nach Süd-Kalimantan bzw., in geringem Umfang auch nach Java verkauft, von wo aus Rattanprodukte exportiert wurden. Nach dem faktischen Exportstop 1988 blieb den Händlern nur der Verkauf an einheimische Verarbeitungsfirmen (mit begrenzter Kapazität) oder aber der Schmuggel nach Malaysia. Nach vorsichtigen Schätzungen wurden 1997 mindestens 30 % des in Indonesien gesammelten Rattans illegal nach Tawau in Sabah (Malaysia) expor-

---

[310] Es wurde in Lempunah mehrfach berichtet, dass Sammler, die ihre Rattanernte selbst in Samarinda verkaufen wollten, häufig auf derart nachteilige Preisangebote stießen, dass sie mit ihrer unverkauften Ladung in die Dörfer zurückkehrten. Nach Peluso (1992:117-118) hat es den Anschein, dass die im wesentlichen chinesischen Händler in Samarinda Preisabsprachen treffen, um stabile Marktketten zu erhalten, die durch die bessere Zugangsmöglichkeit ins Inselinnere untergraben wurden (früher konnten die in die Dörfer reisenden Käufer den Preis besser festsetzen).

tiert[311], von wo aus etwa 80 % über Hongkong nach China verkauft wurden, während der Rest nach Taiwan, Singapore, Süd-Korea und auf die Philippinen ging. Karte 5 zeigt die wesentlichen Rattanflüsse aus Kalimantan (und Sulawesi). Die Quantitäten sowie die Flussrichtungen änderten sich nach den wirtschaftspolitischen Eingriffen von 1986/88 weg von Süd-Kalimantan und hin nach Java, wo heute die meisten Rattanmöbelhersteller ansässig sind (Cirebon, Surabaya und Jakarta).

3.4.2 Verarbeitungsschritte, Wertsteigerung und Preisentwicklung

Obwohl die meisten Bauern ungetrockneten *Sokaq* direkt an lokale Zwischenhändler verkaufen, führen einige weitere Verarbeitungsschritte wie Waschen, Trocknen oder Schwefeln aus. Jeder dieser Schritte steigert den Wert der Ware in geringem Maße.

In Tabelle 20 sind diese weiterverarbeitenden Schritte auf eine Tonne getrockneten Rattans bezogen, was etwa zwei Tonnen ungetrockneten Rohmaterials entspricht. Transportgebühren (SAK B/O) und Steuern (IHH[312]), die die Profitmargen weiter verringerten, wurden 1998 offiziell abgeschafft und sind nur in

---

[311] Obwohl der Export von Rohrattan und Halbware bis 1998 von indonesischer Seite aus de facto verboten war (ab Mai 1992 betrug die Exportsteuer 15 US $/kg für Rohrattan und 10 US $/kg für Halbware, was zu dieser Zeit 250 % bis 2.300 % des bei Export realistischen Preises betrug), erlaubte die Malaysische Seite den Import als Tauschhandel ('barter trade'). Ein malaysischer Zollbeamter schätzte den monatlichen Schnitt auf 20 Schiffe, die durchschnittlich jeweils 7 t geschwefelten Rattan aus Kalimantan und Sulawesi brachten (im Mai/Juni 1997 wurden von indonesischen Zollbooten vier Schiffsladungen mit insgesamt 180 t *Calamus caesius* aufgebracht, die auf dem Weg nach Tawau waren, GTZ-SFMP June-July 1997). Offizielle malaysische Daten (1994-1996 zitiert in Haury & Saragih 1997:20) sowie vertrauliche Informationen (von Oktober 1997 bis Januar 1998) weisen einen steigenden jährlichen Import von 15.000 bis 25.000 t aus. Eigene Beobachtungen (Februar 1998) sowie Informationen von Seiten wichtiger Großimporteure in Tawau deuten allerdings auf erheblich höhere Zahlen zwischen 30.000 und 60.000 t hin (vgl. auch Haury & Saragih 1997:20), was 30-60 % des offiziell exportierten Rattanvolumens entspräche. Nimmt man eine jährliche Rohrattanproduktion in Ost-Kalimantan von 10.000 bis 15.000 Tonnen (das offizielle Maximum vor 1986/88 betrug 13.500 Tonnen, vgl. Haury & Saragih 1997:13) sowie eine Produktion von 40.000-50.000 t aus Sulawesi an, und berücksichtigt man die Aussage eines malaysischen Großhändlers, dass in Tawau vergleichbare Volumina von beiden Inseln eintreffen, so folgt daraus unmittelbar, dass ein Großteil des in Ost-Kalimantan produzierten Rattans während des Exportbanns aus dem Land geschmuggelt wurde. Nach Haury und Saragih (1997:15) wurden in dieser Phase nicht mehr als 4.000-5.000 t/Jahr nach Süd-Kalimantan verkauft, während 1987/88 noch 10.000-12.000 t an die dort ansässige Industrie verkauft wurden.

[312] *Iuran Hasil Hutan*: Waldproduktsteuer, die allgemein auf alle kommerziell genutzten Waldprodukte erhoben wird. Davon sollte Rattan als angebaute Ressource eigentlich ausgenommen sein (vgl. Kritik in Haury & Saragih 1997:7,20 sowie dort zitierte Verordnungen, ibid.:41-42; vgl. ebenfalls Belcher 1997:137).

Klammern erwähnt. Für alle Angaben wurden Preise von Anfang 1999 verwendet[313].

Verarbeitungsschritt	Arbeitstage	Kosten	Menge	Preis
Sammeln	40 Tage		2 t nasser *Sokaq*	
Preis im Wald				1.000.000 Rp
Transport nach Lempunah	mit Booten	200.000 Rp		
Preis in Lempunah				1.200.000 Rp
Waschen & Polieren	20 Tage	150.000 Rp		
Trocknen	3-7 Tage	37.500 Rp	1 t trockener *Sokaq*	
Schwefeln	1-2 Tage	11.000 Rp		
Transport nach Samarinda	2 Tage	100.000 Rp		
(IHH Steuern		65.000 Rp)		
(SAK B/O Gebühren		50.000 Rp)		
Gesamtkosten mit Gebühren		613.500 Rp		
ohne Gebühren		498.500 Rp		
Preis in Samarinda				1.700.000 Rp

Tabelle 20: Verarbeitungs- und Handelsschritte für *Calamus caesius* vom Wald bis nach Samarinda (Preise vom Februar 1999, alle Preise beziehen sich auf eine Tonne getrockneten Rattan).

Somit betrug im Februar 1999 der Profit eines lokalen Zwischenhändlers etwa 200.000 Rp/t für den Fall, dass alle Verarbeitungsschritte von anderen Personen durchgeführt wurden und keine Gebühren bezahlt werden mussten. Anfang 2000 wurden jedoch lediglich die Wasch- und Polierschritte von bezahlten Leiharbeitern ausgeführt. Daher verdiente der Zwischenhändler, der dabei ein relativ hohes Risiko trägt (Preisfluktuationen, Transport) zu dieser Zeit an jeder Tonne ge-

---

[313] Minister of Forestry's Decree No. 402/Kpts-IV/90 zitiert in Haury & Saragih 1997:45.

trockneten und geschwefelten Rattans 350.000 Rp. Je nach Preislage lässt sich somit der Wert von Rohrattan im Dorf um einen Faktor 1,7-2 steigern[314].

Die lokalen Rattanpreise in Lempunah weisen für den Zeitraum zwischen 1988 und 1999 starke Schwankungen auf. Ein erster Preishöhepunkt wurde während des Rattanbooms zwischen 1986 und 1988 erreicht, als der lokale Preis für Rohrattan (*Sokaq*) 750 Rp/kg erreichte. Zu dieser Zeit entsprach dies fast 2 kg Reis. 1989 fiel der Preis unter 400 Rp, wo er bis 1997 auch blieb, als 1 kg *Sokaq* nur noch 0,25 kg Reis entsprach. Bedingt durch den Verfall der Rupiah und eine Lockerung der Exportbestimmungen[315] stieg der Rattanpreis 1998 wieder an und erreichte im Oktober 1998 ein Maximum von 800-1.000 Rp. Allerdings verbesserte sich damit die Kaufkraft nur unwesentlich auf 300 g Reis pro Kilogramm Rattan. Danach fiel der Preis wohl auf Grund eines anziehenden Rupiahkurses erneut auf 500 Rp, was 200 g Reis entspricht (vgl. Abbildung 27).

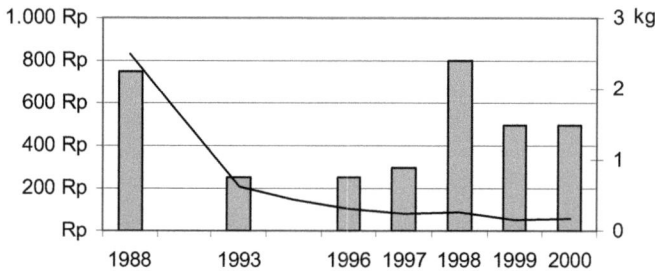

Abbildung 27: Preisentwicklung für *Sokaq* (*Calamus caesius*) in Lempunah. Die Linie zeigt das Austauschverhältnis zwischen Reis und Rattan an.

3.4.3 Die Rattankrise 1989-1998

Bis 1989 profitierten indonesische Rattanbauern von einer starken Nachfrage auf dem Weltmarkt, zumal konkurrierende Länder wie Malaysia, Thailand und die Philippinen einen Exportstop für unverarbeiteten Rattan verhängt hatten, um die Wertsteigerung im eigenen Land zu erhöhen. Obwohl auch die indonesische

---

[314] Wird getrockneter und geschwefelter Rattan weiter verarbeitet, so nimmt die Wertsteigerung für 'peel' und 'core' auf 3,8, für 'webbing' und *Lampit*-Matten auf 11,2 und für Möbel auf 15,6-18 zu (Haury & Saragih 1997:55).

[315] 1998 wurde im Rahmen der mit dem IWF augehandelten Deregulierungsmaßnahmen der Exportzoll für alle Rattanarten auf 30 % gesenkt. Eine Reduzierung von Exportzoll und Verwaltungsgebühren wurde auch durch das SFMP-Projekt der GTZ sowie das NRM-Projekt von USAID befürwortet (vgl. Haury & Saragih 1997).

Regierung vergleichbare Schritte über mehrere Jahre hinweg diskutierte, war der Export von Rohrattan bis 1986 möglich (der Export von ungewaschenem und ungeschwefeltem Rattan wurde bereits im Oktober 1979 verboten[316]). Dies führte zwar zu einem vergleichsweise hohen Einkommen der Bauern, aber auch zu Übernutzung natürlicher Bestände und zum Eindringen auswärtiger Sammler in die Gärten der Dayak (vgl. Peluso 1992:120).

Im Oktober 1986 verhängte die indonesische Regierung schließlich einen Exportbann auch für gewaschenen und geschwefelten Rattan, um einen Anreiz für Investitionen in weiterverarbeitende Industrien zu schaffen (vgl. Nasendi 1994:21)[317], wobei zusätzlich der Aufbau einer Rattanmöbelindustrie auf Java gefördert wurde. Zur gleichen Zeit kündigte die indonesische Regierung einen weiterer Bann an, der den Export für Halbwaren wie polierte Stränge, Rattankerne ('core') oder Rattanschale ('peel') verbieten sollte. Auf diese Produkte gab es seit 1979 bereits einen Exportzoll von 20 %, der 1986 auf 30 % erhöht wurde. Im Juni 1988[318] wurde der Export dieser Halbwaren schließlich gänzlich untersagt, und im Dezember des selben Jahres folgte ein regulierendes Quotensystem für den Export von *Lampit*-Matten. In der Zwischenzeit (d. h. nach dem Exportbann für Rohrattan) etablierten sich in Süd-Kalimantan (Banjarmasin, Banjarbaru und Amuntai für *Lampit*-Matten) und auf Java (Möbel) verarbeitende Industriezweige. Dennoch brach der Preis in den Dörfern zwischen 1989 und 1991 dramatisch (28-70 %) ein (Safran & Godoy 1993:297, sowie eigene Daten aus Lempunah). Dieser Preisverfall wurde durch das Zusammenwirken mehrerer Ereignisse und Faktoren verursacht:

> Die *Lampit*-Matten-Industrie in Süd-Kalimantan[319] brach aus mehreren Gründen zusammen, die nicht nur mit den wirtschaftspolitischen Eingriffen der indonesischen Regierung zusammenhängen. Der *Lampit*-Markt beschränkte sich praktisch völlig auf Japan (90 %), wohin zwischen 1986 und 1989 *Lampit*-Matten wohl auf Grund der großen Konkurrenz zu niedrigen Preisen exportiert wurden. Japanische Käufer hatten während dieser Phase ihre Lager gefüllt, so dass in der Folge der Bedarf abnahm[320]. Hinzu kamen Qualitätsmängel, eine vorübergehend stagnierende japanische Wirtschaft

---

316 Minister of Trade and Cooperative's Decree No. 492/Kp/7/79 (zitiert in Haury & Saragih 1997:43).

317 Minister of Trade's Decree No. 274/Kp/XI/86 and Bank Indonesia's Circular No. 19/37/ULN/1986 (zitiert in Haury & Saragih 1997:43).

318 Der Bann wurde am 1. Juli 1988 eingeführt und am 1. September auf den Export von Flechtwerk ('webbing') ausgedehnt.

319 Nach Menon (1989:29) stellte *Lampit* den Löwenanteil des Exportvolumens zwischen 1986 und 1988, als etwa 35 % des gesamt exportierten Rattans Indonesien über Banjarmasin verließ (ibid.:31).

320 Die Lager wurden im Ausland auch für andere Rattanprodukte gefüllt, bevor der Exportbann in Kraft trat (Menon 1989:29).

(Sasaki 1997, Yudhi pers. Mitt.) sowie der teilweise Ersatz mit billigeren Bambus-matten aus China (Belcher, pers. Mitt.). Vor allem um die Produktqualität zu sichern, aber wohl auch zur Kontrolle der Exporte erließ die indonesische Regierung ein Quotensystem für den Export von *Lampit*-Matten, welches den zuvor freien Export von Süd-Kalimantan aus erheblich einschränkte[321]. So erhielten von ehemals mehr als 200 *Lampit* exportierenden Betrieben in Banjarmasin 1990/91 nur 24 eine staatliche Exportgenehmigung, und die *Lampit*-Industrie brach nur wenige Jahre nach ihrer Blüte wieder zusammen[322].

➢ Ein weiterer Faktor war der Zusammenbruch des 'webbing' (Flechtwerk)-Marktes. 'Webbing' wird überwiegend für Stühle, Sessel und dekorative Zwecke verwendet. Da das Exportverbot für 'webbing' unangekündigt zwei Monate nach dem Exportverbot für Halbwaren kam (bis dahin wurde 'webbing' als Endprodukt angesehen), war auch die weiterverarbeitende Industrie im Land nicht in der Lage, das Angebot an 'webbing' zu adäquaten Preisen abzunehmen[323]. Der Wegfall dieses Marktes verstärkte zu-sätzlich den Preisverfall in Zentral- und Ost-Kalimantan, von wo das Rohmaterial stammte.

➢ Zusätzlich hatte aber auch in manchen Gebieten Übernutzung während der Boomjahre sowohl Rattangärten als auch natürliche Bestände erschöpft. Noch bevor der Preis-verfall Lempunah 1989 erreichte, erklärten die Bauern, dass sie auf Grund der inten-siven Nutzung der Jahre zuvor kein Rattan mehr fänden. Generell war jedoch das Angebot noch immer größer als die Nachfrage, wodurch übernutzte Gebiete, in denen sich nur noch Rattan minderer Qualität finden ließ, nicht mehr konkurrenzfähig waren.

Da der meiste in Ost-Kalimantan erzeugte Rattan an die in Süd-Kalimantan ansäs-sige *Lampit*- und 'webbing'-Industrie verkauft wurde (> 85 %), traf deren Zusam-menbruch Ost-Kalimantans Bauern besonders stark. Ein prohibitives ökonomisches Klima mit nur begrenzter Marktkonkurrenz ließ die Bauern in einer schwachen Verhandlungsposition zurück[324]. Lokal (wie in Lempunah) war die Situation durch Übernutzung der Vorräte und Qualitätsprobleme zusätzlich erschwert. Somit spielte *Sokaq* nach 1989 für fast zehn Jahre keine größere wirtschaftliche Rolle mehr in Lempunah.

Im Laufe dieser Rattanrezession konnten sich jedoch die Bestände erholen, und hätten 1998 eine reiche und profitable Ernte erlaubt, wären nicht mehr als 80 % der Rattangärten Lempunahs den verheerenden Waldbränden von 1997/98 zum Opfer gefallen (vgl. Gönner 1999a).

---

[321] Minister of Trade's Decree No. 410/Kp/XII/88 zitiert in Haury & Saragih (1997:44).

[322] In Süd-Kalimantan ist diese Entwicklung als '*Bom Lampit*', die *Lampit*-Bombe bekannt.

[323] Obwohl die Anzahl weiterverarbeitender Betriebe zwischen 1986 und 1988 stark zunahm und eine eingerichtete Kapazität von 438.960 t/Jahr aufzuweisen hatte, lag die tatsächliche Nutzung deutlich darunter (Menon 1989:20).

[324] Ohne den illegalen Export nach Tawau wären viele Dörfer um ihre wichtigste Einkommens-quelle gebracht worden.

Die zweite in Lempunah häufig kultivierte Rattanart ist *Jepukng* (ind. *Pulut Merah – Daemonorops crinita*). *Jepukng* ist eine wertvolle und teure Art, die offenbar ausschließlich im Gebiet des mittleren Mahakam angebaut wird[325].

Obwohl *Jepukng* bereits während der Kolonialzeit an chinesische Händler verkauft wurde, ist die seine Kultivierungsgeschichte im Jempanggebiet jungen Ursprungs.

Bis 1975 besaß der *Kepala Adat* von Mancong[326] das ausschließliche Nutzungsrecht für *Jepukng* innerhalb des dorfeigenen Waldes. Der jährliche Ertrag lag zu dieser Zeit angeblich bei 50-100 t[327]. 1975 kam es jedoch zum offenen Konflikt zwischen traditionellem (*Kepala Adat*) und verwaltungstechnischem (*Kepala Desa*) Dorfvorsteher über die *Jepukng*-Nutzungsrechte. Dieser Konflikt eskalierte, bis schließlich die meisten *Jepukng*-Bestände um Mancong abgebrannt waren. Nach diesem Vorfall begannen die Dorfbewohner, wild wachsende *Jepukng*-Büsche in ihre eigenen Waldgärten umzupflanzen, wo sie gepflegt wurden. Nach wie vor werden jedoch des hohen Werts wegen gelegentlich Setzlinge aus anderen Gärten gestohlen, oder aber Gärten fallen Brandanschlägen zum Opfer, was die Investition in *Jepukng*-Gärten zu einem risikoreichen Unterfangen macht.

Um einen *Jepukng*-Garten anzulegen, suchen die meisten Bauern wild wachsende Sämlinge (mit 3-10 Strängen), die sie in ihre eigenen Gärten umpflanzen[328]. Die Horste werden dabei in bis zu 4 Teile partioniert und getrennt wieder eingepflanzt, um den Ertrag zu steigern. Manche Bauern setzen auch Samen oder ziehen die Setzlinge zuvor in Kunstoffbeuteln ('polybags') an[329]. Die Pflanzabstände betragen etwa 3x3 m[330], so dass ein individueller Garten aus 100-500 Horsten besteht. *Jepukng* sollte idealerweise 2-3 Monate vor der jährlichen Überflutung auf feuchten aber nicht nassen Standorten gepflanzt werden. Auf Grund seines hohen Werts wird *Jepukng* gewöhnlich dorfnah kultiviert, um eine regelmäßige Kontrolle zu gewährleisten. Die Pflege der *Jepukng*-Gärten erfordert zudem gelegentliches Jäten und, ähnlich wie in *Sokaq*-Gärten das Ringeln von um Licht konkurrierenden

---

[325] *Daemonorops crinita* kommt auch in Süd-Sumatra vor, wo die Art jedoch nicht kultiviert wird (Dransfield & Manokaran 1994:107).

[326] Die meisten *Jepukng*-Gärten des Jempanggebietes befinden sich flussabwärts von Lempunah in Mancong und Perigiq, wo es viele geeignete Standorte gibt. Im Vergleich zu Lempunah scheinen die Gärten in diesen beiden Dörfern auch größer zu sein.

[327] Haury & Saragih schätzen die gesamte Verarbeitung von *Jepukng* in Indonesien auf 3-5.000 t/Jahr (1997:14). Zusätzlich wurde *Jepukng* aber ebenfalls (neben *Sokaq*) illegal nach Tawau exportiert (eigene Beobachtungen, Februar 1998).

[328] Gelegentlich werden Setzlinge für 500 Rp/Horst (1996) verkauft.

[329] Dies wurde in Mancong und Perigiq versucht, wo *Jepukng* von größerer Bedeutung ist als in Lempunah. Dünger wurde aber auch in diesen Dörfern nicht verwendet.

[330] Die Rattanabteilung des Kanwil Kehutanan pflanzt *Jepukng* im Abstand von 3x5 m.

Bäumen[331]. Hin und wieder wird *Jepukng* auch mit Gummi gemischt gepflanzt, wobei die feinen Stacheln das Gummizapfen jedoch erheblich behindern können.

Der Dorfvorsteher vor einem feuergefährdeten *Jepukng*-Busch im Oktober 1997.

Wie auch im Fall von *Sokaq* gibt es keine Abhängigkeit der Anzahl von Haushalten, die neuen *Jepukng* pflanzen, von den aktuellen Verkaufspreisen. Zwischen 1996 und 1998 pflanzten 35-39 % aller Haushalte *Jepukng*, während der Preis im Dorf zwischen 1.000 Rp und mehr als 3.500 Rp schwankte (vgl. Abbildung 28).

Die Ertragszahlen in Tabelle 21 beziehen sich auf Gärten, die mit gepflanzten Setzlingen eingerichtet wurden. Werden Samen gesetzt, so ist die erste Ernte je nach Boden nach 6-8 Jahren möglich.

Ernte	Zeitpunkt	Ertrag
1. Ernte	nach 3-4 Jahren	5 kg/Horst
2. Ernte	nach 4-6 Jahren	6-7 kg/Horst
3. Ernte	nach 6-10 Jahren	10-15 kg/Horst
dauerhaft	nach 10 Jahren	20-35 kg/Horst

Tabelle 21: Ernten und Erträge in *Jepukng*-Gärten (Schätzungen lokaler Informanten).

---

[331] Da *Jepukng* im Vergleich zu *Sokaq* eher buschartig wächst, sind auch keine speziellen Stützbäume notwendig.

Die Ernte von *Jepukng* (in 6 m lange Stränge geschnitten[332]) ist auf Grund der unzähligen Stacheln mühevoll. *Jepukng* wird im Gegensatz zu *Sokaq* sowohl von Männern als auch von Frauen geerntet. Dabei tragen die Leute Handschuhe und lösen die stachelige Hülle mit ihrem *Mandau* ab. Im Laufe eines Arbeitstages lassen sich etwa 30 kg ungetrockneter *Jepukng* ernten. Nimmt man eine mittlere Dichte von 300 Horste/ha an[333], so ergibt sich ein jährlicher Ertrag von etwa 3 t/ha (bei einer Ernte in zwei Jahren). Angesichts des hohen Verkaufspreises (vgl. Abbildung 28) gehört der Anbau von *Jepukng* zu den profitabelsten Landnutzungsarten der Benuaq.

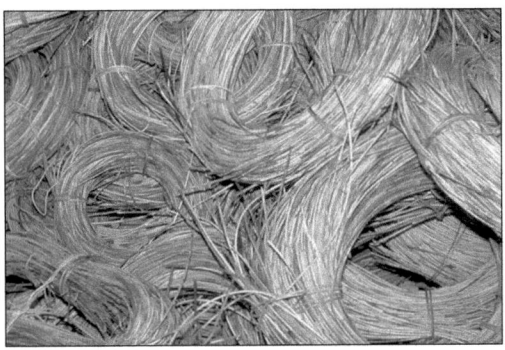

Transportfertiger *Jepukng* (*Daemonorops crinita*).

Das Entscheidungsnetz für die Ernte von *Jepukng* entspricht weitestgehend dem für *Sokaq* in Abbildung 26. Als weiterer Faktor kam jedoch Feuer hinzu. So ernteten viele Bauern Ende 1997 ihre *Jepukng* Vorräte trotz eines relativ niedrigen Preises von 1.000 Rp/kg. Der Beweggrund war dabei die latente Gefahr von Waldbränden, die später auch tatsächlich viele Gärten verwüsteten. Wegen der hohen Feuergefahr wurden sogar zusätzliche Arbeiter angestellt, die 25 % des Ertrags als Lohn erhielten.

Jepukng wird im Allgemeinen direkt an Zwischenhändler verkauft, die den Rohrattan trocknen und in Samarinda verkaufen, von wo aus er teilweise an die Möbel-

---

[332] 1997/98 wurden auch (zu niedrigeren Preisen) 1-1,5 m lange Stränge verkauft.
[333] In Mancong besitzen die meisten Familien mehr als 500 Horste. In Lempunah ist diese Zahl aus Mangel an geeigneten Standorten geringer.

industrie auf Java, oder aber illegal über Tawau nach Singapore, Europa oder in die USA exportiert wird[334].

Verarbeitungsschritt	Arbeitstage	Kosten	Menge	Preis
Sammeln	100 Tage		3 t nasser *Jepukng*	
Preis in Lempunah				4.500.000 Rp
Trocknen	3-7 Tage			
Transport nach Samarinda		100.000 Rp		
Preis in Samarinda			1 t trockener *Jepukng*	5.500.000 Rp

Tabelle 22: Verarbeitungsschritte und Handelsschritte für *Daemonorops crinita* vom Wald bis nach Samarinda (Preise vom Februar 1999, alle Preise beziehen sich auf eine Tonne getrockneten Rattans).

Im Vergleich zu *Sokaq*, zeigt *Jepukng* eine erheblich stabilere Preisentwicklung über die vergangenen Jahre. Auf Grund seiner begrenzten Verbreitung und der konstanten Nachfrage aus dem Ausland lag der Preis zwischen 1.000 Rp und mehr als 3.000 Rp/kg (nass), was im Vergleichszeitraum 0,5 bis 1 kg Reis entsprach. Nachdem die Waldbrände die meisten Gärten zerstört hatten und der Wert der Rupiah 1998 stark abgenommen hatte, stieg der Preis Anfang 1999[335] in Lempunah auf 5.000 Rp/kg (=2 kg Reis). Allerdings gab es zu diesem Zeitpunkt praktisch niemanden mehr in Lempunah, der noch über *Jepukng*-Vorräte verfügte[336].

---

334 Einem Rattanhändler in Tawau zufolge wird *Jepukng* nicht wie *Sokaq* nach Hongkong, Taiwan oder Süd-Korea sondern direkt nach Singapore sowie in westliche Staaten exportiert, wo diese Art für Bistro-Stühle verwendet wird (Haury, pers. Mitt.).
Jepukng lässt sich auch trocknen und (selten) schwefeln. Abhängig vom Alter der Pflanze reduziert sich dabei das Gewicht auf 25-50 %. Dieser Arbeitsschritt wird meist von Zwischenhändlern ausgeführt, die die Ernte ähnlich wie *Sokaq* nach Samarinda verkaufen.
335 Zu dieser Zeit sollen nach Aussage meiner Informanten in Tawau bis zu 60.000 Rp/kg getrockneten *Jepukngs* bezahlt worden sein. In Samarinda wurde getrockneter *Jepukng* im Dezember 1999 für 13.750 Rp/kg gekauft.
336 2000 schlossen sich mehrere Familien in Lempunah zu einem neuen Projekt zusammen, das von einer lokalen NGO konzipiert wurde. Dieses Projekt sieht unter anderem die Einrichtung weiterer *Jepukng*-Gärten vor, um die finanzielle Zukunft des Dorfes zu sichern.

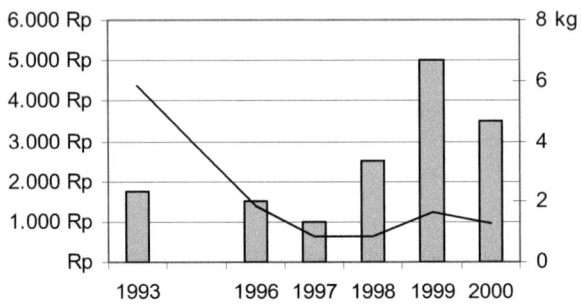

Abbildung 28: Preisentwicklung für *Jepukng* (*Daemonorops crinita*) in Lempunah. Die Linie zeigt das Austauschverhältnis zwischen Reis und Rattan an.

3.5 Gummigärten

Gummi (*Hevea brasiliensis*) wurde 1909 in (West-) Kalimantan eingeführt (Uljee 1925:74), nachdem 1876 Samen von Brasilien nach Singapore geschmuggelt worden waren (Tremeer 1964 zitiert in Dove 1993b:137).

Heute ist Indonesien weltweit der zweitgrößte Gummiproduzent (Dove 1993b:136), wobei etwa 73 % der gesamten Gummiproduktion aus den Gärten sogenannter Kleinbauern ('smallholders') stammen (Penot 1995:11).

In Lempunah wurde Gummi in den 1930er-Jahren eingeführt. Gummi blieb hier bis in die späten 1950er Jahre eine eher ungewöhnliche Kulturpflanze und wurde meist mit anderen Baumarten gemischt gepflanzt. Danach setzte auch in Lempunah der Übergang zu kleinflächigen Monokulturen ein[337]. Das heute in Lempunah verwendete Saatgut geht noch immer auf die ursprünglich eingeführten Klone zurück, obwohl von Seiten der indonesischen Plantagenbehörde die Verwendung ertragreicherer Sorten angestrebt wird[338]. Diesen Bemühungen stehen die lokalen Bauern teilweise skeptisch gegenüber, da ihrer Ansicht nach der Ertrag der alten Bäume mit zunehmendem Alter weiter ansteigt[339].

---

[337] Ein gutes Beispiel für das ursprüngliche, gemischte Pflanzmuster ist in Abbildung 23 (*Simpukng* A) zu erkennen.

[338] Die Einführung okulierter Sorten scheiterte Anfang 1996, da die Setzlinge genau zur Zeit der Reisernte geliefert wurden, als niemand im Dorf Zeit hatte, diese zu pflanzen. Darüber hinaus hätten die Hochertragssorten auch kaum Aussicht auf Erfolg gehabt, da die Pflanzen kurz nach erfolgter Okulierung gepflanzt werden müssen, was jedoch auf Grund der großen räumlichen Entfernung zwischen Okulierzentrum und Dorf ohnehin unmöglich war.

[339] Diese Ansicht widerspricht den Befunden aus kommerziellen Plantagen, die auf Grund von Ertragsrückgängen nach 20 bis 35 Jahren erneuert werden müssen (Rehm & Espig 1984:339). Allerdings werden Gummibäume in Lempunah wesentlich seltener und unregelmäßiger als in industriellen Plantagen gezapft, was zu anderen Produktivitätsmustern führen könnte.

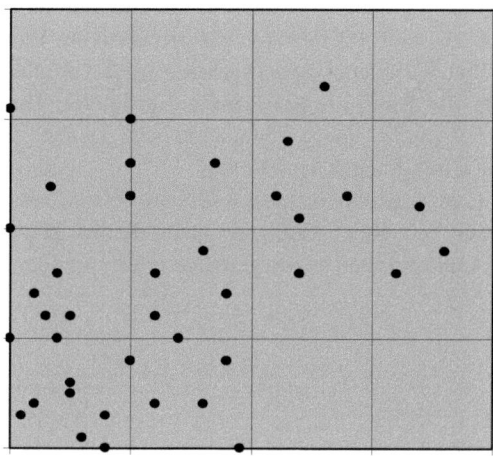

Abbildung 29: Verteilung von Gummibäumen in einem *Simpukng*, der mit Gummibäumen angereichert wurde (schwarze Punkte).

Die meisten Familien in Lempunah besitzen einige wenige (1-8) Gummigärten, die durchschnittlich 0,5 ha groß sind (n=21). Diese Gärten bestehen in der Regel aus 300-500 Bäumen (d. h. 600-1.000 Bäume/ha), die in dichtem Abstand relativ unregelmäßig gepflanzt werden (vgl. Abbildung 29). In industriellen Plantagen werden Gummibäume hingegen in deutlich geringeren Abständen angebaut (150-400 Bäume/ha je nach Anbauweise, Rehm & Espig 1984:339). Die räumliche Verteilung der Gummigärten ist in Karte 8 (Anhang) dargestellt.

Gezapfte Gummibäume (*Hevea brasiliensis*).

Gummibäume können sowohl als Setzling als auch als Samen gepflanzt werden. Während aus Samen nach lokaler Ansicht produktivere Bäume entstehen, zeigen Setzlinge eine höhere Überlebensrate (Samen werden vor allem von Wildschweinen gefressen[340]). Da die Rinde junger Bäume häufig von Hirschen verbissen wird (*Muntiacus* spp., *Tragulus* spp.), zäunen manche Bauern ihre Gummigärten ein oder schützen sie durch Speerfallen (*Potiiq*).

Die meisten Gummigärten werden auf Schwendflächen angelegt. Dabei wird Gummi zusammen mit Reis oder aber nach dessen Ernte gepflanzt. Die Entscheidung, neue Gummigärten anzulegen, korreliert mit dem aktuellen Gummipreis (vgl. Abbildung 30).

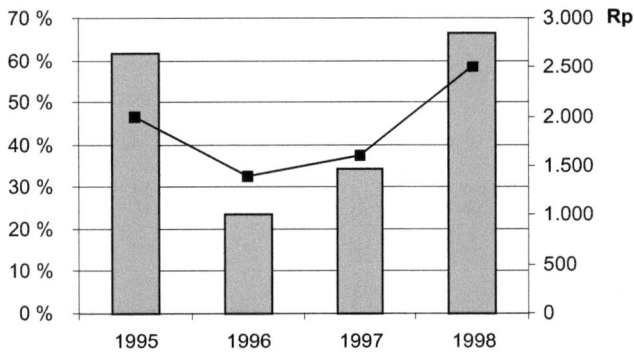

Abbildung 30: Anteil der Haushalte, die Gummibäume pflanzten. Die Linie zeigt den durchschnittlichen Gummipreis in Lempunah während der Pflanzsaison an.

Die Bäume lassen sich je nach Boden nach etwa acht bis zehn Jahren zum ersten Mal zapfen. Das Zapfen hängt ebenfalls vom aktuellen Verkaufspreis ab. Ferner spielen Witterung, verfügbare Zeit (eingeschränkt durch andere landwirtschaftliche Aktivitäten oder Riten) sowie alternative Erwerbstätigkeiten eine entscheidende Rolle bei der Frage, ob Gummi gezapft werden soll.

---

[340] Bartschweine (*Sus barbatus*) suchen regelmäßig Gummigärten zur Nahrungsaufnahme (Samen) auf.

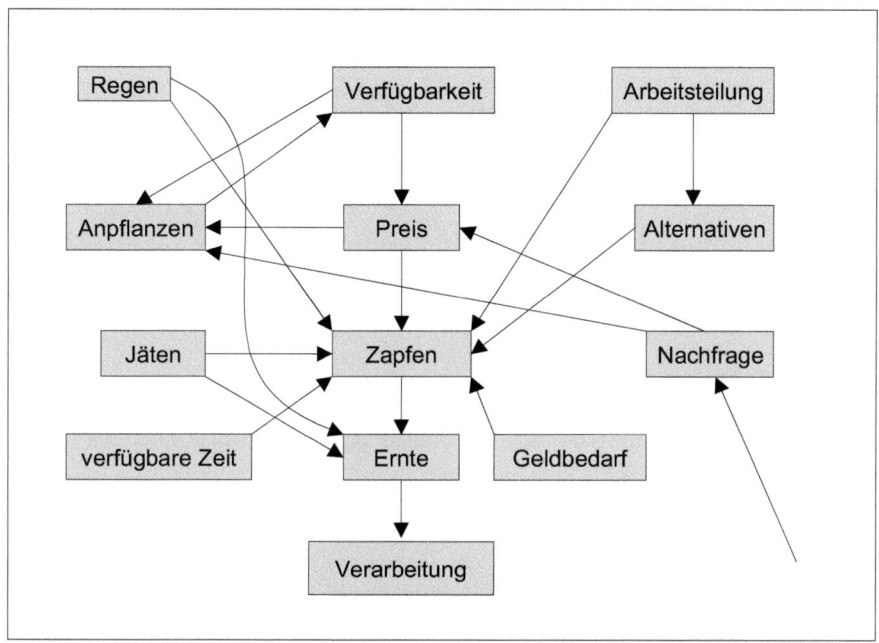

Abbildung 31: Wechselseitige Abhängigkeiten der Entscheidungskriterien beim Gummi-zapfen.

Der preisliche Schwellenwert für die Entscheidung zu zapfen, lag 1996/97 bei 1.000 Rp. Als der Gummipreis 1997 unter diese Grenze sank, hörten die meisten Bauern mit dem Zapfen auf, da der Verdienst, wie sie betonten, noch nicht einmal ihren Bedarf an Zigaretten decke. Dieser Befund widerspricht der aus anderen Gebieten Borneos berichteten inversen Angebotskurve, nach der Bauern ihre Produktion in Zeiten schlechter Preise erhöhen und bei guten Preisen zurück-schrauben (vgl. Diskussion in Dove 1993b:143).

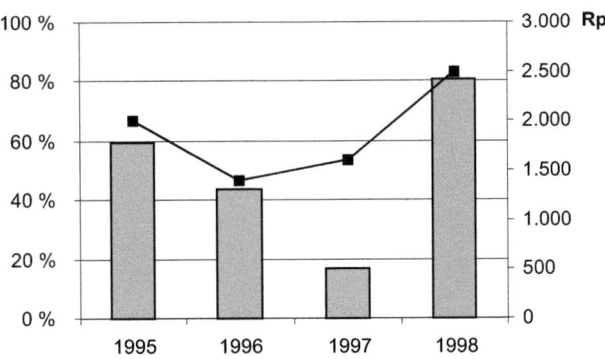

Abbildung 32: Anteil der Haushalte, die Gummi zapften. Die Linie zeigt den durch-schnittlichen Gummipreis an.

Mit Ausnahme von 1997, als viele Dorfbewohner und -bewohnerinnen Lohnarbeit auf der Ölpalmplantage fanden, und der Gummipreis vorübergehend unter 1.000 Rp sank (s. o., als Extremwert nicht in Abbildung 32 markiert), folgt die Intensität des Gummizapfens weitgehend der Preiskurve.

Ähnlich wie die Kantu' in West-Kalimantan zapfen Bauern in Lempunah nur einen Teil ihrer Bäume, wobei sie manchmal täglich zwischen zwei Gärten wechseln, um den Bäumen Erholungsphasen zu gönnen. Selbst in Zeiten intensiver Nutzung werden die Bäume nicht mehr als zwanzig Tage pro Monat gezapft, und zumindest während der arbeitsaufwendigen Phasen des Reisanbaus ruhen die meisten Gärten für eine Weile (vgl. auch Dove 1993b:139).

Die Bäume werden in der Regel früh morgens gezapft, wenn der hydrostatische Druck in den Latexgefäßen auf Grund der noch geringen Evapotranspiration am größten ist (Rehm & Espig 1984:341). Die Rinde wird dabei horizontal mit einer Hohlklinge (*Suloq*) dem vorigen Schnitt nachfolgend angeritzt[341]. Der austretende Latex fließt entlang einer senkrechten Furche auf ein Bambusstück, von dessen Spitze er in ein Auffanggefäß fällt (Bambusrohr, Plastikbecher, Aluminiumdose, o.ä.). Nach zwei bis drei Stunden wird der weiße Latex eingesammelt und zur Feldhütte gebracht, wo er in einen hölzernen Trog gegossen und mit Ameisensäure (ca. 100 ml 1:5 mit Wasser verdünnter Säure auf 10-12 l Latex) vermischt wird.

---

[341] Der erste Schnitt erfolgt meist in einer Höhe von 50-100 cm. Große Bäume können an bis zu vier Stellen gleichzeitig angeritzt werden. Dabei ist wichtig, dass die Wachstumsschicht (Kambium) des Baumes nicht verletzt wird (Rehm & Espig 1984:340), während die Schnittrichtung nicht vorgeschrieben ist.

Die Mischung wird so lange umgerührt, bis der Latex koaguliert. Aus 10-12 l Latex erhält man einen feuchten Klumpen von etwa 3-4 kg Gewicht, der mit Hilfe einer Flasche zu einem Fladen ('sheet') ausgewalzt und in der Sonne getrocknet wird. Früher wurden diese Fladen zusätzlich mit mechanischen Walzen ausgepresst und teilweise in speziellen Kammern geräuchert. Da die Händler die feuchten Fladen jedoch zu einem nur geringfügig niedrigeren Preis aufkaufen, lohnt sich der Mehraufwand nicht mehr[342].

Ausstreichen des Gummifladens.

Die Gummifladen werden gestapelt aufbewahrt und, wenn der Preis günstig erscheint oder dringender Geldbedarf herrscht, an Händler verkauft. Die Handelskette reicht dabei von Lempunah über Tanjung Isuy nach Samarinda, von wo aus der Rohgummi weiter nach Banjarmasin in Süd-Kalimantan transportiert wird. Hier werden sogenannte 'ribbed smoked sheets' (d. h. getrocknete und geräucherte Fladen, RSS, vgl. Rehm & Espig 1984:341) hergestellt, die nach Singapore exportiert werden[343]. Im Gegensatz zu Amazonien (Romanoff 1992) ist diese Handelskette nicht über ein Patronagesystem gefestigt, sondern besteht aus einem losen Netz von zahlreichen Händlern.

Gummi wird sowohl von Männern als auch von Frauen gezapft. Frauen übernehmen vor allem dann diese Arbeit, wenn Männer vorübergehend abwesend sind, um im Wald Rattan zu sammeln oder Eisenholz zu gewinnen. Da die Bäume in den frühen Morgenstunden gezapft werden, bleibt in der Regel noch genügend Zeit für

---

[342] Rehm und Espig (1984:341) berichten, dass die Gummiindustrie Methoden entwickelt hat, um auch unkontrolliert koagulierten Gummi zu verwerten. Somit hat auch der Bedarf an qualitativ hochwertigem Rohgummi nachgelassen.

[343] Ende der 1990er Jahre (ca. 1998) öffnete eine Vulkanisierfabrik in Balikpapan, was in Zukunft die Handelswege für Gummi verändern könnte (Yadi, pers. Mitt.).

andere Aktivitäten, was Gummi zu einem geeigneten integralen Bestandteil der Ressourcennutzung der Benuaq macht. Die Gärten, die sich im Schnitt nicht weiter als 4-5 km vom Dorf entfernt befinden, ergeben pro Tag 4-5 kg an halbtrockenem Gummi[344], was auch den Erträgen der Kantu' entspricht, deren Gärten 2-7 kg/d erbringen (Dove 1993b:139).

Da die Gummiproduktion lediglich ein Bestandteil der Ressourcennutzung der Benuaq ist, der je nach Situation (vgl. Abbildung 33) unregelmäßig beansprucht wird, erlauben Abschätzungen jährlicher Produktionszahlen oder Hektarerträge kein realitätsnahes Bild. Wird der Gummipreis (im Vergleich zu Reis) lokal als gut bewertet, so kann Gummi vorübergehend die alles dominierende Ressource im Dorf mit Einkünften von bis zu 20.000 Rp/d (= 5-20 kg Reis) werden. Während des Untersuchungszeitraums waren die Preise jedoch überwiegend instabil und schwankten zwischen 1.000 Rp und 3.500 Rp/kg (= 0,3-1 kg Reis), weshalb auch die Zapftätigkeit großen Unregelmäßigkeiten unterworfen war.

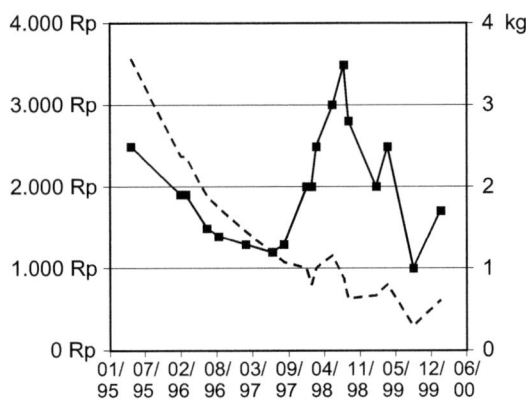

Abbildung 33: Preisentwicklung für 1 kg Gummi (halbtrocken) in Lempunah. Die rote Linie zeigt das Äquivalent in kg Reis für 1 kg Gummi (rechte Skala).

3.6 Funktionen des nicht-kultivierten Waldes

3.6.1 Allgemeine Aspekte

Die Waldlandschaft rings um Lempunah ist ein Mosaik aus Waldgärten, Schwendflächen, Busch- und Waldbrachen unterschiedlichen Alters sowie kleineren

---

[344] Von 64 Bauern geschätzt (RSD = 37,6 %).

Bereichen an altem Tieflandregenwald (*Bengkar*). Obwohl das Vorkommen vieler Tier- und Pflanzenarten auf spezifische Habitatstrukturen beschränkt ist, erstreckt sich die Nutzung abhängig von Zugangsrechten und Praktikabilität (Arbeitsaufwand, Entfernung) auf das gesamte Gebiet. So kann ein Wildschwein ebenso in einem fünfzig Jahre alten *Kerengkakng*-Wald erlegt werden wie in einem jungen Gummigarten, und eine bestimmte Ritualpflanze mag sich in einem *Simpukng* ebenso finden lassen wie in einem *Uraaq*-Brachewald. Daher ist es unumgänglich, auch auf die Bedeutung des Waldes zwischen den kultivierten Bereichen einzugehen, der lokal gelegentlich als leerer Wald (*Hutan Kosong*) bezeichnet wird – ein eher unglücklicher Ausdruck angesichts der landrechtlichen Unsicherheit der Dayakdörfer.

Tatsächlich ist dieser nicht-kultivierte Wald alles andere als leer. Die Waldlandschaft (einschließlich der Waldgärten) versorgt das Dorf mit einer breiten Palette an Ressourcen wie Medizinal- und Ritualpflanzen, Rattan, Bambus, Fisch, Wild, Früchte oder Bauholz. Das Spektrum der gesammelten bzw. gejagten lokal klassifizierten Arten ist, nach Nutzungskategorien geordnet, in Tabelle 23 zusammengefasst:

Genutzte Pflanzentaxa:[345]	402 einschließlich:	114 als Nahrung
		111 als Baumaterial
		97 Ritualpflanzen
		70 Medizinalpflanzen
Genutzte Tiertaxa:	> 104 einschließlich:	40 Fischarten
		5 Schildkrötenarten
		2 Schlangenarten
		2 Waranarten
		>33 Vogelarten
		>22 Säugetierarten
Gesamtzahl:	> 506	

Tabelle 23: Anzahl genutzter Pflanzen- und Tiertaxa in Lempunah. Die einzelnen Arten sind im Anhang aufgeführt.

Weitere Funktionen umfassen Trinkwasser (Flüsse, Bäche, Quellen) sowie religiöse Aspekte (von Geistern bewohnte ehemalige Langhausstandorte, Opferplätze, Grabstätten, Höhlen, Felsen und Bäume). Zudem stellt der nicht-kultivierte Wald

---

345 Als Taxa werden hier lokal klassifizierte Arten verstanden, die im wissenschaftlichen Sinne biologische Arten, Unterarten und Varietäten umfassen können.

einen wichtigen Puffer für zukünftige Landnutzungspläne sowie für den Fall unvorhersehbarer Naturkatastrophen dar[346].

Auch wenn nur relativ wenige Ressourcen gehandelt werden, so besitzen die meisten Waldprodukte einen erheblichen subsistenzwirtschaftlichen Wert[347].

Unter den Nutzpflanzen Lempunahs sind die folgenden Familien am artenreichsten:

Pflanzenfamilie	Arten	Anteil
Palmae	43	13,4 %
Euphorbiaceae	24	7,5 %
Anacardiaceae	22	6,9 %
Moraceae	22	6,9 %
Dipterocarpaceae	17	5,3 %
Lauraceae	14	4,4 %

Tabelle 24: Die häufigsten genutzten Holzgewächsfamilien in Lempunah. Bemerkung: In der Familie der *Palmae* sind auch die 28 lokal unterschiedenen Rattanarten enthalten.

3.6.2 Nahrung aus dem Wald

Mindestens 114 Pflanzentaxa werden in Lempunah als Nahrungsressourcen gesammelt (vgl. Tabelle 23). Darunter befinden sich 78 Frucht- und Nussarten (u. a. 18 *Anacardia-ceae*, 12 *Moraceae*, 10 *Sapindaceae*, 7 *Euphorbiaceae*, 5 *Bombacaceae*, und 5 *Burseraceae*), 21 Arten, die für die Honigproduktion von Bedeutung sind (u. a. 7 *Dipterocarpaceae*, vgl. 3.3) sowie 6 Palmenarten (*Palmae*), deren 'Palmherz' (*Ur*) gegessen wird.

Während viele dieser Arten in *Simpukng* angebaut oder zumindest erhalten werden, wachsen andere wild in den unterschiedlichen Waldbrachestadien. Die meisten Früchte sind zum direkten Verzehr bestimmt und werden als Zwischenmahlzeit oft entlang des Weges genossen. Einige wenige werden gelegentlich gehandelt (vgl. 3.3), wieder andere sind dafür bekannt, dass sie jagdbare Tiere anlocken (z. B.

---

[346] Der bis dahin kaum genutzte Sumpfwald lieferte während der Dürre von 1997/98 Fisch und Schildkröten. Zudem wurden vorübergehend trockengefallene Bereiche dieses Waldes 1998 zum Reisanbau verwendet.

[347] Das Abschätzen der Subsistenzbedeutung ist in rein ökonomischen Zahlen schwierig, da die meisten Schätzwerte eher auf potentiellen als auf tatsächlichen Marktpreisen und -verhältnissen beruhen (vgl. Peters et al. 1989), oder aber gesundheitliche und religiöse Aspekte vernachlässigen, die sich ohnehin nur unzulänglich bewerten lassen.

Beos – *Gracula religiosa*, Nashornvögel – *Bucerotidae*, oder Bartschweine – *Sus barbatus*).

Das Fleisch des essbaren Arillus der Durianfrüchte (*Durio* spp.) ist reich an Kohlenhydraten, Proteinen, Fettsäuren und Mineralstoffen (Subhadrabandhu et al. 1992:158).

In Mastjahren können die Früchte der verschiedenen Durianarten bzw. Durianvarietäten vorübergehend zur Hauptdiät im Dorf werden[348]. Während dieser Phasen kann das Sammeln und Verzehren von Durian das Dorfleben derart dominieren, dass die meisten übrigen Aktivitäten zum Erliegen kommen[349]. Eine wichtige ernährungsphysiologische Bedeutung der Durian besteht im zeitlichen Zusammentreffen ihrer Fruchtperioden mit Reisknappheit gegen Ende des landwirtschaftlichen Jahreszyklus (Dezember bis März, kurz vor der Ernte)[350].

Palmherzen (*Ur*) sind unabdingbarer Bestandteil des Abschlussmahls nach einem Büffelopfer (im Rahmen von *Kwangkai*- und *Guguq Tautn*-Riten). Das am höchsten geschätzte *Ur* ist das Herz der *Niwukng*-Palme (*Oncosperma tigillarum*). Aber auch Rattane (z. B. *Juaaq* – *Plectocomiopsis geminiflora*) sowie kultivierte Palmenarten (*Arenga pinnata, Elaeis guineensis*) werden zur *Ur*-Zubereitung verwendet, wobei Palmherzen in der alltäglichen Küche eher als Essen zweiter Wahl bzw. als 'Waldessen' gelten.

Daten aus anderen Gebieten Ost-Kalimantans weisen ausdrücklich auf die hohe ernährungsphysiologische Bedeutung dieser Wald'snacks' hin (Colfer 1997:62-5), und obwohl in Lempunah keine quantitativen Ernährungsstudien durchgeführt wurden, erhielt ich den Eindruck, dass vor allem abseits der Dörfer diese Waldnahrung ganz erheblich zur ausgewogenen Ernährung der Benuaq beiträgt[351].

Neben pflanzlichen Nahrungsressourcen sind vor allem Wild und Fisch als wesentliche Proteinquelle von Bedeutung. Das auf Grund seines hohen Fettgehaltes (*Dawaaq*) am höchsten geschätzte Wildbret ist das Bartschwein (*Sus barbatus*). In

---

[348] Ich erlebte lediglich im März 1991 eine reiche Durianernte, als ich das Dorf für einige Tage besuchte. Zwischen 1996 und 2000 gab es hingegen keine weiteren Mastjahre.

[349] Aus anderen Gebieten Indonesiens wird berichtet, dass selbst die Reisernte leidet, wenn sie auf die Zeit der Durianernte fällt (Subhadrabandhu et al. 1992:157).

[350] Die Fermentierung von Früchten wurde in Lempunah bereits vor mehreren Jahrzehnten eingestellt. Die Gründe dafür sind jedoch nicht ganz klar. Der Konsum von Alkohol wird vom Glaubenssystem der Benuaq nicht verboten, dennoch trinken die Benuaq vor allem im Vergleich zu anderen Dayakgruppen sehr wenig Alkohol, da sie sich, wie häufig betont wird, nicht gerne 'schwindlig' fühlen. Unter Umständen geht diese freiwillige Abstinenz aber auch auf den nachbarschaftlichen Kontakt mit der muslimischen Bevölkerung Kutais zurück.

[351] Meine Gastfamilie betonte immer wieder, dass das Essen in der Feldhütte erheblich besser schmecke als im Dorf. Auch wenn diese Wahrnehmung unter Umständen durch die schwere körperliche Arbeit auf dem Feld und den daraus resultierenden Appetit beeinträchtigt ist, so waren die Mahlzeiten in der *Ukop*-Hütte generell reichhaltiger als im Dorf, da neben frischen Feldfrüchten und Gemüsesorten zusätzlich auch Waldprodukte in großer Menge vorhanden waren.

der Beliebtheitsskala folgen dann die verschiedenen Hirscharten wie der Indische Sambar (*Cervus unicolor*), zwei Muntjakarten (*Muntiacus muntjak, M. atherodes*) sowie zwei Kantschilarten (*Tragulus javanicus, T. napu*). Aber auch Stachelschweine (*Hystricidae*), Schuppentiere (*Manis javanica*) und Warane (*Varanus* spp.) sowie zahlreiche Vogelarten werden gejagt und gegessen. Nach dem *Adat* dürfen generell Tiere, die dem Menschen Schaden zufügen, getötet und verspeist werden[352]. Haustiere werden hingegen nur im Rahmen religiöser Feste (einschließlich deren Nebenveranstaltungen wie nach Hahnenkämpfen) oder im Fall eines plötzlichen Todes gegessen[353].

Wie in den meisten anderen Gebieten Borneos wurde traditionell mit Speeren, Fallen und mit Blasrohren (*Botatn*) gejagt. Die mehr als zwei Meter langen Blasrohre werden aus dem harten Holz mehrerer Baumarten wie *Teluyatn* (Eisenholz, *Eusideroxylon zwageri*), *Puti* (*Koompassia excelsa*), *Daraq* (*Artocarpus dadah*) oder *Kepuatn* (*Artocarpus anisophyllus*) hergestellt. Inzwischen wird die Bohrung mit einem industriellen Holzbohrer angefertigt, der an der Welle eines Bootsmotores befestigt wird; traditionell wurde der Pfeilkanal hingegen ausgeglüht.

Die Pfeile werden aus *Anau* (*Pholidocarpus majadum*) und *Belaakng* (*Borassodendron borneensis*) hergestellt und mit Korken aus dem Mark der *Nanga*-Palme (*Palmae*) versehen. Das Pfeilgift stammt aus der Rinde des *Ipu*-Baumes (*Antiaris toxicaria*). Es wird individuell mit weiteren Ingredienzen wie beispielsweise *Wakaai Sinaq* (unbestimmt) vermischt.

Blasrohre wurden überwiegend für die Jagd auf kleinere Tiere wie Affen, Vögel oder Kantschils verwendet, da größere Tiere nach einem Treffer noch relativ weit laufen können, was die Suche nach ihnen erschwert[354]. Heute wird in Lempunah kaum mehr mit Blasrohren gejagt[355]. Allerdings spielen sie nach wie vor in den *Belian*-Heilriten eine wichtige symbolische Rolle, wo es für Blasrohre und Pfeile eigene rituelle Namen gibt. Wirtschaftlich ist die Anfertigung kleiner verzierter

---

352 Diese Vorschrift hängt allerdings von der individuellen Interpretationsweise ab. Dennoch wurden beispielsweise keine Languren (*Prebytis* spp.) und Nasenaffen (*Nasalis larvatus*) getötet, im Gegensatz zu Makaken (*Macaca* spp.), die als notorische Reisdiebe gelten.

353 Ein Huhn, das nach einer Vergiftung durch Kunstdünger starb, wurde noch am selben Tag von der Familie gegessen.

354 Die Benuaq bestätigten, dass andere Gruppen wie die Punan im Umgang mit Blasrohren versierter sind als sie selbst. Demnach können Punan auch Wildschweine mit dem Blasrohr erlegen (vgl. auch Diskussion in Seitz 1988a:166).

355 Im Konfliktfall werden Blasrohre jedoch nach wie vor von den Benuaq mitgeführt. So auch 1998/99 bei der Besetzung der beiden Basislager des Ölpalmunternehmens (vgl. 2.3.2).

Souvenirblasrohre, die vorwiegend nach Malaysia exportiert werden, für mehrere Familien von Bedeutung[356] (vgl. 4.1.2).

Speere (*Bujak*) werden hingegen noch immer regelmäßig für die Jagd auf Schweine und Hirsche benutzt. Der Speerschaft ist aus *Temias* (unbestimmt), dessen Holz so hart wie Eisenholz ist, aber weniger leicht bricht. Die Speere werden über Feuer gerade gebogen, und mit einer Eisenklinge versehen.

Gejagt wird bei Tag (*Kasuq*) oder bei Nacht (*Tuyutn*). Dabei arbeitet der Jäger allein oder zusammen mit einem Rudel Hunde, die die Beute stellen. Die zweite Methode wird vor allem tagsüber angewendet. Jagt der Jäger alleine oder in einer kleinen Gruppe, so sitzt er meist in der Nähe fruchtender Bäume (auch Gummibäume[357]) wie *Pipit Pare – Lithocarpus bennetti, Taman Laba – Elateriospermum tapos*, oder *Cerikng – Archidendron jiringa* an oder bewegt sich langsam und vorsichtig durchs Unterholz.

Männliches Bartschwein (*Sus barbatus*).

---

[356] Im April 1999 sah ich auf dem Flughafen in Kota Kinabalu ein höchstwahrscheinlich in Lempunah gefertigtes Souvenirblasrohr. Der ausgeschilderte Verkaufspreis lag dabei zweihundertmal über dem Lohn, den der Schnitzer im Dorf dafür erhielt.

[357] Zu Beginn der Trockenheit von 1997/98 waren die Gummigärten Lempunahs ein bevorzugtes Jagdrevier, da von den herabgefallenen Samen zahlreiche Wildschweine angelockt wurden.

Indischer Sambar (*Cervus unicolor*).

Alternativ zum Speer werden auch selbstgebaute Gewehre benutzt. Als Kugeln werden abgesägte Stahlbolzen verwendet, das Zündpulver stammt von Streichholzköpfen und der Abzug besteht aus einem einfachen Gummizug. Nach Auskunft der Jäger kann man mit einem solchen Gewehr ein Schwein auf zehn Meter Entfernung töten. In Anbetracht der Gefährlichkeit eines verletzten Wildschweins werden Gewehre zunehmend den Speeren vorgezogen, vor allem in Jagdgebieten mit dichtem Unterwuchs, in denen sich Speere nur schwer werfen lassen.

Jagd mit selbstgebautem Gewehr.

Die Jagdtechniken sind individuell verschieden, und alle Jäger in Lempunah verfügen über ihre eigenen Strategien. Diese umfassen das sorgfältige Beobachten anderer Tiere wie beispielsweise von Weißstirnlanguren (*Presbytis frontata*). Diesen folgen häufig Bartschweine durch den Wald, da die Affen gelegentlich Früchte zu Boden fallen lassen. Diese Strategie ähnelt der *Nedok* genannten Jagdtechnik der

Punan, bei der Rufe und Bewegungen von Schweinsaffen (*Macaca nemestrina*) nachgeahmt werden, um Wildschweine anzulocken (Puri 1995:33).

Zwar ließ sich die Anzahl der erbeuteten Tiere in Lempunah nicht quantitativ erfassen[358], doch nach Aussage verschiedener Informanten erlegte der erfolgreichste Jäger Lempunahs 1996 etwa 150-200 Wildschweine. Meinen eigenen Beobachtungen zufolge erscheint diese Zahl als jährlicher Durchschnittswert zu hoch, der wohl näher bei 100 Tieren liegen dürfte. Vier weitere Jäger, die jedoch seltener auf die Jagd gehen, tragen pro Jahr zusammen ungefähr weitere 100 Tiere bei, was allerdings von den Wanderbewegungen des Bartschweins abhängt (vgl. 4.3.3). Hirsche werden auf Grund ihrer geringeren Populationsdichte seltener erlegt. So veranschlagten zwei Jäger ihre monatliche Beute auf drei Sambar-Hirsche (*Cervus unicolor*) und zehn Muntjaks (*Muntiacus* spp.).

Neben Fleisch wird vor allem das Fett (*Dawaaq*) der Wildschweine geschätzt und käuflichem Speiseöl vorgezogen. Es wird ausgelassen und in Flaschen und Plastikkanister gefüllt. Benutzt wird es überwiegend zum Braten und Frittieren (z. B. von Maniok und Bananen).

Tiere werden auch mit Fallen gefangen. Die in Lempunah gebräuchlichsten Fallenarten sind in Tabelle 25 aufgeführt.

Potiiq	Speerfalle aus Holz und Bambus
Oyoot	Schlingenfalle für größere Tiere
Pelora	Schlingenfalle für kleinere Tiere und Vögel (Hühner)
Sentangoq	Halsschlingenfalle für größere Tiere (z. B. Hirsche)
Goaaq	mit Spießen bewehrte Grubenfalle
Tongkoop	mit Deckel versehene Grubenfalle
Kahap	mit Bambusspießen bewehrte Trittfalle
Lidih	Leimrute für Vögel (v. a. für Beos)

Tabelle 25: Fallenarten in Lempunah.

Viele dieser Fallen, vor allem *Potiiq*-Speerfallen[359] (gefertigt aus *Sangulai* (*Timonius lasianthoides*) mit Speerspitzen aus Bambus (*Schizostachyum blumei*) und

---

[358] Da drei der Jäger die meiste Zeit im Wald lebten, ließen sich keine exakten quantitativen Daten erfassen.

[359] Die Funktionsweise einer *Potiiq*-Falle aus Lempunah ist im Film 'World Courier – Borneo' (Bayrischer Rundfunk 2000) zu sehen.

Tana Gendikng Zweigen zur Lenkung der Tiere) werden rings um die Felder ange-
legt, deren Anbaufrüchte damit effektiv geschützt werden (vgl. 3.2.2). *Pelora*-
Schlingenfallen werden in der Regel für Kantschils (*Tragulus* spp.) sowie für
Fasane und andere Glattfußhühner (*Phasianidae*) verwendet[360].

Das Wildbret wird teilweise von der Familie des Jägers verzehrt, teilweise wird
es in Lempunah oder an Händler in Tanjung Isuy verkauft. Gelegentlich erhält auch
der *Kepala Adat* (*Mantiiq*) einen Teil der Jagdbeute.

Wildschweinfleisch wurde während des Untersuchungszeitraums zwischen
2.000 Rp und 3.500 Rp/kg verkauft, abhängig von Angebot und Nachfrage.
Hirschfleisch kostete zwischen 2.500 Rp und 6.000 Rp/kg.

Fische werden regelmäßig mit Speeren, Reusen und Angeln aus dem Ohong
sowie aus kleineren Waldbächen und Sumpfgebieten gefangen und für die täg-
lichen zwei bis drei Mahlzeiten zubereitet (häufig getrocknet und gesalzen). Seit
Mitte 1998 wird Fisch aber auch in größerem Maße gehandelt. Vor allem Welse
(*Siluriformes*) erbrachten pro Tag 10.000-20.000 Rp an Einkommen, was zu dieser
Zeit 5-10 kg Reis entsprach.

Als neue Fischfangtechnik führte ein javanischer Lehrer 1998 das Elektrofischen ein. Dabei werden die Fische mit Stromstößen betäubt, die mit Hilfe einer
Motorradbatterie, einer Zündspule und zweier Elektroden erzeugt werden[361]. Nach
anfänglich sehr guten Fängen gingen die Erträge jedoch Anfang 1999 wieder zurück, da die Sümpfe erneut überschwemmt und somit schwerer zugänglich wurden.

Fischfang mit dem Wurfnetz.

---

[360] Gelegentlich geraten auch größere Tiere in Schlingenfallen. So wurde in einem Dorf am oberen
Belayan (ebenfalls im Bezirk Kutai) ein Nebelparder (*Neofelis nebulosa*) in einer für Kantschile
gedachten Schlinge gefunden (Information von der dortigen Bevölkerung, August 1998).

[361] Auch das Elektrofischen ist im Film 'World Courier – Borneo' zu sehen (Bayrischer Rundfunk
2000).

In einer Reuse gefangener Wels.

Während der Trockenzeit wird gelegentlich auch mit dem Gift der *Twaq*-Liane (ind. *Tuba – Derris elliptica*) oder mit *Keroat*[362] (*Barringtonia pendula*) gefischt. Dabei wird ein Teil der Liane mit einem Stock ausgeklopft, wodurch der Saft ins Wasser gelangt[363]. Je niedriger der Wasserstand ist, desto höher ist die Giftkonzentration und die Effektivität der Technik. Flussabwärts werden dazu Reusen und Rattanzäune aufgestellt, um ein Entkommen der Fische zu verhindern. Die betäubten Fische werden dann mit Rattankörben von der Wasseroberfläche aufgesammelt.

Zwei weitere Fischarten werden in speziellen Holzkäfigen aufgezogen (*Ngkookng – Ophiocephalus striatus, Betutu – Oxyeleotris marmorata*) und erzielten 1999 Preise zwischen 1.500 Rp/kg (*Ngkookng*) und 25.000 Rp/kg (*Betutu*).

Als Wildbret 1998 gegen Ende der Trockenheit rar wurde, begannen viele Dorfbewohner (vor allem Kinder), mit Leimruten (*Lidih*) kleine Vögel (*Passeriformes*) zu fangen. Der Klebstoff wird dabei aus der Rinde des *Pekalukng*-Baums (*Artocarpus elasticus*) gewonnen und mit Öl gemischt. Die Ruten werden aus den Rippen von Palmblättern angefertigt. Mehrere Duzend dieser Leimruten werden dann rings um eine Wasserstelle angebracht, die die Vögel (vor allem während der Dürre) zum Trinken und Baden aufsuchen. Ende März 1998 fing meine Gastfamilie auf diese Weise innerhalb von nur einer Stunde 54 kleine Vögel 11 verschiedener Arten.

---

[362] Diese Pflanze wurde nur von einem einzigen Informanten genannt. Eine weitere Pflanze – *Lajaaq* (*Alpinia galanga*) soll angeblich manchmal mit dem Gift der *Twaq*-Liane vermischt werden.

[363] Bei einem von mir beobachteten *Twaq*-Fischzug (April 1996) wurde für einen 5 m breiten und etwa 100 m langen Flussabschnitt ein ca. 2-3 m langes Lianenstück benötigt. Allerdings verhinderte plötzlich einsetzender starker Regen einen guten Fang. Erbeutet wurden überwiegend kleinere Fischarten wie *Boyut* und *Sepat - Trichogaster sp.*.

3.6.3 Gehandelte Tiere

Lidih-Leimruten werden auch verwendet, um Beos (*Gracula religiosa*) zu fangen, die als Haustiere an Händler verkauft werden[364]. Dazu werden Lockvögel (andere Beos) in der Krone eines früchtetragenden Baums (z. B. *Keramuuq Soni – Dacryodes rostrata*) festgebunden. Rings um diese Lockvögel werden Leimruten angebracht, an denen Artgenossen, die durch die weithin hörbaren Kontaktrufe angelockt werden, hängen bleiben.

Während der Fruchtsaison 1995/96 fingen 7 Vogelfänger in Lempunah 151 Beos. Die meisten dieser Vögel wurden zu Preisen zwischen 15.000 Rp und 60.000 Rp verkauft. Die selben Personen fingen im Jahr darauf nur noch 22 Vögel. Ihre Erklärung für den Fangrückgang war, dass sich die Vögel inzwischen nicht mehr mit Lockvögeln überlisten ließen (vgl. FN 404). Nach den Waldbränden und der großflächigen Waldumwandlung der Ölpalmgesellschaft gingen die Fänge weiter zurück. Ein Händler aus Tanjung Isuy schätzte, dass vor den Bränden und der Waldumwandlung jährlich bis zu einige Tausend Beos im Unterbezirk gefangen wurden, während die Fangzahlen danach (d. h. 1998/99) praktisch bei Null lagen (vgl. auch Jepson et al. 1998).

Neben Beos werden aber auch viele andere Vogelarten als Haustier gehalten. Die beliebtesten Arten sind Blaukrönchen (*Loriculus galgulus*), Rotachselpapagei (*Psittinus cyanurus*), Langschwanzsittich (*Psittacula longicauda*), Perlhalstaube (*Streptopelia chinensis*) und Glanzkäfertaube (*Chalcophaps indica*). Aber auch Malayenhornvogel (*Anthracoceros malayanus*) sowie Weißbrust-Kielralle (*Amaurornis phoenicurus*) wurden als Haustiere festgestellt.

Auch Säugetiere, wie Indischer Sambar (*Cervus unicolor*), Malaienbär (*Helarctos malayanus*), Makaken (*Macaca* spp.), Gibbons (*Hylobates muelleri*) und Otter (*Lutra* sp.) wurden im Untersuchungszeitraum für den Handel (einschließlich des Handels mit Fellen und Schädeln) oder zur eigenen Aufzucht gefangen. Allerdings ist die Zahl dieser Tiere vergleichsweise gering.

Ein gänzlich neuer Markt entstand Ende 1997, als (muslimische) Banjar-Händler zu relativ hohen Preisen Schildkröten (*Chelonii*) aufkauften, die sie nach Samarinda und Banjarmasin verkauften, von wo aus die Tiere nach Singapore, Hongkong und Taiwan exportiert wurden (vgl. Momberg et al. 1998). Die Schildkröten erzielten, abhängig von Größe und Art, Preise zwischen 400 Rp und 25.000

---

[364] Vor allem junge Beos können die menschliche Sprache perfekt imitieren. Die Vögel werden überwiegend von Stadtbewohnern gekauft, die zum Teil mehrere hunderttausend Rupiah für einen jungen Beo bezahlen. Die Spezialisierung auf den Fang von Beos führte gegen Ende der 1980er ein Lehrer in Lempunah ein, der selbst ethnisch zu den Tonyoi gehört, bei denen Beofang schon länger praktiziert wird (vgl. Jepson et al. 1998).

Rp/kg[365]. Während der Dürre von 1997/98 wurden mindestens 1.500 Schildkröten fünf verschiedener Arten gefangen (Malayan Giant Turtle – *Orlitia borneensis*, Black Pond Turtle – *Siebenrockiella crassicollis*, Malayan Box Turtle – *Cuora amboinensis*, Malayan Softshell Turtle – *Dogania subplana*, sowie Asian Softshell Turtle – *Amyda cartilaginea*[366]). Die Tiere stammten überwiegend aus dem trocken-gefallenen Sumpfwald rings um Lempunah. Angesichts der unmittelbar voraus-gegangenen Missernte sowie der Preisteuerung war für viele Familien das Einkom-men aus dem Verkauf der Schildkröten in dieser Zeit von größter Bedeutung. Ein lokaler Händler aus Tanjung Isuy berichtete, dass er 1998 etwa 10 t Schildkröten weiterverkauft habe, die überwiegend aus den Ohongsümpfen stammt hätten.

Links: Asian Softshell Turtle – *Kentawakng* (*Amyda cartilaginea*)
Rechts: Malayan Softshell Turtle – auch *Kentawakng* (*Dogania subplana*)

Links: Malayan Box Turtle – *Kodoq Katuq* (*Cuora amboinensis*)
Rechts: Black Pond Turtle – *Kodoq Anau* (*Siebenrockiella crassicollis*)

---

[365] Im Juni 1998 wurde *Kodoq Anau* (*Siebenrockiella crassicollis*) zu 4.000-5.000 Rp/kg, *Kodoq Katuq* (*Cuora amboinensis*) zu 5.000-6.500 Rp/kg, und *Biukuu* (*Orlitia borneensis*) zu 400 Rp/kg gehandelt. Der Preis für *Kentawakng* (*Amyda cartilaginea*) hing vom individuellen Gewicht des Tieres ab: 1-1,5 kg wurden zu 21.000-25.000 Rp, 1,5-5 kg zu 19.000 Rp, 5-10 kg zu 10.000 Rp, 10-20 kg zu 5.000 Rp, und mehr als 20 kg schwere Tiere (bis zu über 50 kg) wurden zu 4.000 Rp/kg verkauft. Der Maximalpreis wurde im April 1998 erreicht. Danach sanken die Preis trotz des stark rückläufigen Angebotes.

[366] Die Nomenklatur folgt Liat & Das (1999).

Malayan Giant Turtle – *Biukuu* (*Orlitia borneensis*)

3.6.4 Baumaterial

In Lempunah werden noch sämtliche Baumaterialien aus den umgebenden Wäldern gewonnen[367]. Mindestens 110 Taxa werden als Konstruktionsmaterial verwendet, einschließlich der Harthölzer aus der Familie der *Dipterocarpaceae* (17 Taxa, z. B. *Shorea* spp., *Dipterocarpus* spp. und *Dryobalanops* spp.) sowie der *Lauraceae* (14 Taxa, z. B. *Litsea* spp., *Cinnamomum partenoxylon*, und Eisenholz – *Eusideroxylon zwageri*). Ferner werden häufig *Euphorbiaceae* und Bambusgewächse (*Bambusaceae*, *Poaceae*) als Baumaterial genutzt.

Zur Illustration der Materialvielfalt sind in Tabelle 26 Arten zusammengestellt, die zum Bau einer Feldhütte (*Ukop*) verwendet werden:

Dach	*Anau*	*Pholidocarpus majadum*
	Biangan	*Castanopsis javanica*
	Sunjuukng	nicht identifiziert
	Tempuro	*Dillenia* sp.
Wände	*Lempukng*	*Shorea sp.*
	Jangkau	*Xylopia altissima*
	Kumpat Layukng	*Castanopsis megacarpa*
	Deraya	*Horsfieldia* sp.
	Bencomang	*Litsea machilfolia*
Boden	*Pokeeq*	nicht identifiziert
	Tolakng Morakng	*Schizostachyum longispiculatum*
	Si'it	*Calamus sp.* or *Daemonorops grandis*

[367] In den Benuaq-Tonyoi Dörfern um Melak und Barong Tongkok (ca. 70 km nordwestlich von Lempunah) muss bereits auf Grund der weiter fortgeschrittenen Entwaldung Bauholz von Gegenden weiter flussaufwärts gekauft oder aber durch Ziegel ersetzt werden.

Pfosten	*Teluyaatn*	*Eusideroxylon zwageri*
	Bernipaq	*Diplospora singularis*
	Keliwatn	*Baccaurea pyriformis*
	Bekangin	*Commersonia bartramia*
Reisspeicher	*Nancakng*	*Macaranga triloba*
	Gemah	*Prunus arborea*
	Mermukng Puluuq	*Shorea ovalis*
	Pekalukng	*Artocarpus elasticus*
	Lempukng	*Shorea* sp.
Bindematerial	*Lalutn*	*Korthalsia scaphigera* or *K. rostrata*

Tabelle 26: Pflanzenarten, die beim Bau einer Feldhütte verwendet werden.

Neben der lokalen Verwendung von Holz, werden mehrere Baumarten auch aus kommerziellen Gründen geschlagen und an ohne staatliche Genehmigung operierende Unternehmer in Tanjung Isuy oder in Gunung Bayan (Unterbezirk Muara Pahu) verkauft. Bei diesen Arten handelt es sich vor allem um Eisenholz (*Teluyatn*, ind. *Ulin – Eusideroxylon zwageri*), *Meranti* (*Shorea* spp.), *Ngoiiq* (ind. *Kapur – Dryobalanops* sp.), und – seit 1999 – *Itir* (*Intsia palembanica*). Die Preisentwicklung der einzelnen Arten ist in Tabelle 27 wiedergegeben.

Art	Jahr	Balken in L	Balken in TI	Schindeln in L
Ulin	1996	100.000 Rp	175-185.000 Rp	4.000-4.500 Rp
	1997	100.000 Rp	200-225.000 Rp	4.000-5.000 Rp
	1998	100.000 Rp	200-250.000 Rp	5.000-6.000 Rp
	1999	150-200.000 Rp	400.000 Rp	6.000-9.000 Rp
Meranti	1997	35.000 Rp	200.000 Rp	
	1998	50.000 Rp	200.000 Rp	
Kapur	1997	40.000 Rp	200-225.000 Rp	
	1998	50-80.000 Rp		

Tabelle 27: Preise für einen Kubikmeter Holzbalken in Lempunah (L) und in Tanjung Isuy (TI). Die Transportkosten betragen 50.000 Rp vom Wald bis nach Lempunah und weitere 50-70.000 Rp/m^3 von Lempunah bis nach Tanjung Isuy (1996-98)[368].

---

[368] Die Verdopplung der Holzpreise zwischen 1996 und 1999 geht vor allem auf den allgemeinen Preisanstieg in Indonesien infolge der Währungs- und Wirtschaftskrise zurück. Er reflektiert nur zu einem geringen Teil den Rückgang der Holzbestände.

Vor allem der Verkauf von Eisenholz (*Eusideroxylon zwageri*) ist eine wichtige Einkommensquelle in Lempunah (vgl. 4.1.2). Die Bäume werden mit Motorsägen gefällt und in vier Meter lange Balken (10 x 10 cm) gesägt. Dieser Arbeit wird ausschließlich von Männern nachgegangen, die dafür häufig mehrere Wochen lang in Waldcamps ziehen. Mit der Extraktion von Eisenholz lassen sich pro Tag zwischen 100.000 und 200.000 Rp verdienen, was im Untersuchungszeitraum 30-80 kg Reis entsprach, während die Herstellung von Eisenholzschindeln, die mit dem *Mandau* gespalten werden (und damit nicht die Verfügbarkeit einer Motorsäge voraussetzen), ein Tageseinkommen von etwa 18.000-30.000 Rp (d. h. 5-10 kg Reis) ergibt.

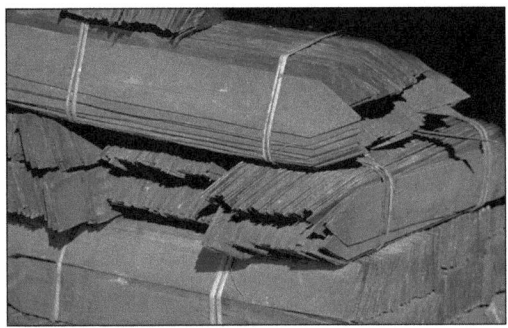

Sirap-Schindeln aus Eisenholz.

Im Laufe der vergangenen Jahre nahmen die Eisenholzbestände immer stärker ab, so dass die nächsten Vorkommen heute etwa 20-30 km weit von Lempunah entfernt sind. Die rohen Balken werden meist an Händler aus Tanjung Isuy verkauft, die auch den Transport per Lastwagen übernehmen und Balken sowie Schindeln nach Muara Muntai und Samarinda verkaufen, von wo aus das Holz nach Java und Sabah (Malaysia) verschifft oder für den lokalen Baumarkt verkauft wird.

Während der indonesischen Wirtschaftskrise von 1997/98 bauten diese Unternehmer Schuldabhängigkeiten ('debt-bounds') mit den lokalen Holzfällern auf, denen sie Grundnahrungsmittel wie Reis, Zucker, Zigaretten und Speiseöl sowie Benzin für die Motorsägen bereitstellten. Diese Waren mussten die Holzfäller dann im Laufe der Zeit mit geschlagenem Holz zurückzahlen[369].

---

[369] In zumindest zwei Fällen fühlten sich Holzfäller mit diesem System nicht wohl und beendeten diese Abhängigkeit, sobald sie genügend Holz geschlagen hatten. Um ihre eigene Unabhängigkeit zu wahren, zogen sie es sogar vor, Gummi zu wesentlich geringeren finanziellen Erträgen zu zapfen (vgl. 4.3.3).

Illegales Sägewerk.

Außer für den Hausbau und den Verkauf wird Bauholz auch zur Konstruktion von Einbäumen verwendet. Diese *Langkatn* genannten Boote können aus dem Stamm mehrerer Baumarten wie Eisenholz (*Teluyatn – Eusideroxylon zwageri*), *Perowali* (*Cinnamomum partenoxylon*), *Bungur* (*Lagerstroemia speciosa*), *Kepapaaq* (*Vitex pubescens*), *Miyadukng* (*Pithecellobium splendens*) oder *Seranai* (*Dactylocladus stenostachys*) hergestellt werden.

Weitere Gebrauchsgegenstände wie Fischreusen, Zäune, Böden, Matten, Körbe, Behälter und Ritualgegenstände werden aus verschiedenen Bambus- und Rattanarten gefertigt (vgl. auch Bayrischer Rundfunk 2000).

3.6.5 Medizin aus dem Wald

Obwohl in Lempunah meist moderne Medikamente bevorzugt werden, gaben alle befragten Familien an, dass sie im Krankheitsfall zusätzlich auch traditionelle Medizinalpflanzen verwenden. Das Wissen über Medizinal- und Ritualpflanzen ist im Dorf allerdings nicht gleich verteilt. Zwar verfügen die meisten Bewohner über ein gewisses Grundwissen (Frauen in der Regel mehr als Männer), doch das eigentliche Fachwissen besitzen die *Pemeliatn*-Heiler.

Die wesentlichen Anwendungsbereiche für Medizinalpflanzen in Lempunah sind in der folgenden Tabelle zusammengefasst[370]:

---

[370] Obwohl ich auf die meisten Arten der Ressourcennutzung detailliert eingehe, halte ich mich in diesem Kapitel zurück. Solange die Frage der intellektuellen Eigentumsrechte sowie deren mögliche Sicherung oder Vergütung nicht zufriedenstellend gelöst ist, werde ich die Namen dieser unter Umständen wirtschaftlich verwertbaren Heilpflanzen nicht veröffentlichen.

Anwendung	n
Hygiene (Haut, Haar, Mund)	20
Verdauungstrakt (gegen Durchfall, Erbrechen und Bauchschmerzen)	12
Gynäkologie (Schwangerschaft, Geburt)	8
Erkältung und Husten	7
Stärkungsmittel	5
Wundversorgung	4
Fieber (einschließlich Malaria)	4
Psychische Erkrankungen, mentale Stärkung	4
Knochen	2

Tabelle 31: Anwendungsfelder lokaler Medizinalpflanzen.

Offensichtlicher und auffälliger als die Verwendung von Medizinalpflanzen ist der Gebrauch von Pflanzen, die speziell für religiöse Riten benötigt werden. Mindestens 97 Pflanzentaxa werden für die verschiedenen Riten gebraucht; 59 von ihnen (mit 32 Pflanzenfamilien) allein für die *Belian*-Heilriten. Die meisten Arten wie junge *Teluyatn*-(*Eusideroxylon zwageri*) und *Lomuuq*-Bäume (*Canarium decumanum*, aber auch *Lomuuq Potukng – Evodia alba* – sowie *L. Nancakng – Macaranga triloba*) sind als notwendige Ingredienzen (ind. *Ramuan*) rituell vorgeschrieben[371], während verschiedene Bambus- (*Bambusaceae, Poaceae*) und Baumarten (z. B. *Kayutn Arakng – Diospyros* sp., *Nancakng – Macaranga triloba, Kelebahuq – Glochidion obscurum, Potukng – Evodia alba*) zur Herstellung zahlreicher ritueller Gegenstände verwendet werden, einschließlich hölzerner Figuren aus *Pesaaq* (*Fordia* sp.), *Nunuq Singah* (*Ficus* sp.), und *Deraya Sepatukng* (*Horsfieldia grandis*)[372].

3.6.6 Andere Nutzmaterialien aus dem Wald

Mindestens 33 Baumarten werden in Lempunah als Feuerholz verwendet. Unter diesen gelten *Kepapaaq* (*Vitex pubescens*) und *Pipit* (*Lithocarpus elegans*) auf

---

371 *Teluyatn*-Bäume (der 'männliche' Baum, im *Beliatn* gelegentlich als *Lomuuq Teluyatn* bezeichnet) werden mit der Krone nach oben aufgestellt, während die Krone der übrigen *Lomuuq*-Bäume nach unten zeigt. Diese Bäume dienen zum Rufen der *Kelelungan*-Seelen (vgl. 2.2.8).

372 Die meisten Ritualpflanzen lassen sich in unmittelbarer Dorfnähe finden. Lediglich manche Baumarten wie Eisenholz (*Eusideroxylon zwageri*) sind in manchen Gebieten selbst als Verjüngung so selten, dass sie in zum Teil großer Entfernung von den Dörfern gesucht werden müssen.

Grund ihrer hohen Verbrennungseffizienz als die geeignetsten[373]. Die Kohle dreier Holzarten (*Teluyatn – Eusideroxylon zwageri, Kahooi – Shorea balangeran*, und *Kepahu* – unbestimmt) wird von den lokalen Schmieden zum Erhitzen der Esse genutzt.

In der Vergangenheit wurden die Fasern mehrerer Pflanzenarten wie *Doyo* (*Curculigo* spp.) und Ananas (*Ananas comosus*) sowie Bast von *Ayaq* (*Ficus variegata*), *Ipu* (*Antiaris toxicaria*) und *Pekalukng* (*Artocarpus elasticus*) zur Herstellung von Textilien verwendet. Heute werden Bastkleider und *Doyo*-Webstoffe (*Ulap Doyo*) überwiegend für den Souvenirmarkt sowie (in geringerem Maße) für die Anfertigung ritueller Kleidung (für *Kwangkai* und *Guguq*) oder auch zur häuslichen Dekoration hergestellt. Dabei tragen Frauen vor allem durch die Produktion und den Verkauf von *Ulap Doyo*-Webereien erheblich zur Sicherung des finanziellen Familieneinkommens bei (vgl. 4.1.2). Die *Doyo*-Blätter werden dazu gesammelt, gewaschen, getrocknet und zerfasert. Die Fasern werden anschließend zu Fäden geknüpft, die auf einen Holzrahmen gespannt werden. Gewünschte Motive werden nun mit Plastikfolie abgebunden, um sie so vor dem anschließenden (je nach Anzahl der Farben wiederholten) Färbeschritt zu schützen (*Ikat*-Technik, von ind. *ikat* = (Ab)binden). Als Färbestoffe werden teilweise traditionelle Pflanzenfarbstoffe (s. u.), häufiger aber chemische Farben verwendet. Nach dem Färben werden die Fäden auf einen hölzernen Webrahmen gespannt und zum fertigen *Ulap Doyo* verwoben. Die Webstoffe werden in der Regel von Händlern zu Preisen zwischen 7.000 Rp (1996) und 12.500 Rp (1999) für einen kleinen Stoff (ca. 30x110 cm), und zwischen 12.000 Rp (1996) und 25.000 Rp (1999) für einen großen Stoff (ca. 60x110 cm) verkauft.

Doyo-Palmen (*Curculigo* sp.).

---

[373] Ein Informant erwähnte, dass unterschiedliche Feuerholzarten (mit unterschiedlichen Flammentemperaturen) zur Zubereitung unterschiedlicher Speisen verwendet würden. In der Regel wird die Hitze eines Feuers jedoch über dessen Größe reguliert.

Der Verkauf von *Ulap Doyo*-Stoffen trägt wesentlich zum Einkommen der meisten Haushalte bei.

Die Fasern zweier weiterer Arten, *Kapoq* (*Ceiba pentandra*, angebaut) und *Padakng* (*Imperata cylindrica*, eine häufige Grasart) werden zum Füllen von Matratzen und Kissen verwendet.

In früheren Zeiten wurden native Gummisorten und Harze aus dem Inneren Borneos bis nach China und Arabien exportiert (vgl. Zusammenfassung über den Gummihandel in Dove 1994:383-385, sowie Wolters 1967 und von Heine-Geldern 1945). Unter diesen gehandelten Gummiarten befanden sich mehrere Vertreter der *Sapotaceae* wie *Ketiau* (*Palaquium* sp.), *Malau* (*Palaquium* sp., das auch heute noch zur Verbindung von *Mandau*-Klinge und -Griff verwendet wird), *Natu Beneeq* (*Palaquium* sp.), und *Natu Tunyukng* (*Madhuca* spec), und zwei Arten anderer Familien, *Kayutn Uraatn* (*Dyera costulata*, *Apocynaceae*) und *Wakaai Letatn* (*Willughbeia* sp., *Logantaceae*).

Diese Arten lassen sich nach Doves Klassifizierung für Borneos Latexarten (1994:384-385) wie folgt, einteilen:

Gummiart	nach Dove (1994)	in Lempunah
Caoutchouc	Ficus elastica Willughbeia spp.	*Wakaai Letatn*
Gutta Percha	Palaquium spp. Payena spp.	*Ketiau, Malau, Natu Beneeq*
Gutta Jelutong	Dyera spp.	*Kayutn Uraatn*

Tabelle 28: Kategorien wilder Latexarten in Borneo.

Die Harze von mindestens elf Baumarten werden als Räucherwerk in Riten (*Jerapiq* – *Calophyllum soullatri*, *Kelaneh*, *Sengongong*) sowie als Leim (*Bekalukng*, *Putaakng* – *Shorea* sp., *Butakng Metapm* – *Shorea* sp., *Lomuuq* – *Canarium decumanum*, *Melasio* – *Shorea* sp., *Tebukng* – *Vatica* sp., und *Telaatn*), verwendet, während das Harz von *Mermukng Lemit* (*Shorea smithiana*) früher als *Damar* exportiert wurde.

Gaharu, das wertvolle Herzholz mit einem speziellen Pilz infizierter *Alaas*-Bäume (*Aquilaria* spp., hauptsächlich *A. malaccensis*) wurde ebenfalls gehandelt, scheint aber in der Gegend um Lempunah eher selten vorzukommen[374].

Mehrere Pflanzenarten werden zum Färben (v. a. von *Doyo*-Fäden) verwendet:

Farbe	Benuaq Name	Botanischer Name	Pflanzenteil	Färben von:
Rot	*Gelinapm*	nicht identifiziert	Früchte	*Doyo*
	Mepooq	*Ixonanthes sp.* *	Rinde	Holz
braun	*Kalaakng*	*Durio zibethinus* *	Rinde	*Doyo*
	Kekereq	*Archidendron microcarpum*	Rinde	*Doyo*
grün	*Puput*	*Jasminum sambac*	Blätter	*Doyo*
schwarz	*Sopaakng Piaq*	*Archidendron sp.* *	Blätter	*Doyo*, Rattan

Tabelle 29: Färbepflanzen. * auch in Lemmens & Wulijarni-Soetjipto (eds.) (1992) erwähnt.

Das Harz von *Wai Meaq* (*Eugenia fumida*), *Wai Pulut* (*Eugenia palembanica**) sowie die Blätter von *Laliiq* (*Ficus quocarpa*) werden als Holzimprägniermittel verwendet, während die Blätter von *Embagai* und *Kembang Sepatu* (*Hibiscus rosasinensis*) beim Färben der *Doyo*-Fäden als Fixierer beigemischt werden.

Unter den 28 lokal unterschiedenen Rattanarten wurden zwischen 1996 und 2000 neben *Sokaq* (*Calamus caesius*) und *Jepukng* (*Daemonorops crinita*) zehn nicht-kultivierte Arten gehandelt (s. folgende Seite). In Lempunah werden die meisten dieser Arten nur gesammelt und direkt an Zwischenhändler aus Pentat oder Tanjung Isuy weiterverkauft, die die Ernte teilweise weiterverarbeiten. Einige Arten werden dazu in Diesel gekocht (*Calamus manan, C. scipionum, Daemonorops angustifolia*), um sie haltbar zu machen. Andere werden lediglich getrocknet und nach Samarinda transportiert.

---

374 *Gaharu* scheint im Innern Ost-Kalimantans häufiger vorzukommen, wo es vorübergehend zur ökonomisch wichtigsten Ressource wurde (vgl. Momberg et al. 1994 über die Übernutzung der *Gaharu*-Vorkommen durch auswärtige Sammler).

Manche Rattanarten, wie *Kotoq* (*Daemonorops angustifolia*) oder *Tuu'* (*Calamus scipionum)* werden zur Haltbarmachung in Diesel gekocht.

Benuaq Name	Botanischer Name	Jahr	Rp / kg (ungetrocknet)	Äquivalent in kg Reis
Beleh	*Calamus penicillatus*	1992/93	500-750 Rp	ca. 1,5 kg
		1996	750 Rp	ca. 1 kg
		1998	300 Rp	ca. 0,1 kg
		1999	1.000 Rp	ca. 0,3 kg
Boyukng	*Calamus optimus*	1997	150 Rp	ca. 0,1 kg
Keheq	*Calamus muricatus*	1996	400 Rp	ca. 0,5 kg
		1998	300 Rp	ca. 0,1 kg
		1999	600 Rp	ca. 0,2 kg
Inai	*Ceratolobus subangulatus*	1993/94	500 Rp	ca. 1,2 kg
		1998	300 Rp	ca. 0,1 kg
Jehap	*Calamus trachycoleus*	1996	150-250 Rp	
Kotoq	*Daemonorops angustifolia*	1994/95	50-75 Rp	ca. 0,2 kg
		1998	100-200 Rp	ca. 0,1 kg
		1999	150-300 Rp	ca. 0,1 kg
Lalutn	*Korthalsia scaphigera*	1992/93	350-450 Rp	ca. 1 kg
		1996	400 Rp	ca. 0,6 kg
		1997	400-600 Rp	ca. 0,4 kg
		1998	400-2.500 Rp	ca. 0,5 kg
		1999	1.000 Rp	ca. 0,3 kg

Ngono	Calamus manan	1982	350 Rp	ca. 1 kg
		1993-96	150-350 Rp	ca. 0,6 kg
		1997	150 Rp	ca. 0,1 kg
		1998	250-400 Rp	ca. 0,1 kg
		1999	250-600 Rp	ca. 0,2 kg
Sekolaq	Calamus ornatus	1998	200 Rp	ca. 0,1 kg
		1999	250 Rp	ca. 0,1 kg
Tuu'	Calamus scipionum	1984	25 Rp	ca. 0,2 kg
		1991-96	100-150 Rp	ca. 0,4 kg
		1998	200-250 Rp	ca. 0,1 kg
		1999	150-250 Rp	ca. 0,1 kg

Tabelle 30: Nicht-kultivierte gehandelte Rattanarten. <u>Bemerkung:</u> Nicht alle Arten wurden in jedem Jahr gehandelt.

Außer Rattan werden noch einige wenige andere Nicht-Holz-Waldprodukte aus kommerziellen Gründen gesammelt, wie *Inas* (*Bambusa* sp.), das die Ölpalmgesellschaft für 15-20 Rp/Stab (2 m) als Markierungsstecken kaufte, *Malau* (Harz von *Palaquium* sp.), das für 1.000 Rp/Stück (ca. 10 cm) lokal gehandelt wurde (s. o.), sowie die getrocknete Rinde von *Kayu Lem* (*Litsea* sp. c.f.), die 1994/95 für 200-300 Rp/kg verkauft wurde.

Inas (*Bambusa* sp.).

4 Sozioökonomie, Muster und Stategien der Ressourcennutzung

4.1 Sozioökonomie

4.1.1 Erweiterte Subsistenzwirtschaft

Der Lebensunterhalt ('livelihood') wird in Lempunah durch eine erweiterte Subsistenzwirtschaft ('extended subsistence', vgl. Gönner & Seeland 2000) gesichert, wobei der Schwendbau, die Waldgärten sowie der nicht-kultivierte Wald Subsistenzgüter bereitstellen, die durch finanzielles Einkommen aus einer Vielzahl wirtschaftlicher Aktivitäten ergänzt werden. Derartig kombinierte Strategien, die einerseits auf einem breiten Subsistenzbereich beruhen, andererseits aber bisweilen weit in die umgebende Marktwirtschaft hineinreichen, sind auf Borneo keineswegs selten (vgl. Dove 1993b:137, Weinstock 1983b:63-65; Colfer 1997:3; Grossmann 1997:7-8). Historisch reichen diese Strategien mehrere Jahrhunderte zurück (vgl. 3.4, 3.6.6), auch wenn sich die Handelsprodukte und die Anbauweisen durchaus über die Zeit verändert haben.

Im Gegensatz zu einigen abgelegenen Bereichen der Insel, in denen noch immer Tauschhandel vorherrscht (vgl. Inoue & Lahjie 1990) ist Lempunah seit längerem in eine monetäre Marktwirtschaft eingebunden[375]. Allerdings sind die Grenzen zwischen Subsistenz und marktwirtschaftlicher Bedeutung fließend, abhängig vom jeweiligen Preis und der lokalen Nachfrage (für Handel oder eigene Nutzung).

---

[375] Der *Kepala Adat* Lempunahs erinnert sich noch an die Ressourcenpreise (in Cent oder *Sen*, was auch das Benuaqwort für 'Geld' ist) zur Zeit der niederländischen Kolonialmacht.

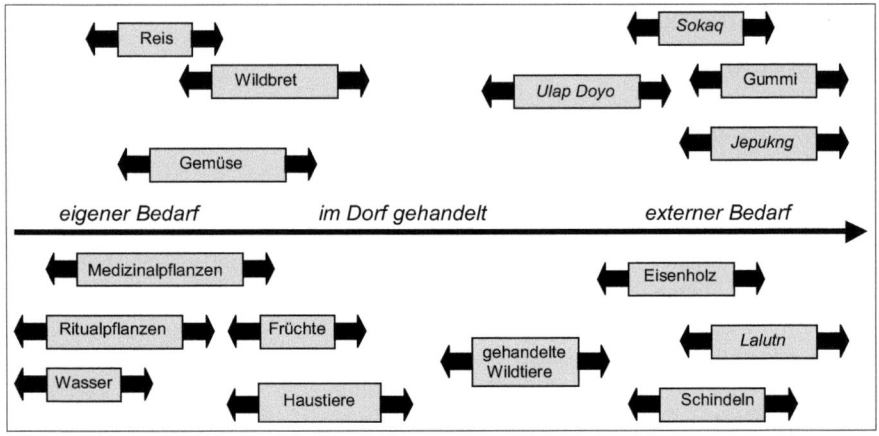

Abbildung 34: 'Schlittenmodell' der Ressourcen entlang eines Gradienten von reiner Subsistenznutzung zu ausschließlichem Verkauf. *Sokaq* (*Calamus caesius*), *Jepukng* (*Daemonorops crinita*) und *Lalutn* (*Korthalsia scaphigera*) sind Rattanarten; bei *Ulap Doyo* handelt es sich um von Frauen gefertigte Webstoffe.

Geld wird benötigt für den Zukauf von Lebensmitteln (v. a. Reis, Zigaretten, Speiseöl und Zucker), für Medikamente und ärztliche Behandlungen, für Schulausbildung, Kleidung, Bootsmotoren, Motorsägen, Motorräder, Fernseher oder aber für religiöse Feste und Riten.

Trotz des relativ hohen Anteils an Subsistenzwirtschaft in Lempunah, entwickelte sich Geldbedarf zu einem wichtigen Entscheidungsfaktor im Dorfgeschehen. Vor allem in Zeiten ungenügender Reisversorgung oder hoher Lebenshaltungskosten (z. B. 1997/98 während der Dürre und der Wirtschaftskrise) steigt der Geldbedarf und wird so zu einem wesentlichen Antriebsfaktor für wirtschaftliche Aktivitäten.

Während die meisten Familien mit Hilfe dieser Aktivitäten um ihr wirtschaftliches Überleben kämpfen, konnten einige wenige Haushalte einen Überschuss erwirtschaften, den sie sowohl in Feldarbeiten (z. B. über das Anstellen von *Konookng*-Lohnarbeitern, oder, wie seit kurzem, in den Kauf von Kunstdünger und Pestiziden) als auch in andere Wirtschaftsbereiche investierten (z. B. in den Kauf von Rattansetzlingen oder *Doyo*-Fasern)[376]. Ob diese Entwicklung zu einer zunehmenden Ungleichheit zwischen den Haushalten führt, bleibt abzuwarten (vgl. 4.1.3). Bislang sind die Einkommensmöglichkeiten relativ gleich verteilt, sieht man einmal von einigen wenigen Familien ab, denen kleine Geschäfte gehören, oder die

---

[376] Als das Ölpalmunternehmen bezahlte Rodungsarbeiten anbot, nahmen vereinzelt Dorfbewohner Kredite auf, um sich eine Motorsäge kaufen zu können, mit der sie diese nur vorübergehende Chance nutzen konnten.

Zugang zu Geldquellen außerhalb des Dorfes haben. Zudem wird nach wie vor ein relativer großer Anteil der finanziellen und der Ressourcen-Überschüsse in große Rituale und Feste investiert und teilweise redistributiert. Auch wenn diese Feiern primär aus religiösen Gründen veranstaltet werden, so erfüllen sie eine ebenso wichtige soziale Funktion, indem sie den Status der austragenden Familie festigen bzw. erhöhen (vgl. 2.2.9).

4.1.2 Einkommensquellen

Nur wenige Personen in Lempunah erzielen ein regelmäßiges Einkommen. Zu diesen gehören die drei Lehrer des Dorfes, ein protestantischer (javanischer) Missionar, der Hausmeister der Schule, zwei Zimmerleute, ein Schnitzer und zwei Schmiede. Doch selbst diese Personen legen meist zusätzlich ein Schwendfeld an, um ihren Lebensunterhalt zu sichern. Die übrige Bevölkerung Lempunahs ergänzt ihre Subsistenzerträge durch eine große Vielzahl an kombinierten, wirtschaftlichen Aktivitäten.

Weniger als 25 % aller Haushalte waren in der Lage, mit nur einer Einkommensquelle zu leben. Die große Mehrheit benötigte neben ihrem Schwendfeld noch mindestens zwei verschiedene Einkommensquellen pro Jahr. Diese diversifizierende Strategie wird weiter unten (vgl. 4.3.4) ausführlicher diskutiert.

Insgesamt gab es zwischen 1995/96 und 1998/99 in RT I/II 15 verschiedene Kategorien von Einkommensquellen, während es derer in RT III nur 11 waren[377]. Dieser Befund erklärt sich im Wesentlichen aus der größeren räumlichen Abgeschiedenheit des RT III (v. a. hinsichtlich der in Tanjung Isuy ansässigen Händler) sowie aus der größeren Einwohnerzahl des RT I/II, die mehr wirtschaftliche Nischen und Spezialisierungsmöglichkeiten mit sich bringt.

---

[377] Die Einkommenskategorien waren: *Belian*-Riten, *Doyo*-Webarbeiten, Verkauf von Gemüse, Hilfszahlungen, Handel, handwerkliche Tätigkeiten, Lohnarbeit im Dorf, Lohnarbeit für das Ölpalmunternehmen, Lohnarbeit für andere auswärtige Unternehmen, Verkauf von Gummi, Rattan, Reis, Haustieren, Eisenholz, von anderen gesammelten Pflanzen, sowie von gejagten oder gesammelten Tieren (inklusive Wildbret). In der Stichprobe aus RT I/II (1996-98, n=18) fehlte lediglich die Kategorie 'Verkauf von Gemüse', während in der Stichprobe aus RT III (1996-98, n=18) 'Handel', ' handwerkliche Tätigkeiten ', 'Lohnarbeit im Dorf', 'Verkauf von Haustieren' sowie 'Verkauf anderer gesammelter Pflanzen' fehlte.

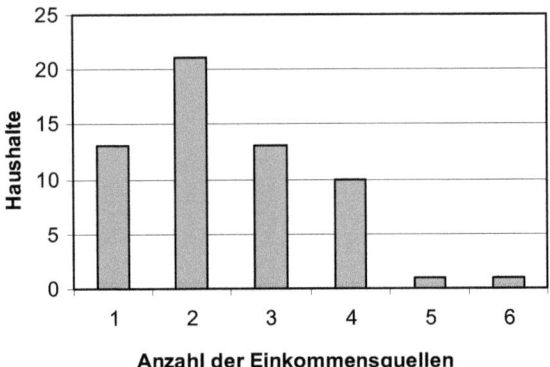

Abbildung 35: Verteilung der Anzahl von Einkommensquellen pro Haushalt in RT I/II (1995/96). Einige Einkommensquellen (z. B. verschiedene Rattanarten) sind dabei zu einer einzigen Kategorie zusammengefasst.

In beiden Dorfteilen sind einkommenschaffende Aktivitäten unersetzlich. Allerdings müssen zusätzliche Erwerbstätigkeiten sowohl in den landwirtschaftlichen Jahreszyklus als auch in das rituelle Leben eingepasst werden. Daher beschränken sich die meisten dieser Arbeiten auch auf Zeiten dringenden Geldbedarfs (z. B. vor der neuen Reisernte, vgl. Dove 1993b:142), auf saisonal bestimmte Zeiten (z. B. für den Fang von Schildkröten oder Beos, aber auch für den Verkauf von Früchten) sowie generell auf Perioden verfügbarer Zeit[378].

Auf Grund dieses unregelmäßigen zeitlichen Musters tragen monatliche oder gar jährliche Hochrechnungen der Einkommenszahlen kaum zur Abbildung der realen Verhältnisse in Lempunah bei[379]. Derartige Berechnungen würden sehr genaues Datenmaterial erfordern, wobei sich in der Regel Personen nur ungenau an unregelmäßiges Einkommen erinnern, vor allem wenn die Einkommensquelle zum Zeitpunkt der Befragung nicht mehr relevant ist (Ellis 1998:9). Anstelle dessen sind in Tabelle 32 Beispiele für typische Erwerbstätigkeiten (einschließlich der üblichen Nutzungsperioden sowie der im Untersuchungszeitraum aktuellen Preis-

---

[378] Finanzielles Einkommen wird auch dazu verwendet, zeitliche Verzögerungen im landwirtschaftlichen Zyklus wieder aufzuholen oder aber um die Schwendbauarbeiten zu optimieren. Dazu werden in der Regel *Konookng*-Helfer angestellt, die gegen Bezahlung bei der Feldarbeit mithelfen. Somit kann eine Familie in Zeiten guter Gummipreise ihre Bäume zapfen, während andere Personen ihr Schwendfeld bearbeiten.

[379] Gleichwohl wird an späterer Stelle (4.1.3) das geschätzte mittlere Monatseinkommen zwischen verschiedenen Haushalten verglichen. Diese Darstellung ist jedoch ausschließlich im Hinblick auf individuelle wirtschaftliche Ungleichheit zu betrachten.

bereiche) aufgelistet. Diese Beispiele wurden systematisch im Rahmen der sozio-ökonomischen Haushaltsinterviews erhoben. Einige Fälle sind im Anschluss an Tabelle 32 näher erläutert.

Ressource	Einkommen	Zeitraum	Preisbereich	Einheit
Jepukng	50.000-2.1 Mio. Rp	1-30 Tage	1.500-3.500 Rp/kg	50-700 kg
Sokaq	90.000-300.000 Rp	1-8 Wochen	300-1.000 Rp/kg	ca. 300 kg
Lalutn	160.000-12 Mio. Rp	1-8 Wochen	1.600-2.000 Rp/kg	100-600 kg
Manau	60.000-315.000 Rp	2-30 Tage	350-400 Rp/kg	150-900 kg
Kotok	30.000-150.000 Rp	2-30 Tage	100-200 Rp/kg	300-1.000 kg
Inas	5.000-10.000 Rp	1 Tag	15-20 Rp/Stab	250-500 Stäbe
Gummi	4.000-15.000 Rp	1 Tag	1.000-3.000 Rp/kg	4-5 kg
Souvenir-Blasrohre	9.000-50.000 Rp	1 Tag	2.500-5.000 Rp/Stück	3-25 Stück
Souvenir-Figuren	25.000-100.000 Rp	1-3 Tage	25.000-100.000 Rp/Stück	1 Stück
Holztisch	25.000 Rp	3 Tage	25.000 Rp/Stück	1 Stück
Holzstuhl	15.500 Rp	3 Tage	15.500 Rp/Stück	1 Stück
Souvenir-*Mandau*	70.000-100.000 Rp	1 Woche	70.000-100.000 Rp/Stück	1 Stück
Schmied	400.000 Rp	1 Monat		
Bauarbeiten	12.000 Rp	1 Tag		
kleiner *Ulap Doyo*	7.000-12.500 Rp	3 Tage	7.000-12.500 Rp/Stück	1 Stück
großer *Ulap Doyo*	12.000-25.000 Rp	5 Tage	12.000-25.000 Rp/Stück	1 Stück
Lampit-Matten	25.000 Rp	10 Tage	25.000 Rp/Stück	1 Stück
Rattankörbe	7.500-12.500 Rp	2-5 Tage	7.500-12.500 Rp/Stück	1 Stück
Eisenholzschindeln	12.000-18.000 Rp	1 Tag	4.000-6.000 Rp/100 Stück	200-300 Stück
Eisenholzbalken	50.000-200.000 Rp	1 Tag	100-200.000 Rp/m^3	0,5-1 m^3
Itir Holzbalken	300.000 Rp	1 Tag	300.000 Rp/m^3	

Bauholz	25.000-50.000 Rp	1 Tag	25.000-50.000 Rp	pro Tag
Wildbret	40.000-100.000 Rp	1 Tag	2.000-4.000 Rp/kg	1 Tier
Schildkröten	100.000-500.000 Rp	1-3 Monate	1.000-25.000 Rp/kg	20-100 kg
Beos	125.000-500.000 Rp	1-3 Monate	15.000-30.000 Rp/Vogel	5-50 Vögel
Fisch	7.500-45.000 Rp	1 Tag	2.000-3.000 Rp/kg	5-30 kg
Motorradtaxi	5.000-10.000 Rp	1 Stunde	5.000-10.000 Rp	Lemp. – Tj. Isuy
Belian-Service	5.000-10.000 Rp	1 Nacht	+ Naturalien	
Warung	10.000-15.000 Rp	1 Tag	10.000-15.000 Rp	pro Tag
Laden	> 2.000 Rp	1 Tag	> 2.000 Rp	pro Tag
Reisbedarf pro Tag	1.600-7.500 Rp	1 Tag	pro Familie	1,5 kg

Tabelle 32: Beispiele für finanzielle Einkommensmöglichkeiten (nach Haushaltsinterviews zwischen 1996 und 1998).

Die folgenden Fallbeispiele stammen aus meiner Gastfamilie.

Fallstudien

1995/96 zapften der Familienvater (der Dorfvorsteher) und seine Frau zwei Monate lang Gummi, nachdem der Vater zuvor gemeinsam mit seinen Schwiegersöhnen drei Monate lang Eisenholz geschlagen hatte. Seine Frau webte derweil *Ulap Doyo*-Stoffe, die sie an eine Händlerin aus Tanjung Isuy verkaufte. Die Familie verkaufte zusätzlich einige Haustiere (Schweine, Enten und Hühner) sowie mehrere gefangene Beos (*Gracula religiosa*) und Warane (*Varanus salvator*). Außerdem fertigte der Familienvater noch einige Blasrohre an, die er als Souvenirs an Besucher verkaufte.

Sein ältester Sohn (verheiratet, ein Kind) zapfte 1995/96 Gummi und verkaufte 6 Beos. Zusätzlich schlug er 6 m³ Eisenholz und fertigte über mehrere Wochen hinweg täglich 200-300 Eisenholzschindeln an.

Die älteste Tochter und ihr Mann (verheiratet, keine Kinder) lebten von der Kombination aus *Ulap Doyo*-Weberei, Gummizapfen (zwei Monate lang), der Anfertigung von Eisenholzschindeln (12.000 Schindeln innerhalb eines Monats) sowie der Extraktion von Rattan (*Sokaq – Calamus caesius*, *Lalutn – Korthalsia scaphigera*), während die Familie der jüngeren Tochter (verheiratet, ein Kind) ebenfalls *Ulap Doyo*-Stoffe webte, Eisenholz schlug (ca. einen 0,5 m³ pro Tag über mehrere Wochen hinweg, s. o.) und Schindeln anfertigte.

Der neunzigjährige *Kepala Adat* und seine Frau (die Eltern der Familienmutter) verdienten etwas Geld und Naturalien mit der Durchführung von *Belian*-Heilriten und dem Verkauf von Schweinen. Zusätzlich erhielt der Großvater ein bescheidenes Gehalt für sein Amt als traditioneller Dorfvorsteher.

Ein Neffe der Familienmutter (verheiratet, zwei Kinder) verdiente den Lebensunterhalt seiner Familie mit dem lokalen Verkauf von Rattankörben, Rohrattan, Eisenholzschindeln, einer getrockneten Baumrinde sowie mit Lohnarbeit auf den Feldern anderer Leute.

Ein weiterer Neffe (verheiratet, drei Kinder) erlegte 13 Bartschweine und 6 Hirsche, deren Fleisch er teilweise im Dorf verkaufte. Des weiteren fing er 5 Beos und verkaufte mehr als 130 Pack Schindeln (je 100 Stück) im Laufe des selben Jahres. Zusätzlich erhielt auch er etwas Geld und Naturalien für seine Arbeit als *Pemeliatn*-Heiler.

Während diese Beispiele eine relativ große Bandbreite an Erwerbstätigkeiten beinhalten, sind andere Familien auf weniger Alternativen (1995/96 zumeist auf Gummi) angewiesen, abhängig von der Anzahl und der Verfügbarkeit von Familienmitgliedern sowie der Möglichkeit zu finanziellen Investitionen, wie beispielsweise der Anschaffung einer Motorsäge zur Eisenholzgewinnung. Aber auch die Möglichkeit, das Dorf für eine Weile verlassen zu können, etwa um Holzschindeln herzustellen oder Rattan in abgelegeneren Waldgebieten zu sammeln, ist nicht jedem gegeben. Besonders Familien mit schulpflichtigen Kindern oder kranken Verwandten sind räumlich meist ans Dorf gebunden.

Da die Ernte 1995 nur marginal war, legten im darauffolgenden Jahr fast alle Familien ein Reisfeld an. Somit gab der Reiszyklus den zeitlichen Rahmen für alle übrigen Ressourcenaktivitäten vor, die daher nur vorübergehender Natur sein konnten.

Zusätzliche finanzielle Hilfe wurde über das IDT-Armutsbekämpfungsprogramm der indonesischen Regierung bereit gestellt (vgl. FN 168). Dieses Programm war als Investitionshilfe für kleinindustrielle Aktivitäten wie Hühnerzucht oder kunsthandwerkliche Tätigkeiten gedacht. Auf Grund der schlechten Ernte wurde jedoch der größte Teil der 100.000-500.000 Rp, die pro Familie verteilt wurden, zum Zukauf von Reis verwendet.

Neben der Deckung des täglichen Geldbedarfs für Konsumgüter (s. u.) wird das erzielte Einkommen auch für unregelmäßig auftretende größere Ausgabeposten (s. u.) sowie für gelegentliche Investitionen (s. o.) verwendet.

Finanzielle Überschüsse werden meist in Goldschmuck angelegt, der von Buginesen, die die Benuaqdörfer regelmäßig aufsuchen, gehandelt wird. Einige Familien besitzen jedoch auch schon Bankkonten in Muara Muntai oder in Tenggarong (etwa eine Tagesreise weit entfernt).

Auf Grund des meist nur vorübergehenden und relativ unsicheren Charakters der meisten Einkommensquellen ist es nicht überraschend, dass sich über die verschiedenen Jahre große Unterschiede in deren Zusammensetzung und Bedeutung feststellen lassen. Die Abbildungen auf der folgenden Seite illustrieren diese Dynamik durch einen Vergleich der Bedeutung mehrerer Erwerbskategorien über vier Jahre (1995-1998) hinweg. Die relativen Bedeutungen ergeben sich dabei aus der Summe individuell (n= je 18 Haushalte in RT I/II bzw. in RT III) zugeordneter Bedeutungen zwischen 0 (keine Bedeutung) und 3 (große Bedeutung).

Obwohl die wesentlichen Strategien hinter dem Muster aus Abbildung 36 in späteren Kapiteln (vgl. 4.2.1, 4.3.3) ausführlich diskutiert werden, so gilt es hier die auffälligsten Befunde dennoch in aller Kürze zu interpretieren.

Die auffälligsten Phänomene in Abbildung 36 sind die vorübergehend dominierende Bedeutung von Lohnarbeit bei der Ölpalmgesellschaft[380] sowie die starken Fluktuationen der Kategorie '[Gesammelte] Pflanzen' (hauptsächlich Rattan). Auf Grund sinkender Gummipreise und neuer Einkommensmöglichkeiten auf der Ölpalmplantage schalteten die meisten Dorfbewohner 1996/97 von Gummi auf Lohnarbeit um. Als das Unternehmen seine Feldaktivitäten jedoch Ende 1997, Anfang 1998 einstellte[381], wechselten die Bauern zurück zu Gummi und Rattan, deren Preise allmählich wieder anzogen.

Ein weiterer wichtiger Punkt ist die zeitlich verschobene Dynamik von RT III, die der Entwicklung in RT I/II im Abstand einiger Monate folgt. Diese Verschiebung spiegelt zumindest teilweise die größere Abgeschiedenheit von RT III wieder, die eine zeitweilige Abwesenheit der Lohnarbeiter von ihrer Siedlung bedeutet hätte, während Arbeiter und Arbeiterinnen aus RT I/II täglich per Lastwagen zur Arbeit kamen. Da jedoch der Preisverfall für Gummi 1997 anhielt, sahen sich auch in RT III mehrere Personen gezwungen, ihren Dorfteil für eine gewisse Zeit zu verlassen, um bei der Ölpalmgesellschaft zu arbeiten.

Die stark veränderliche Dynamik erklärt sich im Wesentlichen aus dem Zusammenspiel von Marktpreisen (z. B. Gummi, Rattan), Verfügbarkeit (z. B. Rattan, Wild, *Doyo*-Fasern) und neuen Möglichkeiten (z. B. Lohnarbeit, Schildkröten). Das ihr zu Grunde liegende strategische Konzept wird an späterer Stelle (vgl. 4.3.3) ausführlich diskutiert.

---

[380] Die Tätigkeiten umfassten Rodungsarbeiten, Jäten, Pflanzen und Pflegearbeit in der Baumschule.

[381] Das Ölpalmunternehmen musste seine Feldarbeiten auf Grund finanzieller Schwierigkeiten, der Dürre und eskalierender Konflikte mit der Lokalbevölkerung vorzeitig einstellen (vgl. 2.3.2).

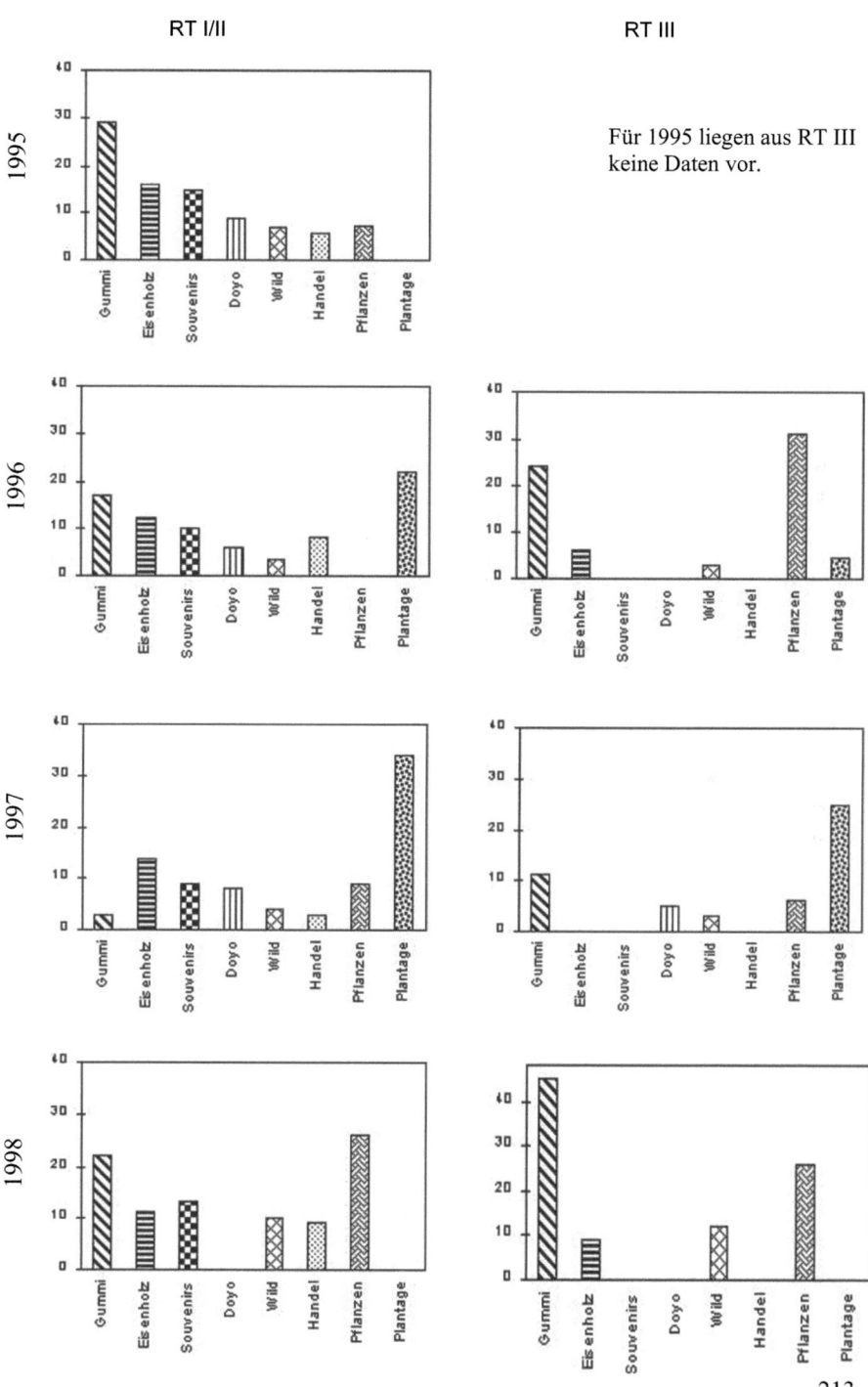

RT I/II

RT III

Für 1995 liegen aus RT III
keine Daten vor.

213

Abbildung 36: Lokal zugeschriebene Bedeutung der Einkommensquellen. Die Ordinatenwerte sind die Summen gewichteter Werte zwischen 0 und 3 pro Haushalt (n=18).

4.1.3 Ausgaben

Die wesentlichen täglichen Ausgaben betreffen zusätzlich gekauften Reis, Speiseöl, Zucker, Zigaretten, Zwiebeln, Salz, Petroleum, Seife und Zahnpasta. Die ursprünglich quantitativen Daten wurden qualitativ in Kostenbereiche (vgl. Abbildung 37) transformiert, um den Eindruck zu vermeiden, die Daten seien exakter, als es die Einschätzung auf Grund der realen Lebenssituation erlaubt (vgl. 1.4.2).

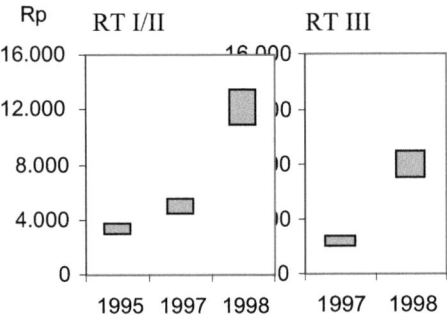

Abbildung 37: Tägliche Haushaltsausgaben in Lempunah. 1996 wurden keine Interviews durchgeführt, da sich die Preise nicht vom Vorjahr unterschieden. Für 1995 liegen aus RT III keine Daten vor.

Aus Abbildung 37 ergeben sich zwei wesentliche Befunde: (1) die täglichen Haushaltsausgaben nahmen über die vier Jahre zu, und (2) die Ausgaben liegen in RT I/II höher als in RT III.

Während der starke Ausgabenanstieg zwischen 1997 und 1998 eine Folge der auf Grund der indonesischen Wirtschaftskrise gestiegenen Preise sowie der ausgefallenen Ernte (Dürre 1997/98) war, hängt der Unterschied zwischen RT I/II und RT III hauptsächlich von der größeren Entfernung RT IIIs zu Geschäften (6-8 km), einer schlechteren Versorgung sowie von einem generell (teils erzwungenen) höheren Subsistenzgrad in RT III ab.

Außer für tägliche Ausgaben wird auch Geld für unregelmäßige Ausgaben wie religiöse Feste und Riten, Schulausbildung, Gesundheit, Haushaltsgegenstände, Motorsägen, Motorräder und andere Anschaffungen benötigt. Der Anteil der Haushalte, die zwischen 1996 und 1998 nicht-alltägliche Maximalausgaben auf nicht-rituellem Gebiet hatten, ist in Tabelle 33 zusammengestellt.

	1996	1997	1998
RT I/II	39%	33%	89%
RT III	28%	16%	keine

Tabelle 33: Anteil der Haushalte mit unregelmäßigen größeren, nicht-rituellen Ausgaben.

Die durchschnittliche Höhe derartiger Ausgaben ist in Abbildung 38 dargestellt.

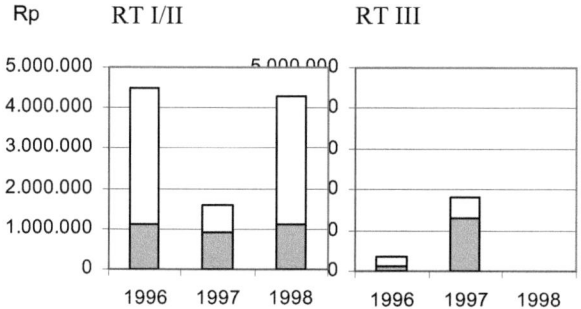

Abbildung 38: Größere unregelmäßige, nicht-rituelle Ausgaben in Lempunah. Grauer Balken: Mittlere Ausgaben für Haushalte mit solchen Ausgaben. Gesamter Balken: Maximale Ausgaben innerhalb der Stichprobe.

Während die durchschnittlichen Ausgaben in RT I/II über die drei Jahre recht konstant sind, ist für RT III ein starker Anstieg der Ausgaben zwischen 1996 und 1997 festzustellen; 1998 fehlen dort jedoch derartige Ausgaben. Das Fehlen nicht-ritueller Ausgaben 1998 in RT III ist durch die Missernte sowie die Finanzkrise bedingt. Der Anstieg zwischen 1996 und 1997 erklärt sich hingegen durch drei Haushalte, die sich Motorsägen anschafften, um Arbeit bei der Ölpalmgesellschaft zu finden.

Im Gegensatz zum wirtschaftlich schwächeren RT III kamen Haushalte in RT I/II durch den Verkauf von Goldschmuck über die Wirtschaftskrise. Dabei erhielten einige Familien so viel, dass sie damit den teuren Anschluss ans elektrische Netz des Unterbezirks finanzieren konnten (pro Haushalt 400.000-500.000 Rp)[382]. Zwei

---

[382] Auf Grund des Kursverfalls der indonesischen Rupiah stieg der Goldpreis 1998 von 25.000 Rp auf mehr als 100.000 Rp/g, woraufhin zahlreiche Dorfbewohner ihre Goldreserven verkauften. Nach Angaben eines Goldhändlers in Tanjung Isuy verkauften die meisten Haushalte in RT I/II

Familien verkauften so viel Gold, dass sie sich jeweils ein neues Haus sowie ein Motorrad leisten konnten. Die Ausgaben dieser beiden Familien sind in Abbildung 38 nicht enthalten, da es sich um zu außergewöhnliche Fälle handelte.

Der insgesamt höhere Anteil an Haushalten mit Spitzenausgaben im RT I/II sowie die auch absolut höheren Ausgaben in diesem Dorfteil, reflektieren den allgemein höheren materiellen Lebensstandard in RT I/II, der auf eine bessere Infrastruktur, besseren Marktzugang sowie auf eine größere Bevölkerung zurückzuführen ist, die mehr Beschäftigungsnischen bietet (vgl. auch 3.2.2 für den analogen Fall der Reissortenvielfalt).

Diese Unterschiede sowie die Ungleichheit zwischen verschiedenen Haushalten werden aus Abbildung 39 ersichtlich, in der der sichtbare materielle Wohlstand der jeweiligen Haushalte mit Hilfe eines Index verglichen wird, der sich an den Kaufpreisen verschiedener Güter bemisst[383].

Indexpunkte:

TV = 30, Satellitenantenne = 7, Cassettenrekorder = 2, Radio = 1, Generator = 40, Kanu = 4, Bootsmotor = 30, Motorrad = 30, Fahrrad = 2, Motorsäge = 30, Glasfenster = 10

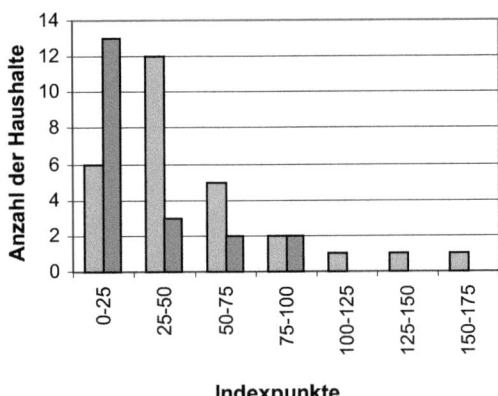

Abbildung 39: Verteilung der Haushalte in Lempunah nach indiziertem materiellem Wohlstand (RT I/II grau, RT III dunkel).

---

zwischen 10 und 300 g Gold zu Preisen von 100.000 Rp/g. Obwohl die meisten Familien unter der Missernte und den Folgen der Waldbrände zu leiden hatten, wurde offenbar nur ein geringer Anteil aus dem Golderlös für Nahrungsmittel ausgegeben.

[383] 'Unsichtbarer' Wohlstand wäre beispielsweise Goldschmuck oder ein Bankkonto, was in Interviews meist nicht erwähnt wird. Goldschmuck wird auch nur selten öffentlich zur Schau gestellt.

Ein ähnliches, wenn auch weniger extremes Muster erhält man für den Vergleich des geschätzten mittleren Monatseinkommens der Haushalte (basierend auf den Haushaltsinterviews).

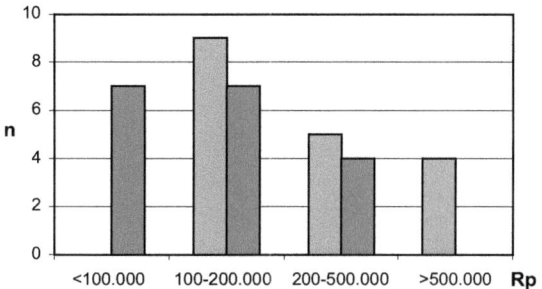

Abbildung 40: Verteilung der Haushalte nach geschätztem mittlerem Monatseinkommen. Die Daten basieren auf der Auswertung von Interviews. (RT I/II grau, RT III dunkel).

Neben den Ausgaben für materielle Güter werden zum Teil große Geldbeträge und zahlreiche Ressourcen (Reis, Hühner, Schweine) für Riten und religiöse Feste ausgegeben (überwiegend für *Belian*- und *Bekeleeu*-Heilriten, aber auch für *Kwangkai*- und *Guguq Tautn*-Feste). In den meisten Fällen schließen sich Verwandte oder Freunde einer Familie an, die ein Fest oder einen Ritus veranstaltet. Die Feste und Riten ziehen sich oft über längere Zeit hin, während der die Gäste mit Getränken (Tee, Kaffee) und Speisen bewirtet werden müssen.

Der Anteil der an solchen Ausgaben beteiligten Haushalte ist in Tabelle 34 für die verschiedenen Jahre und Dorfteile aufgelistet.

	1996	1997	1998
RT I/II	50%	39%	67%
RT III	72%	44%	67%

Tabelle 34: Anteil der Haushalte mit unregelmäßigen größeren, rituellen Ausgaben. Die durchschnittlichen rituellen Ausgaben sind in Abbildung 41 dargestellt.

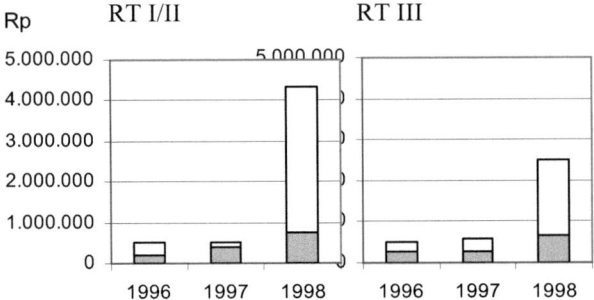

Abbildung 41: Größere unregelmäßige, rituelle Ausgaben in Lempunah (Schatten-preise[384]). Grauer Balken: Mittlere Ausgaben für Haushalte mit solchen Ausgaben. Gesamter Balken: Maximale Ausgaben eines Haushalts.

Im Gegensatz zu den materiellen Ausgaben zeigen die Summen, die zu rituellen Anlässen ausgegeben werden (als Schattenpreise kalkuliert) keinen signifikanten Unterschied zwischen den Dorfteilen. Lediglich der Anteil der Haushalte mit rituellen Ausgaben liegt in RT III zumeist über dem in RT I/II.

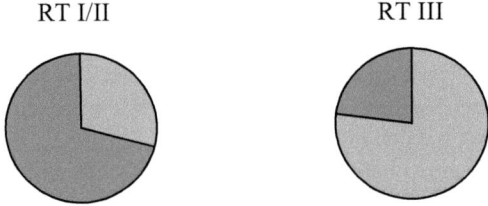

Abbildung 42: Vergleich ritueller (grau) und nicht-ritueller (dunkel) Ausgaben in Lempunah. Nicht-rituelle Ausgaben sind von Extremwerten bereinigt (s. o.).

Der Vergleich zwischen rituellen und nicht-rituellen Ausgaben zeigt, dass Haushalte in RT III im Vergleich zu nicht-rituellen Gütern (ohne die Ausnahme der 3 Motorsägen) fast das Dreifache an Geld und Ressourcen für rituelle Anlässe ausgeben, während umgekehrt in RT I/II materielle Ausgaben rituelle um das Doppelte übertreffen (ohne die neuen Häuser und Motorräder der beiden reichsten Familien). Absolut betrachtet, spielen Riten in beiden Dorfteilen eine ähnliche Rolle. Der Unterschied besteht überwiegend darin, dass sich die Bewohner und Bewohnerinnen aus RT I/II den Kauf materieller Dinge *zusätzlich* leisten können.

---

[384] Die lokalen Preise für Hühner und Schweine stiegen 1998 um 100-300 %.

Vor dem Hintergrund der schwierigen wirtschaftlichen Situation des RT III in den Jahren 1997 und 1998 stellt sich die Frage, wie die Bewohner sich diese teuren Rituale und Feste leisten konnten.

Eine Strategie ist dabei die Kostenteilung unter den Mitgliedern der Großfamilien. Ebenso bedeutsam ist, dass diese Kosten keine eigentlich monetären Ausgaben darstellen, sondern überwiegend aus Beiträgen an Opfertieren (Hühner, Schweine) und Reis bestehen, was alles in RT III selbst erzeugt wird. Die Alternative, diese Produkte zu verkaufen, besteht in den meisten Fällen nicht, da die Riten oft über einen langen Zeitraum im Voraus den Geistern versprochen werden. Wird ein versprochenes Opfertier jedoch verkauft oder geschlachtet, so erzürnt dies die Geister, die sich mit Krankheit, Unglück und Tod rächen können. Zudem werden diese Riten als unabdingbare Bestandteile der Lebenssicherung betrachtet, die zwar wirtschaftliche Aspekte enthält, aber diese letzten Endes auch überschreitet.

Die beiden folgenden Kapitel werden die hier aufgezeigten sozioökonomischen Strategien hinsichtlich ihrer zeitlichen und räumlichen Dynamik sowie der ihnen zu Grunde liegenden Rationalitäten analysieren.

4.2 Muster der Ressourcennutzung

Bevor eine tiefergehende Analyse der Strategien erfolgen kann, sollen sowohl räumliche als auch zeitliche Muster der Ressourcennutzung dargestellt und interpretiert werden, wobei selbstverständlich ein enger Zusammenhang zwischen der zeitlichen und der räumlichen Dimension besteht. Die beobachteten Muster werden dann zur Ableitung für Lempunah typischer Nutzungsstrategien herangezogen.

4.2.1 Zeitliche Muster der Ressourcennutzung

Das vorhergehende Kapitel zeigte, dass Ressourcennutzung in Lempunah ein hohes Maß an Flexibilität beinhaltet. Selbst über einen relativ kurzen Beobachtungszeitraum von nur vier Jahren tritt eine ausgeprägte zeitliche Dynamik zu Tage. In Abbildung 43 sind verschiedene Aspekte der Ressourcennutzung in Lempunah als multivariates Bild dargestellt (vgl. Chernoff-Gesichter, z. B. in Seber 1984:128-129). Berücksichtigt sind dabei sowohl Bereiche der Subsistenzwirtschaft (Anteil der Haushalte mit aktuellem Schwendfeld; gerodeter Waldtyp) als auch Einkommen erzielende Tätigkeiten (extraktive Ressourcennutzung, Handwerk, Lohnarbeit), deren dynamische Veränderungen in relativen Maßstäben visualisiert sind[385].

---

[385] Die quantitativen Daten finden sich in den jeweiligen Spezialkapiteln (3.2, 4.1).

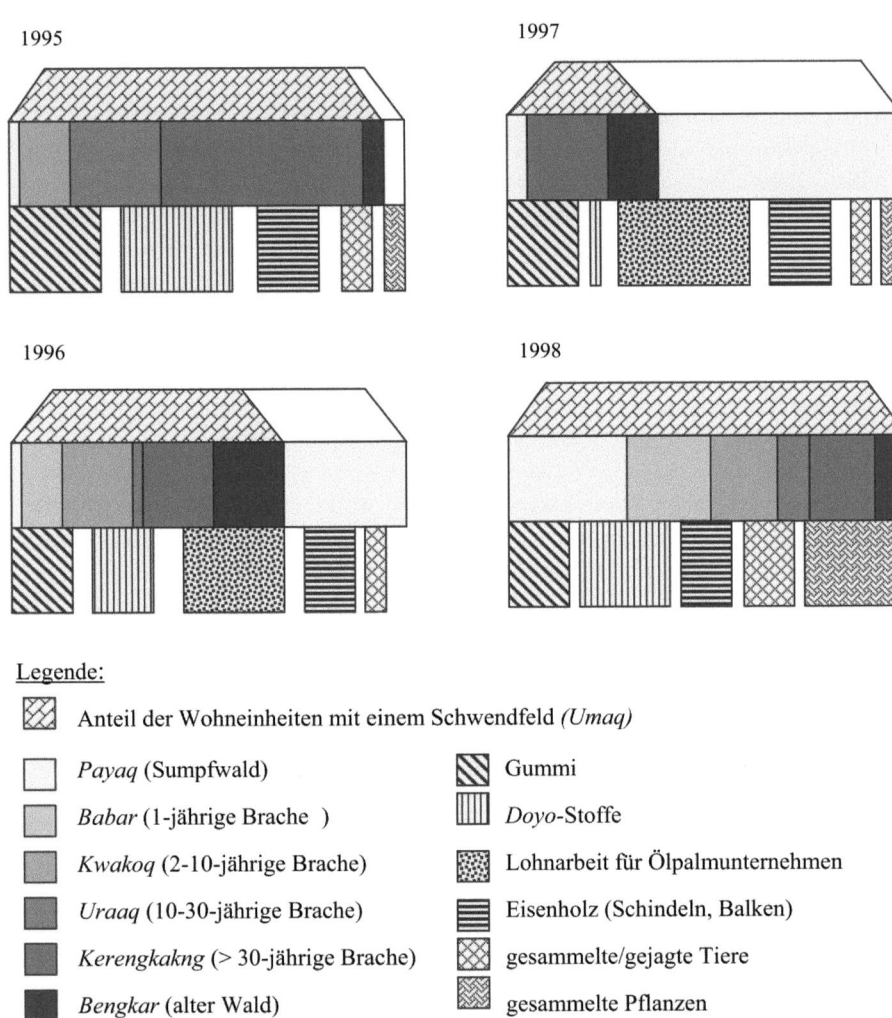

Abbildung 43: Multivariate Darstellung der Ressourcendynamik in Lempunah (RT I/II). Die Breite der einzelnen Pfosten entspricht der jeweiligen Bedeutung der verschiedenen Einkommensquellen (s. o.). Die Länge des gedeckten Dachs entspricht dem Anteil der Wohneinheiten mit Feld. Die Felder im Inneren des 'Langhauses' stehen für die jeweiligen Anteile der verschiedenen Waldtypen, die für die Felder gerodet wurden.

Bereits auf den ersten Blick fällt die große Verschiedenheit der vier 'Ressourcen-Langhäuser' auf. Obwohl alle auf mehreren, unterschiedlich großen und gemusterten 'Pfeilern' stehen, erscheint vor allem der 'Hauskörper' mit dem 'Dach' jährlich anders. Diese Unterschiede betreffen den auf Schwendbau beruhenden Subsistenzsektor.

Die komplexe Entscheidung, ob ein neues Feld angelegt wird oder nicht, hängt vom Zusammenwirken zahlreicher Faktoren ab, die weiter oben (vgl. 3.2.1) ausführlich diskutiert wurden. Dennoch gibt es in vielen Jahren relativ einheitliche Trends im Dorf, die zumeist durch Faktoren wie klimatische Verhältnisse oder die allgemeine Reisversorgung bedingt werden. So erklärt sich der Rückgang in der Anzahl der Reisfelder von 1995 auf 1996 im wesentlichen durch die relativ gute Ernte der Saison 1995/96, die die Reisversorgung bis ins Jahr 1996 gewährleistete und somit Zeit und Raum für zusätzliche Erwerbstätigkeiten schuf (z. B. Lohnarbeit auf der Ölpalmplantage). Der weitere Rückgang der Felderzahl im Jahr 1997 erklärt sich hingegen ausschließlich durch die bis April 1998 anhaltende Dürre. Auf Grund der damit praktisch aussichtslosen Chancen auf eine gute Ernte verzichteten die meisten Bauern in diesem Jahr auf ein Feld, obwohl die Reisvorräte zur Neige gingen. Im folgenden Jahr spitzte sich die Situation noch weiter zu, da zu einer dürftigen (1996/97) und einer verlorenen (1997/98) Ernte auch noch die Folgen der indonesischen Wirtschaftskrise hinzu kamen, die die Lebenshaltungskosten teilweise verdreifachten. Angesichts dieser Situation versuchte 1998/99 fast jede Familie ein, häufig sogar zwei Felder anzulegen, auch wenn das Saatgut knapp und teuer war.

Die Auswahl der Wald- und Brachetypen, die für diese Felder gerodet wurden, veränderte sich ebenfalls alljährlich. Generell wird zwar alter Wald (*Kerengkakng, Bengkar*) als Feldstandort bevorzugt (z. B. 1995[386]), da hier die Bodenfruchtbarkeit zumeist am größten ist und weniger gejätet werden muss, doch gelegentlich werden auch jüngere Brachen (*Babar, Kwakoq*) gerodet, sei es um beim Anlegen der Felder Zeit zu sparen (z. B. 1996)[387] oder um die Wege zwischen Dorf und Feld zu minimieren. 1998 kam mit den Waldbränden ein weiterer Faktor hinzu, der ebenfalls Auswirkungen auf die notwendige Arbeitszeit sowie auf das Arbeitsrisiko hatte (vgl. 3.2.1).

Der relativ hohe Anteil an altem *Bengkar*-Wald geht auf ein etwa zwanzig Kilometer entferntes Waldgebiet zurück, das in den 1970er Jahren selektiv durchforstet wurde. In unmittelbarer Nähe befindet sich eine Transmigrationssiedlung, die jedoch 1996/97 von den überwiegend javanischen Transmigranten wieder verlassen wurde[388]. Mehrere Benuaqfamilien aus Lempunah und einigen anderen

---

[386] In RT III (in Abbildung 42 nicht dargestellt) wurde fast ausschließlich alter Wald gerodet.

[387] Arbeitszeit lässt sich auf jungen Brachen nur während der Auslichtung- und Rodungsarbeiten sparen, da diese Felder erheblich mehr Zeit für Jätarbeiten benötigen.

[388] Viele der Transmigranten kehrten nach Java zurück, da es für sie in der näheren Umgebung weder Märkte zum Verkauf ihrer Feldfrüchte noch alternative Arbeitsmöglichkeiten gab.

Dörfern lebten seit 1993/94 einige Wochen im Jahr in der verfallenden Siedlung und legten im *Bengkar*-Wald Felder an, die signifikant höhere Erträge erbrachten als Felder in jungem Brachewald (vgl. 3.2.1).

Nach den Waldbränden 1997/98 bauten zahlreiche Familien zusätzlich zu den Schwendfeldern Nassreis im abgebrannten, meist dorfnahen Sumpfwald an, um das Risiko einer weiteren Missernte zu mindern und den Jahresgesamtertrag zu maximieren. Dabei wurden die Schwendfelder aus Gründen des Arbeitsaufwands sowie des Gesundheitsrisikos auf jungen, abgebrannten Bracheflächen angelegt (s. o.).

Die unterschiedliche Kombination der 'Langhauspfeiler' in Abbildung 43 spiegelt die stark fluktuierende Bedeutung der verschiedenen Einkommensquellen wider[389]. Diese Fluktuationen werden überwiegend durch Preisschwankungen(z. B. für Rattan und Gummi), neue Märkte (z. B. eine Bambusart, Schildkröten) sowie durch temporäre Arbeitsmöglichkeiten (z. B. Lohnarbeit für das Ölpalmunternehmen) verursacht. Die Rationalität hinter diesem oft raschen Ressourcenwechsel wird im folgenden Kapitel näher erläutert.

Um die Dynamik der Ressourcennutzung selbst besser verstehen zu können, müssen die integrierten mehrjährigen Muster aus Abbildung 43 mit einer höheren zeitlichen Auflösung betrachtet werden. Untersucht man ein einzelnes Jahr (z. B. 1998 in Abbildung 44), so zeigt sich, dass sich die meisten Ressourcenaktivitäten zeitlich überschneiden und in aller Regel nur für eine begrenzte Zeit relevant sind. Das Jahresmuster wird dabei durch zeitlich relativ fixe Subsistenztätigkeiten (Feldaktivitäten) sowie durch flexible Phasen extraktiver Ressourcennutzung geprägt.

---

[389]Die relative Bedeutung spiegelt nicht notwendiger Weise den finanziellen Verdienst durch die jeweilige Tätigkeit wider. Es handelt sich um von den befragten Haushalten zugewiesene Bedeutungswerte zwischen 0 (unbedeutend) und 3 (sehr bedeutend; vgl. 1.4.2, 4.1.2).

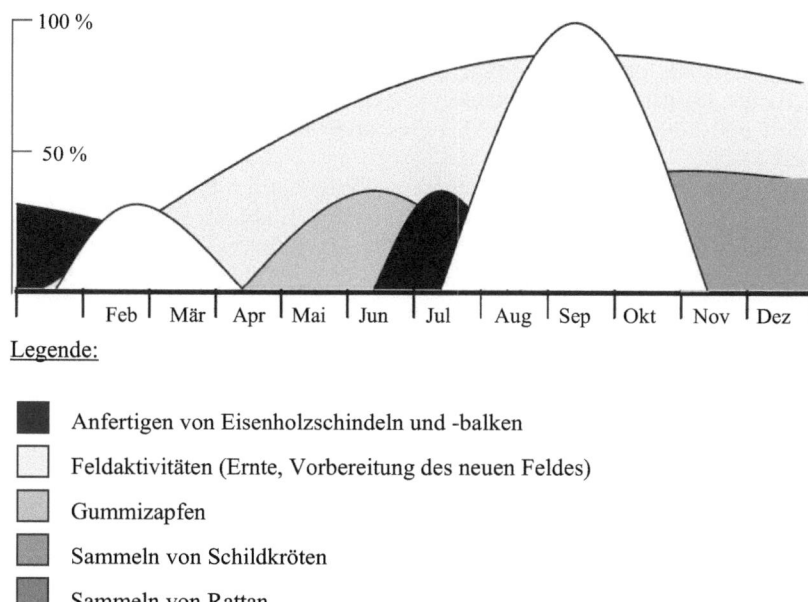

Abbildung 44: Wirtschaftliche Hauptaktivitäten in Lempunah im Laufe des Jahres 1998. Die Höhe der Felder repräsentiert den prozentualen Anteil der Haushalte, die an der jeweiligen Aktivität beteiligt waren.

Die Integration individueller Ressourcennutzungsformen wie in den Abbildungen 43 oder 44 könnte nun den Eindruck erwecken, als sei das Dorf selbst die handelnde (systemische) Einheit (vgl. 1.2.3). Dies ist sicherlich nicht der Fall, doch die individuellen Tätigkeiten, die im Zusammenhang mit der Ressourcennutzung stehen, werden durch eine Reihe teilweise externer Randbedingungen zeitlich und sozial beeinflusst, so dass durchaus auch Muster auf höheren Aggregationsebenen entstehen. Dabei setzen die zeitlich relativ stark fixierten Feldaktivitäten den Rahmen für einen Ablauf, der im einzelnen entlang eines zeitlichen und sozialen Gradienten durch eine Vielzahl verschiedener Faktoren moduliert wird.

Langzeitveränderungen (über Jahre und Jahrzehnte) können verursacht werden durch:

(1) politische Entscheidungen (z. B. politisch motivierte Änderungen der Landnutzungen, staatliche Umsiedlungsprogramme), (2) einen generellen Wandel der sozioökonomischen Verhältnisse (z. B. durch den Übergang von einer reinen in eine erweiterte Subsistenzwirtschaft, vgl. Gönner & Seeland 2000, oder durch die Substituierung extensiver Landnutzungsformen durch Plantagen oder Minen), (3) einen Wandel der soziokulturellen Werte (z. B. Bevorzugung eines westlichen

Lebensstils), (4) klimatische Veränderungen (z. B. Zunahme El Niño-bedingter Dürren, vgl. Holmes in Smythies 1999:16), sowie (5) durch individuelles Altern (z. B. eingeschränkte physische Möglichkeiten, zunehmende Erfahrung) oder (6) Veränderungen der persönlichen Allianzen (z. B. durch Heirat).

Mittelfristige Veränderungen (über Wochen und Monate) können bedingt werden durch:

(1) saisonalen Wandel, (2) unregelmäßige Ereignisse (z. B. kürzere Dürren, Überschwemmungen, Waldbrände), (3) temporäre Einkommensmöglichkeiten (s. o.), (4) Preisschwankungen, (5) vorübergehenden außergewöhnlichen Geldbedarf, (6) aufwendigere Rituale (z. B. *Kwangkai, Guguq, Bekeleeu*), (7) anhaltende gesundheitliche Probleme, (8) Konflikte, sowie durch (9) soziale Verpflichtungen (z. B. Abhängigkeit von Kindern oder alten Personen, gegenseitige Hilfe).

Kurzfristige Veränderungen (über Tage) können verursacht werden durch:

(1) vorübergehende Krankheit, (2) kleinere Riten (z. B. *Belian, Beriputn, Tota Timui*), (3) schlechtes Wetter, sowie durch (4) unvorhergesehene Verpflichtungen (ind. *Halangan*).

Während einige dieser Einflussfaktoren auf der individuellen oder auf der Haushaltsebene wirken (Krankheit, Alter, Heirat, persönliche Verpflichtungen und Präferenzen), betreffen andere größere (formelle und informelle) Gruppen (Riten, soziale Verpflichtungen, Allianzen, Konflikte) oder die ganze Dorfgemeinschaft (Witterung, Dürren, Überschwemmungen, jahreszeitliche Verhältnisse, Klimawandel, Waldbrände, Ressourcenpreise, soziokultureller Wandel, Politik, Volkswirtschaft). Daher hängen die beobachteten Muster wesentlich von der zeitlichen und der sozialen Dimension der jeweiligen Betrachtungsebene ab[390].

Diese Befunde stehen im Widerspruch zu häufig allzu rigiden Darstellungen sogenannter traditioneller Ressourcensysteme, was sowohl auf der praktischen politischen Ebene Auswirkungen hat als auch auf der Forschungsebene. Wenn lokale Ressourcennutzung derart dynamisch und unvorhersagbar sein kann, sind viele auf Kurzzeitstudien zurückgehende Interpretationen und zeitliche Extrapolationen in Frage zu stellen. Obwohl Interviews über vergangene Ressourcennutzung einige dynamische Aspekte beleuchten können, so werden andere oft übersehen, vor allem wenn die jeweilige Nutzungsform nicht mehr aktuell ist[391]. Somit sollte die Erkenntnis, dass diese Ressourcennutzungsformen hoch dynamisch sein kön-

---

[390] Diese Modulier- oder Einflussfaktoren sind selbst variabel. So verändern sich politische Strömungen ebenso wie Ressourcenpreise oder die sozio-kulturelle Bewertung von Riten und sozialen Verpflichtungen.

[391] Ich benötigte fast drei Jahre, um zu erfahren, dass 1994/95 die getrocknete Rinde eines bestimmten Baumes (*Kayu Lem – Litsea* sp. c.f.) eine der wichtigsten Einkommensquellen war. Als ich im Jahr darauf mit meinen systematischen Untersuchungen begann, waren die *Kayu Lem*-Bäume alle geschlagen, und keiner erwähnte diese (vorübergehend) erloschene Ressource mehr. Eine ähnliche verzerrte Erinnerung bezüglich unregelmäßiger Einkommensquellen wird auch von Ellis (1998:9) erwähnt.

nen, vor allzu deterministischen Schlüssen oder gar der gänzlichen Nichtbeachtung zeitlich veränderlicher Aspekte warnen.

	kurzfristig	mittelfristig	langfristig
Dorfgemeinschaft	Witterung	Ressourcenpreise Jahreszeit Dürren Überschwemmungen Waldbrände	Klimawandel soziokultureller Wandel Landnutzungswandel Volkswirtschaft Politik
formelle/informelle Gruppen	kleinere Riten soziale Verpflichtungen	größere Riten Konflikte soziale Verpflichtungen	Allianzen
Haushalt	Krankheit andere Verpflichtungen	Krankheit Geldbedarf	Alter Krankheit Heirat

Abbildung 45: Parameter, die die Chronologie der Ressourcennutzung entlang eines sozialen und eines zeitlichen Gradienten beeinflussen. Die Grenzen der Kategorien sind dabei als fließend zu betrachten.

4.2.2 Räumliche Muster der Ressourcennutzung

Betrachtet man Lempunahs Wald aus einem reinen Nutzungsblickwinkel, so ergeben sich zwei wesentliche Muster. Das eine davon betrifft die Nutzung räumlich lokalisierbarer Schwendfelder und Waldgärten, das zweite, räumlich praktisch nicht auflösbare, ergibt sich aus der vielfältigen Nutzung des gesamten Waldes einschließlich der Bracheflächen und nicht-kultivierten Bereiche.

Während das erste Muster sich grafisch relativ einfach darstellen lässt (s. Karten 7 und 8 im Anhang), ist das zweite von einer scheinbar gänzlich unvorhersagbaren Dynamik und würde sich wohl nur durch ein sich ständiges veränderndes, kaleidoskopartiges Bild darstellen lassen.

Doch trotz, oder vielleicht gerade wegen, dieser Darstellungsschwierigkeit des zweiten Musters muss betont werden, dass sich die Ressourcennutzung in Lempunah nur durch das Zusammenspiel beider Formen verstehen lässt. So verändern sich auch die scheinbar dauerhaften Strukturen des ersten Musters, die für die Jahre 1995/96 bis 1998/99 auf Karte 7 (Anhang) dargestellt sind. Würde man in zehn oder zwanzig Jahren eine ähnliche Felder- und Waldgartenkartierung durchführen, so bliebe das grobe Bild in seinem qualitativen Charakter eventuell gleich, doch die einzelnen Flächen lägen zum Teil dort, wo heute noch keine dauerhafte Nutzungsform eingezeichnet ist. Somit entspricht die Diskussion räumlicher Muster stets der Betrachtung von Momentaufnahmen, deren innere Dynamik erst durch ihre zeitliche Integration verständlich wird.

Die Verteilung kultivierter Waldflächen (vgl. Karte 9) sowie die Tatsache, dass die Flächen zwischen den eingetragenen Waldgärten aus größtenteils ehemaligen Schwendfeldern sowie aus alten, oft vergessenen Waldgärten bestehen, so wird deutlich, in welchem Umfang der Wald um Lempunah seit über dreihundert Jahren menschlich beeinflusst wurde.

Waldgärten und Schwendfelder sind jedoch nicht homogen und zufällig verteilt. Ihre Lage ist einerseits durch ihren Ursprung und andererseits durch ihre Nutzung bestimmt.

Die Verteilung der Abstände von der jeweiligen Siedlung (RT I/II bzw. RT III) ist in den folgenden Abbildungen dargestellt:

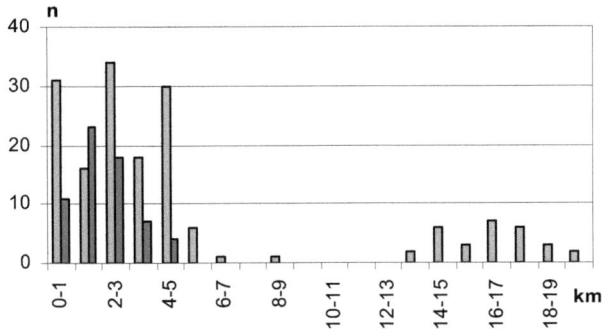

Abbildung 46: Verteilung der Felder hinsichtlich ihrer Entfernung von der jeweiligen Siedlung. Grau = Felder in RT I/II, dunkel = Felder in RT III.

Die meisten Schwendfelder sind nicht weiter als fünf Kilometer von der entsprechenden Siedlung entfernt. Ausnahmen bilden zwei weiter abgelegene Feldgruppen, die sich in alten Waldgebieten (*Bengkar*) in der Nähe zweier Transmigrationssiedlungen befinden. Beide lassen sich über unbefestigte Straßen bei Trockenheit per Motorrad oder Lastwagen erreichen (vgl. FN 176).

Generell liegen die Felder in RT III etwas näher an der Siedlung als in RT I/II, was sich überwiegend aus der größeren Verfügbarkeit freier Waldflächen rings um RT III erklärt.

Wie bereits weiter oben ausgeführt (vgl. 3.2.1), ist die Entfernung vom Dorf ein wichtiges Auswahlkriterium für den Standort eines Feldes. Geringe Entfernungen erleichtern den Zugang (z. B. zum regelmäßigen Jäten oder Kontrollieren) sowie den Transport von Material und Ernte[392]. So lässt sich ein Feld, das nur 4-5 km vom Dorf entfernt ist, täglich besuchen (etwa 1-1,5 h zu Fuß). Andererseits liegen die ältesten und damit fruchtbarsten Waldgebiete Lempunahs in größerer Entfernung, woraus sich die weiter oben (vgl. 3.2.1) beschriebenen Kompromisse ergeben.

Simpukng

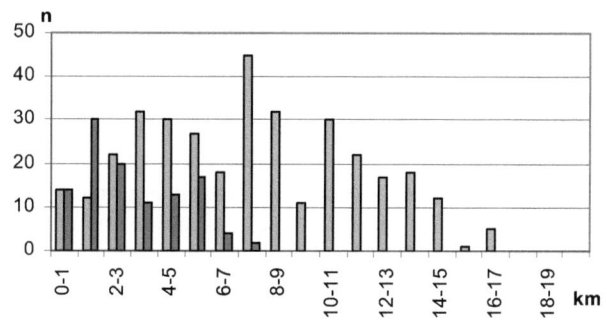

Gummigärten

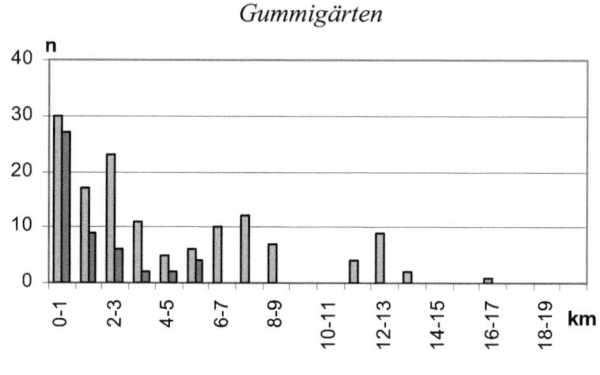

Rattangärten

---

[392] Die Ernte von 1 t Reis würde etwa 30 Fußmärsche mit jeweils 33 kg Reis vom Feld zum Dorf bedeuten. Somit sind weiter entfernte Felder auf Straßen- oder Flusszugang angewiesen.

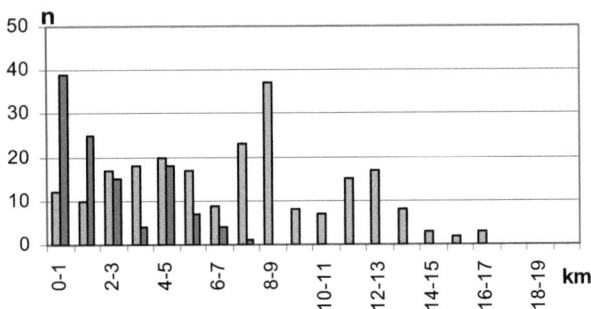

Abbildung 47: Verteilung der Waldgärten hinsichtlich ihrer Entfernung von der jeweiligen Siedlung. Grau = Gärten in RT I/II, dunkel = Gärten in RT III.

Im Vergleich zu den aktuellen Schwendfeldern in Abbildung 46 sind *Simpukng* und Rattangärten[393] homogener über das Dorfgebiet verteilt. Diese größere Homogenität ergibt sich unmittelbar aus ihrer Entstehungsgeschichte, da die meisten dieser Waldgärten auf ehemaligen Schwendflächen angelegt wurden, die teilweise noch auf alte Langhäuser oder andere temporäre Siedlungen zurückgehen[394]. Diese Langhäuser befanden sich an unterschiedlichen Stellen (s. Karte 6 im Anhang), weshalb sich Waldgärten auch in größerer Dorfentfernung finden lassen. Die Nutzung von Früchten oder Rattan ist meist nur auf bestimmte Phasen beschränkt (z. B. in Mastjahren oder in Zeiten guter Ressourcenpreise), wodurch kein täglicher Zugang zum Garten notwendig ist. Während der Nutzungsphasen begeben sich die Sammler dann häufig für längere Zeit in entfernte Waldgebiete (vgl. 3.4).

Gummigärten werden meist in geringer Entfernung zum Dorf angelegt, um den Zeitaufwand für Zugang und Transport in praktikablen Grenzen zu halten. Das gleiche gilt für die wertvollen *Jepukng*-Gärten, die häufig kontrolliert werden müssen (Risiko von Diebstahl und Brandstiftung, vgl. 3.4.3). Beide Gartenformen sind jüngeren Ursprungs und gehen auf den heutigen Standort des Langhauses zurück, so dass es in Lempunah nur wenige weit entfernte Gummigärten gibt.
Vergleicht man die beiden Dorfteile, so sind Waldgärten in RT I/II generell weiter von der Siedlung entfernt als in RT III. Während alle Waldgärten in RT III weniger als 8 km vom Dorf entfernt sind, befinden sich 44 % der Rattangärten, 43 % der *Simpukng* sowie selbst 17 % der Gummigärten, die zu Haushalten in RT I/II gehören in einer Entfernung von mehr als 8 km. Teilweise liegt dies an der geringeren

---

[393] Rattan scheint im Vergleich zu *Simpukng* eher an Flussläufe (aus Transportgründen, bzw. im Fall von *Jepukng* (*Daemonorops crinita*) auch aus ökologischen Standortgründen) gebunden zu sein.

[394] Heute gibt es auf Grund der Schulpflicht sowie aus wirtschaftlichen Gründen weniger dieser abgelegenen Einzelsiedlungen (vgl. 2.3.1).

Verfügbarkeit von freien Waldflächen in der Nähe des RT I/II, bedingt durch die dort sehr enge Form des Dorfgebiets in Verbindung mit einer Siedlungsgeschichte an dieser Stelle von etwa 100 Jahren, teilweise reflektiert diese Verteilung aber auch die abgeschiedene Lage ehemaliger temporärer Siedlungen.

Fallstudie

Vor etwa fünfzig Jahren lebte der heute neunzigjährige *Kepala Adat* mit seiner Familie in einem von Lempunah ungefähr 10 km entfernten Waldgebiet. Hier legte er mehrere Rattangärten und *Simpukng* an, die heute zu einem lokalen Schutzgebiet gehören, das er und sein Schwiegersohn ausgewiesen haben. In der Nähe dieses Gebietes befinden sich auch heute noch mehrere Gärten seiner ehemaligen Nachbarn, die inzwischen alle in Lempunah leben, ihre Gärten aber von Zeit zu Zeit aufsuchen.

Die kognitive Kartierung der Waldgärten deckt etwa 80 % der Haushalte Lempunahs ab. Die übrigen 20 % besitzen schätzungsweise weitere 200-300 Gärten[395], während weitere geschätzte 20 % aller existierender Gärten beim Kartierungsprozess vergessen wurden (vgl. 1.4.1).

Gartentyp	kartiert	unkartierte Haushalte	vergessene Gärten	Summe
Simpukng	461	100-130	90-100	650-690
Rattan	339	80-90	60-70	480-500
Gummi	189	30-40	30-40	250-270
Summe	989	210-260	180-230	1.380-1.460

Tabelle 35: Anzahl kartierter Waldgärten und geschätzte Gesamtsumme.

---

[395]Dieser Schätzwert geht auf eine Gewichtung der Haushalte durch den Dorfvorsteher zurück. Entsprechend dieser Gewichtung (von 1-5, 1=wenig, 5=viele Gärten) sowie der durchschnittlichen Gartenanzahl pro Haushalt wurde die Anzahl der Gärten der fehlenden Haushalte hochgerechnet.

Landnutzungsform	Fläche in ha	in %
aktuelle Felder	ca. 120 ha	1,3 %
aktuelle Bracheflächen (0-25 Jahre)	ca. 3.000 ha	32,6 %
alte Bracheflächen (>25 Jahre)	ca. 5.258 ha	57,1 %
Simpukng	ca. 67 ha	0,7 %
Rattangärten	ca. 125 ha	1,4 %
Gummigärten	ca. 130 ha	1,4 %
Bengkar (alter Wald)	ca. 200 ha	2,2 %
Sumpfwald	ca. 300 ha	3,3 %
Gesamtfläche	9.200 ha	100 %

Tabelle 36: Flächenverteilung der verschiedenen Landnutzungsformen.

Unter der Annahme einer durchschnittlichen Größe eines *Simpukng* von 0,1 ha, eines Rattangartens von 0,25 ha, eines Gummigartens von 0,5 ha sowie eines Schwendfeldes von 1,5 ha ergibt sich eine unter Kultur stehende Fläche (einschließlich der Brachefelder der vergangenen 25 Jahre) von 3.400 bis 3.500 ha (vgl. Tabelle 36).

In Abbildung 48 ist die strukturelle Zusammensetzung zweier Waldtransekte zu sehen. Dabei wurde für jeweils 50 m lange Abschnitte die dominierende Wald- bzw. Nutzungsstruktur notiert. Beide Transekte beginnen außerhalb einer Siedlung (T1 beginnt bei Lempunah - RT I/II, T2 bei Kangkang Puya, vgl. auch 1.4.1).

Die große Heterogenität dieses vielfältig genutzten Waldes bringt neben verschiedenen wirtschaftlichen Optionen auch eine hohe Diversität an Habitatstrukturen mit sich, die sich in einer mit alten Wäldern vergleichbaren Biodiversität widerspiegelt (vgl. 5.1 sowie A4).

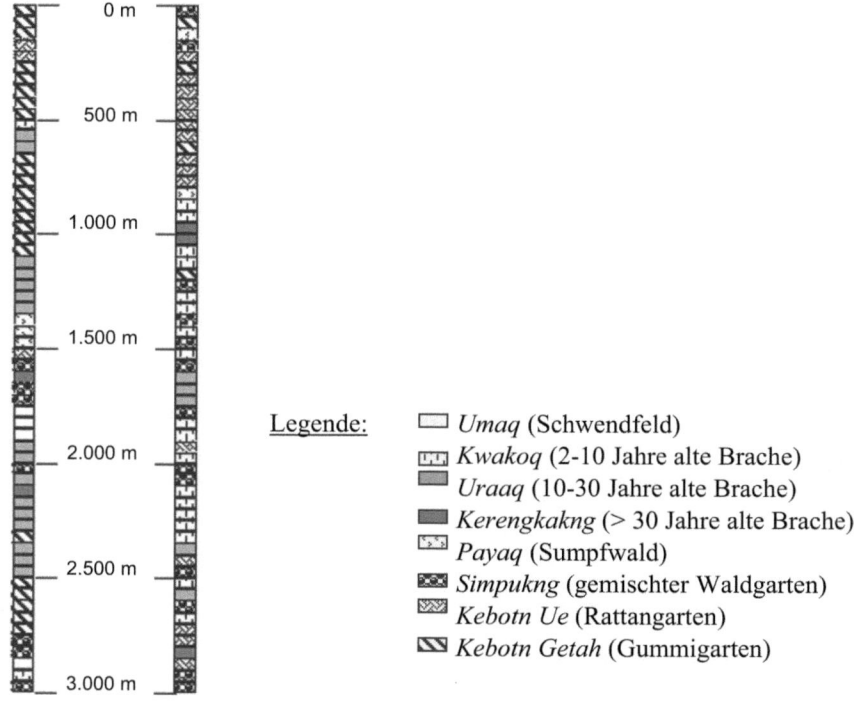

Legende:

☐ *Umaq* (Schwendfeld)
▨ *Kwakoq* (2-10 Jahre alte Brache)
▬ *Uraaq* (10-30 Jahre alte Brache)
▮ *Kerengkakng* (> 30 Jahre alte Brache)
▨ *Payaq* (Sumpfwald)
▨ *Simpukng* (gemischter Waldgarten)
▨ *Kebotn Ue* (Rattangarten)
▨ *Kebotn Getah* (Gummigarten)

Abbildung 48: Räumliche Verteilung verschiedener Landnutzungsformen und Waldtypen entlang zweier 3 km Transekte.

Wie aus Karte 9 (Anhang) sowie mit einer höheren räumlichen Auflösung aus Abbildung 48 hervorgeht, handelt es sich bei der Landschaft um Lempunah um einen reich strukturierten, anthropogen stark beeinflussten Wald. Bislang gibt es aus Borneo nur wenige Studien über großflächig anthropogen veränderte Waldgebiete (z. B. Padoch & Peters 1993, Lawrence et al. 1998). Die meisten Arbeiten über Waldgärten (z. B. Sardjono 1990, Salafsky 1994) gehen nur am Rande auf die historische Entwicklung und die landschaftsökologische Bedeutung der jeweiligen Waldgartensysteme ein, während das Phänomen großräumiger Landschaftsbeeinflussung aus dem brasilianischen Amazonasgebiet[396] schon länger bekannt ist (vgl. Balée 1989, 1993).

---

[396] Mindestens 12 % der *Terra Firme*-Wälder Amazoniens sind anthropogen geprägt (Balée 1993:231).

Das Erkennen von Mustern hängt stets von der jeweiligen Perspektive und Wahrnehmung des Beobachters ab. Daher ist die Aufspaltung in zeitliche und räumliche Muster lediglich ein analytisches Konstrukt, um bestimmte Aspekte der Ressourcennutzung zu betonen. Andere Aspekte wie die kulturelle Bedeutung, die sozioökonomische Relevanz oder ökologische Folgen sind in dieser beobachterorientierten Darstellung nicht berücksichtigt.

Die bislang beschriebenen zeitlichen und räumlichen Muster zeigen, dass es kontinuierliche Prozesse gibt, die die Wälder rings um Lempunah in ein Mosaik aus nutzbaren, teilweise Jahre und Jahrzehnte überdauernden Räumen umgestalten und diese mit zeitlich begrenzten Aktivitäten überziehen, die nur wenige sichtbare Spuren in der Landschaft hinterlassen. Obwohl es offensichtlich ist, dass dieses wechselseitige Bedingen zwischen Menschen und ihrer Umwelt den Wald in einem sich ständig verändernden Zustand hält, der das Überleben des Dorfes über Jahrhunderte gesichert hat, ist die hinter diesen Erscheinungen liegende Rationalität bislang weitgehend unklar. Um sich einem Verständnis dieser Rationalität zu nähern, sollen im folgenden Kapitel die wesentlichen Strategien der Ressourcennutzung in Lempunah analysiert werden.

4.3 Allgemeine Strategien der Ressourcennutzung

Die in den vorherigen Kapiteln beschriebenen Muster der Ressourcennutzung sind das Resultat menschlicher Aktivitäten, von denen einige rational geplant sind, während andere eher unfreiwillige Antworten ('responses') auf externe Ereignisse darstellen. Die Grenze zwischen diesen beiden Extremformen ist fließend, wobei selbst scheinbar spontane Reaktionen Bestandteil eines allgemeineren, strategischen Konzepts sein können. Dabei verstehe ich 'Strategie' in einem weiteren Sinn als Handlungsmuster, welchem eine wie auch immer geartete Planung zu Grunde zu liegen scheint[397]. Diese Muster können lokal bewusst reflektiert sein, müssen dies aber nicht. Vermutlich funktionieren einige Strategien auch eher unbewusst, wobei sich etwaige frühere kulturelle Lernprozesse in unreflektierte, gewohnheitsbedingte Verhaltensweisen gewandelt haben könnten.

Basierend auf dieser weichen Definition lassen sich die in Lempunah beobachteten Ressourcenstrategien in folgende Kategorien ordnen:

➤ Manipulation der Umwelt
➤ Ressourcenschutz

---

[397] Ob eine Handlung de facto wirklich geplant war, lässt sich im Nachhinein oft nicht mehr eindeutig erkennen. Daher beinhaltet diese Definition auch den plausiblen Anschein einer Planung.

> Zeitliche Einpassung, Eigendynamik & Flexible Reaktionen
> Diversifizierung & Risikominimierung
> Sozial und religiös eingebettete Strategien

4.3.1 Manipulation der Umwelt

Dieser Überschrift liegt stillschweigend die Annahme zu Grunde, dass menschliches Verhalten in der Regel intentional und aktiv ist (vgl. Balée 1989:2). Dies bedeutet jedoch nicht, dass Handeln unidirektional ist und nur aus sich selbst entspringt. In den meisten Fällen reagieren Menschen in Bezug auf externe Einflussparameter. Durch diese Reaktionen werden aber wiederum eben diese Einflussparameter selbst verändert, was zu zeitlich oft retardierten Rückkopplungseffekten führt, so dass sich Menschen als Bestandteile eines sich dynamisch verändernden Kausalnetzes auffassen lassen. Ohne die Berücksichtigung der Struktur und des Verhaltens dieses Netzes kann ihr Handeln jedoch nicht plausibel nachvollzogen werden. Eine bestimmte Handlung mag zwar wie eine einschneidende Manipulation der Umwelt erscheinen, doch gleichzeitig umfasst diese Umwelt auch den Handelnden oder die Handelnde. Dennoch verändern manche Aktivitäten oder Strategien die Umwelt stärker als andere. Zu diesen gehören Aktivitäten, die die Artenzusammensetzung der Umgebung in Richtung einfacherer oder sicherer Ressourcenverfügbarkeit manipulieren. Dies lässt sich beispielsweise durch ein Umschalten von reinem Extraktivismus auf die Domestizierung oder Kultivierung einer Ressource erreichen (vgl. Homma 1996:66-73[398]; Sasaki 1997:7; Weinstock 1983b:63-64). Beispiele jüngeren Datums sind in Lempunah Rattangärten und *Simpukng*-Waldgärten[399].

Derartige Übergänge von Extraktion zu Kultivierung hängen nicht nur von ökonomischen Anreizen (vgl. Homma 1996:66), sondern auch von persönlichen Erwartungen und den allgemeinen soziokulturellen Rahmenbedingungen ab. Zudem spielen längerfristige Planungsgedanken sowie Aspekte der Zukunftssicherung für Kinder und Enkel eine in Lempunah immer wieder geäußerte Rolle. Diese Überlegungen beziehen sich dabei unmittelbar auf das traditionelle Landrecht, welches Waldgärten als individuellen Privatbesitz anerkennt (vgl. 2.2.6).

Generell stimmt die Entwicklung in Lempunah in Richtung angebauter Ressourcen und zunehmender Pflegeintensität weitgehend mit Hommas Transformations-

---

[398] Hommas Modell beinhaltet neben dem Übergang von Extraktion zu Kultivierung auch eine mögliche spätere Substitution und den wirtschaftlichen Niedergang der Ressource (ibid.).

[399] Die Domestizierung anderer Pflanzen wie Reis, Maniok oder Süßkartoffel liegt erheblich weiter zurück (vgl. Köhler & Seitz 1993:566-569, sowie Hutterer 1984).

modell überein (ibid.). So begann die Kultivierung von Fruchtbäumen in *Simpukng*-Waldgärten wohl schon vor mehreren Jahrhunderten. Was diesen Übergang genau auslöste, bleibt jedoch unklar. Vermutlich spielten dabei Subsistenzbedürfnisse sowie eine höhere Arbeitseffizienz eine wesentliche Rolle[400].

Ein weiteres Beispiel für Übergänge von extrahierten zu kultivierten Ressourcen ist Rattan. Auch hier sind rein ökonomische Gründe nur von partieller Bedeutung. Während die Kulturgeschichte für *Sokaq* (*Calamus caesius*) nicht dokumentiert ist, wurde der Anbau von *Jepukng* (*Daemonorops crinita*) vor allem durch einen dorfinternen Konflikt über Nutzungsrechte ausgelöst (vgl. 3.4.3). Darüber hinaus gaben aber auch die große Nachfrage sowie ein lokal nur begrenztes Angebot Anreize zur Kultivierung dieser wertvollen Rattanart.

Im Gegensatz zu Fruchtbäumen und Rattan liegt der Fall bei Gummi anders, da *Hevea brasiliensis* keine autochthone Pflanze Südost-Asiens ist. Wie weiter oben beschrieben, wurde *Hevea*-Gummi in den 1930er Jahren in Lempunah eingeführt. Bis zu Beginn der 1950er Jahre wurden die Bäume dabei in ähnlicher Weise wie die Fruchtbäume der *Simpukng*-Gärten in relativ unstrukturierten Kulturen mit verschiedenen Arten gemischt angepflanzt (vgl. 3.5), während die meisten Gummigärten heute nur noch aus einer gepflanzten Baumart bestehen.

Neben der Anreicherung von Waldflächen mit gewünschten Arten, gibt es als weitere manipulierende Strategie aber auch deren Gegenteil: das gezielte Entfernen unerwünschter, meist konkurrierender Arten durch Jäten, Brennen oder verschiedene Arten der Schädlingsbekämpfung (vgl. 3.2.2).

Strategien wie die schrittweise Intensivierung und Pflege der Kulturen (z. B. durch Brennen zur Freisetzung in der Biomasse gebundener Nährstoffe, gezielte Auswahl des Saatguts, Schutz der Anbaupflanzen, Erntetechniken; vgl. Sasaki 1997:7; McCay 1978:410-411, 415-417; Anderson & Ioris 1992:364) kommen zu den Anreicherungs- und Konkurrenzminderungsstrategien noch hinzu.

Neben diesen gezielten Eingriffen in die Umwelt gibt es auch einige für die Bevölkerung vorteilhafte Nebenwirkungen des Landnutzungssystems. Zu diesen gehören beispielsweise auf Schwendflächen erlegte Bartschweine, die durch Feldfrüchte angelockt werden, ohne dass dies jedoch das beabsichtigte Ziel des Bauern

---

[400] Lawrence et al. (1995) belegen in einer Fallstudie aus West-Kalimantan die klare Präferenz lokaler Bauern für das Sammeln von Durianfrüchten aus speziellen Waldgärten verglichen mit Früchten aus naturbelassenen Waldgebieten. Dieser Befund ist allerdings kaum verwunderlich angesichts der in den Gärten erheblich höheren Fruchtbaumdichte.

gewesen wäre[401]. Dennoch trägt der Verzehr des Fleisches solcher Tiere wesentlich zur Deckung des Proteinbedarfs bei (vgl. Dove 1985a:239)[402].

Aber auch Ritual- und Medizinalpflanzen, die nur in bestimmten Brachestadien vorkommen, werden durch die Landwechselwirtschaft erhalten, ohne dass dies deren eigentlicher Zweck wäre. Derartige Nebeneffekte können dabei durchaus als synergistische Folgen integrierter Landnutzungssysteme aufgefasst werden.

4.3.2 Ressourcenschutz

Schutzmaßnahmen als Strategie, wie beispielsweise von Anderson und Ioris (1992:364) aus dem Mündungsgebiet des Amazonas berichtet, sind in Lempunah nur sehr begrenzt vorhanden (s. u.). Auch wenn regional bislang keine größere Säugetierart (eventuell mit Ausnahme des Sumatranashorns – *Dicerorhinus sumatrensis*[403]), ausgestorben ist, konnte ich in Lempunah keine expliziten Strategien zum Schutz bestimmter Tiere beobachten. Generell dürfen alle Tierarten, die dem Menschen potentiell schaden, gejagt werden. Im Gegensatz zu anderen Gebieten auf Borneo gibt es in Lempunah auch keine allgemein verbindlichen Speisetabus.

So schreibt Krohn zu Beginn des zwanzigsten Jahrhunderts: 'So tame are the deer in Central Borneo that they enter the villages without fear. Unless the garden plots of Dutch officers at the outposts are palisaded with high, pointed, closely-driven stakes, they are devastated by deer on their forays. I found no Dyaks who would eat deer meat' (1991 [1927]:162).

Speise- (*Buyatn*) und andere Tabus sind in Lempunah meist auf die Schwangerschaft beschränkt. Bis zur Geburt des Kindes dürfen von den Eltern keine Säugetiere, Vögel oder Reptilien getötet werden, und auch der Verzehr von Schlangenfleisch, Schildkröten, bestimmten Fischen und Glattfußhühnern (z. B. *Argusianus argus*, *Lophura ignita*) ist nicht gestattet. Das Speiseverbot für Argusfasane gilt sogar, bis das Kind den Benuaq-Namen des Vogels – '*Jue*' aussprechen kann. Da dies einschließlich der Schwangerschaft bis zu zweieinhalb Jahre dauern kann, bietet dieses Tabu einen gewissen Artenschutz, auch wenn dieser wohl nicht

---

[401] Eine Ausnahme stellt die Pflanzung von Maniok zur Ablenkung von Nagern dar (vgl. 3.2.2).

[402] Brown und Marten (1986:242) zufolge können landwirtschaftliche Schädlinge von lokalen Bevölkerungsgruppen toleriert werden, da es sich bei ihnen auch um landwirtschaftliche Produkte ('agricultural products') handelt, die man konsumieren oder anderweitig verwerten kann.

[403] Angeblich wurde noch Anfang der 1980er Jahre ein Nashorn unweit von Lempunah erlegt. Allerdings ist offen, ob Sumatranashörner in dieser Region je heimisch waren.

primär im Vordergrund steht, da es sich bei diesem Verbot um eine kulturelle Analogie handelt[404].

Auf Grund des relativ hohen Jagddrucks (und trotz der gegenläufigen Auswirkungen der *Buyatn*-Tabus) nahmen die Bestände einiger Säuger-, Vogel- und Reptilienarten in unmittelbarer Dorfnähe stark ab (z. B. Malayenbär – *Helarctos malayanus*, Nashornvögel – *Bucerotidae*, Glattfußhühner – *Phasianidae*, Beos – *Gracula religiosa*, oder Krokodile[405] sowie Schildkröten; vgl. auch Jepson et al. 1998, Momberg et al. 1998). Hohe Marktpreise führten auch zu einem starken Rückgang von Eisenholz (*Eusideroxylon zwageri*) und einer weiteren Baumart (*Kayu Lem* – *Litesa sp.* c.f.), deren Rinde 1994/95 einen hohen Marktwert besaß. Gerade während der Dürre von 1997/98, als Schildkröten kurzfristig zur wirtschaftlich interessantesten Ressource in Lempunah wurden, gab es keinerlei Regulativa, um die Sammelaktivitäten in irgendeiner Weise zu kontrollieren (vgl. auch Nietschmanns Bericht über eine marktinduzierte Übernutzung von Schildkröten bei den Miskito im Osten Nicaraguas, 1973:65). Angesichts der wirtschaftlichen Schwierigkeiten (zur Dürre kam noch die indonesische Finanzkrise hinzu) sowie der als nur vorübergehend wahrgenommenen Nutzungsmöglichkeit hätte es für Schutzstrategien kaum überzeugende Gründe geben können, zumal die Schildkröten eine 'open access' Ressource darstellten, deren Schonung keine eigenen Vorteile gebracht hätte.

Dass die Schildkrötenpopulation nicht gänzlich einbrach, ist ausschließlich dem im April 1998 einsetzenden Regen zu verdanken, der die Sümpfe wieder füllte und (zumindest für eine bestimmte Zeit lang) unzugänglich machte.

Die Sichtweise, dass bislang lediglich auf Grund eines Mangels an geeigneten Mitteln, wie z. B. an automatischen Gewehren, keine größere Säuger- oder Vogelart ausgestorben sei, ist dennoch sicherlich übertrieben, da sich (zumindest heute)

---

[404] Tabus, die mit Waldhühnern und Fischen zu tun haben, beziehen sich auf das augenähnliche Muster der Schwanzfedern des Argusfasans sowie auf die Augenmuster einer bestimmten Fischart (*Jue Danum* – Wasserfasan, eine Art Neunauge). Der Verstoß gegen dieses Speise- und Tötungstabu kann dazu führen, dass das Neugeborene häufig ohnmächtig wird. Nimmt einer der Elternteile Fischaugen aus, so kann dies zum Erblinden des Kindes führen. *Buyatn* gegen Tötung und Verzehr von Reptilien werden mit deren Fähigkeit, ihren Kopf zurückziehen zu können, in Verbindung gebracht (v. a. Schildkröten). Ein Tabuverstoß kann dazu führen, dass das Kind sich in die Gebärmutter zurückzieht und nicht geboren werden kann.
Es gibt darüber hinaus eine ganze Reihe individueller Tabus, die sich meist auf die Verwendung einzelner Tier- oder Pflanzenarten beziehen. So darf beispielsweise einer der Bauern keine Gibbons (*Hylobates muelleri*) als Haustier halten, da ein Gibbon einst einem seiner Vorfahren auf einem Kriegszug das Leben gerettet hatte.

[405] Einer der Vogelfänger erklärte den Rückgang der Fangzahlen mit der gestiegenen Erfahrung der Beos, die gelernt hätten, sich nicht mehr von den Lockvögeln anziehen zu lassen. Das gegenwärtige Fehlen von Krokodilen rings um Lempunah wird durch eine Sage erklärt, nach der sich ein Schamane in ein Krokodil verwandelte, welches nun seine Artgenossen zum Schutz der Dorfbewohner davon abhält, flussaufwärts zu schwimmen (flussabwärts gibt es noch vereinzelt Krokodile).

in Lempunah mehrere Personen um den Schutz von Habitaten und Tierarten kümmern. So initiierte der Dorfvorsteher Anfang 2000 die lokale Einrichtung eines 2.500 ha großen Jagdreservates, in dem Holzeinschlag und Feldbau untersagt sein sollen[406]. Weitere 300 ha, bestehend aus mehreren kleineren alten Waldgebieten sind seit 1996 als Besuchswald (ind. *Hutan Wisata*) im Rahmen eines lokalen Ökotourismusprojektes unter Schutz gestellt[407]. Da generell der entlegene, alte Wald (einschließlich besagter Schutzgebiete) nur von wenigen Personen genutzt wird, kommt ihm ebenfalls eine Reservatfunktion für ansonsten bedrohte Tier- und Pflanzenarten zu.

4.3.3 Zeitliche Einpassung, Eigendynamik und flexible Reaktionen

Die Einpassung von Ressourcenaktivitäten in zeitliche Muster der Umwelt wie jahreszeitliche Veränderungen (z. B. Reisanbau oder jahreszeitlich optimierte Pflanztermine verschiedener Anbausorten), quasi-periodische Phänomene (z. B. Mastjahre von Fruchtbäumen mit damit verbundenen Wanderungen der Bartschweine, vgl. Caldecott 1991:58, sowie Dove 1993c:115-116), oder aber unregelmäßige Ereignisse (z. B. plötzliche Marktchancen sowie Reaktionen auf 'boom-and-bust' Zyklen, vgl. Vayda 1996:21, McCay 1978:410, 416) stellt eine der wichtigsten Strategien der Benuaq im Umgang mit der Natur dar, auch wenn diese Strategie keineswegs auf die Benuaq beschränkt ist (z. B. Ellis 1998:11-12). Durch das Einpassen ihrer Ressourcenaktivitäten in den natürlichen Ablauf ihrer Umgebung nutzen die Benuaq in hohem Maße die Eigendynamik des Waldes. Dies wurde bereits im Fall der *Simpukng*-Waldgärten betont (vgl. 3.3), wo die Produktivität sich durch einen minimalen Einsatz von Arbeit mit Hilfe der natürlichen Sukzession effizient steigern lässt. Das gleiche gilt aber auch für Rattangärten, die lokal mit Bankguthaben verglichen werden, deren Verzinsung durch natürliches Wachstum gewährleistet wird.

Neben der Einpassung ihrer Aktivitäten in regelmäßige zeitliche Muster, die den allgemeinen Rahmen für landwirtschaftliche Arbeiten setzen, zeigen die Benuaq eine permanente, hoch flexible Bereitschaft für die Ausnutzung wirtschaftlicher Möglichkeiten, die sich aus unregelmäßigen und oft unvorhersehbaren Ereignissen ergeben. Beispiele dafür sind Preisschwankungen (z. B. Rattan und Gummi), neue

---

[406] Mitte 2000 wurde ein neuer Dorfvorsteher gewählt, der diese Regelung jedoch wieder verwerfen möchte, um statt dessen die Ansiedelung von Ölpalm- und Kohleunternehmen zu erleichtern.

[407] Dieses Bewusstsein wurde durch Kontakte zu regionalen Umweltgruppen sowie zu mir und meiner Frau sicherlich gestärkt. Doch die ursprüngliche Idee zu diesen Schutzgebieten geht auf den Dorfvorsteher zurück.

Märkte (z. B. Schildkröten, 1998; *Kayu Lem – Lisea* sp. c.f., 1994/95; oder *Itir*-Holz – *Intsia palembanica*, 2000), neue Einkommensmöglichkeiten (z. B. Lohnarbeit für das Ölpalmunternehmen, 1996/97[408]), politische Veränderungen (z. B. Exportregulierung von Rattan) sowie klimatische Phänomene wie die durch El Niño verursachte Trockenheit von 1997/98 (z. B. Nutzung des trockenen Sumpfwaldes zu Reisanbau, Fischfang und Schildkrötenjagd). Das übliche, in den Abbildungen 36 und 43 dargestellte Muster besteht aus dem Wechsel zwischen diesen Möglichkeiten, und nicht aus dem Festhalten an einer konstanten Einkommensquelle. Der den Wechselentscheidungen zu Grunde liegende wirtschaftliche Referenzwert ist dabei der Gegenwert in Rupiah oder aber dessen Äquivalent in Reis.

Dennoch hängen diese Entscheidungen nicht nur von wirtschaftlichen Überlegungen ab, sondern berücksichtigen ebenfalls soziale, religiöse und emotionale Aspekte.

Fallstudien

Anfang 1998 arbeiteten mehrere Männer aus Lempunah für einen illegal operierenden Holzhändler aus Tanjung Isuy. Von ihm erhielten sie Benzin für ihre Motorsägen sowie Grundnahrungsmittel, die zu dieser Zeit auf Grund der indonesischen Finanzkrise sowie der Ernteausfälle teuer waren. Nahrungsmittel und Benzin wurden als Kredit verrechnet, den die Männer mit Holzbalken zurückzuzahlen hatten. Zusätzlicher Lohn wurde unregelmäßig je nach eingeschlagener Holzmenge ausgezahlt. Im Durchschnitt konnte ein Arbeiter etwa 100.000 Rp pro Tag verdienen, was zu dieser Zeit etwa 40 kg Reis entsprach. Dennoch hörten zwei der Männer nach einigen Wochen mit dieser Arbeit auf und begannen Gummi zu zapfen, obwohl sie damit lediglich 2.500 Rp/kg und somit einen Tagesverdienst von höchstens 10.000 Rp (d. h. 4 kg Reis) erwirtschaften konnten. Als Begründung für diesen Wechsel nannten sie die Unregelmäßigkeiten bei der Lohnauszahlung sowie die als zu stark empfundene Abhängigkeit vom Holzhändler. Sie beendeten dieses Verhältnis, um mit Gummi soviel Geld zu verdienen, dass sie sich selbst Benzin für ihre Motorsäge leisten konnten, um anschließend selbständig Holzbalken zu produzieren.

Mehrere Frauen beendeten ihr Arbeitsverhältnis mit dem Ölpalmunternehmen, da sie sich nicht mehr '*tahan*' fühlten, d. h. die Arbeitsbedingungen (vor allem die Hitze auf der Plantage) nicht mehr aushielten. Sie bevorzugten statt dessen eine kombinierte Arbeit aus morgendlichem Gummizapfen und anschließendem Weben von *Ulap Doyos*, was ihnen ein vergleichbares Einkommen einbrachte (ca. 6.000 Rp pro Tag, bzw. 2-2,5 kg Reis).

---

[408] Ein ähnlich umfangreicher Wechsel von der Landwirtschaft hin zu kommerziellem Fischfang wird von McGrath et al. für den unteren Amazonas beschrieben (1993:180).

Handelt es sich bei diesen flexiblen Reaktionen nun um Strategien oder um rein passive Antworten auf externe Einflüsse? Bei den einzelnen Ressourcenaktivitäten kann man in der Tat kaum von Strategien sprechen, da sie sich prinzipiell gerade wegen der unvorhersehbaren Natur der sie einleitenden Ereignisse nicht planen lassen. Allerdings ist die Unvorhersagbarkeit dieser Ereignisse, aber auch die der Regenfälle, der Fruchtzyklen sowie der Preisschwankungen lokal allen Beteiligten bewusst. Somit verlassen sich die Bauern nur selten auf trügerische Prognosen[409], sondern pflegen vielmehr eine permanente Bereitschaft für derart rasche Wechsel[410]. Diese Bereitschaft selbst kann man sehr wohl als Strategie auffassen, zumal sie das in Lempunah vorherrschende Muster darstellt. Es gibt ganz gewiss keinen Mangel an der Bereitschaft zur Veränderung ('willingness to change'), wie auch Carol P. Colfer für das Beispiel einer Kenyahgruppe festhält (1983:84). Solange diese Menschen eine neue wirtschaftliche Gelegenheit als für sie vorteilhaft erkennen, werden sie diese auch ausprobieren[411]. Diese Offenheit und Experimentierfreudigkeit zeigt sich bei den Benuaq auch im Ausprobieren neuer Reissorten und Fruchtarten. Somit muss das stereotype Bild konservativer, 'traditioneller' Waldbewohner, die sich jeglichem Wandel widersetzen (ibid.), verworfen werden.

Allerdings wird die Bandbreite, innerhalb derer sich diese Ressourcenwechsel vollziehen lassen, auch von den naturräumlichen Gegebenheiten mitbestimmt, die im Falle der Benuaq per se diverser sind als beispielsweise in einer zentralasiatischen Steppe. Das Erhalten und die Pflege einer derartigen Diversität, die eine bedarfsorientierte Variation der Nutzungsmuster erlaubt (vgl. Brookfield & Padoch 1990:9), kann dabei ebenfalls als Strategie gesehen werden.

4.3.4 Diversifizierung und Risikominimierung

Eng verwandt mit dem obigem Konzept der Flexibilität sind Diversifizierungsstrategien. Die Einrichtung eines 'diversen Portfolio' (Ellis 1998:4) findet sich in

---

[409] Es gibt zwar mehrere Indikatoren für drohende Dürren (z. B. blühende Fruchtbäume sowie verschiedene Verhaltensweisen der Waldtiere), doch keine für zukünftige Preisentwicklungen, obwohl einige Rattanbauern durchaus langfristige politische Entwicklungen wie die geplante Freihandelszone der ASEAN-Staaten oder aber periodische Knappheiten in den Gummibeständen der Lager in Samarinda bei ihren eigenen Ressourcenentscheidungen mit berücksichtigen.

[410] Um diese Gelegenheiten rechtzeitig nutzen zu können, versuchen die meisten Dorfbewohner so gut wie möglich über neue Einkommensmöglichkeiten oder die allgemeine Preisentwicklung informiert zu sein. Einige Produktpreise werden regelmäßig über das staatliche Radio mitgeteilt, über andere Entwicklungen berichtet das Fernsehen. Die meiste Information aber wird über persönliche Kontakte ausgetauscht.

[411] Ein aktuelles Beispiel war nach den Waldbränden die geplante Produktion von Holzkohle aus verbrannten Bäumen, an der mehrere Bewohner Lempunahs teilnehmen wollten. Allerdings kam dieses Privatprojekt wegen finanzieller Probleme des initiierenden Geschäftsmannes nie zustande.

zahlreichen Ressourcenaktivitäten der Benuaq, angefangen von der Diversifizierung der Anbaupflanzen bis hin zur Diversifizierung der Einkommensquellen. Aber nicht nur Arten und Aktivitäten werden diversifiziert, sondern auch deren Plazierung in Zeit und Raum sowie auf sozialer Ebene (vgl. 4.3.5). Die verstreute Verteilung der Waldgärten, die zeitliche Verschachtelung verschiedener Ressourcenaktivitäten sowie die Organisation der Arbeit weisen alle einen Grad an Diversifizierung auf, der dynamisches Agieren bzw. Reagieren ermöglicht.

Auch wenn die Diversifizierung der Lebensunterhaltsstrategien ein heterogener sozialer und ökonomischer Prozess ist, der im jeweils lokalen Kontext betrachtet werden muss (ibid.:29), handelt es sich dabei um ein regelmäßig auftretendes Phänomen[412], das sowohl beabsichtigte und geplante 'ex ante-Strategien' mit einer gewissen risikominimierenden Tendenz als auch eher unfreiwillige 'ex post-Maßnahmen' auf Grund von Naturkatastrophen oder unvorhergesehenen Ereignissen beinhaltet (ibid.:13). Während es sich bei den Aktivitäten der ersten Art um Strategien im oben definierten Sinn handelt, entsprechen die letzteren eher reaktiven Maßnahmen ('responses'), die ihrerseits in eine strategische Bereitschaft zu Flexibilität und Wandel eingebettet sind (s. o.).

Unter diesen 'ex ante-Strategien' befindet sich die Diversifizierung von Anbaupflanzen für den Eigenbedarf sowie für den Handel. Die Diversifizierung von Anbaupflanzen ist aus den gesamten Tropen als risikominimierende Strategie bekannt, mit der die Auswirkungen von Umweltrisiken, Preisschwankungen und anderen unvorhersehbaren Ereignissen abgepuffert werden soll (z. B. Anderson & Ioris 1992:364 für Fischer im Amazonasdelta; Schelhas 1996:298 für Viehbauern in Costa Rica; Dove 1985a:159-199 für Kantu' Reisbauern in West-Kalimantan; Godoy & Feaw 1991:34-37 für Rattanbauern in Süd-Kalimantan; Godoy & Bennett 1991:83-84 für Kokosbauern in Indonesien). Schelhas zufolge (1996:299) weißt die Diversifizierung von Anbaufrüchten mehrere Vorteile auf: (1) Ausnutzung umweltbedingter Unterschiede (z. B. Klima und Fruchtbarkeit), (2) bessere Nutzung der verfügbaren Haushaltsarbeitskraft über den Jahresverlauf hinweg, (3) Einschränkung des Risikos von schädlingsbedingten Ernteausfällen oder von Marktinstabilitäten, (4) Synergien zwischen Arbeit, Nährstoffen, Mikroklima und Pflanzengesellschaften, (5) Überwindung rückläufiger Arbeitserträge durch das Umschalten auf wertvollere Cashcrops, sowie (6) Abdeckung des Haushaltsbedarfs an Baumaterial und Nahrungsmitteln mit unterschiedlichem Nährwert.

Diese Aspekte treffen auch für das Beispiel in Lempunah zu, wo die meisten Bauern eine große Vielzahl von Anbaufrüchten kultivieren (vgl. A3). So reduziert beispielsweise die Kombination von Reis, Mais, Süßkartoffeln und Maniok das

---

[412] Die Diversifizierung der Lebensunterhaltsstrategien findet sich nicht nur in ländlichen Gebieten oder in Entwicklungsländern sondern ist weltweit in unterschiedlichen Kontexten anzutreffen (Ellis 1998:3).

Risiko einer völligen Missernte, da sich Reifeperioden sowie Anbauflächen dieser Kultigene teilweise unterscheiden, wodurch es hinsichtlich der Schädlingsgefahr oder den Auswirkungen kurzfristiger Trockenheiten zu einer Streuung des Risikos kommt (vgl. Spencer 1966:124-125). So wurde nach der Missernte von 1998 Maniok zu einer wichtigen Nahrungsgrundlage. Diese Rolle als 'famine food' ist auch aus anderen Gebieten Südostasiens bekannt[413]. Aber auch die Kombination von Sumpf- und Bergreissorten sowie der gemischte Anbau mehrerer Varietäten mit unterschiedlichen Reifezeiten scheint in weniger extremen Jahren geeignet zu sein, um Verluste durch Schädlinge, vorübergehende Trockenheit oder Überflutungen in Grenzen zu halten (vgl. 3.2.1). Allerdings wird diese Sortenvielfalt von über einhundert lokalen Reisvarietäten nicht ausdrücklich zur Risikominimierung gepflegt, sondern vielmehr aus Gründen individueller Vorlieben (vgl. 3.2.2).

Im Fall extremer Dürre oder sehr starken Schädlingsbefalls hilft aber auch die Mischung verschiedener Sorten nicht weiter. So fielen der Dürre von 1997/98 alle Reissorten zum Opfer, und in den Jahren 1999 und 2000 waren alle Sorten in ähnlicher Weise durch Heuschrecken, Ratten und Mäuse dezimiert (vgl. 3.2.2).

Eine Diversifizierung der Anbaufrüchte ist also nicht per se risikominimierend. Es kommt dabei vielmehr auf die Zusammensetzung der Kulturpflanzen sowie auf die Menge des verfügbaren und essbaren Pflanzenmaterials sowie die Anzahl der Schädlinge an (vgl. Brown & Marten 1986:252). Werden jedoch die Anbauweisen zusätzlich auch räumlich und zeitlich diversifiziert, so lässt sich das Risiko von Schädlingsbefall und klimatischen Unwägbarkeiten zumindest teilweise verringern (ibid. 259-260).

Eine weitere, wenig arbeitsintensive Strategie ist die Vielzahl an Waldgartenlokationen. Bis sie genutzt werden, benötigen diese Gärten relativ wenig Arbeitseinsatz. Weitgehend der natürlichen Sukzession überlassen, entwickeln sie sich im Laufe der Jahre zu Ressourcenreservoirs. Ihre Pflege und Bedeutung hängt dabei von der zeitlichen Verfügbarkeit der Früchte und anderer Produkte sowie von ihrer jeweiligen räumlichen Lage ab. Da mehr als tausend Waldgärten über das gesamte Dorfgebiet verteilt sind, liegen einige von ihnen meist auch in der Nähe der Schwendfelder. Dies ist vor allem in Mastjahren von Bedeutung, wenn die Früchte eines *Simpukng*-Gartens zu frei verfügbaren Ressourcen werden und damit den Speiseplan der Feldbauern bereichern (vgl. 3.3).

---

[413] Dove (1993c:117) betont die Bedeutung von Waldfrüchten in Zeiten knapper Reisversorgung (z. B. kurz vor der neuen Ernte), und auch Spencer (1966:124-125) weist ausdrücklich auf die saisonale Unabhängigkeit von Knollenfrüchten hin.

Darüber hinaus stellt die große Zahl der Waldgärten eine eigene Strategie dar, da sich dadurch die Chance erhöht, eines Tages zumindest einige dieser Gärten nutzen zu können[414].

Eine große Diversität, die unvorhersehbare Preisschwankungen und Marktinstabilitäten abpuffert, findet sich auch unter den in Lempunah festgestellten Erwerbstätigkeiten (vgl. auch die Arbeitsdiversifizierung in Neufundland, die McCay beschreibt (1978:403-410, 415-417), sowie die von Ellis (1998) zusammengestellten Haushaltsstrategien). Nach Ellis (1998:17) kann die Diversifizierung von Einkommensquellen auf drei Ebenen zu Tage treten: (1) um allgemein das Risiko ausbleibenden Einkommens zu verringern, (2) um das Risiko von Einkommensschwankungen innerhalb eines Jahres zu reduzieren, und (3) um das Risiko von Einkommensschwankungen zwischen verschiedenen Jahren abzumildern.

Einige der von Ellis erwähnten Haushaltsstrategien finden sich auch in Lempunah, einschließlich der Diversifizierung wirtschaftlich bedeutsamer Waldgärten (Rattan, Gummi) sowie geschlechtsspezifischer Arbeitsteilung (vgl. 4.3.5). Die Mehrheit der diversifizierten Einkommensquellen ist jedoch eher das Ergebnis flexiblen Wechselns, welches über einen längeren Zeitraum integriert wird. Einige dieser Wechsel haben dabei den Charakter eher unfreiwilliger Maßnahmen (z. B. als Reaktion auf die Waldbrände oder die Dürre), während Wechsel, die durch die zeitlich begrenzte Verfügbarkeit bestimmter Ressourcen oder Marktgelegenheiten angestoßen sind, meist absichtlich aus dem Spektrum vorhandener Alternativen ausgewählt werden.

Die Diversifizierung der Ressourcennutzung ist jedoch nicht nur Risiko verringernd, sondern zugleich auch Ausdruck eines kulturell bevorzugten Lebensstils. So gelten eintönige Arbeiten mit eng eingegrenzten Zeitplänen und einem hohen Abhängigkeitsgrad (z. B. durch Schuldbande, vgl. 4.3.3) in den Augen mehrerer Informanten als wenig erstrebenswert, und nur einige wenige, meist junge Leute, entschlossen sich, für einen längeren Zeitraum unter solchen Bedingungen für Holz- oder Plantagenunternehmen zu arbeiten. Die Mehrheit in Lempunah würde sich jedoch nicht auf eine spezialisierte Arbeit verlassen, ohne die Sicherheit eines Reisfeldes oder eines gefüllten Reisspeichers im Hintergrund zu wissen. Eine

---

[414] Die Strategie große Mengen hervorzubringen, ist auch aus der Ökologie bekannt. Ein bekanntes Beispiel dafür ist die riesige Anzahl an Fisch- oder Schildkröteneiern, von denen nur ein kleiner Teil überlebt. Aber auch im tropischen Regenwald lässt sich diese Strategie beobachten. So produzieren viele Pionierpflanzen große Mengen kleiner Samen, um ihre Überlebenschancen im Wettlauf um Nährstoffe und Licht zu verbessern (MacKinnon et al. 1996:188). Die gleiche Strategie wird auch beim Anbau der übrigen Kulturpflanzen auf den Schwendflächen angewendet. Obwohl zum Teil große Mengen von Maniok, Süßkartoffeln, Gurken, Bananen oder Zuckerrohr gepflanzt werden, lässt sich nur ein relativ kleiner Teil davon ernten. Der Rest verkümmert oder wird von Schädlingen gefressen. Doch im Vergleich zu Reis wird auch nur sehr wenig Arbeit und Zeit in den Anbau dieser eher sekundären Kultigene investiert. Somit wird jegliche Ernte dieser Anbaufrüchte als bereichernder Zusatz empfunden.

dauerhafte Anstellung würde zudem die frei verfügbare Zeit limitieren, die für das rituelle und soziale Leben von essentieller Bedeutung ist. Angesichts des hohen Stellenwerts einer gesicherten Subsistenzgrundlage sowie der Notwendigkeit der verschiedenen Riten, müssen sich zusätzliche Erwerbstätigkeiten in den kulturell vorgegebenen fragmentierten Zeitrahmen einpassen. Somit ist Diversifizierung beinahe das unausweichliche Ergebnis kultureller Wertsetzung und wirtschaftlicher Gelegenheiten.

4.3.5 Sozial und religiös eingebettete Strategien

Die gegenseitige Anerkennung von Ressourcennutzungsrechten (d. h. in Lempunah vor allem individueller Besitz von Ressourcen und Ressourcenräumen wie Schwendfelder, Bracheflächen und Waldgärten) ist unabdingbare Voraussetzung für eine dauerhafte Ressourcennutzung in der Dorfgemeinschaft (vgl. 2.2.6, sowie Peluso & Padoch 1996:126-128 bzw. Lawrence 1997:9). Verstöße gegen das traditionelle *Adat*-Recht werden mit symbolischen und materiellen Strafen geahndet, die eine Versammlung meist älterer Dorfbewohner unter der Anführung des *Kepala Adat* verhängt[415]. Die jeweiligen Besitzverhältnisse sind meist verschiedenen Personen bekannt, die dann bei diesen Versammlungen als Zeugen (ind. *Saksi*) auftreten.

In früheren Zeiten war vor allem die soziale Stratifizierung der Benuaq (vgl. 2.2.3), auch im Hinblick auf die Kontrolle und das Management von Ressourcen, von Bedeutung. So erhielt der *Mantiiq* meist einen Teil der Ernte der anderen, und auch sein Feld wurde mit Hilfe anderer Dorfbewohner bestellt[416]. Heute liegt die Kontrolle der Ressourcen hingegen weitgehend bei den einzelnen Haushalten. Lediglich in Fällen, in denen gemeinsame Dorfinteressen im Vordergrund stehen (beispielsweise bei Konflikten mit Unternehmen oder bei der lokalen Ausweisung von Schutzgebieten) greift der Dorfvorsteher (d. h. der *Kepala Desa*) in die Raumordnung mit ein.

---

[415] Diese Strafen werden i.A. in traditioneller Währung ausgesprochen (vgl. 2.2.6). Wichtiger als die finanzielle Begleichung der festgestellten Schuld ist jedoch die soziale Reintegration der verurteilten Person. So bezahlte einer meiner Schlüsselinformanten, der des Rattandiebstahls für schuldig befunden wurde, trotz seiner überzeugten Unschuld die ihm auferlegte Strafe, um wieder als respektables Mitglied der Dorfgemeinschaft zu gelten.

[416] Heute erhält der *Kepala Adat* gelegentlich einen Teil der Jagdbeute oder der ritueller Opfergaben. Weiterreichende Hilfen werden ihm jedoch nicht mehr zu Teil.

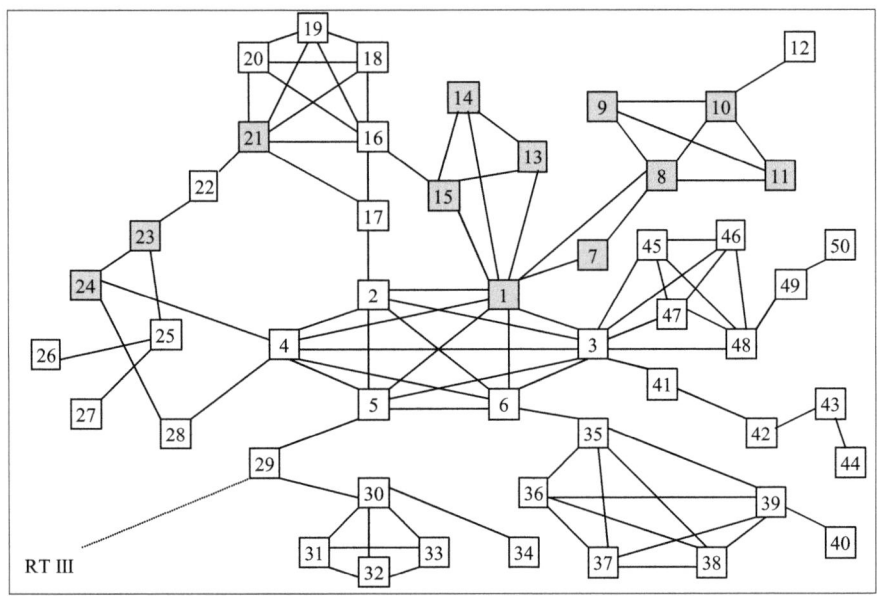

Abbildung 49: Direkte Verwandtschaftsbande über Eltern-Kind- und Geschwisterbe-ziehungen.Die grau markierten Felder stehen für jene Haushalte, die direkt am Konflikt mit dem Ölpalmunternehmen beteiligt waren. Haushalt Nr. 29 ist als einzige Einheit mit Haushalten in RT III direkt verwandt.

Waldgärten und Schwendfelder sind zwar Privatbesitz der Kernfamilien, doch sie werden meist in Gemeinschaftsarbeit bewirtschaftet, die nahe Verwandte oder Freunde mit ein beziehen. Diese informellen sozialen Gruppen arbeiten darüber hin-aus auch bei Riten, Krankheiten oder im Fall von Konflikten und persönlichen Not-ständen zusammen[417]. Dabei limitieren soziale Netzwerke die Entscheidungsfrei-heit individueller Haushalte[418], wobei vor allem die Aktivitäten wirtschaftlich und lokalpolitisch schwächerer Haushalte häufig von den Entscheidungen mächtigerer (verwandter) Haushalte abhängen. Auf der anderen Seite profitieren die schwäche-ren Haushalte vom größeren Einfluss und der Sicherheit des sie umgebenden Netz-werkes (vgl. Abbildung 49).

---

[417] Dass soziale Netze nicht immer persönliches Unglück abpuffern, zeigen Godoy et al. (1998a:67) für die Tsimane' in Bolivien.

[418] Dies stellt die Auffassung des Haushalts als autonome Entscheidungseinheit in Frage (vgl. Kritik in Ellis 1998:6-7).

Ein wesentliches Merkmal vieler Ressourcennutzungssysteme auf Borneo ist soziale Kooperation (vgl. Dove 1985a:305-307, Freeman 1992:234-238). Neben den bereits erwähnten sozialen Verpflichtungen finden sich vor allem Arbeitsaustausch (*Plou*), Arbeitsteilung sowie Lohnarbeit (*Konookng*) als die häufigsten Muster (vgl. 3.2.1 sowie Dove 1985a:307-314 und Freeman 1992:238-240). Durch Arbeitsteilung, sei es im gegenseitigen Wechsel oder gegen Bezahlung, lassen sich mehrere Aufgaben gleichzeitig erfüllen. So können beispielsweise zusätzliche, oft nur kurzfristig bestehende Einkommensmöglichkeiten genutzt werden, während notwendige Routinearbeiten wie im Schwendbau von anderen übernommen werden.

Andere Arbeiten können auf Grund ihrer großen Dimensionierung nur mit Hilfe sozialer Kooperation bewältigt werden (z. B. große Rituale, Bauarbeiten, Gemeinschaftsfelder).

Durch den Einsatz von *Konookng*-Lohnarbeitern kann auf Grund der profitablen 'off-farm'-Erwerbstätigkeiten ein Mehrwert erzielt werden, während die Subsistenz parallel gesichert wird. Diese Strategie erfordert jedoch zunächst Zugang zu Kapital. Auf längere Sicht tendiert sie dazu, die wirtschaftliche Ungleichheit zwischen armen und wohlhabenderen Haushalten weiter zu vergrößern (vgl. 4.1.3).

Die Beobachtung Thandees (1986:162), dass der in den traditionellen Landwirtschaften Südost-Asiens dominierende Arbeitsaustausch unter der zunehmenden Kommerzialisierung des Agrarsektors sich in Richtung bezahlter Lohnarbeit verschiebt, kann auch für Lempunah bestätigt werden. So lautet ein immer wieder geäußerter Vorwurf der älteren Generation an die Jüngeren, dass die gegenseitige Nachbarschaftshilfe (ind. *Gotong-Royong*) stark abnimmt, da die meisten Dorfbewohner nur noch gegen direkte Bezahlung arbeiten würden. Diese Äußerungen beziehen sich vor allem auf Gemeinschaftsarbeiten wie die Errichtung von Plankenwegen oder öffentlichen Gebäuden, das Instandhalten der Waldpfade und Brücken sowie auf kommerzielle Aktivitäten wie die Ernte von Rattan. Im Gegensatz dazu ist Arbeitsaustausch (*Plou*) im reinen Subsistenzbereich noch häufig anzutreffen.

Lohnarbeit (*Konookng*) findet sich bei vielen Arten der Ressourcennutzung. So werden bezahlte Hilfskräfte für die verschiedenen Schritte des Schwendbaus angeheuert, aber auch für extraktive Arbeiten (z. B. Rattan, Holz) sowie für Dienstleistungen wie Bauarbeiten, das Entspelzen von Reis oder die Weiterverarbeitung von Rattan. Bezahlt wird beim Reisanbau ein *Beleq* Reis pro Tag (ca. 11 kg) oder je nach Art der Arbeit Bargeld zwischen 7.500 Rp und 50.000 Rp.

Arbeitsteilung findet sowohl zwischen den Geschlechtern als auch zwischen verschiedenen Altersgruppen statt. Die Art der Arbeitsteilung hängt dabei im wesentlichen von den körperlichen Fähigkeiten ab, wobei es bei den Benuaq im Vergleich zu den Iban (Freeman 1992:227-231; Sutlive 1992:75) generell eine weniger stark differenzierte Arbeitsteilung zwischen Männern und Frauen gibt. Nur wenige Tätigkeiten werden ausschließlich von einem der Geschlechter ausgeübt (vgl. auch die ebenfalls nur schwach ausgeprägte geschlechtsspezifische Arbeitsteilung bei den Kenyah, Colfer 1981:78). Zu den in der Regel von Männern ausgeübten Tätigkeiten gehört das Fällen von Bäumen, das Stechen der Saatlöcher, die Jagd, Holzgewinnung und das Anfertigen von Schindeln, Honigsammeln, generell Arbeiten in entlegenen Waldgebieten (z. B. Rattanernte), Schmiedearbeiten, Bauarbeiten und (strikt vorgeschrieben) die rituellen Aufgaben der *Pengewara* während der *Kwangkai*-Riten (vgl. FN 132). Frauen haben ihre exklusiven Arbeitsbereiche mit dem Weben der *Ulap Doyo*-Stoffe, der Aussaat, Nähen und Sticken, Hebammentätigkeit sowie der Assistenz der *Pemeliatn*. Übliche Hausarbeiten wie Waschen oder Kochen können von Männern wie Frauen gleichermaßen ausgeübt werden, auch wenn sie in den Familien überwiegend von Frauen übernommen werden.

In Zeiten mehrerer wichtiger oder lukrativer Arbeitsalternativen ist Arbeitsteilung vor allem für größere Familien eine Alternative zur Anstellung von Lohnarbeitern. Diese Art der Arbeitsteilung wird auch von den Kantu' berichtet, die zur gleichen Zeit Reis anbauen, während andere Familienmitglieder an einem anderen Ort Gummi zapfen (Dove 1985a:64).

Fallstudien:

Als im Oktober 1998 die Rattanpreise stiegen, begaben sich etwa zehn bis zwanzig Männer aus Lempunah in ein altes, weit abgelegenes Waldgebiet, in dem sie ein Lager errichteten und mehrere Wochen lang Rattan ernteten. Da die Reisvorräte jedoch nach der vorausgegangenen Missernte knapp und die Lebenshaltungskosten auf Grund der Wirtschaftskrise hoch waren, verließ sich keine Familie nur auf die Einkünfte aus dem Verkauf von Rattan. Frauen, Kinder und alte Leute mussten die Sumpf- und Schwendfelder, die zwischen Juli und September angelegt worden waren, alleine bewirtschaften.

Im Zuge der Rodungsarbeiten des Ölpalmunternehmens (1996) fanden zahlreiche Männer aus Lempunah vorübergehend Arbeit, während ihre Frauen im Dorf blieben, wo sie Gummi zapften und *Ulap Doyo*-Stoffe webten. Ein Jahr später gestaltete sich die Situation umgekehrt. Nun arbeiteten die Frauen und die Kinder vorübergehend als Tagelöhnerinnen auf der Ölpalmplantage bzw. in der Baumschule des Unternehmens, und die Männer zapften Gummi.

Arbeit wird ebenfalls zwischen verschiedenen Altersgruppen geteilt. So helfen Kinder und ältere Familienmitglieder je nach ihren Fähigkeiten und körperlichen Möglichkeiten bei vielen Tätigkeiten im Haushalt, auf dem Feld, aber auch im Erwerbsleben mit.

Ein wichtiger Aspekt hinsichtlich der Verfügbarkeit und des Managements natürlicher Ressourcen ist die Bevölkerungsdichte. Verglichen mit anderen Fallstudien[419] ist die Bevölkerungsdichte in Lempunah mit 3,8 Personen/km^2 relativ gering, liegt aber in einer ähnlichen Größenordnung wie die Zahlen, die Freeman (1992:64) für seine Iban-Studie nennt (3,5 Personen/km^2). Die Bevölkerungsdichte in Lempunah liegt dabei deutlich unter der berechneten Tragfähigkeit von Schwendbausystemen auf Borneo (ca. 16 Personen/km^2 für die Kantu', vgl. Dove 1985a:381; 2,5-6,7 Familie/km^2, d. h. 14 bis 37 Personen/km^2 für Kenyahdörfer, vgl. Colfer undat.:72, 69), wobei diese Angaben jedoch prinzipiell mit Vorsicht zu genießen sind, da heute vermutlich keine Bevölkerungsgruppe Borneos eine ausschließliche Subsistenzwirtschaft betreibt. Somit kommt es nicht bloß auf den reinen Subsistenzsektor, sondern vielmehr den gesamten Kontext der Lebensunterhaltsstrategien an.

Der Erinnerung älterer Informanten zufolge blieb die Bevölkerungszahl in Lempunah über die vergangenen fünfzig Jahre weitgehend konstant, nachdem es mehrere Jahrzehnte zuvor offenbar eine Langhausspaltung gegeben hatte (vgl. 2.3.1). In der jüngeren Vergangenheit kam es nur zu einer moderaten Abwanderung einzelner Personen nach Tenggarong und Samarinda, die weitgehend durch den Zuzug jüngerer Männer (vgl. 2.2.4) aufgewogen wurde.

Eine geringe Bevölkerungsdichte kann jedoch nur dann als Strategie bezeichnet werden, wenn sie aktiv durch Geburtenkontrolle oder Abwanderung beeinflusst wird. Ansonsten wäre sie lediglich die passive Antwort auf eine reduzierte Fertilität oder eine erhöhte Sterblichkeit auf Grund einer limitierenden Ressourcenverfügbarkeit und Wirtschaftsweise (vgl. Moran 1991:367). In Lempunah sind zwar auch traditionelle Techniken der Empfängnisverhütung (bzw. des gezielten Aborts) bekannt, doch seit Beginn der 1970er Jahre verwenden die meisten Frauen moderne Verhütungsmittel wie die Pille (vgl. 2.3.1).

Der bevölkerungsbegrenzenden Funktion dieser Familienplanung stehen jedoch Ansiedelungen staatlich organisierter Transmigranten sowie externer Arbeitskräfte entgegen[420].

Manche Strategien sind wiederum religiös eingebettet, wie beispielsweise die bereits erwähnten *Buyatn*-Speisetabus während der Schwangerschaft (vgl. 4.3.2). Aber auch andere rituelle Elemente zeigen Auswirkungen auf die Ressourcen-

---

[419] Dove (1985:381) berichtet für die Kantu' 11,5 Personen/km^2, Conklin (1957:146) spricht von 24,2 Personen/km^2 im Fall der Hanunóo.

[420] Im Lauf der vergangenen Jahre siedelten sich vorübergehend Hunderte von Plantagenarbeitern aus den verschiedensten Bereichen Indonesiens im Unterbezirk Jempang an. Da das Ölpalmunternehmen seine Arbeiter jedoch nicht offiziell bei der Meldebehörde registrieren ließ, liegen keine genaueren Zahlen vor. Zudem wurden zwischen 1997 und 1998 in der unmittelbaren Nähe zu Lempunah zwei neue Transmigrationssiedlungen mit 300-500 javanischen Familien gegründet, die im Laufe der Zeit den Nutzungsdruck auf den Wald vermutlich weiter erhöhen werden.

nutzung. So werden kleinere, meist individuelle Riten auf dem Feld durchgeführt, um das Reifen der Feldfrüchte zu unterstützen und um diese vor Schädlingen zu schützen (vgl. 3.2.2).

Weitere religiös motivierte Strategien finden sich in den großen Gemeinschaftsritualen (*Guguq Tautn*, *Bekeleeu*), mit denen ein fruchtbares neues Jahr mit guter Reisernte und reichlich Wild, Fisch und Honig gewährleistet werden soll. Auf Dürren und andere Naturkatastrophen wird ebenfalls überwiegend rituell reagiert (*Nular*, *Melas Tautn*).

Im Verlauf dieser Riten, die oft nach der Ernte stattfinden (aber auf das kommende Jahr gerichtet sind!), werden an die Gäste große Mengen an Reis verteilt. Da derartige Feste nur möglich sind, wenn die veranstaltende Familie über genügend Reis verfügt, stellen Rituale somit auch eine soziale Strategie dar, um individuelle Ernteverluste auszugleichen.

Auf individueller Ebene führen Jäger kleine Riten aus, um sich auf ihren Wegen zu schützen (vgl. auch Hopes 1997:115-120). Aber auch schwarze Magie wird gelegentlich in Form von Flüchen (ibid.:109-114) verwendet, um beispielsweise das Vermögen einer beneideten Person zu schmälern.

Ob derartig rituell begründete Strategien von Erfolg gekrönt sind oder nicht, sei dahin gestellt. Wichtig ist allein, dass sie in der Rationalität der Benuaq eine bedeutende Rolle spielen.

4.3.6 Abschließende Bemerkungen

Die Grundlage der Lebensunterhaltssicherung ('livelihood') besteht in Lempunah aus der Kombination zyklischer Landwechselwirtschaft mit unregelmäßigen, Einkommen erzielenden Erwerbstätigkeiten. Diese Kombination kann man als erweiterte Subsistenzwirtschaft bezeichnen ('extended subsistence economy', vgl. Gönner & Seeland 2000). Die Anfälligkeit dieser Kombination für umweltbedingte Risiken (z. B. Schädlinge, Dürren, Waldbrände, Überflutungen) und Marktinstabilitäten wird durch eine Reihe risikominimierender Strategien abgepuffert. Zu den wichtigsten darunter zählen Diversifizierung, soziale Kooperation sowie flexibles Reaktionsvermögen. Darüber hinaus werden, wo immer möglich, vorhandene Kräfte und Prozesse in effizienter Weise ausgenutzt. Natürliche Prozesse werden an bestimmten sensitiven Stellen beeinflusst (z. B. nach dem Entfernen konkurrierender Pflanzen oder zu Beginn der einsetzenden Sukzession auf einem ehemaligen Schwendfeld), wobei mit relativ geringem Arbeitsaufwand die Grundvoraussetzungen dieser Prozesse im Sinne der Bauern verändert werden. Das nachfolgende Wachstum wird dann der Natur überlassen, wobei gelegentlich mehr (im Fall des Schwendbaus) oder weniger (im Fall der Waldgärten) intensiv eingegriffen wird.

Auf geradezu analoge Weise werden existierende wirtschaftliche Kräfte genutzt. So reagieren die Benuaq auf vorteilhafte oder neue Märkte mit raschem Umschalten zwischen verschiedenen Ressourcen, wobei die Entscheidungen im wesentlichen von den erwarteten Gewinnen, der verfügbaren Zeit und den bestehenden Alternativen abhängen. Diese Vorgehensweise lässt sich mit dem 'Surfen' auf einer 'Opportunitätswelle' vergleichen, wofür jedoch eine permanente Bereitschaft zu rascher Reaktion vorhanden sein muss. Allerdings ist dieses 'Reiten der Opportunitätswelle' nicht uneingeschränkt möglich. Es unterliegt hoch valorisierten Subsistenzaktivitäten sowie sozialen und religiösen Verpflichtungen.

5 Schlussfolgerungen

5.1 Perspektiven der Ressourcennutzung in Lempunah

Die erweiterte Subsistenzwirtschaft in Lempunah, die auf Selbstversorgung mit Nahrungsmitteln, flexiblen Reaktionen auf neue Erwerbsmöglichkeiten sowie einer effizienten Nutzung natürlicher Wachstumsdynamik basiert, überdauerte einen relativ langen Zeitraum. Und obwohl die beobachteten Ressourcennutzungsstrategien nicht primär auf Nachhaltigkeit abzielen[421], so wurde eine reich strukturierte Waldlandschaft erhalten, deren Nutzung Aspekte echter Nachhaltigkeit ('genuine sustainability', vgl. Gönner & Seeland 2000) zeigt.

Anstatt ein wie auch immer definiertes Gleichgewicht zu erhalten, nutzen die Menschen in Lempunah diesen Wald auf flexible Weise. Dies kann Phasen intensiver Nutzung (vgl. Rattan während des Booms zwischen 1986 und 1988 bzw. Schildkröten während der Trockenheit 1998) im Zusammenspiel mit längeren Zeiträumen ohne Nutzung beinhalten, was unter günstigen Umständen (d. h. genügend große ungenutzte Pufferräume sowie Bestandserholung) zu einer zyklischen Form der Nachhaltigkeit führen kann (vgl. auch Bennett 1976:137).

Der bewirtschaftete Wald Lempunahs weist eine vergleichsweise hohe Biodiversität auf. So zeigten Transektzählungen sowie Computersimulationen von Artenzahlen keinen Unterschied in der Anzahl an Vogelarten (als praktikables Beispiel für Biodiversität) zwischen einem alten, vermutlich noch nie als Schwendfläche genutzten Waldstück und einem typischen, aus Waldgärten und Schwendbrachen bestehenden Waldgebiet. Während im alten Wald entlang des 1.500 Meter langen Transekts 102 Vogelarten erfasst wurden, wies der Transekt durch den stärker genutzten Wald 101 Arten auf. Die Simulation ergab sowohl für den stark genutzten Wald als auch für den alten Wald 108 Arten (vgl. Gönner 1999b, 1999c). Diese Zahlen widersprechen

---

[421] Trotz der anhaltenden öffentlichen Diskussion über die Notwendigkeit von Nachhaltigkeit sowie eines allgemeinen, wenn auch vagen Verständnisses, was Nachhaltigkeit bedeuten soll, ist es theoretisch nicht möglich, zu beweisen, dass eine bestimmte Art der Ressourcennutzung nachhaltig ist. Ein solcher Beweis würde eines vollständigen, in die Zukunft reichenden aber nicht existierenden Wissens bedürfen, da Nachhaltigkeit nur vor dem Hintergrund zeitlicher Abläufe beurteilt werden kann. Was hingegen möglich ist, ist deren Falsifizierung im Sinne, dass die Nichtnachhaltigkeit einer Ressourcennutzung gezeigt wird (auch dies ist nicht einfach, vgl. zyklische Nachhaltigkeit, s. o.). Diese theoretische Situation ist vergleichbar mit der Unmöglichkeit Wahrheit beweisen zu können. Statt dessen schlägt Popper (1993:376-382) vor, den Begriff der Wahrheitsnähe zu verwenden. In diesem Sinne wäre es auch sinnvoller, von Nachhaltigkeitsnähe zu sprechen, bei deren Beurteilung ökologische, sozioökonomische, religiöse und kognitive Aspekte berücksichtigt werden müssen. Somit ließe sich feststellen, ob eine bestimmte Art der Ressourcennutzung eher nachhaltig sein könnte als eine andere.

hingegen Befunden aus Sumatra (Thiollay 1995), wo die Anzahl der Vogelarten in traditionellen Agroforstgebieten um 41-62 % niedriger lagen als im Primärwald[422].

Auf Grund der unterschiedlichen Waldstruktur sowie des geringeren Jagddrucks in der alten (ca. 10 km vom Dorf entfernten) Waldfläche unterschied sich die Artenzusammensetzung der beiden Transekte, wenn auch nur in geringer Weise (Sørensenindex für Artenähnlichkeit = 68 %).

Auf einige Tierarten wie Bartschwein (*Sus barbatus*), Hirsche (*Tragulus spp.*, *Muntiacus spp.*, *Cervus unicolor*), Malayenbär (*Helarctos malayanus*), Nashornvögel (*Bucerotidae*), Glattfußhühner (*Phasianidae*), Beos (*Gracula religiosa*) sowie Schildkröten (*Chelonii*) ist der Jagddruck teilweise ganz erheblich. Dennoch überlebten all diese Arten bislang in den entlegeneren, nur schwer zugänglichen Bereichen des Waldgebiets. Die Gefahr lokaler Ausrottung wird jedoch durch außergewöhnliche Ereignisse wie die Dürre und die Waldbrände von 1997/98 erhöht, als nach Angaben der Bevölkerung Hunderte von Hirschen vor dem Feuer flohen und direkt vor die (selbstgebauten) Gewehre der Jäger liefen[423].

Andere Phasen massiver Tierjagd traten in der Fruchtsaison 1995/96 auf, als über 150 Beos mit Leimruten gefangen wurden, sowie 1998 mit dem Fang von über 1.500 Schildkröten (vgl. 3.6.3).

Neben rein ökologischen Aspekten bezieht sich Nachhaltigkeit aber auch auf soziale und kognitive Bereiche. So war die traditionelle Ressourcennutzung in Lempunah im Vergleich zur Wirtschaftsweise der benachbarten Plantagenunternehmen (Ölpalme, Holz) auch sozial nachhaltig. Größere materielle Ungleichheiten wurden (innerhalb der jeweiligen Schicht) durch soziale Netzwerke, gegenseitige Arbeitshilfe sowie durch die Redistribution von Ressourcen während der großen religiösen Feiern (vgl. 4.1.3) zumindest teilweise abgepuffert. Gegenwärtig wird diese soziale Nachhaltigkeit durch den individuellen Verkauf von Land und Waldgärten untergraben. Neue, nunmehr ungepufferte Ungleichheiten entstehen ebenso wie Neid, der durch ungleiche finanzielle Entschädigungen für umgewandelte Waldgärten geschürt wird. Diese Zwistigkeiten führten in der Folge zu gravierenden Konflikten sowohl innerhalb der Dörfer als auch zwischen der Lokalbevölkerung und dem Unternehmen (vgl. Gönner 1998a, 1999a). Wurden Konflikte traditioneller Weise über das *Adat*-Recht gelöst, so bestehen jene, die durch Landrechtsprobleme und die wirtschaftliche Abhängigkeit von nur einer Ressource entstanden sind, oft ungelöst über Jahre hinweg (vgl. King 1999:52-59, Dove 1985b, 1986).

---

[422] Das alte Waldgebiet besteht sowohl aus Bereichen, die offenbar noch nie gerodet wurden, als auch aus einigen alten Waldgärten (älter als fünfzig Jahre). Obwohl es sich somit definitionsgemäß um keinen echten Primärwald handelt, entspricht die Zusammensetzung der Vogelarten doch weitgehend der sogenannter Primärwälder (diese Einschätzung beruht auf meinen Beobachtungen in anderen Gebieten Borneos).

[423] Bislang sind in Lempunah nur selbstgebaute Gewehre mit sehr beschränkter Reichweite im Gebrauch. Sollten jedoch die indonesischen Waffengesetze gelockert werden (dies war 1999 in der öffentlichen Diskussion), so könnte sich Jagd bald als unnachhaltig erweisen.

Ein weiterer Aspekt der Nachhaltigkeit bezieht sich auf Wissen. Bislang wurde das traditionelle Wissen um die Ressourcennutzung sowie das rituelle und medizinische Wissen mündlich tradiert. Traditionelle Medizinalpflanzen werden zwar noch verwendet, doch das Detailwissen liegt in der Regel ausschließlich bei älteren Dorfbewohnern und den *Pemeliatn*-Heilern, während moderne medizinische Versorgung mit pharmazeutischen Medikamenten und ärztlicher Dienstleistung immer stärker zunimmt. Als Antwort auf einen zunehmend raschen Wandel der Lebensstile wird 'traditionelles' Wissen[424] somit durch neue Wissensformen ersetzt, die für ein Überleben in der gegenwärtigen Welt lokal als relevanter angesehen werden[425].

Gerade diese letzte Beobachtung zeigt, wie schwierig es ist, dynamische Prozesse wie soziokulturellen Wandel im Hinblick auf Nachhaltigkeit zu beurteilen[426]. Dabei muss Nachhaltigkeit vom Festhalten an einem wie auch immer definierten status quo unterschieden werden. Ein Nachhaltigkeitskonzept, das sich an ausbalancierten Gleichgewichten orientiert, greift nur solange die Randbedingungen des Systems konstant bleiben. Beginnen sich diese zu verändern, werden Gleichgewichte zu Fließgleichgewichten, und es gilt zu entscheiden, welche der Variablen konstant, d. h. nachhaltig, gehalten werden sollen, und welche dynamisch fluktuieren dürfen. Betrachtet man die gegenwärtige Ressourcennutzung in Lempunah, so hängt dabei viel vom individuellen Standpunkt ab. Eine um Schutz und Bewahrung bemühte Person wird dabei den Verlust traditioneller Werte und Wissensinhalte bedauern, während ein prozess-orientierter Betrachter die Fähigkeit der Bauern bewundern mag, mit der sie sich an neue Situationen anpassen (vgl. Gönner 2000a).

Angesichts der zunehmenden Interessenskonflikte um die Nutzung lokaler Ressourcen (z. B. Agroforstwirtschaft versus industrielle Plantagenwirtschaft oder

---

[424] Die Bezeichnung 'traditionell' ist hier als Gegensatz zu neuen Wissensinhalten, wie den Gebrauch von Massenmedien und Computern, aktuelle Schulbildung, oder westliche Medizin, gemeint. Dabei sollte betont werden, dass es rigides 'traditionelles' Wissen, das gegen jegliche zeitliche Veränderung inert war, wohl nie gegeben hat.

[425] Auf Grund des allgemeinen soziokulturellen Wandels, der gesellschaftliche Werte sowie persönliche Lebensziele mit beeinflusst, wird heute erwirtschaftetes Geld nur noch selten für die Ausbildung zum *Pemeliatn*-Heiler oder *Pengewara* ausgegeben. Eine solche Ausbildung ist teuer und langwierig. Je nach erstrebtem rituellem Niveau dauert sie mehrere Jahre.

[426] King (1999:129-131) betont ebenfalls die Schwierigkeiten bei der Feststellung von Nachhaltigkeit. Er führt, Braganza (1996:312) zitierend, folgende Aspekte auf: 'ecological soundness and environmental protection, the importance of the welfare and quality of life of human beings, and local-level participation and bottom-up community-based strategies'. Darüber hinaus unterstreicht er die Bedeutung indigenen Wissens sowie die Erhaltung von 'Livelihood'systemen für nachfolgende Generationen. Dabei beziehen sich diese zumeist vagen Kriterien lediglich auf Entwicklungsprojekte, da Nachhaltigkeit im Falle lokaler Ressourcennutzung ungeprüft vorausgesetzt wird. Allerdings gesteht auch King ein, dass momentan zahlreiche lokale Bevölkerungsgruppen ebenfalls an einer (vermutlich nicht nachhaltigen) Ausbeutung ('exploitation') der Umwelt beteiligt sind, sei dies aus Gründen der Armut und der Marginalisierung, oder aber aus der Erkenntnis, dass man sich besser der Vorteile dieser Ressourcen bedient, bevor andere auf diese Idee kommen (ibid.).

Kohleabbau) stellt sich die Frage, ob und wie die Bewohner Lempunahs ihre Ressourcennutzung auch weiterhin anpassen können. Bevor sich diese Frage jedoch beantworten lässt, gilt es, die wesentlichen Grundvoraussetzungen zu diskutieren, auf denen Lempunahs erweiterte Subsistenzwirtschaft beruht.

Die Kombination aus einer eher konservativen, sicherheitsorientierten Subsistenzwirtschaft und der außerordentlich flexiblen Nutzung zusätzlicher Ressourcen erwies sich als Hauptstrategie zur Sicherung des Lebensunterhalts in Lempunah. Für die erfolgreiche Umsetzung dieser Doppelstrategie sind jedoch mehrere Voraussetzungen notwendig. Dazu gehören (1) Entscheidungsautonomie, (2) gesicherte Besitz- und Nutzungsrechte, (3) individuelle Bereitschaft zur Reaktion auf Fluktuationen, (4) Bewahrung einer hohen Biodiversität sowie (5) Verlässlichkeit der sozialen und religiösen Rahmenbedingungen.

Diese Grundvoraussetzungen werden ihrerseits von zahlreichen internen und externen Faktoren beeinflusst, die Lempunah unter anderem über Handelsbeziehungen, Politik, Information und Konflikte mit der Außenwelt verbinden. Damit dieses Beziehungsgeflecht die tatsächlichen Verhältnisse vor Ort möglichst umfassend abdeckt, ohne dabei ins Uferlose zu führen, werden die wesentlichen Aspekte und Faktoren in aggregierter Weise zu einander in Beziehung gesetzt, wobei die kausalen Wechselwirkungen im wesentlichen auf Beobachtungen und Interviewdaten zurückgehen. Dieser Analysenschritt reflektiert eine subjektive Gutachterposition, welche sowohl von der Auswahl der Variablen als auch von deren Aggregation abhängt.

Überdauerung durch Anpassung	*Eigenschaften*
Aspekte echter Nachhaltigkeit	
Risikominimierung	

Ernährungssicherung durch Subsistenz	*Strategien*
Flexible Ressourcennutzung	
Ausnutzung natürlicher Dynamik	

Entscheidungsautonomie	*Voraussetzungen*
Sicherung der Nutzungs- und Eigentumsrechte	
Individuelle Flexibilität	
Bewahrung einer hohen Biodiversität	
Verlässlichkeit der sozialen und religiösen Rahmenbedingungen	

Abbildung 50: Wesentliche Voraussetzungen, Strategien und Eigenschaften der erweiterten Subsistenzwirtschaft in Lempunah.

Um die subjektive Willkür der Auswahl einzugrenzen, müssen die aggregierten Variablen jedoch in ihrer Gesamtheit möglichst die wesentlichen Lebensbereiche, die relevanten physikalischen Entitäten (Materie, Energie, Information) sowie die dynamischen Aspekte der lokalen Situation abdecken. Dabei erleichtern Checklisten wie die kulturökologische Checkliste von Seeland (unveröffentlicht) oder die

Kriterienliste von Vester (1999:189-192) die Wahrung eines umfassenden Blickwinkels.

Somit ließ sich für den Fall der Ressourcennutzung in Lempunah ein Satz von zwanzig Variablen finden, der (meiner subjektiven Sicht nach) alle relevanten Bereiche abdeckt.

Nachstehend sind die Inhalte der aggregierten Variablen stichwortartig aufgelistet:

Kapital:	Geld, Waren, Land
Unternehmen:	Unternehmensumsatz
Konflikte: und	interne Konflikte, Konflikte zwischen Lokalbevölkerung anderen Parteien
Diversität:	Anbaupflanzen, Biodiversität, Diversität der Erwerbsmöglichkeiten
Ausbildung:	Schulen, Hochschulen
Freie Zeit:	Freizeit, Muße, unverplante Zeit
Umwelt:	Biodiversität, Wasser, Boden, Luft, Fruchtbarkeit
Arbeit: Arbeit,	Lohnarbeit, Arbeitsaustausch, Arbeitsteilung, körperliche Erwerbstätigkeiten
Landbesitz:	Eigentum, Nutzungsrechte, Zugang, Landrechte
Livelihood:	Subsistenzsicherheit, Nahrungsversorgung, Gesundheit
Mobilität:	zeitweilige oder dauerhafte Zu- und Abwanderung
Preise:	Ressourcenpreise, Warenpreise
Lebensqualität:	Gefühle, Ernährung, Gesundheit, Wohlstand
Ressourcennutzung:	Schwendbau, Waldgärten, Nutzung des nicht-kultivierten Waldes
Risiko:	ökonomische Risiken, gesundheitliche Risiken
Riten:	Bedeutung der Riten
Sicherheitsgefühl:	subjektive Gefühle
Selbstbestimmung:	Entscheidungsautonomie, Möglichkeit zu flexiblem Handeln
Sozialer Zusammenhalt:	Sozialleben, gegenseitige Hilfe, soziale Sicherheit
Staatseinfluss:	Politik, Arbeit staatlicher Institutionen, Gesetzgebung

Diese Variablen zeigen einen hohen Grad an wechselseitiger Abhängigkeit. Beispielsweise kann der Preisanstieg einer bestimmten Ressource zu einer erhöhten

Mobilität führen, indem ein Teil der Bevölkerung zeitweilig in ein entlegenes Waldgebiet übersiedelt, wo diese Ressource (z. B. Rattan) genutzt wird. Aus dieser temporären Abwesenheit ergeben sich jedoch wiederum Folgen für das Sozialleben im Dorf. So fehlen hier unter Umständen nun wichtige Familienmitglieder im Krankheits- oder Konfliktfall.

Wechselseitige Abhängigkeiten dieser Art sind in Abbildung 51 dargestellt, wobei die jeweiligen Verbindungen weitgehend auf Beobachtungs- und Interviewdaten zwischen 1988 und 2000 basieren.

Der rein praktische Nutzen dieser Abbildung wird durch die offensichtliche Komplexität jedoch stark eingeschränkt, was selbst das Verfolgen einzelner Kausalketten schwierig gestaltet. Dennoch halte ich die Visualisierung des Kausalnetzes für hilfreich, um sich ein eigenes Bild der hohen Komplexität und Wechselbezüglichkeit zu verschaffen.

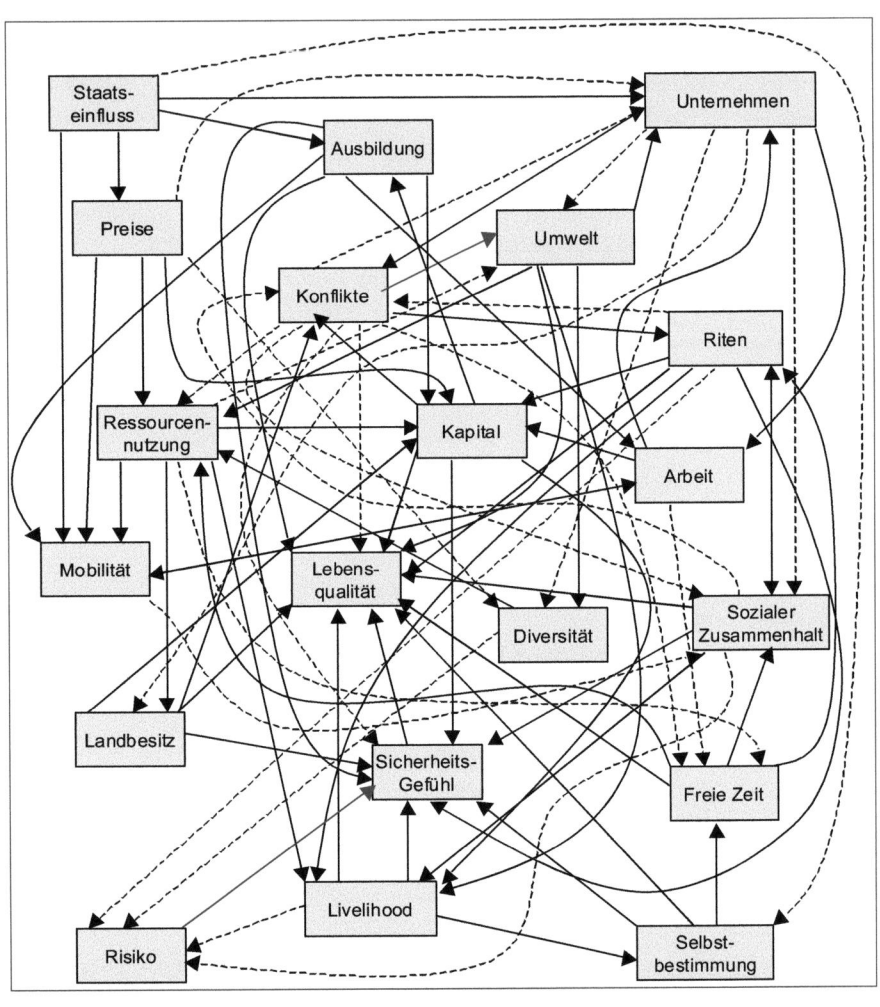

Abbildung 51: Kausalnetz aggregierter Variablen, die mit der Ressourcennutzung in Lempunah in Verbindung stehen. Positive Wirkungen (d. h. ein Anstieg der ersten Variablen führt zu einem Anstieg einer zweiten[427]) sind durch durchgezogene Pfeillinien dargestellt, negative (d. h. ein Anstieg der ersten führt zu einer Abnahme der zweiten Variablen) durch gestrichelte Linien.

---

[427] Auf Grund des hohen Aggregationsgrades einiger Variablen steigen nicht diese selbst an, sondern die unter diesen subsummierte Aspekte. So steigt beispielsweise der Unternehmensumsatz und natürlich nicht das Unternehmen selbst an.

Um die Netzstruktur genauer analysieren zu können, ist jedoch eine andere Art der Darstellung notwendig, bei der positive und negative Einflüsse in einer zwei-dimensionalen Matrix zusammengefasst werden:

	Selbstbestimmung	Staatseinfluss	Unternehmen	Livelihood	Kapital	Ressourcennutzung	Umwelt	Diversität	Lebensqualität	Konflikte	Riten	Sozialer Zusammenhalt	Preise	Arbeit	Freie Zeit	Risiko	Ausbildung	Sicherheitsgefühl	Landbesitz	Mobilität
Selbstbestimmung									+						+		+			
Staatseinfluss	-		+									+			+					+
Unternehmen						-	-		+		-		+						-	
Livelihood	+								+						-		+			
Kapital		+							+	+							+	+		
Ressourcennutzung		+	+		-										-				+	+
Umwelt		+	+			+		+	+											
Diversität									+						-					
Lebensqualität																				
Konflikte	-		-	-		-		+	-					-			-			
Riten		+	-						+	-		+		-			+			
Sozialer Zusammenhalt		+							+	-	+			-			+			
Preise		-			+	+		-												+
Arbeit		+			+											-				+
Freie Zeit					+				+		+	+								
Risiko																-				
Ausbildung			-						+				+					+		+
Sicherheitsgefühl									+											
Landbesitz					+				+	+							+			
Mobilität												-	+							

Tabelle 37: Einflussmatrix mit Wirkung vertikaler Variablen (links) auf horizontale Variablen. Modifiziert nach Vester (1999:196-200).

Jede Variable beeinflusst andere Variablen und wird von anderen beeinflusst. Die Summe der aktiven Einflüsse wird in der Folge als 'Aktivsumme', die der Beeinflussungen als 'Passivsumme' bezeichnet (Vester 1999:199). Das Verhältnis zwischen diesen beiden Werten gibt Hinweise auf die Rollenverteilung innerhalb des Variablensatzes. Die relative Aktivität einer Variablen bemisst sich aus dem Verhältnis ihrer Aktiv- und ihrer Passivsumme, was ein Spektrum von aktiven bis hin zu reaktiven Größen eröffnet. Der Grad, mit dem eine Variable am 'Netzgeschehen' Teil nimmt, errechnet sich aus dem Produkt seiner Aktiv- und Passivsumme. Die Rollenverteilung reicht dabei von kritischen Größen, die von vielen anderen Variablen beeinflusst werden, aber auch ihrerseits viele andere beeinflussen, bis hin zu puffernden Größen, die nur in geringem Maße agieren bzw. reagieren (vgl. Vester 1999:200-201). In Abbildung 52 sind alle zwanzig Variablen hinsichtlich ihrer jeweiligen Aktiv- und Passivsumme angeordnet. Die vier Ecken der Abbildung stehen dabei für die vier qualitativen Rollen 'aktiv', 'reaktiv', 'kritisch' und 'puffernd'.

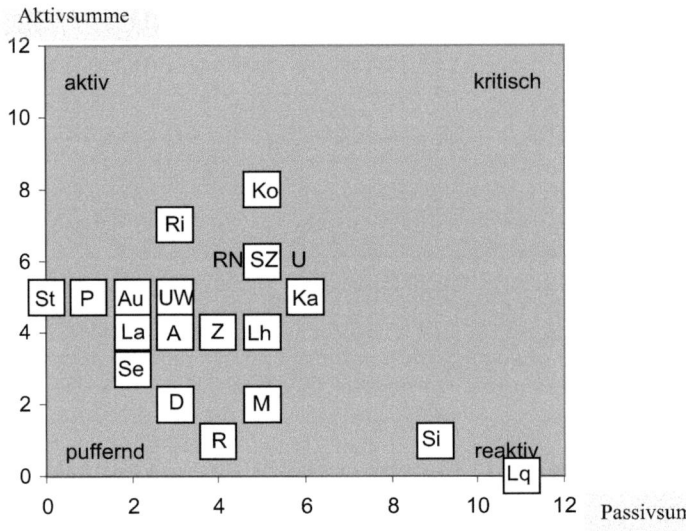

Abbildung 52: Rollenverteilung der Variablen (nach Vester 1999:204-208). Abkürzungen: **Ka**pital, **U**nternehmen, **Ko**nflikte, **D**iversität, **Au**sbildung, **U**mwelt, **A**rbeit, **L**andbesitz, **Li**velihood, **M**obilität, **P**reise, **L**ebens**q**ualität, **R**essourcen**n**utzung, **Ri**siko, **Ri**ten, **Si**cherheitsgefühl, **S**elbstbestimmung, Sozialer **Z**usammenhalt, **St**aatseinfluss, Freie **Z**eit[428].

Variablen reaktiver Natur sind 'Sicherheitsgefühl' und 'Lebensqualität', die lediglich durch mehrere andere Variablen beeinflusst werden, ohne selbst aktiv zu wirken. Damit bieten sich die beiden Größen als Indikatoren für den Gesamtzustand des Netzwerks an (Vester 1999:205).

---

[428] Drei Variablen (RN, SZ, U) weisen die selben Aktiv- und Passivsummen auf.

Den Gegensatz dazu bilden die Variablen 'Riten' und 'Konflikte', die als die aktivsten Größen des Netzes in zahlreiche Beziehungen (sowohl aktiv als auch passiv) eingebunden sind.

'Diversität' und 'Selbstbestimmung' sind wiederum eher puffernder Qualität ohne größere Beteiligung am Netzwerkgeschehen. Beide Größen gehören zu den Grundvoraussetzungen einer erfolgreichen 'Livelihood'-Sicherung. Allerdings sind die Kausalverbindungen zwischen 'Diversität' bzw. 'Selbstbestimmung' und 'Livelihood' nicht direkter Natur, sondern verlaufen über andere Variablen (Ressourcennutzung, bzw. Freie Zeit). Derartig, auch in ihrer zeitlichen Wirkung, verzögerte Abhängigkeiten erschweren in der Regel die Vorhersagbarkeit der Abläufe in einem Netzwerk. So können bestimmte Größen scheinbar ohne äußere Anzeichen (da diese nur verzögert wahrgenommen werden) kritische Werte annehmen, die dann scheinbar plötzlich zu unerwarteten Folgen führen. Diese Vorgänge können dabei ein Schwellenwertverhalten zeigen, da zunächst nichts zu geschehen scheint, bis ein gewisser Schwellenwert überschritten ist (vgl. Bennett 1976:250). So könnte ein stetiger Rückgang der Biodiversität lange Zeit offenbar ohne Folgen für die Sicherung des Lebensunterhalts bleiben, bis sich die Konsequenzen mit einem Male dramatisch zuspitzen. Das analytische Problem dieses Verhaltens besteht jedoch darin, dass der tatsächliche Schwellenwert, dessen Wirkung zeitlich verzögert weitergegeben wird, im Verborgenen liegt.

Zusätzlich erschwert wird die Untersuchungssituation durch Rückkopplungsschleifen. Dabei führen die von einer Variablen ausgehenden Kausalketten über mehrere Stationen auf diese selbst zurück (z. B. U-D-RN-UW-U). Das Kausalnetz aus Abbildung 51 enthält 44 derartige Schleifen mit jeweils zwei bis vier beteiligten Variablen (längere Schleifen wurden nicht untersucht). Davon sind in 23 Fällen 4 Variablen beteiligt, in 11 Fällen 3 und in 10 Fällen 2. Die meisten dieser Rückkopplungen sind jedoch nicht nur geschlossen, sondern weisen darüber hinaus noch quer verlaufende Beziehungen auf (vgl. Abbildung 53).

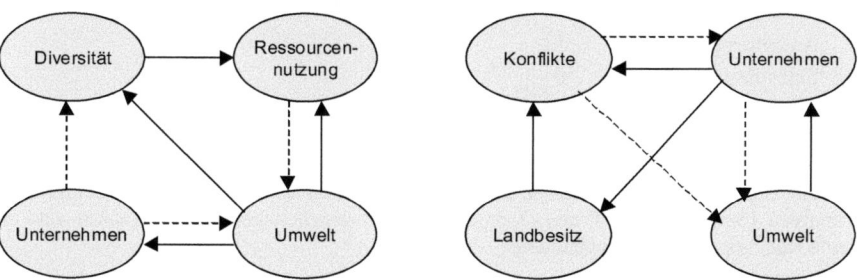

Abbildung 53: Zwei Beispiele für Rückkopplungsschleifen. Die durchgehenden Pfeile stehen für positive Einflüsse, die gestrichelten für negative.

Rückkopplungsschleifen sind vor allem aus der Kybernetik bekannt (vgl. 1.2.4), wo Zustandsgrößen über negative Rückkopplungen effektiv reguliert werden (d. h. ein Anstieg der ersten Zustandsgröße führt über mehrere Variablen zur erneuten Absenkung derselben). Auf Grund der zahlreichen Querbeziehungen in den Rückkopplungsschleifen des Kausalnetzes aus Abbildung 51 ist es jedoch nicht immer möglich festzustellen, ob es sich um eine insgesamt positive (d. h. sich selbst verstärkende) oder aber um eine negative (d. h. sich abschwächende) Rückkopplungskonstellation handelt. Um dies genauer beurteilen zu können, müssten für jeden Fall die quantitativen Zeitverläufe jeder Variablen bekannt sein, was jedoch in den meisten Fällen nicht möglich ist[429]. Der Zweck der Abbildung 51 besteht somit in der Veranschaulichung des rekursiven Charakters dieser beiden exemplarischen Netzwerkbestandteile, in denen 'Konflikte' und 'Ressourcennutzung' eine wichtige Rolle spielen. Beide Variablen sind in zahlreiche sich gegenseitig beeinflussende Beziehungsgeflechte verwoben. Die verschiedenen Variablen des Kausalnetzes sind dabei in unterschiedlichem Maße an Rückkopplungsschleifen beteiligt:

	2 Variablen	3 Variablen	4 Variablen	Summe
Konflikte	3	9	17	29
Ressourcennutzung	2	3	12	17
Freie Zeit	1	2	10	13
Unternehmen	3	3	7	13
Sozialer Zusammenhang	2	3	7	12
Kapital	1	3	7	11
Riten	2	3	6	11
Umwelt	2	2	6	10
Landbesitz	0	2	5	7
Arbeit	2	1	2	5
Mobilität	1	0	3	4
Ausbildung	1	1	1	3
Selbstbestimmung	0	0	3	3
Livelihood	0	0	3	3
Diversität	0	1	1	2

Tabelle 38: Anzahl der Rückkopplungsschleifen ('feed-back') pro Variable. Lediglich 5 Variablen (Staatseinfluss, Preise, Lebensqualität, Sicherheitsgefühl und Risiko) sind in keine Rückkopplungen eingebunden.

---

[429] Eine Unterscheidung wäre nur nach einer mathematischen Simulation möglich. Für eine solche Untersuchung liegen die notwendigen Voraussetzungen (fixe mathematische Beziehungen, konstante Rahmenbedingungen, bekannte zeitliche Dynamiken) in der vorliegenden Fallstudie jedoch nicht vor.

Es dürfte mit diesen wenigen Beispielen deutlich geworden sein, dass sich die Perspektiven der Ressourcennutzung in Lempunah gewiss nicht über eine Analyse des betreffenden Kausalnetzes prognostizieren lassen. Dabei ist diese Einschränkung nicht die Folge zu schwacher Computerleistung oder unzureichenden quantitativen Datenmaterials. Es handelt sich vielmehr um eine prinzipielle Unmöglichkeit auf Grund der flexiblen und dynamischen Natur der lokalen Ressourcennutzung selbst, die nicht deterministisch abläuft, sondern in den meisten Fällen durch unregelmäßig auftretende Einzelereignisse gelenkt wird. Hinzu kommt der hohe Aggregationsgrad[430] der Variablen dieses Fallbeispiels, der keine sinnvolle Mathematisierung erlaubt[431].

Dennoch lassen sich aus der qualitativen Rollenverteilung der Netzwerkgrößen gewisse Schlüsse ziehen. So lässt sich klar sagen, welche Variablen eine eher aktive oder kritische Rolle spielen, und welche puffernder Natur sind. Selbst wenn sich der Einfluss einer Variablen im Laufe der Zeit zum Teil stark verändert (z. B. Konflikte), so bleibt doch die Rolle, die diese Variable im gesamten Netzwerk spielt qualitativ ähnlich, solange keine neuen Kausalbeziehungen hinzu kommen.

Was aber lässt sich damit über die Zukunft der Ressourcennutzung in Lempunah sagen?

Der generelle Eindruck, den man aus Abbildung 53 bekommt, weist auf den großen Anteil puffernder Variablen hin. Auch wenn dabei eine gewisse Gefahr der Unterschätzung nicht erwarteten Verhaltens besteht (s. o.), so trägt doch auch der relativ hohe Anteil an (sich nicht selbst verstärkenden) Rückkopplungen zu einer gewissen Elastizität und Flexibilität ('resilience') des Kausalnetztes bei. Da die meisten Variablen mit anderen auf oft gegenläufige Weise verbunden sind, werden viele Einflüsse vom Netz abgepuffert, ohne dass es zu größeren Katastrophen kommt.

Die Frage ist jedoch, bis zu welchem Punkt reicht diese Abpufferung der Livelihood-Sicherung? Um dies abschätzen zu können, müssen wir zunächst die kritischsten und aktivsten Variablen betrachten: 'Konflikte' und 'Riten'. Während es angesichts der überall auf Borneo latenten Landrechtskonflikte kaum verwundert, dass Konflikte eine kritische Rolle spielen, so ist die überaus aktive Rolle der Riten wohl eher lokalspezifisch, da das rituelle Leben der Benuaq im Vergleich zu

---

[430] Da in einer Variablen meist mehrere Aspekte aggregiert sind, hängen die jeweiligen Kausalbeziehungen stark von der jeweiligen Situation ab. So sind sowohl dauerhafte als auch vorübergehende Migration unter der Variablen 'Mobilität' zusammengefasst. Allerdings macht es sehr wohl einen Unterschied, ob bestimmte Faktoren zu einer dauerhaften Abwanderung führen oder lediglich zu einem vorübergehenden Waldaufenthalt.

[431] Eine solche Mathematisierung, d. h. die Übersetzung von Ursache-Wirkungsbeziehungen in exakte mathematische Funktionen ist nicht nur in den Sozialwissenschaften sondern auch in der Ökologie fragwürdig (vgl. 1.2.6).

anderen ethnischen Gruppen Borneos äußerst vielfältig und alltäglich ist (vgl. 2.2.9).

Die gemeinsame Bedeutung von Konflikten und Riten trat Anfang 1999 zu Tage, als mehrere Familien aus Lempunah zusammen mit Benuaq aus einigen anderen Dörfern im besetzten Basislager der Ölpalmgesellschaft ein *Melas Tautn*-Ritual abhielten (vgl. 2.3.2 sowie http://members.xoom.com/Oilpalm/Lonsum.html). Diese Feierlichkeiten waren zur Bereinigung der gerodeten Waldflächen, zur Besänftigung der dadurch verärgerten Waldgeister sowie zur Erbittung einer friedlichen und gerechten Lösung des Konflikts gedacht. Im Mai 1999 wurde das Ritual jedoch gewaltsam durch Polizeikräfte und von der Ölpalmgesellschaft bezahlte Schlägertrupps beendet. Dabei wurden mehrere Personen verhaftet[432], und der rituelle Aufbau wurde vollständig zerstört. Vor allem die gewaltsame Störung der Riten wurde in der Bevölkerung mit großer Empörung wahrgenommen, da bis dahin rituelle Angelegenheiten vom Staat unbeeinflusst geblieben waren.

Auf Grund der unzähligen Wechselwirkungen, an denen die Variable 'Konflikte' direkt oder indirekt beteiligt ist, lässt sich zwar keine exakte Prognose erstellen, doch die Bedeutung, die Konflikte für die künftige Entwicklung nicht nur der Ressourcennutzung spielen, wird dadurch eindeutig unterstrichen. Aber auch die weniger offensichtlichen, eher indirekten Folgen, die eine Veränderung der puffernden Variablen 'Selbstbestimmung' und 'Diversität' nach sich ziehen können (s. o.), müssen berücksichtigt werden, drohen doch gerade hier Entwicklungen, deren Ausmaß hinsichtlich der Livelihood-Sicherung auf Grund der zeitlichen Verzögerung eventuell zu spät erkannt wird.

Wenn wir noch einmal die wesentlichen Grundvoraussetzungen der erweiterten Subsistenzwirtschaft Lempunahs betrachten, so finden wir drei der fünf Kriterien in direktem Zusammenhang mit der Variablen 'Selbstbestimmung'. Im einzelnen handelt es sich dabei um (1) Entscheidungsautonomie, (2) gesicherte Besitz- und Nutzungsrechte sowie (3) individuelle Bereitschaft zur Reaktion auf Fluktuationen. Diese Voraussetzungen sind gegenwärtig auf ganz Borneo auf Grund der Ersetzung indigener Landnutzungsweisen durch Holzeinschlag, Plantagenwirtschaft und Minen gefährdet. Selbstbestimmung und Entscheidungsautonomie sind aber unabdingbar, um rasch und flexibel auf Fluktuationen wie beispielsweise Marktpreisschwankungen reagieren zu können. Wird diese Flexibilität eingeschränkt (z. B. durch den Anbau nur einer einzigen Ressourcenart wie Gummi oder Ölpalmen), so entfällt die wichtige Pufferfunktion, und die Haushalte sind derartigen Instabilitäten direkt ausgesetzt. Sinkende Preise einer Ressource können nicht mehr durch das Umschalten auf eine andere Ressource abgefangen werden, und die Auswirkungen

---

[432] Im Oktober 1999 wurden alle verhafteten Dorfbewohner von einem Gericht in Tenggarong freigesprochen. Dabei wurde festgestellt, dass das Unternehmen ohne staatliche Genehmigungen gearbeitet hatte (vgl. die oben angegebene Website).

von Naturkatastrophen lassen sich nicht mehr mildern. Diese Einschränkungen belassen die Dorfbewohner und -bewohnerinnen in der direkten Abhängigkeit von Staat und Unternehmen, ohne dass diese die bewährten 'livelihood'-Strategien sinnvoll ersetzen können. Daher ist es auch kaum verwunderlich, wenn vorübergehend rückläufige Einkommen in solchen Fällen zu Frustration und Wut führen, die sich auf Borneo in zunehmendem Maße auch gegen Unternehmen und Staatseinrichtungen richten.

Außer der lokalen Selbstbestimmung werden durch die Ersetzung indigener Landnutzungsweisen auch die übrigen beiden Grundvoraussetzungen der erweiterten Subsistenzwirtschaft beeinträchtigt: (4) die Bewahrung einer hohen Biodiversität sowie (5) die Verlässlichkeit der sozialen und religiösen Rahmenbedingungen. Während die biologische Artenvielfalt durch verschiedene neue Arten der Landnutzung (z. B. Plantagen und Minen)[433] direkt reduziert wird, erfolgt die Veränderung der sozialen und religiösen Rahmenbedingungen eher indirekt. So schränken die geregelten, fixen Arbeitszeiten auf der Ölpalmplantage beispielsweise das flexible Zeitbudget der Benuaq ein, welches zur Durchführung der Riten unerlässlich ist. Auf der anderen Seite gefährden Konflikte, die durch neue Ungleichheiten (z. B. durch die ungleiche Arbeitsverteilung oder ungleiche Bezahlung sowie Entschädigungen, vgl. Gönner 1999a) aufkeimen, zunehmend den sozialen Zusammenhalt.

Angesichts der komplexen Verwobenheit von ökonomischen, politischen, sozialen, religiösen, emotionalen und ökologischen Parametern, ist eine gesicherte Prognose der Ressourcennutzungsaussichten nicht möglich. Dennoch lassen sich einige Aspekte im Hinblick auf mögliche Auswege diskutieren.

Anpassung und Wandel sind, wie bereits ausführlich beschrieben, nicht neu für die Benuaq, die ihre Ressourcennutzung stets an die Bedürfnisse oft weit entfernter Märkte angepasst haben. Bislang fanden diese Anpassungen in Lempunah jedoch weitestgehend ohne Staatseinfluss und die Dominanz größerer Unternehmen statt. Solange es keine Interessenkonflikte zwischen staatlichen Autoritäten, Wirtschaftsunternehmen und der Lokalbevölkerung gab, wurde auch das traditionelle *Adat*-Recht vom Staat toleriert.

Diese Situation hat sich über die vergangenen Jahrzehnte gravierend geändert (vgl. Chronologie Lempunahs) und zu mit einander konkurrierenden Ansprüchen auf Landflächen sowie auf die sich darunter befindenden Bodenschätze geführt.

Somit ist es weniger eine Frage, in wie weit sich lokale Bevölkerungsgruppen an gesellschaftliche oder wirtschaftliche Veränderungen anpassen können, als vielmehr, ob ihnen überhaupt die Chance zu dieser Anpassung gegeben wird. Behalten

---

[433] Im Gegensatz zu Plantagen kann bei selektivem Holzeinschlag unter günstigen Verhältnissen eine hohe Biodiversität erhalten bleiben (vgl. Gönner 1998b).

die Bauern ihre Entscheidungsautonomie, so werden viele gewiss auch neue Anbaupflanzen in ihre Nutzungssysteme integrieren, vorausgesetzt, diese versprechen
einen wirtschaftlichen Vorteil. Ebenso werden sie mit neuen Möglichkeiten der
Lohnarbeit oder bislang ungenutzten Ressourcen experimentieren, wobei all diese
Anpassungen der oben diskutierten Grundvoraussetzungen bedürfen. Hinsichtlich
ihrer wirtschaftlichen Erträge würden diese lokalen, sich graduell verändernden
Ressourcennutzungsweisen das Überleben sicherlich gewährleisten. Unter Umständen wären sie aber auch als komplementäre Ergänzungen zu groß angelegten
Plantagen denkbar (vgl. Gönner & Seeland 2000). Doch die künftige Überdauerung
der lokalen Ressourcennutzung wird in starkem Maße von der politischen Bereitschaft nationaler und regionaler Entscheidungsträger für derartig komplementäre
Lösungen abhängen. In Lempunah selbst werden dabei vermutlich die kürzlich
entdeckten Steinkohlevorkommen von entscheidender Bedeutung sein. Sollte sich
deren erhoffte Mächtigkeit bewahrheiten, so wird wohl das gesamte Ressourcensystem, wie es in dieser Arbeit beschrieben ist, durch Kohleabbau ersetzt, so dass
ein Teil der Bevölkerung wohl in andere Gebiete abwandern wird. Bleibt die
Kohlenutzung aus, so sind auch weiterhin vielfältig kombinierte Überlebensstrategien wahrscheinlich.

5.2 Abschließende Reflexionen

Jede Untersuchung einer Kultur kann nur vorläufig sein. Dennoch erwecken viele
Ethnographien (darunter vielleicht auch meine eigene Studie) den Eindruck, als
läge eine vollständige Beschreibung der Kultur der jeweiligen Ethnie (hier: *der
Benuaq*) vor. Da diese keineswegs gegeben ist, möchte ich abschließend die
folgenden drei Fragen erörtern:

(1) *Ist eine 'objektive' Beschreibung von Mustern der Ressourcennutzung überhaupt möglich?*

(2) *Wie lässt sich das Handeln von Menschen in ihrer Umwelt umfassend beschreiben und analysieren?*

(3) *Welches wissenschaftstheoretische Fundament kommt für derartige Studien in
Frage?*

1. *Ist eine 'objektive' Beschreibung von Mustern der Ressourcennutzung überhaupt möglich?*

Die vorliegende Studie sollte der Versuch sein, lokale Formen der Ressourcennutzung umfassend zu beschreiben und hinsichtlich der Plausibilität der damit verbundenen Entscheidungsprozesse und Handlungsstrategien zu verstehen. Generell stellt sich jedoch die Frage, ob sich derartige Zusammenhänge überhaupt sinnvoll abbilden lassen. Spätestens seit der Kritik der postmodernen sowie der interpretativen Ethnologie steht außer Frage, dass das Erfassen fremder Realitäten durch den Ethnologen Objektivität von vorn herein ausschließt (Stellrecht 1993:45). Eine Ethnographie ist nur 'die Interpretation einer Interpretation einer Interpretation' (ibid.:53). Das niedergeschriebene Ergebnis auch dieser Studie ist das mehrfach gefilterte Resultat verschiedener intersubjektiver (und interkultureller) Übergänge.

Bereits die Ausgangsfragen des Ethnologen werden nicht kontextfrei, d. h. ohne Intention gestellt. Ihren exakten Formulierungen liegen Vorinterpretationen zu Grunde. Ähnlich verhält es sich mit der Antwort des Informanten bzw. der Informantin. Je nach Person (ibid.:45-46), versuchen diese, die erwünschte Information aufzubereiten oder aber zu verschleiern[434]. Erneut wird interpretiert, wird Information gefiltert. Der Antwort des Informanten geht dabei eine weitere Interpretationsstufe voraus, in der er oder sie für sich selbst die umgebende Realität oder ein Phänomen in der selben interpretiert. Die übermittelte Antwort wird nun ihrerseits durch den Ethnologen interpretiert, um sie später, meist unter Einbeziehung anderer Aussagen, einschließlich vergleichender Literaturstellen, zu einem abermals interpretierten Gesamtbild zusammenzufügen. Eine derart mehrfach gefilterte Ethno-

---

[434] Mehrere Beispiele dieser Arbeit belegen diese Form der Intentionalität. So wurden in RT III die in Waldgärten entstandenen Brandschäden im Jahr der Waldbrände erheblich höher (2,1-2,9 mal höher) eingeschätzt, als ein Jahr später. Da die Schäden in RT I/II in beiden Jahren etwa gleich eingeschätzt wurden, liegt der Schluss nahe, dass mit der Antwort unmittelbar nach den Bränden auch die (gelegentlich geäußerte) Hoffnung auf durch mich vermittelbare Hilfsmaßnahmen verbunden war. Eventuell schätzten die Bewohner und Bewohnerinnen von RT I/II meine Kapazitäten realistischer ein, da ich überwiegend in diesem Dorfteil lebte. Die unmittelbare materielle und psychische Betroffenheit war in beiden RTs etwa vergleichbar groß, so dass sich der Unterschied nicht daraus erklären lässt (vgl. Gönner 1999a).
Ein weiteres Beispiel betrifft die Frage nach außergewöhnlichen Ausgaben (vgl. 4.1.3). In keinem Fall wurde der Kauf von Gold angegeben, obwohl fast jede Familie derartige Ausgaben hatte. Ganz offenbar hielten die Informanten diese Information in diesem Zusammenhang nicht für relevant (da Gold keine 'Ausgaben' sondern allenfalls Wertumwandlungen darstellte) oder aber für zu persönlich (Goldschmuck wird selten öffentlich zur Schau gestellt). In beiden Fällen führten interpretative Filter zu einer anderen Art der Realität, als der, die ich durch Befragung eines Goldhändlers ermittelte.

graphie erscheint nun endgültig und glatt (ibid.49-50,53)[435], und es ist dem kritischen Leser oder der kritischen Leserin überlassen, dieses Abbild der fremden Kultur zu akzeptieren oder zu verwerfen.

Angesichts dieser interpretativen Übergänge kann ein vom Ethnologen erzeugtes Bild nur ein subjektives Abbild der untersuchten Phänomene darstellen, welches von einer anderen Person mit großer Sicherheit auf andere Weise entworfen würde[436].

Verstärkt wird der subjektive Charakter einer Ethnographie zusätzlich noch durch die häufige Beschränkung auf einige wenige Informanten, die dann für *die* Benuaq, Iban oder Kenyah stehen. Um ein gutachterlich-autoritatives Glätten zu vermeiden, plädiert die postmoderne Ethnologie daher unter anderem für die polyphone Transparenz einer Ethnographie (vgl. Schweizer 1996:61).

Einen ähnlichen Ansatz bietet die kognitive Ethnologie[437], die versucht, die Innensicht ('emische Sicht') als Gegensatz zur gutachterlichen ('etischen') Außensicht einer Kultur darzustellen. Dieser Ansatz umgeht zwar beispielsweise durch die Verwendung indigener Begriffe eines der interkulturellen Übersetzungsprobleme, doch die interpretativen intersubjektiven Filter aus Abbildung 54, und damit auch der subjektive Gesamtcharakter bleiben in vollem Umfang bestehen.

---

[435] Eine ausführliche Diskussion des Vorgangs interkultureller Übersetzung findet sich in Marcus & Fischer (1986:29-31). Die Autoren gehen an anderer Stelle (1986:vii,7-16) auf das generelle Problem einer 'crisis of representation in the human sciences' ein, die schließlich zur interpretativen Ethnologie und in ihrer kritisch weiterentwickelten Form zur postmodernen Ethnologie führte. Gute, deutschsprachige Übersichtsartikel über diese Problematik finden sich bei Stellrecht (1993) und bei Schweizer (1996:55-69).

[436] Diese Problematik wurde vor allem während der Mead-Freeman-Debatte in den 1980ern ausführlich diskutiert (vgl. Marcus & Fischer 1986:3-4).

[437] Eine deutschsprachige Übersicht findet sich bei Kokot (1992).

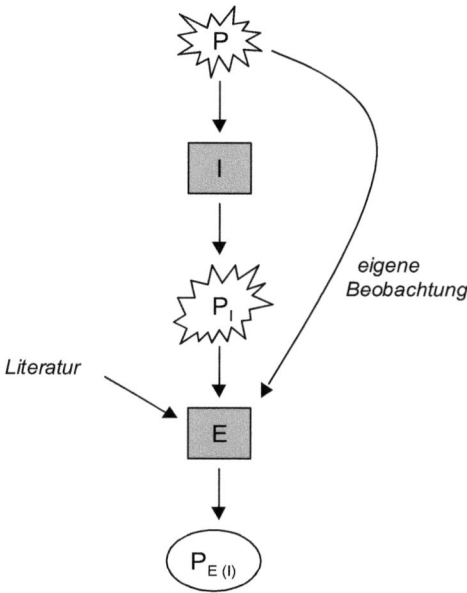

Abbildung 54: Abbildungs- und Übermittlungsstufen eines Phänomens. I: Informant, E: Ethnologe, P: Phänomen, P_I: durch I interpretiertes und weiter übermitteltes P, $P_{E\,(I)}$: durch E interpretiertes und weiter übermitteltes P_I

Auch wenn ich in meiner Arbeit auf einige Forderungen der postmodernen Kritik eingegangen bin[438], so muss ich mir den Vorwurf der gutachterlichen Perspektive zumindest stellenweise gefallen lassen. Dies gilt vor allem für die Gesamtschau im vorigen Kapitel. Andererseits glaube ich gute Gründe für diese Sichtweise zu haben (s. u.), da sämtliche Kausalbeziehungen auf (in der Regel mehrfach gesicherten) Äußerungen meiner Informanten, auf eigenen Beobachtungen sowie teilweise auch auf vergleichenden Daten anderer Autoren beruhen. In wie weit die mir mitgeteilten Rationalitäten tatsächlich entscheidungsrelevant sind, und in wie weit sie mir aus didaktischen oder anders intendierten Gründen vermittelt wurden, lässt sich nicht in jedem Fall beurteilen (vgl. kritische Diskussion der Standortwahl, 3.2.1). Korrekter Weise sollte man also anstelle von Rationalitäten besser von Plausibilitäten sprechen, die so lange gelten, bis sie durch ein plausibleres Erklärungsmuster ersetzt werden.

---

[438] Dazu gehören die politische und historische Einordnung des Untersuchungskontextes, die Polyphonie in Einzelfallbeispielen, sowie dieses selbstreflektorische Schlusskapitel.

In diesem iterativen, etwas popperianisch anmutenden Sinne lässt sich auch durch die kritische Diskussion subjektiver Darstellungen wissenschaftlicher Fortschritt erzielen, der bei Ausblendung des Abbildungsproblems ohnehin nur scheinobjektiv bliebe.

Mithin macht die eingangs gestellte Frage eigentlich keinen Sinn. Folgt man der Argumentation des ontologischen Konstruktivismus (z. B. Krieger 1996:163), so müsste die Schlussfolgerung lauten: *Die* Ressourcennutzung der Benuaq als solche gibt es nicht; zumindest nicht außerhalb ihres kommunikativ konstruierten Bezugsrahmens. Ich möchte das Argument ein wenig abwandeln, indem ich die Ressourcennutzung in Lempunah als die mir über einen gewissen Untersuchungszeitraum mitgeteilte bzw. von mir beobachtete Gesamtheit ressourcenrelevanter Aspekte betrachte. Diese zeitlich stets gebundene[439] Konfiguration abzubilden und analytisch zu interpretieren, war das inhaltliche Hauptziel der vorliegenden Arbeit.

2. Wie lässt sich das Handeln von Menschen in ihrer Umwelt umfassend beschreiben und analysieren?

Mit dieser bereits in der Einleitung ausführlich diskutierten Frage schließt sich der Kreis meiner Arbeit. Ausgehend von der konventionellen Dichotomie in Kultur und Natur und einem kurzen historischen Abriss der verschiedenen theoretischen Ansätze, wurde das biologische Konzept des Ökosystems und dessen Anwendung in der Ethnologie vorgestellt. Mit einem systemtheoretischen Bezugsrahmen konnte zwar der Anspruch einer holistischen Untersuchungsmethode für Mensch-Umwelt-Beziehungen gewahrt werden, doch eine Vielzahl von Kritikpunkten (vgl. 1.2.3-1.2.6) zeigte die Unzulänglichkeiten des Konzeptes auf. Zu den maßgeblichen Bedenken zählen dabei die zu starre, mechanistische Betrachtungsweise sich zeitlich veränderlicher Prozesse sowie die Vernachlässigung handelnder Individuen. Beide Einschränkungen werden in der theoretisch eher nüchternen Vorgehensweise der 'progressive contextualization' (Vayda 1983) ausgeräumt, bei der kausale Zusammenhänge ohne vorab erfolgende Festlegung kategorischer Grenzen im Vordergrund der Betrachtung stehen.

---

[439] Die zeitliche Gebundenheit der Beobachtungen und deren Interpretationen wurde vor allem nach längerer Abwesenheit von Lempunah offensichtlich. Glaubte ich ein vorherrschendes Ressourcenmuster gefunden zu haben, so relativierte sich das Bild bei jedem neuen Dorfbesuch. Beispielsweise hatte sich das Landschaftsbild rings um Lempunah im Februar 1999 geradezu dramatisch verändert, da die zuvor stark brandgeschädigten Sumpfwälder zum Zweck des Reisanbaus gerodet worden waren. Reisanbau in Sümpfen war jedoch eine Neuerung, die es bis dahin nicht gegeben hatte. Erst im Laufe der Jahre erkannte ich die generelle Dynamik der lokalen Ressourcennutzung, die ohne eine besondere Betonung ihrer zeitlichen Dimension nicht adäquat beschrieben und verstanden werden kann.

Folgt man derartigen Kausalketten, so ergibt sich in den meisten Fällen kein lineares Bild, sondern ein komplexes Netz voller Wechselbeziehungen. Angesichts der oft hohen Rückbezüglichkeit[440] dieser Kausalnetze stellt sich die Frage nach der Wirkungsrichtung von Kausalität. So lassen sich viele Phänomene bei differenzierter Betrachtung nur noch im Nachhinein multikausal erklären, während die Unzuverlässigkeit von Prognosen künftiger Entwicklungen auch theoretisch unterstrichen wird.

Doch sind derartige Kausalnetze geeignet, um die wechselseitigen Einflüsse und Abhängigkeiten zwischen Mensch und Umwelt nachzuvollziehen?

Von einem puristischen Standpunkt aus muss sich das Konzept den Vorwurf der Inkommensurabilität gefallen lassen. Ernteausfälle werden im gleichen Kontext einerseits durch Inzest erklärt, der sich jedoch rituell bereinigen ließe, andererseits durch die Wahl eines suboptimalen Standorts für ein Reisfeld. Im gleichen Netz finden sich somit subjektiv geäußerte, kognitive Erklärungsmuster neben reduktionistisch ermittelten und statistisch belegbaren Korrelationen. Die Kritik an dieser vereinigenden Vorgehensweise führt uns jedoch unweigerlich zu kategorischer Starrheit zurück, in der soziale Systeme weitestgehend von ökologischen Systemen getrennt sind. Möchte man diese überwinden, so kann ein erster Schritt durchaus in der umfassenden Vereinigung scheinbar unvereinbarer Größen bestehen. Angesichts der lokalen Handlungsrelevanz erscheint ein solches Vorgehen nicht nur legitim sondern auch sinnvoll. Durch die methodische Trennung oder Ausblendung des kognitiven Erklärungsansatzes einerseits oder aber eines positivistisch-naturwissenschaftlichen andererseits erhält man nur jeweils eine Sicht der Dinge. Wenn Inzest als Ursache einer Naturkatastrophe betrachtet wird, dann kann man diese Erklärung genauso wenig bei Seite schieben wie die statistisch untermauerte Tatsache, dass Felder in alten Wäldern höhere Reiserträge erlauben als solche auf jungen Brachflächen.

Dieser vereinigende Ansatz geht sogar so weit, dass er unterschiedliche individuelle Erklärungsmuster (Plausibilitäten) im gleichen Kausalnetz integriert. Die Integration von Einzelfällen konstituiert dabei den im Theorieteil erwähnten Kausalraum einer Fragestellung. Da die verschiedenen handelnden Individuen ebenfalls in häufig enger Beziehung zu einander stehen, erscheint auch hier die Reduktion auf nur ein Erklärungsmuster als unzulänglich[441]. Um die Struktur eines derartig konstituierten Kausalnetzes nachvollziehbar zu halten, wurden in der vorliegenden Arbeit drei Kriterien der Plausibilität verwendet: (1) eine Kausalbeziehung wurde von mehreren (mindestens aber zwei unabhängigen) Informanten berichtet, (2) eine Kausalbeziehung wurde von mir selbst beobachtet oder analytisch ermittelt, sowie

---

[440] Dieser Grad ist durchaus mit Rappaports 'coherence' zu vergleichen (1984:227-228).

[441] In gewisser Weise trägt diese Vorgehensweise der postmodernen Forderung nach 'Polyphonie' Rechnung.

(3) eine Kausalbeziehung wurde durch andere Autoren unter vergleichbaren Umständen berichtet[442].

Tatsächlich handelt es sich bei diesem Ansatz also um ein synthetisches Vorgehen unter Verwendung unterschiedlicher methodischer Elemente aus Bereichen der analytischen Ethnologie (vgl. Schweizer 1993), des ethnographischen Realismus (Marcus & Fischer 1986:23), der interpretativen bzw. der postmodernen Ethnologie[443] (Stellrecht 1993, Marcus & Fischer 1986) sowie der Vorgehensweise der 'progressive contextualization' (Vayda 1983). Eine solche, integrative Arbeitsweise scheint zumindest im Licht der gegenwärtigen Theoriediskussion für die Untersuchung von Mensch-Umwelt-Beziehungen geeignet[444].

3. Welches wissenschaftstheoretische Fundament kommt für derartige Studien in Frage?

Ganz offenbar wird diese Frage von den meisten Autoren gänzlich ausgeklammert. Bei den Studien zur Ressourcennutzung auf Borneo handelt es sich überwiegend um kulturmaterialistisch orientierte Arbeiten (z. B. Dove 1985a, vgl. Kommentar in King 1999:125), eklektische Untersuchungen mit interpretativen Elementen (die Arbeiten Carol P. Colfers), sowie um Beschreibungen im Sinne des ethnographischen Realismus (z. B. Freeman 1992).

Aber auch meine eigene Arbeit schwebt, was ihre ontologische Verankerung angeht, gewissermaßen im luftleeren Raum. Von ihren Grundannahmen kommt sie vielleicht am ehesten noch der Phänomenologie des späten Edmund Husserl (1996) nahe, auch wenn diese mögliche Basis hier nicht tiefer ausgelotet wird. Zumindest stimme ich mit Irmtraud Stellrecht überein, die auf Husserl, Heidegger und Gadamer verweisend feststellt: 'Die Phänomene der Welt sind nicht an sich gegeben und es gibt keine privilegierte Perspektive auf sie. Es ist vielmehr der

---

[442] Dieses Kriterium bezieht sich überwiegend auf den weltanschaulichen Bereich, da zu den Fragen der Land- und Ressourcennutzung bislang kaum Arbeiten zu den Benuaq vorliegen.

[443] Eine rein postmodern oder interpretativ angelegte Arbeit war mir nicht möglich, da ich überwiegend Schweizers Kritikpunkte an derartigen Ansätzen teile (vgl. Schweizer 1996:64-69). Im einzelnen nennt Schweizer: (1) die Überbetonung subjektiver Befindlichkeit und jargon-gespickter Formulierungen, (2) Vernachlässigung sorgfältig gesammelter (auch quantitativer) Felddaten, (3) die Unterschätzung kulturell geprägter Muster, (4) Überbetonung kultureller Andersartigkeit, (5) Vernachlässigung ökologischer, wirtschaftlicher und sozialer Rahmenbedingungen, sowie (6) die Nichtberücksichtigung anderer Untersuchungsperspektiven (z. B. der Kognitiven Ethnologie).

[444] In ähnlicher Weise plädieren auch Marcus und Fischer (1986:x) für eine eklektische Übergangsphase zwischen Zeiten gefestigterer paradigmen-orientierter Untersuchungsweisen, die experimentelle Offenheit für Neuentwicklungen mit sich bringt, und auch Paul Feyerabend (v. a. 1993:13-32) schlägt methodische Regelbrüche als probates Mittel für erkenntnistheoretischen Fortschritt vor.

Mensch, der Phänomene wahrnimmt und bezeichnet und bei diesem Wahrnehmungsprozess seine Perspektive – je nach Vorverständnis, Motivation etc. – heranführt. Er interpretiert bzw. legt die Phänomene der Welt aus und gibt ihnen damit Bedeutung, *seine* Bedeutung. Das Phänomen, die Wahrnehmung des Phänomens, d. h. die Interpretation, und die Bedingungen, die die Wahrnehmung leiten, fallen zusammen. Beobachterferne Phänomene an sich kann es nicht geben.' (Stellrecht 1993:38)

Das Ausgehen von beobachtbaren und kommunikativ vermittelbaren Phänomenen, deren Sicht subjektiven Interpretationen unterliegt, bildet die praktische Arbeitsbasis dieser Studie. Die metaphysische Hinterfragung der Wirklichkeit dieser Phänomene bleibt hingegen ausgeklammert. Ob es sich bei diesen Phänomenen um gesellschaftliche Konstruktionen (Berger & Luckmann 1980), um eine durch Kommunikation konstruierte Welt (Krieger 1996:163), oder um eine gänzlich andere Seinsform handelt, kann an dieser Stelle nicht weiter ergründet werden. Diese Überlegungen sollen lediglich Anstoß sein für eine verstärkte Suche nach einer ontologischen Basis für derartige Studien. Einer Basis, ohne die alles Untersuchen und Interpretieren letzten Endes fragwürdig bleibt.

6 Aktualisierung (2000-2013)

6.1 Langzeitmuster

Zwischen 2001 und 2008 besuchte ich Lempunah fast alljährlich[445] für einige Tage und führte Interviews mit meinen Schlüsselinformanten durch. Zusätzlich wurden 2003, 2004 und 2006 jeweils ein Drittel aller Haushalte im Rahmen eines von mir koordinierten CIFOR-Forschungsprojektes[446] zu verschiedenen Fragen der Lebensunterhaltssicherung interviewt (Gönner et al. 2007). Diese Daten flossen in eine Langzeitanalyse (1988-2008) mit ein, die an anderer Stelle veröffentlicht wurde (Gönner 2011). Ergänzend wurde zudem Anfang 2013 ein Telefoninterview mit dem Hauptinformanten durchgeführt.

Im Folgenden werden in erster Linie die zeitlichen Muster der Arbeit von 2001 fortgeschrieben. Die Ursachen der beobachteten Veränderungen sowie der Ausblick auf mögliche Zukunftsszenarien für Lempunah diskutiere ich abschließend auf Grundlage der festgestellten Muster und Strategien.

Mit den zwischen 2001 und 2008 erhobenen Daten lassen sich die Abbildungen 27, 28 und 33 wie folgt ergänzen:

---

[445] Mit Ausnahme von 2002 und 2007. Die Daten für diese Jahre wurden in den beiden Folgejahren aufgenommen.

[446] „Making Local Government more Responsive to the Poor: Developing Indicators and Tools to Support Sustainable Livelihood under decentralisation", finanziert durch das Bundesministerium für Wirtschaftliche Zusammenarbeit (BMZ).

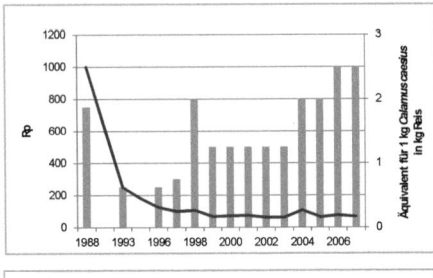 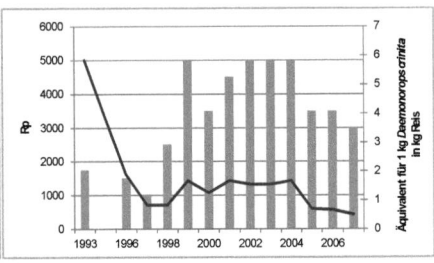

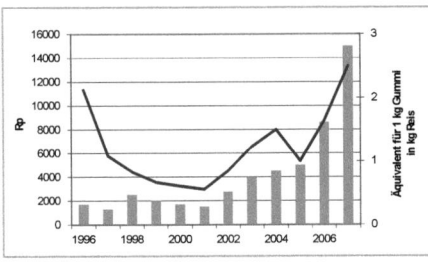
Primäre vertikale Achse (Balken): Ver-
kaufspreis in Lempunah (in Rp) für die
beiden Rattanarten, Sega (*Calamus
caesius*) und Jepukng (*Daemonorops
crinita*), sowie für Gummi (*Hevea brasiliensis*). Sekundäre vertikale Achse
(schwarze Linie): Äquivalent in kg Reis
für 1 kg Rattan bzw. Gummi; der Reispreis wird lokal als Maß für die Kaufkraft
verwendet.

Abbildung 55: Veränderung der Verkaufspreise für Rattan und Gummi im Vergleich
zum Reispreis

Auch wenn die Preise für die beiden hauptsächlich gehandelten Rattenarten *Sokaq*
(*Calamus caesius*) und *Jepukng* (*Daemonorops crinita*) nach 2000 nominell anzogen, so zeigt der Vergleich mit dem Reispreis, dass real sehr viel weniger zu verdienen war als noch Mitte der 1990er-Jahre.

Gänzlich entgegengesetzt verlief die Entwicklung für den Verkaufspreis von
Gummi, der nach einem teilweise dramatischen Rückgang zwischen 1996 und
2001, Ende 2007 real etwa fünfmal so hoch lag wie noch sechs Jahre zuvor und
nun auch entsprechend stark zum Haushaltseinkommen beitrug (s. Abb. 56). Dabei
folgte der lokale Verkaufspreis (in Reis-Äquivalenten) weitgehend dem Weltmarkt-
preis:[447]

---

[447] Zwischen 2004 und 2005 stieg lokal der Preis für 1 kg Reis um 67%, was in Abbildung 56 den
temporären Ausschlag des Gummipreises nach unten erklärt.

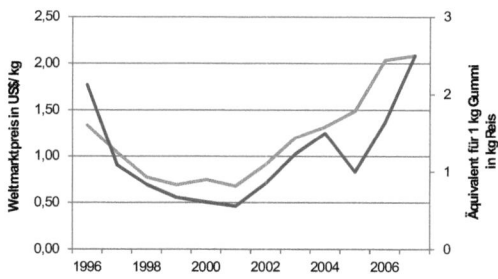

Abbildung 56: Handelspreis für Gummi (in Singapur) vs. Äquivalent für Gummi in Reis (in Lempunah) Helle Kurve: Handelspreis (realer Preis 2005 in US$) für Gummi in Singapur 1996-2007 [448] Dunkle Kurve: Äquivalent in kg Reis für 1 kg Gummi

Die große Bedeutung von Gummi als Einkommensquelle setzte sich in Lempunah bis 2013 fort (Interview mit Anatolius Teng, März 2013).

Die hier dargestellten Preisentwicklungen mit den damit verbundenen Einkommensmöglichkeiten bieten auch einen Teil der Erklärung für die sogenannten „Opportunitätswellen" in Abbildung 57 (nach Gönner 2011:169), die die relative Bedeutung verschiedener Einkommensquellen widergibt. Grundlage für diese halbquantitative Bewertung (0 – 10) waren Befragungen von Schlüsselinformanten sowie die erwähnten Haushaltsinterviews im Rahmen des CIFOR-Forschungsprogramms (s. Gönner et al. 2007).

---

[448] Die Preise für über 70 weltweit gehandelte Waren mit spezieller Bedeutung für Entwicklungsländer sind für den Zeitraum seit 1960 in einer Excel-Tabelle unter folgender Adresse zusammengestellt:
http://econ.worldbank.org/WBSITE/EXTERNAL/EXTDEC/EXTDECPROSPECTS/0,,contentMD
K:21574907~menuPK:7859231~pagePK:64165401~piPK:64165026~theSitePK:476883,00.html

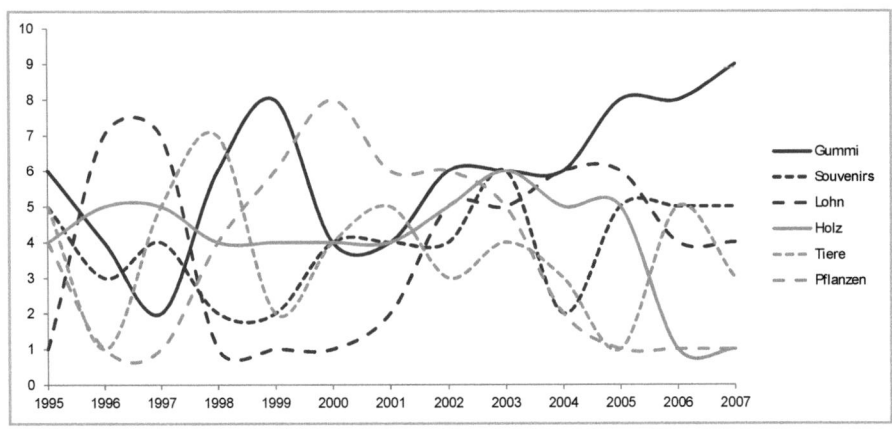

Abbildung 57: Opportunitätswellen in Lempunah 1995-2007 (nach Gönner 2011:169)

Auch die multivariate Darstellung der "Ressourcenlanghäuser" (vgl. Abb. 43, 4.2.1) spiegelt eine beachtliche Dynamik wider. In den Jahren 2003-2005 wurde erneut der Prozentsatz der Haushalte ermittelt, die ein *Ladakng* angelegt hatten (nur im RT I). Zudem wurde der jeweils dafür gerodete Waldtyp ermittelt. Damit ergibt sich folgendes Bild für die „erweiterte Subsistenz" (Gönner & Seeland 2002) im Hauptdorf (RT I) der Jahre 1995-98 und 2003-05:

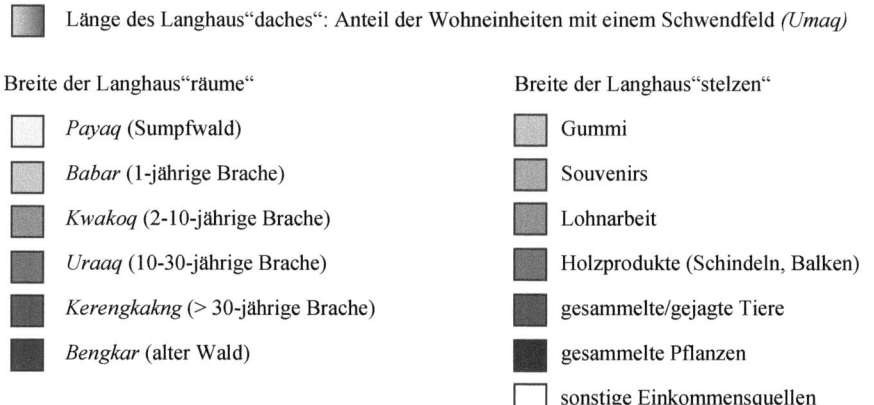

Abbildung 58: Multivariate Darstellung der Ressourcendynamik in Lempunah (nur RT I, vgl. Abb. 43, S. 183).

Legende

▊ Länge des Langhaus"daches": Anteil der Wohneinheiten mit einem Schwendfeld *(Umaq)*

Breite der Langhaus"räume"

☐ *Payaq* (Sumpfwald)

☐ *Babar* (1-jährige Brache)

▨ *Kwakoq* (2-10-jährige Brache)

▩ *Uraaq* (10-30-jährige Brache)

▩ *Kerengkakng* (> 30-jährige Brache)

▉ *Bengkar* (alter Wald)

Breite der Langhaus"stelzen"

☐ Gummi

▨ Souvenirs

▩ Lohnarbeit

▩ Holzprodukte (Schindeln, Balken)

▉ gesammelte/gejagte Tiere

▉ gesammelte Pflanzen

☐ sonstige Einkommensquellen

279

6.2 Veränderungen in Lempunah nach 2000

6.2.1 Politische Dezentralisierung

Mit dem Sturz des ehemaligen Präsidenten Soeharto im Jahr 1998, verstärkten sich bereits früher eingeleitete Reformen zur Devolution und Dezentralisierung in Indonesien.[449] Diese neuen politischen Rahmenbedingungen waren auch bald in Ost-Kalimantan zu spüren. Vor allem die vorübergehend weitreichende Entscheidungsbefugnis der Distriktgouverneure (*Bupati*) hatte teilweise dramatische Auswirkungen auf Naturressourcen und den ländlichen Raum. Einerseits nahm die Unterstützung der Unterbezirke (*Kecamatan*) und Gemeinden (*Desa/Kampung*) durch die Lokalregierung zu (v. a. in den Bereichen Infrastruktur, Bildung und Gesundheit; s. Gönner et al. 2007:51-54). Doch auf der anderen Seite stieg parallel die Entwaldung durch die Vergabe von Kleinkonzessionen durch die *Bupati*. So nahm im Zuge der Dezentralisierung des Forstsektors in Indonesien die festgestellte Walddegradierung zwischen 2000 und 2003 von 1,6 auf 2,1 Millionen ha zu (Siswanto & Wardojo 2005:147), bis schließlich der Forstsektor erneut im Rahmen eines "National Forestry Programme" reformiert wurde und zahlreiche Befugnisse auf die zentralstaatliche Ebene zurückgeholt wurden (Forest Ministerial Decree No. 541, 2002).

Im Folgenden werden die wesentlichen Treiber der Veränderungsprozesse hinsichtlich der Ressourcennutzung in Lempunah kurz beschrieben.

6.2.2 Holzeinschlag

Die Wälder rings um Lempunah waren nur bedingt von der zunehmenden allgemeinen Entwaldung betroffen, was in erster Linie an der komplexen Besitzstruktur der Waldgärten sowie den nur sehr begrenzten Naturwaldbeständen lag.[450] Im Jahr 2001 bezahlte die Firma PT. Andalas 20 Millionen Rp an die beiden Dörfer Pentat und Lempunah, um eine HPHH-Konzession[451] zu erhalten[452], in deren Rahmen zwischen 2001 und 2003 die vergleichsweise geringe Menge von ca. 300 m³ Holz

---

[449] Eine umfassende Zusammenstellung findet sich bei Haug (2010:16-19).

[450] Bereits in den 1970er-Jahren war in den Wäldern rings um Lempunah kommerziell Holz geschlagen worden.

[451] 'Hak Pemungutan Hasil Hutan' – Recht zur Nutzung von Waldprodukten. Diese Kleinkonzessionen (i. d. R. 100 ha) wurden unmittelbar nach dem Beginn der Dezentralisierung 1999 in großer Anzahl von Distriktregenten ('bupati') vergeben.

[452] Nach Aussage des ehemaligen Dorfvorstehers wurde das Geld gerecht unter den Dorfbewohnern verteilt.

(v. a. Eisenholzbäume – *Eusideroxylon zwageri*) eingeschlagen wurden.[453] 2003 wurden von den Bewohnern Lempunahs zwei Anträge auf Kleinstkonzessionen für kommunale Waldwirtschaft (HKm – *Hutan Kemasyarakatan*) gestellt, die von der Lokalregierung jedoch nicht genehmigt wurden. Im Zuge der Re-Zentralisierung des Forstsektors (s. oben) wurden ab 2003 auch verstärkt Kontrollen und Razzien zur Aufdeckung illegaler Einschläge durchgeführt. In der Folge nahm die Bedeutung des Holzeinschlags als Einkommensquelle auch in Lempunah stark ab (vgl. Abb. 58).

6.2.3 Ölpalm-Plantagen

Wie bereits im Hauptteil geschildert (s. 2.3.2), eskalierte der Konflikt zwischen den Benuaq-Dörfern und der Ölpalmfirma PT LonSum im Mai 1999 mit Übergriffen des indonesischen Militärs auf die demonstrierenden Dayak Benuaq. In der Folge fror der Konflikt für mehrere Jahre ein, trotz eines juristischen Erfolgs der Lokalbevölkerung vor Gericht (s. Haug, eingereicht). Im April 2005 bezifferte ein Vertreter der Ölpalmgesellschaft die bis dato geleisteten Investitionen in die drei Plantagen der Unternehmensgruppe auf 220 Milliarden Rp (22 Million US$ [2005])[454], ohne dass es bis dahin zu nennenswerten Ernteerträgen gekommen war. Dennoch hielt das Unternehmen auch Anfang 2013 seine Aktivitäten weiterhin aufrecht, zumal 2011 eine Fabrik zur Produktion von Palmöl (CPO – crude palm oil) in Kutai Barat in Betrieb ging.

Trotz des anhaltenden Konflikts entschlossen sich bereits 2002/03 mehr als 20 Personen aus Lempunah, für das Ölpalmunternehmen zu arbeiten, was nicht unerheblich zur Sicherung der Haushaltseinkommen beitrug. Es handelte sich dabei überwiegend um Frauen und ältere Kinder, die teilweise auch aus Familien stammten, die sich zunächst vehement gegen das Unternehmen gewehrt hatten.

Diese Zahl blieb in den Folgejahren (bis 2013) weitgehend konstant.

Im Februar 2013 versuchte das Ölpalmunternehmen erneut, seine Fläche auszuweiten und bot verschiedenen Familien in Lempunah an, ihre alten Waldgärten im Südwesten des Dorfgebiets gegen eine Zahlung von 3 Millionen Rp pro ha zu verkaufen. Ein ehemaliger Dorfvorsteher Lempunahs bat daraufhin um internationale Unterstützung, um diese Waldgebiete zu kaufen und damit ein lokales Besuchs-

---

[453] In dieser Kleinkonzession arbeiteten auch mehrere Männer aus Lempunah. Das Holz wurde zu einem Preis von ca. 500-600 US$ pro Kubikmeter verkauft.

[454] Diese Zahlen wurden während eines Interviews mit dem lokalen Manager der Ölpalmplantage am 3. April 2005 genannt. Das Interview fand im Rahmen des CIFOR-Forschungsprojekts statt. Es ist ebenfalls in Haug (eingereicht) zitiert.

waldgebiet (Ind. *Hutan Wisata*), das informell bereits 1996 eingerichtet worden war, zu konsolidieren und vor der Umwandlung in Ölpalme zu bewahren.

6.2.4 Kohlebergbau

1997 erhielt das Minenunternehmen PT. Bayan Resources Tbk seine erste Kohlekonzession in Ost-Kalimantan.[455] In den Folgejahren wurden östlich (Block 1) und westlich (Block 2) des Untersuchungsgebietes große Waldflächen gerodet und einzelne Dörfer umgesiedelt, um Steinkohle im Tagebau zu fördern. 2003 arbeiteten 11 Personen aus Lempunah als Tagelöhner für das Kohleunternehmen. Im Vergleich zur Lohnarbeit auf der Ölpalmplantage lagen die Löhne dabei etwa um das Drei- bis Fünffache höher.[456] In den Folgejahren sank die Zahl der Arbeiter aus Lempunah wieder, da laut Aussage der Schlüsselinformanten besser qualifizierte Wanderarbeiter eingestellt wurden. Dennoch kam es auch zu einigen Dauereinstellungen junger Männer aus Lempunah (2004-2013), v. a. als Sicherheitspersonal.

6.2.5 Jepukng-Kollaps

Ähnlich wie auch im Fall von *Sokaq* (*Calamus caesius*) fiel der reale Preis für *Jepukng* (*Daemonorops crinita*) 1997/98 auf ein Minimum (s. Abb. 55). Auch wenn der reale Preis danach nur wenig stieg, so verfünffachte sich der nominelle Preis zwischen 1997 und 1999. Angesichts fehlender Alternativen ernteten daher zahlreiche Familien in den Jahren zwischen 1999 und 2003 ihre *Jepukng*-Bestände. Nach 2004 sank auch der nominelle Preis für diese Rattanart, vermutlich bedingt durch eine geringere internationale Nachfrage aufgrund der Substitution von Rattan durch Kunstoff-Imitat („Poly-Rattan") bei der Herstellung von Bistro- und Gartenmöbeln.[457]

---

[455] Insgesamt hält das Unternehmen Kohlekonzessionen in Ost-Kalimantan im Umfang von 81.265 ha (s. http://www.bayan.com.sg/index.php/company-profile, aufgerufen am 12.11.2012).

[456] Je nach Tätigkeit lag der Tageslohn bei 60-120.000 Rp/Tag.

[457] Diese Entwicklung entspricht der Transformations-Theorie von Homma (1996:66-73), nach der Ressourcen zunächst wild gesammelt werden, bevor sie kultiviert und schließlich substituiert werden.

6.3 Ausblick

Anfang 2013 war das administrative Dorfgebiet Lempunahs noch weitgehend bewaldet (Telefoninterview mit einem Schlüsselinformanten) und bildete nach wie vor ein Mosaik aus verschiedenen Arten von Waldgärten, Bracheflächen ehemaliger Schwendfeldern, alten Sekundärwaldbeständen sowie undurchdringlichen Sümpfen. Dennoch steigt der Druck auf das Dorf. Kohletagebau und Ölpalmplantagen rücken immer näher. Einerseits offerieren die Unternehmen der Lokalbevölkerung Arbeitsmöglichkeiten, die durchaus auch von Mitgliedern offen opponierender Familien wahrgenommen werden, andererseits wachsen die Begehrlichkeiten hinsichtlich eines möglichen Verkaufs von Waldflächen. Hier ziehen sich abermals die Verwerfungslinien durch die Dorfbevölkerung. Während einige Familien die alten Waldbestände auch im Hinblick auf eine mögliche touristische Nutzung bewahren möchten, wollen andere ihre Flächen verkaufen (durchaus auch an die erste Gruppe). Entscheidend werden dabei sowohl die rechtliche als auch die faktische Sicherheit der Landtitel sein. Diese hängen in hohem Maße aber auch von der Art der parallel zum Wald vorkommenden Ressourcen ab. Solange es sich lediglich um potentiell für Ölpalmplantagen geeignete Bodenflächen handelt, mag ein alternativer Erwerb einschließlich einer nachhaltigen Nutzung (z. B. durch Öko-Tourismus und Nutzung von NTFP), durchaus im Sinne einer fortgesetzten Nutzung von Opportunitätswellen eine dauerhafte Lösung zur Bewahrung der Wälder Lempunahs bieten. Erstrecken sich die Steinkohleflöze auch auf das administrative Dorfgebiet, so sind die Chancen allerdings verschwindend gering und es droht eine irreversible Entwaldung wie in so vielen anderen Gebieten Ost-Kalimantans.

Danksagung

An erster Stelle möchte ich meiner Frau, Susanne Schwarz, für ihre unermüdliche Unterstützung sowie für die kritische Durchsicht meiner Arbeit und die vielen anregenden Diskussionen danken. Ohne ihren ständigen Beistand wäre ich wohl gänzlich verwildert...

Ebenfalls von Herzen kommender Dank gilt den Menschen in Lempunah und Tanjung Isuy, die mir geduldig meine unzähligen Fragen beantworteten und meiner Frau und mir stets das Gefühl einer echten zweiten Heimat gaben. Ausdrücklich gilt dieser Dank der Familie meines 'Benuaq-Professors' und Großvaters Kakah Abuk (Bakot), seiner Frau Itaq Abuk (Jonen), meinem Gastvater Kakah Seni (Teng), seiner Frau Itaq Seni (Uteng) sowie all ihren Kindern und Enkeln. Während meiner Feldstudien lernte ich zudem viel über die Wälder des Ohong von Taman Kadi (Acuy), Taman Tin (Asuy), Aling, Mexis, Ojot, Nyak, Tompo, Esmawati, Sandora, Maria Moy, Kaka und Taman Pikal (Sekot).

Kritische Diskussionspartner waren mir über Jahre hinweg mein Feldassistent Benyamin sowie mein klarsichtiger 'Dozent' Akung. Tieferen Einblick ins Weltbild der Benuaq erlaubte mir neben meinem Großvater Kakah Abuk auch der verstorbene Kepala Adat in Tanjung Isuy, Dangud.

Es würde an dieser Stelle leider zu weit gehen, all die Freunde und Bekannten, die uns in den Dörfern Gesellschaft geleistet haben, aufzuführen. Stellvertretend seien hier nur einige wenige genannt, darunter Sudirman, Suratno, Surni, Dah, Nomi, Sardi, Sehat, Mahlan, Ucun und Petrus. Freilich möchte ich die Reihe unserer guten Hilfsgeister nicht beenden, ohne Tinan Lukas und Taman Lukas dafür zu danken, dass sie mein Leben und das meiner Frau wiederholte Male mit vorzüglichem Wildschwein und einem kühlen Bier gerettet haben...

In Samarinda gilt unser Dank Nera und Aseng für ihre formalen Hilfen sowie unseren Freunden von Puti Jaji, Plasma, und SHK.

Großzügiges, bisweilen von uns sicherlich überstrapaziertes Asyl und herzliche Gastfreundschaft boten uns Hartmut Abberger sowie Anja Hoffmann und Michael Klingler, mit denen wir viele diskussions- und Durianreiche Abende verbringen durften. Aber auch die übrigen Mitarbeiter von SFMP und IFFM, insbesondere Hans Beukeboom, Gottfried und Michaela von Gemmingen, Dieter und Ingrid Haury, Alexander und Sabine Hinrichs, Rolf und Christa Ulbricht, Hans-Wilhelm und Ulrike von Haugwitz sowie Sondra Wentzel gaben uns in Samarinda stets das Gefühl willkommen zu sein.

Ir. Paulus Matius sei an dieser Stelle herzlich für die Bestimmung der vielen Pflanzenarten gedankt, während Dr. Mustofa Agung Sardjono mir ebenfalls ein geduldiger Ratgeber und Ansprechpartner war. Seinen beiden S1-Studenten, Kori Basuki und Sunaryo, möchte ich für die freundliche Überlassung ihrer Abschlussarbeiten danken. Doris Weidemann (GTZ-IFFM) sei für die Bereitstellung meteorologischer Daten gedankt.

Ausdrücklicher Dank gilt Hans-Wilhelm von Haugwitz, der die Durchführung meiner Arbeit erst ermöglichte und gemeinsam mit seiner Frau stets auch ein Auge für die Entbehrungen des Feldlebens hatte...

Bei seinem Nachfolger Johannes Huljus möchte ich mich für die Hilfe bei der Verlängerung meiner Arbeit bedanken.

Sondra Wentzel, die es nie müde wurde, meine fachlichen Fragen zu diskutieren, sei zudem für die vielen Gespräche und die konstruktive Durchsicht meines TÖB-Abschlussberichtes gedankt. Weitere ausgezeichnete Diskussionspartner waren mir Dietmar Stoian, der mich auf viele Ideen und Literaturstellen brachte, sowie Brian Belcher und Manuel Ruiz-Pérez von CIFOR. Anja Hoffmann war mir in Fragen geographischer Informationssysteme eine geduldige Lehrerin. Für die Nachfolgeforschungen nach 2003 waren mir Michaela Haug, Ade Cahyat, Lini Wollenberg und Godwin Limberg hilfreiche und liebenswerte Kollegen.

Herzlicher Dank gebührt auch meinen beiden Betreuern Stefan Seitz und Klaus Seeland für die zahlreichen, oft stundenlangen Gespräche und Diskussionen, ihre stete Hilfe in formalen Dingen sowie die vielen konstruktiven Anregungen zur vorliegenden Arbeit. Klaus Seeland sei zudem für die Durchsicht der Arbeit gedankt.

Mein ausdrücklicher Dank gilt Franz Schmithüsen, dem emeritierten Leiter der Professur für Forstpolitik und Forstökonomie der ETH Zürich, für seine wertvollen strukturellen Verbesserungsvorschläge sowie für die Freigabe der erneuten Publikation meiner Arbeit im Centaurus-Verlag. Diesem, sowie speziell meinem Lektor, Jens Benicke, danke ich für die ausgezeichnete Zusammenarbeit.

Besonderer Dank gilt ferner dem Tropenökologischen Begleitprogramm der GTZ, das diese Studie finanzierte, allen voran Günther Rietmacher, Richard Haep und Dorothea Otto, die mich nach besten Kräften durch meine Studie und so manchen Formaljungel begleiteten.

Es wäre allerdings vermessen, zu glauben, ich hätte an dieser Stelle alle Menschen ausreichend berücksichtigt, die mich in all den Jahren in Indonesien und Deutschland unterstützt haben. Daher möchte ich zu guter Letzt einen herzlichen Dankesgruß an all meine Freunde sowie an meine Familie richten, für die vielen Briefe, E-Mails und Gedanken, die den weiten Weg nach Lempunah fanden...

Literatur

A

Abdoellah,O.S. (1990) Home Gardens in Java and Their Future Development. In: Landauer, K. & M. Brazil (eds.): Tropical Home Gardens. United Nations:9-20.

Afriastini, J.J. (1992) Daftar Nama Tanaman. Penebar Swadaya, Jakarta.

Alexander, J. (1992) Must Ascribed Status Entail Inequality? Reproduction of Rank in Lahanan Society. In: Oceania 62:207-226.

Anderson, A.B./Ioris, E.M. (1992) Valuing the Rain-Forest-Economic Strategies by Small-scale Forest Extractivists in the Amazon Estuary. In: Human Ecology 20,8:337-369.

Ansyahari/Bower, R.P./Hoffmann, R./Nitsch, M./Poerwanto/Speller, D.R. (1984) Land Capability Classification, Muara Muntai, Tanjung Isuy. TAD, Samarinda.

Appell, G.N. (1986) Kayan Land Tenure and the Distribution of Devolvable Usufruct in Borneo. In: Borneo Research Bulletin 18,2:119-30.

Armstrong, R. (1992) The Cultural Construction of Hierarchy among the Kenyah Badeng. In: Oceania 62:194-206.

Avé, J.B. (1972) Kalimantan Dayaks. In: LeBar, F.M. (ed.): Ethnic Groups of Insular Southeast Asia. Vol. I, Indonesia, Andaman Islands and Madagascar. New Haven.

Avé, J.B./King, V.T. (1986) Borneo: The People of the Weeping Forest. Tradition and Change in Borneo. Leiden.

B

Balée, W. (1989) The Culture of Amazonian Forests. In: Advances in Economic Botany 7:1-21.

Balée, W. (1993) Indigenous Transformations of Amazonian Forests – An Example from Maranhao, Brazil. In: Homme 33,2-4:231-254.

Bargatzky, T. (1986) Einführung in die Kulturökologie. Umwelt, Kultur und Gesellschaft. Dietrich Reimer Verlag, Berlin.

Bargatzky, T. (1992) Kulturökologie. In: H. Fischer (ed.): Ethnologie. Einführung und Überblick. Dietrich Reimer Verlag, Berlin:383-406.

Barlett, P.F. (1980) Adaptive Strategies in Peasant Agricultural Production. In: Annual Review of Anthropology 9:545-573.

Basuki, K. (1999) Simpukng structures. Unveröffentlichte Daten.

Bayrischer Rundfunk (2000) World Courier – Borneo.

Belcher, B.M. (1997) Commercialization of Forest Products As a Tool for Sustainable Development: Lessons from the Asian Rattan Sector. PhD thesis, University of Minnesota.

Bennett, J.W. (1976) The Ecological Transition: Cultural Anthropology and Human Adaptation. Pergamon Press, New York.

Benyamin (2000) Tempuutn Adat. Unveröffentlichte Sammlung von 4 Benuaq-Mythen.

Berger, P.L. /Luckmann, T. (1980) Die gesellschaftliche Konstruktion der Wirklichkeit. Eine Theorie der Wissenssoziologie. Fischer, Frankfurt am Main.

Blicher-Mathiesen, U. (1994) Borneo Illipe, a Fat Product from Different Shorea spp. (Dipterocarpaceae). In: Economic Botany, Vol.48,3:231-242.

Bonoh, Y. (1985a) Belian Bawo. Departemen Pendidikan dan Kebudayaan Kantor Wilayah Propinsi Kalimantan Timur.

Bonoh, Y. (1985b) Lungun dan Upacara Adat. Departemen Pendidikan dan Kebudayaan Kantor Wilayah Propinsi Kalimantan Timur.

Boserup, E. (1965)The Conditions of Agricultural Growth. The Economics of Agrarian Change under Population Pressure. Aldine, Chicago.

Bossel, H. (1989) Simulation dynamischer Systeme. Vieweg, Braunschweig.

Boster, J. (1983) A Comparison of the Diversity of Jivaroan Gardens with that of the Tropical Forest. In: Human Ecology, Vol.11, No.1:47-68.

Boyce, D. (1986) Kutai, East Kalimantan. A Journal of Past and Present Glory. Kota Bangun, Indonesia.

Braganza, G.C. (1996) Philippine Community-based Forest Management. Options for Sustainable Development. In: Michael J.G. Parnwell & Raymond L. Bryant (eds.): Environmental Change in South-East Asia: People, Politics and Sustainable Development. Routledge, London:311-329.

Brookfield, H./Padoch, C. (1994) Appreciating Agrodiversity. A Look at the Dynamism and Diversity of Indigenous Farming Practices. In: Environment Vol.36, No.5:6-11, 37-43.

Brown, B.J. /Marten, G.G. (1986) The Ecology of Traditional Pest Management in Southeast Asia. In: G. Marten (ed.): Traditional Agriculture in Southeast Asia. East-West Center, Westview Press, Colorado:241-272.

C

Caldecott, J. (1991) Monographie des Bartschweins (Sus barbatus). In: Bongo 18:54-68.

Campos, J.E.L. /Root, H.L. (1995) Markets, Norms, and Peasant Rebellions. In: Rationality and Society, 7,1:93-115.

Casimir, M.J. (1993) Gegenstandsbereiche der Kulturökologie. In: T. Schweizer, M. Schweizer, W. Kokot (eds.): Handbuch der Ethnologie. Dietrich Reimer Verlag, Berlin:215-239.

Christanty, L. (1986) Shifting Cultivation and Tropical Soils: Patterns, Problems, and Possible Improvements. In: G. Marten (ed.): Traditional Agriculture in Southeast Asia. East-West Center, Westview Press, Colorado:226-240.

Christanty, L. (1990) Home Gardens in Tropical Asia, with Special Reference to Indonesia. In: Landauer, K. & M. Brazil (eds.): Tropical Home Gardens. United Nations:9-20.

Clarke, W.C. (1971) Place and people: an ecology of a New Guinean community. University of California Press, Berkeley, Los Angeles.

Colfer, C.J.P. (1983) Change and Indigenous Agroforestry in East Kalimantan. Borneo Research Bulletin 15,1:70-87.

Colfer, C.J.P. (1991) Indigenous Rice Production and the Subtleties of Cultural Change: An Example from Borneo. In: Agriculture & Human Values 8, 1/2:67-84.

Colfer, C.J.P. (1997) Beyond Slash and Burn. The New York Botanical Garden.

Colfer, C.J.P. (undat.) Shifting Cultivators of Indonesia: Marauders or Managers of the Forest? Rice Production and Forest Use Among the Uma' Jalan of East Kalimantan. FAO Community Forestry Case Study Series 6.

Colinvaux, P. (1986)Ecology. John Wiley & Sons, New York.

Conklin, H.C. (1957)Hanuóo Agriculture. A Report on an Integral System of Shifting Cultivation in the Philippines. FAO, Rome.

Cox, M.J./van Dijk, P.P./Nabhitabhata, J./Thirakhupt, K. (1998) A Photographic Guide to Snakes and Other Reptiles of Peninsular Malaysia, Singapore and Thailand. New Holland, London and Singapore.

D

Davison, G.W.H. /Chew, Y.F. (1996) A Photographic Guide to Birds of Borneo. New Holland, London.

Dawkins, R. (1989) [1976] The selfish gene. New edition. Oxford University Press, Oxford and New York.

di Castri, F. (1976) International, interdisciplinary research in ecology: some problems of organization and execution. The case of the Man and the Biosphere (MAB) programme. in: Human Ecology 4:235-246.

Dove, M.R. (1985a) Swidden Agriculture in Indonesia. The Subsistence Strategies of the Kalimantan Kantu'. Berlin.

Dove, M.R. (1985b) Plantation Development in West Kalimantan. In: Borneo Research Bulletin 17,2:95-105.

Dove, M.R. (1986) Plantation Development in West Kalimantan II: The Perspectives of the Indigenous Population. In: Borneo Research Bulletin 18,1:3-27.

Dove, M.R. (1993a)A Revisionist View of Tropical Deforestation and Development. In: Environmental Conservation 20,1:17-56.

Dove, M.R. (1993b) Smallholder Rubber and Swidden Agriculture in Borneo – A Sustainable Adaptation to the Ecology and Economy of the Tropical Forest. In: Economic Botany 47,2:136-47.

Dove, M.R. (1993c) Uncertainty, Humility and Adaptation in the Tropical Forest – The Agricultural Augury of the Kantu. In: Ethnology 32,2:145-167.

Dove, M.R. (1993d) The Responses of Dayak and Bearded Pig to Mast-Fruiting in Kalimantan: An Analysis of Nature-Culture Analogies. In: C.M. Hladik et al: Tropical Forests, People and Food: Biocultural Interactions and Applications to Development. Paris/Carnforth: UNESCO, Man and Biosphere Series, 13:113-123.

Dove, M.R. (1994) Transition from Native Forest Rubber to Hevea brasiliensis (Euphorbiaceae) among Tribal Smallholders in Borneo. In: Economic Botany, Vol.48, Nr.4:382-396.

Dove, M.R. (1997)The Political Ecology of Pepper in the Hikayat Banjar. The historiography of commodity production in a Bornean Kingdom. In: Boomgaard, P., F. Colombijn & D. Henley (eds.) Paper Landscapes: Explorations in the environmental history of Indonesia. KITLV Press, Leiden:341-377.

Dransfield, J./Manokaran, N. (1994)Rattans. Plant Resources of South-East Asia, No.6, Bogor.

E

Eliade, M. (1991) [1951] Schamanismus und archaische Ekstasetechnik. 7. Auflage, Suhrkamp Taschenbuch Wissenschaft, Frankfurt am Main.

Ellen, R. (1978)Problems and Progress in the Ethnographic Analysis of Small Scale Human Ecosystems. In: Man 13:290-303.

Ellen, R. (1982) Environment, Subsistence, and System: the Ecology of Small Scale Social Formations. Cambridge University Press, Cambridge.

Ellen, R. (1990) Trade, Environment, and the Reproduction of Local Systems in the Moluccas. In: E.F. Moran (ed.): The Ecosystem Approach in Anthropology. From Concept to Practice. The University of Michigan Press, Ann Arbor:191-227.

Ellis, F. (1998) Household Strategies and Rural Livelihood Diversification. In: The Journal of Development Studies Vol.35, No.1:1-38.

Engelberg, J./Boyarsky, L.L. (1979) The Noncybernetic Nature of Ecosystems. In: The American Naturalist Vol. 114, No. 3:317-324.

Evans, F.C. (1956)Ecosystems as the Basic Unit in Ecology. In: Science Vol. 123:1127-1128.

F

Feyerabend, P. (1993) Wider den Methodenzwang. Vierte Auflage. Suhrkamp Taschenbuch Wissenschaft, Frankfurt am Main.

Fischer, H. (1985) Feldforschung. Berichte zur Einführung in Probleme und Methoden. Reimer, Berlin.

Fischer, H. (1992) Feldforschung. In: H.Fischer (Hrsg.): Ethnologie. Reimer, Berlin:79-99.

Foin, T.C./Davis, W.G. (1987) Equilibrium and Nonequilibrium Models in Ecological Anthropology: An Evaluation of "Stability" in Maring Ecosystems in New Guinea. In: American Anthropologist Vol. 89, No. 1:9-31.

Frake, C.O. (1962) Cultural ecology and ethnography. In: American Anthropologist 64:53-9.

Freeman, D. (1992) [1955] The Iban of Borneo. Monographs on Social Anthropology. Majeed & Co., Kuala Lumpur, Malaysia.

Freeman, D. (1999) Iban Augury. In: B.E. Smythies: The Birds of Borneo. Fourth Edition, Revised by G.W.H. Davison. Natural History Publications in association with The Sabah Society, Kota Kinabalu:103-121.

Fried, S.T. (1995) Writing for Their Lives: Bentian Dayak Authors and Indonesian Development Discourse. Dissertation, Cornell University.

Fried, S.T./Sardjono, M.A. (1992) Social and Economic Aspects of Rattan Production Middle Mahakam Region. A Preliminary Survey. GFG-Report No.21, Samarinda.

Friedman, J. (1974)Marxism, Structuralism and Vulgar Materialism. In: Man 9:444-469.

G

Geertz, C. (1963) Agricultural Involution. Univ. of California Press, Berkeley and Los Angeles.

Gleason, H.A. (1926) The Individualistic Concept of the Plant Association. Bulletin of the Torrey Botanical Club 53:7-26.

Godoy, R.A. (1990) The Economics of Traditional Rattan Cultivation. In: Agroforestry Systems 12:163-72.

Godoy, R.A./Bennett, C. (1991) Monocropped and Intercropped Coconuts in Indonesia: Project Goals which Conflict with Smallholder Interests. In: Human Ecology 19:83-98.

Godoy, R.A./Feaw, T.C. (1991) Agricultural Diversification among Rattan Cultivators in Central Kalimantan, Indonesia. In: Agroforestry Systems 13:27-40.

Godoy, R.A./Jacobson, M./Wilkie, D. (1998a) Strategies of Rain-Forest Dwellers Against Misfortunes: The Tsimane' Indians of Bolivia. In: Ethnology Vol. 37, No. 1:55-69.

Godoy, R.A.,/Jacobson, M./de Castro, J./Aliaga, V./Romero, J./Davis, A. (1998b) The Role of Tenure Security and Private Time Preference in Neotropical Deforestation. In: Land Economics 74 (2):162-170.

Gönner, C. (1990) Ethnologische und Zoologische Auswertung zweier Borneoreisen. Unveröffentlichter Bericht für die Studienstiftung des Deutschen Volkes.

Gönner, C. (1991) Avifaunistische Artendiversität im Sepilok Virgin Jungle Reserve (Sabah/Malaysia): Ein Methodenvergleich. Unveröffentlichte Diplomarbeit, Universität Konstanz.

Gönner, C. (1998a) Conflicts and Fire Causes in a Sub-District of Kutai, East Kalimantan, Indonesia. A field report for WWF Indonesia.

Gönner, C. (1998b) Assessing Biodiversity for Forest Certification – Different Approaches & Practical Experiences from a Case Study in East Kalimantan. SFMP Document No. 13 (1998), Samarinda

Gönner, C. (1999a)Causes and Effects of Forest Fires: A Case Study from a Sub-District in East Kalimantan, Indonesia. Paper presented at the ICRAF workshop: "Environmental Services and Land Use Change: Bridging the Gap between Policy and Research in Southeast Asia", Chiang Mai, 31 May to 2 June 1999.

Gönner, C. (1999b) Resource Diversification and Avian Diversity. Poster presented at the ICRAF workshop: Environmental Services and Land Use Change: Bridging the Gap between Policy and Research in Southeast Asia", Chiang Mai, 31 May to 2 June 1999.

Gönner, C. (2000a) Resource Management in a Dayak Benuaq Village: Strategies, Dynamics & Prospects. A Case Study from East Kalimantan, Indonesia. TÖB publication number TÖB FTWF-20e, Eschborn.

Gönner, C. (2000b) Wetland Birds of Lake Jempang and the Middle Mahakam Area. Kukila 11 (Bulletin of the Indonesian Ornithological Society).

Gönner, C. (2001) Muster und Strategien der Ressourcennutzung: Eine Fallstudie aus einem Dayak Benuaq Dorf in Ost-Kalimantan, Indonesien. Forstwissen-schaftliche Beiträge 24, ETH Zürich.

Gönner, C. (2002) A Forest Tribe of Borneo: Resource use among the Dayak Benuaq. Man and Forest Series No. 3. D.K. Printworld (P) Ltd., New Delhi, India.

Gönner, C. (2011) Surfing on Waves of Opportunities: Resource Use Dynamics in a Dayak Benuaq Community in East Kalimantan, Indonesia. Society and Natural Resources, 24:165-173.

Gönner, C./Seeland, K. (2002) A Close-to-Nature Forest Economy Adapted to a Wider World: A Case Study of Local Forest Management Strategies in East Kalimantan, Indonesia. Journal of Sustainable Forestry, Vol. 15(4):1-26.

Gönner, C./Cahyat, A./Haug, M./Limberg, G. (2007) A Portrait of Household Well-being in Kutai Barat 2003 – 2006. Site Report, CIFOR, Bogor, Indonesia.

Görlich, J. (1993) Die Theorie rationalen Handelns in der Wirtschaftsethnologie. In: T. Schweizer, M. Schweizer, W. Kokot (eds.): Handbuch der Ethnologie. Dietrich Reimer Verlag, Berlin:241-262.

Golley, F. (1993) A History of the Ecosystem Concept in Ecology. Yale University Press, New Haven and London.

Graham, P. (1987) Iban Shamanism. An Analysis of the Ethnographic Literature. Australian national University, Canberra.

Gross, D.R. (1990) Ecosystems and Methodological Problems in Ecological Anthropology. In: E.F. Moran (ed.): The Ecosystem Approach in Anthropology. From Concept to Practice. The University of Michigan Press, Ann Arbor:309-319.

Grossmann, C.M. (1997) Significance and Development Potential of Non-Wood Forest products in Central East Kalimantan. A Case Study from PT. Limbang Ganeca, Long Lalang and Ritan Baru. SFMP Document No. 13 (1997), Samarinda.

Grossmann, C.M. (2000) Nichtholz-Waldprodukte in Ost-Kalimantan, Indonesien. Analyse der waldwirtschaftlichen und sozio-ökonomischen Aspekte ihrer Bedeutung und ihres Entwicklungspotentials für die Lokalbevölkerung in einem Holzkonzessionsgebiet. Dissertation, Universität Hamburg.

Grzimek, B. (ed.) (1988) Grzimeks Enzyklopädie – Säugetiere. 5 Bände, Kindler, München.

GTZ-SFMP (1997) Forestry Highlights from the Indonesian Press. June-July 1997. Samarinda.

H

Hagen, J. B. (1992) An Entangled Bank. The Origin of Ecosystem Ecology. Rutgers University Press, New Brunswick.

Hall, K.R. (1985) Maritime Trade and State Development in Early Southeast Asia. University of Hawaii Press, Honolulu.

Harris, M. (1968) The rise of anthropological theory. Routledge and Kegan Paul, London.

Harrison, T. (1962) The Malays of South-West Sarawak before Malaysia: A Socio-Ecological Survey. MacMillan, London.

Haug, M. (2010) Poverty and Decentralisation in East Kalimantan. The Impact of Regional Autonomy on Dayak Benuaq Wellbeing. Sozioökonomische Prozesse in Asien und Afrika, Bd. 13. Centaurus Verlag, Freiburg.

Haug, M. (2013) Resistance, Ritual Purification and Mediation: Tracing 16 years of Conflict and Conflict-Resolution in a Dayak Community in East Kalimantan. Eingereicht für eine Spezialausgabe von The Australian Journal of Anthropology zum Thema "Access to Justice".

Haury, H.D./Saragih, B. (1997) Low Rattan Farmgate Prices in East Kalimantan. Causes and Implications. SFMP Document 12 (1997), Samarinda.

Holling, C.S. (1973) Resilience and Stability of Ecological Systems. In: Annual Reviews in Ecology and Systematics 4:1-23.

Homer-Dixon, T. (1996) Strategies for Studying Causation in Complex Ecological-Political Systems. In: Journ. of Environment and Development, Vol. 5, No. 2:132-48.

Homma, A.K.O. (1996) Modernisation and Technological Dualism in the Extractive Economy in Amazonia. In: Ruiz Pérez, M./Arnold, J.E.M. (eds.): Current Issues in Non-Timber Forest Products Research. Cifor, Bogor:59-82.

Hopes, M./Madrah/Karaakng (1997) Temputn: Myths of the Benuaq and Tunjung Dayak. Puspa Swara and Rio Tinto Foundation, Jakarta.

Hopes, M. (1997) Ilmu: Magic and Divination amongst the Benuaq and Tunjung Dayak. Puspa Swara and Rio Tinto Foundation, Jakarta.

Hudson, A. B. (1966) Death Ceremonies of the Maanyan Dayaks. In: Sarawak Museum Journal, Vol. XIII, No.27:341-416.

Hudson, A. B. (1967) Padju Epat: The Ethnography and Social Structure of a Ma'anjan Dajak Group in Southeastern Borneo. Cornell Univ.

Hultkrantz, Å. (1973) A Definition of Shamanism. In: Temenos 9:25-37.

Husserl, E. (1996) Die Krisis der europäischen Wissenschaften und die transzendentale Phänomenologie. Meiner, Hamburg (3rd edition).

Hutterer, K.L. (1984) Ecology and Evolution of Agriculture in Southeast Asia. In: A.T. Rambo & P.E. Sajise (eds.): An Introduction to Human Ecology Research on Agricultural Systems in Southeast Asia. Univ. of the Philippines at Los Baños, Laguna:75-97.

I

Inger, R.F./Lian, T.F. (1996) The Natural History of Amphibians and Reptiles in Sabah. Natural History Publications (Borneo), Kota Kinabalu, Malaysia.

Inoue, M./Lahjie, A.M. (1990) Dynamics of swidden agriculture in East Kalimantan. In: Agroforestry Systems 12, 269-84.

J

Jepson, P./Momberg, F./van Noord, H. (1998) Trade in the Hill Myna *Gracula religiosa* From the Mahakam Lakes Region, East Kalimantan. Technical Memorandum 4, WWF Indonesia.

Jessup, T./Peluso, N.L. (1986) Minor Forest Products as Common Property Resources in East Kalimantan, Indonesia. In: Proc.of the Conference on Common Property Resources. Nat. Acad.of Sciences.

Jessup, T.C. (1983) Interactions between people and forests in the Apo Kayan. Unpublished final report for the 1979-82 East Kalimantan Man and the Biosphere project, revised version.

K

Kartawinata, K./Vayda, A.P. (1984) Forest conversion in East Kalimantan, Indonesia: the activities and impact of timber companies, shifting cultivators, migrant pepper farmers, and others. In: F. di Castri, F.W.G. Baker & M. Hadley (eds.): Ecology in Practice, Part I. Tycooly, Dublin:98-126.

Kartawinata, K./Soedjito, H./Jessup, T./Vayda, A.P./Colfer, C.J.P. (1984) The impact of development on interactions between people and forests in East Kalimantan: a comparison of two areas of Kenyah Dayak settlement. In: J. Hanks (ed.): Traditional Life-styles, Conservation and Rural Development. International Union for Conservation of Nature and Natural Resources (Commission on Ecology Papers No. 7), Gland, Switzerland:87-95.

Kemp, W.B. (1971) The flow of energy in a hunting society. In: Scientific American 225 (3):105-15.

Kemper, T.D. (1993) Reason in Emotions or Emotions in Reason. In: Rationality and Society, 5,2:275-282.

King, V.T. (1985) The Maloh of West Kalimantan: An Ethnographic Study of Social Inequality and Social Change among an Indonesian Borneo People. Dordrecht: Verhandelingen van het Koninklijk Instituut voor Taal-, Land- en Volkenkunde (no. 108) Cinnaminson, USA:Foris.

King, V.T. (1993) The Peoples of Borneo. Blackwell, Oxford.

King, V.T. (1994) World Within: The Ethnic Groups of Borneo. Majeed & Co., Kuala Lumpur, Malaysia.

King, V.T. (1999) Anthropology and Development in South-east Asia. Theory and Practice. Oxford University Press, Oxford.

King, B./Woodcock, M./Dickinson, E.C. (1975.) A Field Guide to the Birds of South-East Asia. Collins, London.

Knappert, S.C. (1905) Beschryving van de Onderafdeeling Koetai. In: Bijdragen tot de Land-, Taal en Volkenkunde 58:575-654.

Köhler, U./Seitz, S. (1993) Agrargesellschaften. In: T. Schweizer, M. Schweizer, W. Kokot (eds.): Handbuch der Ethnologie. Dietrich Reimer Verlag, Berlin:561-592.

Koeniger, N./Tingket, S./Koeniger, G./Gries, M./Kelitu, A. (1998) A Taste of Honey. Exploring the Centre of Honeybee Diversity. In: Borneo, Vol. 4 No 1/2:18-33.

Kokot, W. (1992) Kognitive Ethnologie. In: H. Fischer (ed.): Ethnologie. Einführung und Überblick. Dietrich Reimer Verlag, Berlin:367-381.

Krebs, C.J. (1985) Ecology. The Experimental Analysis of Distribution and Abundance. Third Edition. Haper & Row, New York.

Krieger, D.J. (1996) Einführung in die allgemeine Systemtheorie. Wilhelm Fink Verlag, München.

Kroeber, A.L. (1917) The superorganic. In: American Anthropologist 19:163-213.

Kroeber, A.L. (1939) Cultural and natural areas of native north America. University of California Publications in American Archaeology and Ethnology 38. University of California Press, Berkeley.

Krohn, W.O. (1991) [1927] In Borneo Jungles. Among the Dyak Headhunters. Oxford University Press, Singapore, Oxford, New York.

Küppers, B.-O. (ed.) (1987) Ordnung aus dem Chaos. Prinzipien der Selbstorganisation und Evolution des Lebens. Piper, München und Zürich.

L

Lahjie, A.M. (1996) Traditional Land Use and Kenyah Dayak Farming Systems in East Kalimantan. In: C. Padoch/Peluso, N.L. (eds.): Borneo in Transition. Oxford University Press, Kuala Lumpur:150-161.

Lahjie, A.M./Seibert, B. (1990) Honey Gathering by People in the Interior of East Kalimantan. In: Beeworld, Vol.71,4:153-57.

Lang, H. (1981) Systemanalyse und Systemtheorie in der Ethnologie. In: Zeitschrift für Ethnologie 106:3-22.

Lang, H. (1992) Die Untersuchung von Kultur als System. In: H. Fischer (ed.): Ethnologie. Einführung und Überblick. Dietrich Reimer Verlag, Berlin:407-419.

Lang, H. (1993) Ethnodemographie. In: T. Schweizer, M. Schweizer & W. Kokot (eds.): Handbuch der Ethnologie. Dietrich Reimer Verlag, Berlin:117-144.

Langup, J. (1993) Hunting and Gathering: A View from Within. In: Vinson H. Sutlive, Jr. (ed.): Change and Development in Borneo. Borneo Research Council, Williamsburg:101-112.

Lawrence, D.C. (1996) Trade-offs between rubber production and maintenance of diversity: the structure of rubber gardens in West Kalimantan, Indonesia. In: Agroforestry Systems 34:83-100.

Lawrence, D.C./Leighton, M./Peart, D.R. (1995) Availability and Extraction of Forest Products in Managed and Primary Forests around a Dayak Village in West Kalimantan, Indonesia. In: Conservation Biology 9,1:76-88.

Lawrence, D.C./Peart, D.R./Leighton, M. (1998) The impact of shifting cultivation on a rainforest landscape in West Kalimantan: spatial and temporal dynamics. In: Landscape Ecology 13:135-148.

Leach, E.R. (1950) Social Science Research in Sarawak. London.

Leaman, D.J. (1995) Malaria Remedies of the Kenyah of the Apo-Kayan, East Kalimantan, Indonesian Borneo – A Qualitative Assessment of Local Consensus as an Indicator of Biological Efficacy. In: Journal of Ethnopharmacology, Vol. 46, 1:1-16.

Leaman, D.J./Yusuf, R./Sangat-Roemantyo, H./Arnason, J.T. (1996) The Contribution of Ethnobotanical Research to Socio-economic and Conservation Objectives: An Example from the Apo Kayan Kenyah. In: C. Padoch/Peluso, N.L. (eds.): Borneo in Transition. Oxford University Press, Kuala Lumpur:245-255.

Lees, S.H./Bates, D.G. (1990) The Ecology of Cumulative Change. In: E.F. Moran (ed.): The Ecosystem Approach in Anthropology. From Concept to Practice. The University of Michigan Press, Ann Arbor:247-277.

Lemmens, R.H.M.J./Wulijarni-Soetjipto, N. (eds.) (1992) Dye and tannin-producing plants. Plant Resources of South-East Asia, No.3, Bogor.

Lévi-Strauss, C. (1978) [1973] Structural Anthropology 2. Penguin Books, Hardmondsworth, England.

Lévi-Strauss, C. (1994) [1962] Das Wilde Denken. Suhrkamp Taschenbuch Wissenschaft, Frankfurt am Main.

Liat, B.L./Das, I. (1999) Turtles of Borneo and Peninsular Malaysia. Natural History Publications (Borneo). Kota Kinabalu.

Lindeman, R.L. (1941) Seasonal food-cycle dynamics in a senescent lake. In: American Midland Naturalist 26:636-73.

Löffler, U. (1996) Land Tenure Developments in Indonesia. GTZ.

M

MacKinnon, J./Phillipps, K. (1993) A Field Guide to the Birds of Borneo, Sumatra, Java and Bali. Oxford University Press, Oxford.

MacKinnon, K./Hatta, G./Halim, H./Mangalik, A. (1996) The Ecology of Kalimantan. Indonesian Borneo. The Ecology of Indonesia Series Vol. III. Periplus Editions, Hongkong.

Mallinckrodt, J. (1927) De Stamindeeling van de Maanjan-Sioeng-Dajaks, der Zuider- en Oosterafdeeling van Borneo. In: Bijdragen tot de Land-, Taal en Volkenkunde Vol.80.

Marcus, G.E./Fischer, M.M.J. (1986) Anthropology as Cultural Critique: An Experimental Moment in the Human Sciences. The University of Chicago Press, Chicago and London.

Marten, G.G./Saltman, D.M. (1986) The Human Ecology Perspective. In: G. Marten (ed.): Traditional Agriculture in Southeast Asia. East-West Center, Westview Press, Colorado.

Mason, O. (1895) Influence of environment upon human industries and arts. In: Annual Report of the Smithsonian Institution:639-65.

Massing, A.W. (1981) The Journey to Paradise: Funerary Rites of the Benuaq Dayak of East Kalimantan. Borneo Research Bulletin 13:85-104.

Massing, A.W. (1982) Where Medicine Fails: Belian Disease Prevention and Curing Rituals among the Lawangan Dayak of East Kalimantan. In: Borneo Research Bulletin 14,2:56-84.

May, R.M. (1973) Stability and complexity in model ecosystems. Princeton University Press, Princeton, N.J.

Mayer, J. (1989) Socioeconomic Aspects of the Forest Fire 1982/83 and the Relation of Local Communities towards Forestry and Forest Management in East Kalimantan. GTZ, FR-Report No.9.

McCay, B.J. (1978) Systems Ecology, People Ecology, and the Anthropology of Fishing Communities. In: Human Ecology, Vol. 6, No. 4:397-422.

McGrath, D. G./de Castro, F./Futemma, C./de Amaral, B.D./Calabria, J. (1993) Fisheries and the Evolution of Resource Management on the Lower Amazon Floodplain. In: Human Ecology 21,2:167-195.

Menon, K.D. (1989) The Rattan Industry – Prospects for Development. Directorate General of Forest Utilization, Ministry of Forestry & FAO, Jakarta.

Michon, G./Mary, F. (1990) Transforming Traditional Home Gardens and Related Systems in West Java (Bogor) and West Sumatra (Maninjau). In: K. Landauer & M.A.Brazil: Tropical Home Gardens. United Nations.

Michon, G./Mary, F./Bompard, J. (1986) Multistoreyed agroforestry garden system in West Sumatra, Indonesia. In: Agroforestry Systems 4:315-38.

Möbius, K. (1877) Die Auster und die Austernwirthschaft. Verlag von Wiegandt, Hempel und Parey, Berlin.

Momberg, F. (1993) Indigenous Knowledge Systems: Potentials for Social Forestry Development – Resource Management of Land-Dayaks in West Kalimantan. Technische Universität Berlin.

Momberg, F./Jessup, T./Puri, R. (1994) Gaharu Collecting in the Kayan Mentarang Nature Reserve: Problems and Prospects for Sustainable Community-based Forest Management in East Kalimantan, Indonesia.

Momberg, F./Damus, D./Limberg, G./Padan, S. (undat.) Participatory Tools for Community – Forest Profiling and Zonation of Conservation Areas. Examples from the Kayan Mentarang Nature Reserve, East Kalimantan, Indonesia. WWF Indonesia Programme.

Momberg, F./Jepson, P./van Noord, H. (1998) Trade in Reptiles From the Middle Mahakam Lake Area, East Kalimantan Indonesia, With Evidence of a Causal Link to the Forest Fires. Technical Memorandum 3, WWF Indonesia.

Moran, E.F. (1990a) Ecosystem Ecology in Biology and Anthropology: A Critical Assessment. In: E.F. Moran (ed.): The Ecosystem Approach in Anthropology. From Concept to Practice. The University of Michigan Press, Ann Arbor:3-40.

Moran, E.F. (1990b) Levels of Analysis and Analytical Level Shifting: Examples from Amazonian Ecosystem Research. In: E.F. Moran (ed.): The Ecosystem Approach in Anthropology. From Concept to Practice. The University of Michigan Press, Ann Arbor:279-308.

Moran, E.F. (1991) Human Adaptive Strategies in Amazonian Blackwater Ecosystems. In: American Anthropologist 93. S.361-82.

Murdock, G.P. (1960) Social Structure in Southeast Asia. Edition Chicago.

N

Nasendi, B.D. (1994) Socio-Economic Information on Rattan in Indonesia. Ministry of Forestry, Jakarta.

Nash, M. (1967) The Social Context of Economic Choice in a Small Society. In: G. Dalton (ed.): Tribal and Peasant Economies. Readings in Economic Anthropology. Univ. of Texas Press, Austin and London:524-538.

Netting, R.Mc.C. (1990) Links and Boundaries: Reconsidering the Alpine Village as Ecosystem. In: E.F. Moran (ed.): The Ecosystem Approach in Anthropology. From Concept to Practice. The University of Michigan Press, Ann Arbor:229-245.

Ngo, T.H.G.M. (1996) A New Perspective on Property Rights: Examples from the Kayan of Kalimantan. In: C. Padoch/Peluso, N.L. (eds.): Borneo in Transition. Oxford University Press, Kuala Lumpur:137-149.

Nietschmann, B. (1973) Between land and water. Seminar Press, New York.

Nothofer, B./Pampus, K.-H. (1988) Bahasa Indonesia. Indonesisch für Deutsche Teil 1. Julius Groos Verlag, Heidelberg.

O

Odum, E.P. (1953) Fundamentals of Ecology. Saunders, Philadelphia.

Odum, E.P. (1971) Fundamentals of Ecology. Third Edition, Saunders, Philadelphia.

Orlove, B.S. (1980) Ecological Anthropology. In: Annual Review of Anthropology 9:235-273.

P

Padoch, C. (1985) Labor Efficiency and Intensity of Land Use in Rice Production: An Example from Kalimantan. In: Human Ecology 13,3:271-289.

Padoch, C. (1986) Agricultural Site Selection among Permanent Field Farmers: An Example from East Kalimantan, Indonesia. In: Journal of Ethnobiology 6,2:279-288.

Padoch, C./ Harwell, E./Susanto, A. (1998) Swidden, Sawah, and In-Between: Agricultural Transformation in Borneo. In: Human Ecology, Vol.26, No.1:3-20.

Padoch, C./Peluso, N.L. (eds.) (1996) Borneo in Transition. Oxford University Press, Kuala Lumpur.

Padoch, C./Peters, C. (1993) Managed forest gardens in West Kalimantan, Indonesia. In: C.S. Potter et al. (eds.): Perspectives on Biodiversity: Case Studies of Genetic Resource Conservation and Development. Washington D.C.:167-176.

Padoch, C./Pinedo-Vasquez, M. (1996) Smallholder Forest Management: Looking Beyond Non-Timber Forest Products. In: Ruiz Pérez, M./Arnold, J.E.M. (eds.): Current Issues in Non-Timber Forest Products Research. Cifor, Bogor:103-118.

Park, R.E. /Burgess, E.W. (1924) [1921] Introduction to the science of sociology. Chicago University Press, Chicago.

Patten, B.C./Odum, E.P. (1981) The Cybernetic Nature of Ecosystems. In: The American Naturalist 118:886-895.

Payne, J./Francis, C.M./Phillipps, K. (1985) The Mammals of Borneo. The Sabah Society, Kuala Lumpur.

Peluso, N.L. (1992) The Rattan Trade in East Kalimantan, Indonesia. In: Advances in Economic Botany 9:115-127.

Peluso, N.L. (1995a) Extraction Interactions: Logging Tropical Timbers in West Kalimantan, Indonesia. East-West Center Occasional Papers. Environment Series 19.

Peluso, N.L. (1995b) Whose Woods are These? Counter-Mapping Forest Territories in Kalimantan, Indonesia. In: Antipode Vol. 27, 4:383-406.

Peluso, N.L./Padoch, C. (1996) Changing Resource Rights in Managed Forests of West Kalimantan. In: C. Padoch/Peluso, N.L. (eds.): Borneo in Transition. Oxford University Press, Kuala Lumpur:121-136.

Penot, E. (1995) Taking the 'jungle' out of the rubber. Improving rubber in Indonesian agroforestry system. In: Agroforestry Today July-December 1995:11-13.

Peters, C. (1996) Illipe Nuts (Shorea spp.) in West Kalimantan: Use, Ecology, and Management Potential of an Important Forest Resource. In: C. Padoch/Peluso, N.L. (eds.): Borneo in Transition. Oxford University Press, Kuala Lumpur:230-244.

Peters, C./Gentry, A./Mendelsohn, R. (1989) Valuation of an Amazonian Rainforest. In: Nature 339:655-56.

Phillips, J. (1931) The biotic community. In: Journal of Ecology 19:1-24.

Phillips, J. (1934) Succession, development, the climax, and the complex organism: An analysis of concepts. Pt.1. In: Journal of Ecology 22:554-71.

Phillips, J. (1935a) Succession, development, the climax, and the complex organism: An analysis of concepts. Pt.2. Development and the climax. In: Journal of Ecology 23:210-43.

Phillips, J. (1935b) Succession, development, the climax, and the complex organism: An analysis of concepts. Pt.3. The complex organism: Conclusion. In: Journal of Ecology 23:488-508.

Pinedo-Vasquez, M./Padoch, C. (1996) Managing Forest Remnants and Forest Gardens in Peru and Indonesia. In: J. Schelhas & R. Greenberg (eds.): Forest Patches in Tropical Landscapes. Island Press, Washington D.C.:327-342.

Poffenberger, M./McGean, B. (1993) Communities and Forest Management in East Kalimantan: Pathway to Environmental Stability. Center for Southeast Asia Studies, Berkeley.

Popper, K.R. (1993) Objektive Erkenntnis. Ein evolutionärer Entwurf. Hoffmann und Campe, Hamburg.

Primack, R.B./Hall, P. (1992) Biodiversity and Forest Change in Malaysian Borneo. In: Bioscience, Vol.42, Nr.11:829-837.

Puri, R.K. (1995) Penan Benalui Knowledge and Use of Tree Palms. Draft. WWF.

R

Rambo, A.T. (1984) Human Ecology Research by Social Scientists on Tropical Agroecosystems. In: A.T. Rambo & P.E. Sajise (eds.): An Introduction to Human Ecology Research on Agricultural Systems in Southeast Asia. Univ. of the Philippines at Los Baños, Laguna:39-60.

Rappaport, R.A. (1968) Pigs for the ancestors. Ritual in the ecology of a New Guinea people. Yale University Press, New Haven.

Rappaport, R.A. (1984) Pigs for the Ancestors. Ritual in the Ecology of a New Guinea People. A new, enlarged edition. Yale University Press, New Haven and London.

Rappaport, R.A. (1990) Ecosystems, Populations and People. In: E.F. Moran (ed.): The Ecosystem Approach in Anthropology. From Concept to Practice. The University of Michigan Press, Ann Arbor:41-72.

Ratzel, F. (1882) Anthropo-Geographie, oder Grundzüge der Anwendung der Erdkunde auf die Geschichte. J. Engelhorn, Stuttgart.

Rehm, S./Espig, G. (1984) Die Kulturpflanzen der Tropen und Subtropen. Ulmer, Stuttgart.

Rigler, F.H. (1975) The concept of energy flow and nutrient flow between trophic levels. In: W.H. van Dobben & R.H. Lowe-McConnell: Unifying Concepts in Ecology. Dr. W. Junk B.V., The Hague:15-26.

Riwut, T. (1958) Kalimantan Memanggil. N.V. Pustaka, Jakarta, Indonesia.

Romanoff, S. (1992) Food and Debt among Rubber Tappers in the Bolivian Amazon. In: Human Organization 51,2:122-35.

Rousseau, J. (1990) Central Borneo. Ethnic Identity and Social Life in a Stratified Society. Oxford.

Rousseau, J (1994) The Kayan. In: V.T. King (ed.): The Ethnic Groups of Borneo. S. Abdul Majeed & Co., Kuala Lumpur, Malaysia:101-119.

Rubin, E.L. (1998) Putting Rational Actors in Their Place: Economics and Phenomenology. In: Vanderbilt Law Review 51,6:1705-1727.

Ruiz Pérez M./Byron, N. (undat.) A methodology to analyze divergent case studies of non-timber forest products and their development potential. Submitted to Forest Science.

S

Safran, E.B./Godoy, R.A. (1993) Effects of Government Policies on Smallholder Palm Cultivation – An Example from Borneo. In: Human Organisation, Vol. 52,3:294-298.

Salafsky, N. (1993) Mammalian Use of a Buffer Zone Agroforestry System Bordering Gunung Palung National Park, West Kalimantan, Indonesia. In: Conservation Biology 7,4:928-933.

Salafsky, N. (1994) Forest Gardens in the Gunung Palung Region of West Kalimantan, Indonesia. Defining a Locally-developed, Market-oriented Agroforestry System. In: Agroforestry Systems 28,3:237-268.

Sardjono, M.A. (1990) Die Lembo-Kultur in Ost-Kalimantan: Ein Modell für die Entwicklung agroforstlicher Landnutzung in den Feuchttropen. Diss. Univ. Hamburg.

Sardjono, M.A. (1996) The Lembo System: A Model for Agroforestry in Dipterocarp Forest Ecosystems of East Kalimantan, Indonesia. In: A. Schulte/ Schöne, D. (ed.): Dipterocarp Forest Ecosystems. World Scientific, Singapore:354-368.

Sardjono, M.A. (undat.) Soil conservation aspects of the traditional tree gardening in East Kalimantan.

Sarwoto, Kertodopoero 1963 Kaharingan. Sumur Bandung.

Sasaki, H. (1997) Technical and Economic Innovations in Swidden-based Rattan Cultivation of Benuaq-Dayak People in the Middle Mahakam, East Kalimantan, Indonesia. Paper for the ICRAF regional workshop on "Indigenous

Strategies for Intensification of Shifting Cultivation in Southeast Asia", Bogor, Indonesia, June 23-28 1997.

Schelhas, J. (1996) Land Use Choice and Change: Intensification and Diversification in the Lowland Tropics of Costa Rica. In: Human Organization, Vol. 55, No. 3:298-306.

Schönhuth, M./Kievelitz, U. (1994) Participatory Learning Approaches. Rapid Rural Appraisal, Participatory Rural Appraisal. Schriftenreihe der GTZ, No.248.

Schwaner, C.A.L.M. (1853) Borneo. Vol. 1, P.N. van Kampen, Amsterdam.

Schweizer, T. (1993) Perspektiven der analytischen Ethnologie. In: T. Schweizer, M. Schweizer & W. Kokot (eds.): Handbuch der Ethnologie. Dietrich Reimer Verlag, Berlin:79-113.

Schweizer, T. (1996) Muster sozialer Ordnung. Netzwerkanalyse als Fundament der Sozialethnologie. Dietrich Reimer Verlag, Berlin.

Seber, G.A.F. (1984) Multivariate Observations. John Wiley & Sons. New York.

Seeland, K. (ed.) (1997) Nature is Culture. Indigenous knowledge and socio-cultural aspects of trees and forests in non-European cultures. IT Publications, London.

Seeland, K. (undat.) Entwurf einer kultur-ökologischen Checkliste. ETH Zürich, unveröffentlicht.

Seitz, S. (1988a) Die Penan (Punan). In: H. Harrer (ed.): Borneo. Pinguin-Verlag, Innsbruck:163-191.

Seitz, S. (1988b) Die Iban. In: H. Harrer (ed.): Borneo. Pinguin-Verlag, Innsbruck:192-206.

Setyawati, I. (undat. A) Indigenous Knowledge and In Situ Crop Germplasm Conservation. Draft.

Setyawati, I. (undat. B) Environmental Variability and the Indigenous Knowledge and Use of Crop Varieties. Draft.

Shelford, V.E. (1915) Principles and Problems of Ecology as Illustrated by Animals. In: Journal of Ecology 3:1-23.

Shim, P.S./Tan, C.F. (1994) *Calamus trachycoleus* Beccari. In: J. Dransfield & N. Manokaran: Rattans. Plant Resources of South-East Asia, No.6, Bogor:75-79.

Sillander, K. (1995) Ethnicity among the Luangan and the Bentian. In: Borneo Research Bulletin Vol. 26:69-95.

Simberloff, D. (1980) A Succession of Paradigms in Ecology: Essentialism to Materialism and Probabilism. In: Synthese 43:3-39.

Sirait, M./Prasodjo, S./Podger, N./Flavelle, A. (1994) Mapping Customary Land in East Kalimantan, Indonesia: A Tool for Forest Management. In: Ambio 23,7:411-417.

Siswanto, W./Wardojo, W. (2005) Decentralization of the Forestry Sector: Indonesia's Experience. In: Colfer, C.J.P. und D. Capistrano (eds., 2005): The Politics of Decentralization. Forests, Power and People. Earthscan, London:141-151.

Smits, W.T.M. (1996) Arenga pinnata (Wurmb) Merrill. In: M. Flach & F. Rumawas: Plants yielding non-seed carbohydrates. Plant Resources of South-East Asia No. 9. Bogor:53-59.

Smuts, J.C. (1926) Holism and Evolution. Macmillan, New York.

Smythies, B.E. (1981) The Birds of Borneo. The Sabah Society, Kuala Lumpur.

Smythies, B.E. (1999) The Birds of Borneo. Fourth Edition, Revised by G.W.H. Davison. Natural History Publications in association with The Sabah Society, Kota Kinabalu.

Soemarwoto, O. (1985a) The Javanese Home-Garden as an Integrated Agroecosystem. In: Food and Nutrition Bulletin 7,3, New Dehli:44-47.

Soemarwoto, O. (1985b) The Telun-Kebun: A Man-made Forest fitted to Family Needs. In: Food and Nutrition Bulletin 7,3, New Dehli:48-51.

Soetarso, P./Amblani (1988) Budidaya Rotan Sega (*Calamus caesius*) di Daerah Bentian Kalimantan Timur. In: Wanatrop Vol. 3, No. 2:55-70.

Sokal, R.R./Rohlf, F.J. (1973) Introduction to Biostatistics. Freeman, San Francisco.

Southwell, C.H. (1959) The Kayans and Kenyahs. In: T. Harrison (ed.): The Peoples of Sarawak. Sarawak Museum, Kuching, Malaysia.

Spencer, J.E. (1966) Shifting Cultivation in Southeastern Asia. Univ. of California Press, Berkeley and Los Angeles.

Spradley, J.P. (1979) The Ethnographic Interview. New York.

Spradley, J.P. (1980) Participant Observation. New York.

Stellrecht, I. (1993) Interpretative Ethnologie: Eine Orientierung. In: T. Schweizer, M. Schweizer & W. Kokot (eds.): Handbuch der Ethnologie. Dietrich Reimer Verlag, Berlin:29-78.

Steward, J.H. (1955) Theory of Culture Change. Univ. of Illinois, Urbana.

Subhadrabandhu, S./Schneemann, J.M.P./Verheij, E.W.M. (1992) *Durio zibethinus* Murray. In: Verheij, E.W.M./Coronel, R.E. (eds.): Edible fruits and nuts. Plant Resources of South-East Asia, No.2, Bogor.

Sumual, K. (1998) Papatn Puti. An Eco-cultural Museum. In: Borneo, Vol. 4, No.1/2:48-55.

Suryadiputra, N.N./Gönner, C./Wibowo, P./Ratnawati, E. (2000) The Mahakam Lakes. Paper presented at the Global Nature Fund conference from June,16-17 2000 at Hannover, Germany.

Sutlive, V.H., Jr. (1992) The Iban of Sarawak. Chronicle of a vanishing world. Majeed & Co., Kuala Lumpur, Malaysia.

Swadesh, M. (1971) The Origin and Diversification of Language. Aldine-Atherton, Chicago, Ill.

T

Tan, C.F./Shim, P.S. (1994) Calamus caesius Blume. In: J. Dransfield & N. Manokaran: Rattans. Plant Resources of South-East Asia, No.6, Bogor:43-46.

Tansley, A.G. (1935) The Use and Abuse of Vegetational Concepts and Terms. In: Ecology, Vol. 16, No. 3:284-307.

Taylor, P./García-Barrios, R. (1995) The social analysis of ecological change: from systems to intersecting processes. In: Social Science Information, 34,1:5-30.

Thandee, D. (1986) Socioeconomic Factors and Small-scale Farmers in Southeast Asia. In: G. Marten (ed.): Traditional Agriculture in Southeast Asia. East-West Center, Westview Press, Colorado:159-170.

Thiel, J.F. (1984) Religionsethnologie. Grundbegriffe der Religionen schriftloser Völker. Dietrich Reimer Verlag, Berlin.

Thiollay, J.-M. (1995) The Role of Traditional Agroforests in the Conservation of Rain Forest Bird Diversity in Sumatra. In: Conservation Biology Vol. 9/2:335-53.

Tremeer, R.E. (1964) The early history of rubber planting in Sarawak, 1880-1910. In: Sarawak Gazette 90:50-52.

U

Uljee, G.L. (1925) Handboek voor de Residentie Westerafdeling van Borneo. Visser, Weltevreden.

V

van Valkenburg, J.L.C.H. (1997) Non-Timber Forest Products of East Kalimantan. Potentials for sustainable forest use. Tropenbos series 16, Wageningen.

van Voris, P./O'Neill, R. V./Shugart, H.H./Emanuel, W.R. 1980 Functional complexity and ecosystem stability. In: Ecology 61:1352-60.

Vargas, D.M. (1985) The Interface of Customary and National Land Law in East Kalimantan, Indonesia. Yale University.

Vayda, A.P. (1965) Anthropologists and ecological problems. In: A. Leeds, A.P. Vayda (eds.): Man, culture and animals. American Association for the Advancement of Science, Publication 78, Washington.

Vayda, A.P. (1983) Progressive Contextualization: Methods for Research in Human Ecology. In: Human Ecology, Vol. 11, No. 3:265-281.

Vayda, A.P. (1996) Methods and Explanations in the Study of Human Actions and their Environmental Effects. CIFOR/WWF Special Publication. 44 S.

Vayda, A.P./Rappaport, R.A. (1968) Ecology, cultural and non-cultural. In: J.A. Clifton (ed.): Introduction to cultural anthropology: essays in the scope and methods of the science of man. Houghton Mifflin, Boston.

Vayda, A.P./McCay, B.J. (1975) New Directions in Ecology and Ecological Anthropology. In: Annual Review of Anthropology 4:293-306.

Vester, F. (1984) Neuland des Denkens – vom technokratischen zum kybernetischen Zeitalter. dtv München.

Vester, F. (1999) Die Kunst vernetzt zu denken. Ideen und Werkzeuge für einen neuen Umgang mit Komplexität. DVA Stuttgart.

von Bertalanffy, L. (1950) An outline of general systems theory. in: British Journal of Philosophy Science 1:134-65.

von Bertalanffy, L. (1968) General System Theory. Foundations, Development, Applications. George Braziller, New York.

von Heine-Geldern, R. (1945) Prehistoric research in the Netherlands Indies. Southeast Asia Institute, New York.

W

Waddell, E. (1972) The mound builders: agicultural practices, environment and society in the central highlands of New Guinea. American Ethnological Society Monograph 53. University of Washington Press, Seattle and London.

Weidelt, H.-J. (1990) Rattan Growing in South-East Asia – An Ecologically Well-Adapted Form of Land Use. In: Plant Research & Development 31:26-37.

Weinstock, J.A. (1981) Kaharingan: Borneo's 'Old Religion' Becomes Indonesia's Newest Religion. In: Borneo Research Bulletin, Vol. 13, No. 1:47-48.

Weinstock, J.A. (1983a) Kaharingan and Luangan Dayaks. Religion and Identity in Central-East Borneo. PhD-Thesis. Cornell University.

Weinstock, J.A. (1983b) Rattan: Ecological Balance in a Borneo Rainforest. In: Economic Botany 37,1:58-68.

Werner, S. (1997) The Development of Central Sumatran Traditional Fallow Systems in a Changing Environment – Draft. Paper for the ICRAF regional workshop on "Indigenous Strategies for Intensification of Shifting Cultivation in Southeast Asia", Bogor, Indonesia, June 23-28 1997.

White, L.A. (1949) The science of culture: a study of man and civilization. Grove Press, New York.

Whitmore, T.C. (1990) An Introduction to Tropical Rain Forests. Oxford University Press, Oxford.

Whittier, H.L. (1973) Social Organization and Symbols of Social Differentiation. An Ethnographic Study of the Kenyah Dayak of East Kalimantan. Dissertation, Michigan State University.

Whittier, H.L. (1978) The Kenyah. In: V.T. King (ed.): Essays on Borneo Societies, Oxford:92-122.

Whittier, H.L. (1994) The Kenyah. In: V.T. King (ed.): The Ethnic Groups of Borneo. S. Abdul Majeed & Co., Kuala Lumpur, Malaysia:120-159.

Wilk, R./Miller, S. (1997) Some Methodological Issues in Counting Communities and Households. In: Human Organization, Vol. 56, No. 1:64-70.

Winterhalder, B. (1984) Reconsidering the Ecosystem Concept. In: Reviews in Anthropology 11 (4):301-330.

Wissler, C. (1917) The American Indian: an introduction to the anthropology of the New World. McMurtie, New York.

Wissler, C. (1928) The Culture Area Concept as a Research Lead. In: American Journal of Sociology 33,6:894-900.

Wolters, O. (1967) Early Indonesian commerce. Cornell University Press, Ithaca.

Anhänge

A1 Benuaq Wortliste

Diese Liste basiert auf einer Vorlage von Swadesh (1971:283), die um kultur-spezifische Begriffe ergänzt wurde[458].

Adliger	*mantiiq*	Bein	*kenekng*
alle(s)	*oreekng*	beißen	*ngikit*
alt	*tuhaq*	Berg	*saikng*
anders	*laitn*	Bergreis	*pare*
anschwellen	*kemukng*	binden	*ngikat*
Appartement	*orook*	blasen	*nyiup*
arbeiten	*ngamuh*	Blatt	*bete*
Asche	*bonur*	Blut	*daya*
atmen	*ngasakng*	Blüte, Blume	*bungaq*
auf	*pede*	brennen	*nyuru*
Auge	*mataq*	Brücke	*apar*
Bauch	*butukng*	Darm	*tenaiq*
Baum	*poutn*	das	*iro*
Beilagen (zu Reis)	*kaluq*	denken	*nyeranat*

---

[458] Da es bislang keine publizierten Arbeiten über die Sprache der Benuaq gibt, halte ich mich an die Schreibweise meiner Informanten, die sich im Wesentlichen an den Regeln des Bahasa Indonesia orientiert (vgl. Nothofer & Pampus 1988:xiii-xv; für mythologische Benuaqbegriffe und Anmerkungen zur Orthographie der Benuaq s. Hopes 1997:163). Lediglich lange Vokale wurden durch Doppelung ausgedrückt, da dies in der Schreibweise der Benuaq selbst so üblich ist (vgl. Hopes ibid.). Stimmritzenverschlusslaute wurden mit q bzw. in hörbareren Fällen mit k notiert; auch diese Schreibweise geht auf die Benuaq selbst zurück. Generell wurde die Notation der in dieser Arbeit verwendeten Benuaqausdrücke durch meine Informanten, sowie, im Falle der Pflanzennamen, durch einen Benuaq-Botaniker der Mulawarman Universität in Samarinda gegengeprüft. Substantivisch gebrauchte Begriffe werden im Haupttext (auch für indonesische Begriffe) durchweg groß geschrieben, Adjektive und Verben klein.

dick (Person)	*bogol*	grün	*jerau*
dies	*ohoq*	gut	*buatn, bueeq*
diese Person	*ohaq*	Hals	*tinga*
dort	*pede doq*	halten	*gap*
Du	*iko*	Hand	*kami*
dumpf	*loput*	Haut	*kolit*
Ehefrau	*sawaq*	Herz	*lempusu*
Ehemann	*sawaq*	hier	*bohoq*
Ei	*toli*	Himmel	*langit*
eng	*solot*	Holz	*kayuq*
entspelzter Reis	*boyas*	Holz spalten	*mokak*
er, sie, es	*ulutn*	hören	*nempaning*
erbrechen	*nuta*	Hund	*koko*
Erde	*Tana*	ich	*aap*
essen	*maan*	Ihr	*iko, ika*
fallen	*lotuq*	in	*pede*
Feder	*buluuq*	ja	*oi*
Fett	*dawaaq*	jagen	*kasuq*
Feuer	*api*	Jahr	*tautn*
Fisch	*kinas*	kalt	*jelap*
Fleisch	*dagiq*	kämpfen	*bulo*
fliegen	*tilikng*	Katze	*meong*
Flügel	*ekap*	kein	*aba*
Fluss	*sungei*	Kind	*anak*
Frau	*bawe*	Klebereis	*pulut*
Freier	*merentika*	Kleidung	*pakayatn*
Frucht	*buah*	klein	*kediq*
Fuß	*kenekng*	Knochen	*tulakng*
geben	*nyieeq*	kochen	*ngeaaq*
gedroschener Reis	*oikng*	kommen	*mpat*
gehen	*manan*	Kopf	*puaq*
gekochter Reis	*nahi*	Kopfhaar	*balooq*
gelb	*lemit*	kratzen	*ngelatar*
Gemüse pflanzen	*ngulaq*	kurz	*bodaq*
Geschwister, älter	*tukatn*	lachen	*kokah*
Geschwister, jünger	*taritn*	lang	*mooq*
Gong	*genikng*	Langhaus	*louu*
graben	*ngaliiq*	Laus	*kutuq*
Gras	*jikut*	lebend	*bolupm*
groß	*solai*	Leber	*ate*

Leiter	*tukar*	schlafen	*turi*
links	*bila sei*	schlagen	*menaq*
Mann	*sookng*	Schlange	*nipaq*
mit	*ngkaq*	schlank	*maih*
Mund	*molot*	schlecht	*daat*
Mutter (ref.)	*tinan*	schmutzig	*omoq*
Nacht	*malapm*	schneiden	*motaq*
nah	*totoq*	schon	*epuuq*
nähen	*nyarut*	Schwanz	*ikui*
Name	*nai*	schwarz	*metapm*
Nase	*urukng*	schwer	*oyatn*
nass	*bisooq*	schwimen	*serangui*
Nebel	*kenelukup*	See	*kenohan* (Kutai)
nein, nicht	*beau*	sehen	*kitaq*
neu	*bayu*	Seil	*taliiq*
noch nicht	*male*	Setzling	*tokok*
Ohr	*kelingaq*	sich drehen	*pusing*
Person	*senarikng*	sich hinlegen	*lokuq*
Pflanzstock	*asaq*	sie (pl.)	*ulutn*
quetschen	*menyet*	singen	*bedodoi*
Rauch	*asutn*	sitzen	*tuat*
rechts	*bila sanan*	Sklave	*ripatn*
Regen	*osaaq*	Sonne	*mataq olo*
reiben	*ngisuk*	spielen	*gao*
Reis säen	*moyaas*	spucken	*tempus*
Reiskorn	*tunutn*	Staub	*bonur*
Reissaat	*bini*	stechen	*ninak*
richtig	*tumung*	stehen	*jakar*
riechen	*ngeooq*	Stein	*batuq*
Rinde	*kolit kayuq*	Stern	*bintakng*
rot	*meaaq*	Stock	*derai*
Rücken	*tutuq*	Sumpfreis	*pare payaq*
Saat (Reis)	*bini*	Tag	*olo*
sagen	*paner*	tanzen	*ngaraq*
Salz	*dangiiq*	Tiere	*esaaq*
Sand	*oneeq*	tot	*mate*
saugen	*ncuuq*	töten	*pekate*
scharf	*terap*	treiben	*gelampokng*
schieben	*nejuk*	trinken	*misap*
schießen (mit Blasrohr)	*nyipat*	trocken	*koteeq*

übernachten	*senturi*
und	*dan* (Indo.)
upland farm	*umaq*
Vater (ref.)	*taman*
verrottet	*botooq*
viel	*deooq*
Vogel	*kepuluuq*
Wald	*roboot*
warm	*berakng*
was?	*otn?, on?*
waschen	*bedepas*
Wasser	*danum*
Weg	*lalaaq*
weich	*kediq*
weinen	*nangih*
weiß	*bura*
weit	*oroq*
weit	*solai*
wer?	*njeq?*
werfen	*nikapm*
wie?	*kelameq?*
Wind	*dolaq*
wir (excl.)	*kaitn*
wir (incl.)	*taka*
wischen	*nyapuq*
wissen	*tahu*
wo?	*pede meq?*
Wolke	*jautn, mang*
Wurm	*keremeq*
Wurzel	*wakaai*
zählen	*ngareken Ende*
Zahn	*kukut*
ziehen	*nepook*
Zunge	*lola*

Verwandtschaftsbezeichnungen

Mutter	*tinan*
Vater	*taman*
Kind	*anak, anaaq*
jüngeres Geschwister	*taritn*
älteres Geschwister	*tukaatn*
Cousin/-e	*piariiq, piaritn*
erster Grad	*warsinai*
zweiter Grad	*warduaq*
dritter Grad	*wartolu*
Onkel	*tuaaq*
Tante	*tere*
Nichte	*anak nakatn*
Neffe	*anak nakatn*
Großmutter	*itaaq*
Großvater	*kakah*
Urgroßeltern	*alau*
Urenkel	*inggikng*
Schwiegereltern	*tuputn*
Schwiegersohn/-tochter	*anak nantutn*
Onkel/Tante des Ehepartners	*tuputn ngantai*
Schwager/Schwägerin	*ayuuq*
Ehepartner des Schwagers/Schwägerin	*ruai*

Zahlen

1	*erai*
2	*duaq*
3	*tolu*
4	*opat*
5	*limaq*
6	*jawatn*
7	*turu*
8	*walo*
9	*sie*
10	*sepuluh*
11	*sebeleh*
12	*duabeleh*
13	*tolubeleh*

20	*duapuluh*
30	*tolupuluh*
100	*seratur*
300	*toluratus*
1.000	*seribu*
3.000	*toluribu*

A2 Genutzte Wildpflanzen

Die folgenden nutzbaren Pflanzenarten wurden von lokalen Informanten bestimmt. Für die Übersetzung in eine wissenschaftliche Nomenklatur sowie für die Nachbestimmung unklarer Fälle sorgte dankenswerter Weise Ir. Paulus Matius, ein Dendrologe der Universitas Mulawarman Samarinda, der selbst Dayak Benuaq ist. Medizinalpflanzen sind in dieser Liste auf Grund der ungeklärten Eigentumsrechte nicht aufgeführt.

Abkürzungen: **B**aumaterial, **Br**ennholz, **F**ärbepflanzen, **G**iftpflanzen, **H**aushalt, **Ha**ndel, **I**ndikatorpflanzen für Bodenfruchtbarkeit, **N**ahrungsmittel, **R**itualpflanzen, **T**extilien

Famile	Botanischer Name	Autor	Benuaq Name	Use
Agavaceae	*Cordilyne sp.*		Biowo Beneeq	R
Agavaceae	*Cordilyne sp.*		Biowo Kodoq	R
Agavaceae	*Cordilyne sp.*		Biowo Nayuuq	R
Amaranthaceae	*Amaranthus hybridus*	L.	Bayam	N
Amaranthaceae	*Celosia cristata*	L.	Bungaq Gerungakng	
Amaryllidaceae	*Curculigo sp.*		Doyo	Ha T
Amaryllidaceae	*Curculigo silvestris*		Lingan	N
Anacardiaceae	*Mangifera quadrifida*	Jack.	Kelaauq	N
Anacardiaceae	*Mangifera odorata*	Griff.	Kuini	B Br N Ha
Anacardiaceae	*Mangifera indica*	L.	Mempelam	B Br
Anacardiaceae	*Mangifera sp.*		Ncapm	B Br
Anacardiaceae	*Mangifera sp.*		Ncapm Bakatn	N
Anacardiaceae	*Mangifera sp.*		Ncapm Bokut	N
Anacardiaceae	*Mangifera macrocarpa*	Bl.	Ncapm Bucur	N
Anacardiaceae	*Mangifera similis*	Bl.	Ncapm Bulaau	N
Anacardiaceae	*Mangifera sp.*		Ncapm Buyukng	N
Anacardiaceae	*Mangifera quadrifida*	Jack.	Ncapm Kelauu	N
Anacardiaceae	*Mangifera sp.*		Ncapm Palung	N

Anacardiaceae	*Mangifera sp.*		Ncapm Payaakng Pelanuk	N
Anacardiaceae	*Mangifera pajang*	Kosterm.	Ncapm Payaakng Solaai	N
Anacardiaceae	*Mangifera sp.*		Ncapm Raas	N
Anacardiaceae	*Mangifera sp.*		Ncapm Rawa	N
Anacardiaceae	*Mangifera caesia*	Jack.	Ncapm Wanyi	N
Anacardiaceae	*Pentaspadon motleyi*	Hook. f.	Pelaro	N
Anacardiaceae	*Gluta renghas*	L.	Rengas	R Br B
Anacardiaceae	*Mangifera sp.*		Repeeh	B N Br
Anacardiaceae	*Campnosperma auriculata*	(non Hook. f.) King	Sentakng Leso	
Anacardiaceae	*Campnosperma sp.*		Tentaakng Lesooq	B Br
Anacardiaceae	*Mangifera decandra*	Ding Hou	Wantan	N
Annonaceae	*Popowia pisocarpa*		Bemaai	
Annonaceae	*Polyalthia sp.*		Dendang Dara	R
Annonaceae	*Xylopia altissima*		Jangkau	B
Annonaceae	*Xylopia malayana*		Kojeekng	Br
Annonaceae	*Mezzettia parviflora*		Ncapm Uneeq	N B
Annonaceae	*Friesodielsia sp.*		Wakaai Munookng Puti	H
Apocynaceae	*Dyera costulata*	(Miq.) Hook.	Kayutn Uraatn	R H
Apocynaceae	*Alstonia sp.*		Lutukng	B Ha N
Aquifoliaceae	*Ilex cissoides*		Bengkarau	B R Br
Aquifoliaceae	*Ilex sp.*		Penyempur Namis	R
Araceae	*Colocasia esculenta*	(L.) Schott	Dompuq	
Araceae	*Colocasia sp.*		Jompuq	N
Aspleniaceae	*Asplenium sp.*		Ngkapaaq Beleekng	R
Asteraceae	*Blumea balsamifera*	(L.) D.C.	Mukng	R
Balsaminaceae	*Impatiens sp.*		Pasar	
Bambusaceae	*Dendrocalamus asper*		Betukng	H R
Bambusaceae	*Bambusa sp.*		Buluuq	B
Bambusaceae	*Bambusa sp.*		Inas	Ha
Bambusaceae	*Dendrocalamus sp.*		Perikng	B
Bambusaceae	*Bambusa vulgaris*		Tolakng Bulaau	R
Bambusaceae	*Dendrocalamus sp.*		Tolakng Inas	B
Bambusaceae	*Bambusa sp.*		Tolakng Solooq	B R
Blechnaceae	*Stenochlaena sp.*		Pakuq	N R
Bombacaceae	*Durio zibethinus*	Murr.	Kalaakng	N Ha F
Bombacaceae	*Ceiba pentandra*	(L.) Gaertn.	Kapoq	T Ha

Bombacaceae	*Durio wyatt-smithii*		Kelenceekng	N
Bombacaceae	*Durio oxleyanus*	Griff.	Ketungan	B Ha N
Bombacaceae	*Durio kutejensis*	Becc.	Laai	N
Bombacaceae	*Durio dulchis*		Layukng	N
Burseraceae	*Dacryodes rostrata*	(Bl.) H.J. Lam.	Keramuuq Botatn	N
Burseraceae	*Dacryodes rostrata*	(Bl.) H.J. Lam.	Keramuuq Soni	N H
Burseraceae	*Canarium decumanum*	Gaertn.	Lomuuq	N Ha R
Burseraceae	*Dacryodes sp.*		Ncapm Uraakng	N
Burseraceae	*Canarium sp.*		Tae	N
Caesalpiniaceae	*Cassia alata*	L.	Gerengaakng	
Caesalpiniaceae	*Koompassia excelsa*	(Becc.) Taub.	Puti	R N Ha H
Caesalpiniaceae	*Caesalpinia sappan*		Sopaakng	R
Callitrichaceae	*Ocimum basilicum*	L.	Ngeraseh	R
Cannaceae	*Canna edulis*		Raja Keaau	R
Caricaceae	*Carica papaya*		Gadakng Biasa	N Ha
Caricaceae	*Carica papaya*		Gadakng Ramai	N Ha
Celastraceae	*Lophopetalum sp.*		Derenyakng	B
Celastraceae	*Lophopetalum multinervium*	Ridl.	Lipaaq	B
Celastraceae	*Lophopetalum sp.*		Prupuq	B Br N
Crypteroniaceae	*Dactylocladus stenostachys*	Oliv.	Seranai	B
Cucurbitaceae	*Momordica charantia*	L.	Periaq	N Ha
Cucurbitaceae c.f.	*Macropanax dispermus*	Bl.	Beramboyut	H I
Cyperaceae	*Cyperus spp.*		Sempirikng	R
Dianellaceae	*Dianella sp.*		Luak Jekari	R Br
Dianellaceae	*Dianella sp.*		Luak Usar	R
Dilleniaceae	*Dillenia excelsa*	(Jack.) Gilg.	Gaharaq	Br R
Dilleniaceae	*Tetracera asiatica*	(Lour.) Hoogl.	Koyur	H
Dilleniaceae	*Dillenia excelsa*	(Jack.) Gilg.	Segaraq	Br
Dilleniaceae	*Dillenia sp.*		Tempuro	B I
Dioscoreaceae	*Dioscorea sp.*		Gadukng	N
Dioscoreaceae	*Dioscorea alata*	L.	Uiiq	N
Dipterocarpaceae	*Dipterocarpus sp.*		Aput	Ha N
Dipterocarpaceae	*Shorea laevis*	Ridl.	Bengkirai	B
Dipterocarpaceae	*Shorea sp.*		Butakng Metapm	N
Dipterocarpaceae	*Shorea balangeran*	(Korth.) Burck.	Kahooi	B
Dipterocarpaceae	*Shorea spp.*		Lempukng Akas	N B
Dipterocarpaceae	*Shorea spp.*		Lempukng Kunit	B

Dipterocarpaceae	*Shorea sp.*		Lempukng Seru	R
Dipterocarpaceae	*Anisoptera sp.*		Marlangat	B Ha N
Dipterocarpaceae	*Shorea sp.*		Melasio	H
Dipterocarpaceae	*Shorea smithiana*	Sym.	Mermukng Lemit	H
Dipterocarpaceae	*Shorea ovalis*	(Korth.) Bl.	Mermukng Puluuq	B H
Dipterocarpaceae	*Dryobalanops sp.*		Ngoiiq	B N
Dipterocarpaceae	*Shorea sp.*		Nyerakat	B
Dipterocarpaceae	*Shorea spp.*		Orai	N H B
Dipterocarpaceae	*Shorea sp.*		Putaakng	B
Dipterocarpaceae	*Vatica sp.*		Tebukng	B Br H
Dipterocarpaceae	*Dipterocarpus sp.*		Tempudau	B Ha N
Ebenaceae	*Diospyros sp.*		Kayutn Arakng	R
Elaeocarpaceae	*Elaeocarpus sp.*		Ngkodooi	Br
Euphorbiaceae	*Trigonopleura malayana*	Hook. f.	Amih	R
Euphorbiaceae	*Macaranga gigantea*		Bengkuukng	B
Euphorbiaceae	*Aleurites moluccana*	(L.) Willd.	Geriiq	N
Euphorbiaceae	*Hevea brasiliensis*	(H.B.K.) Muell. Arg.	Getah	Ha Br
Euphorbiaceae	*Manihot esculenta*	Crantz	Jabau Pasar	
Euphorbiaceae	*Manihot sp.*		Jabau Pikur	R
Euphorbiaceae	*Adina minutiflora*		Kedemaaq	N
Euphorbiaceae	*Glochidion obscurum*		Kelebahuq	R
Euphorbiaceae	*Baccaurea pyriformis*		Keliwatn	B
Euphorbiaceae	*Codiaeum variegatum*		Komaat (Siraakng)	R
Euphorbiaceae	*Baccaurea lamponga*		Lemposu	N
Euphorbiaceae	*Macaranga trichocarpa*	(Rchb. f. & Zoll.)	Lunai	R
Euphorbiaceae	*Mallotus paniculatus*		Mawaah	
Euphorbiaceae	*Baccaurea puberula*		Mawooi	N
Euphorbiaceae	*Baccaurea stipulata*		Mengkuning	R
Euphorbiaceae	*Macaranga triloba*	(Bl.) M.A.	Nancakng	R B
Euphorbiaceae	*Macaranga hulletti*		Ncakng Sisit	
Euphorbiaceae	*Endospermum diadenum*		Ngkebor	
Euphorbiaceae	*Macaranga sp.*		Ngkuukng	B I
Euphorbiaceae	*Elateriospermum tapos*	Bl.	Pahaaq	B Br N
Euphorbiaceae	*Baccaurea griffithii*		Pasi	N
Euphorbiaceae	*Baccaurea edulis*	Merr.	Ruiiq	N
Euphorbiaceae	*Codiaeum variegatum*		Serendenapm	R

Euphorbiaceae	*Aporosa lunata*		Tulang Bekaraaq	
Fabaceae	*Sindora sp.*		Merjaakng/Angi	H N Ha
Fabaceae	*Spatholobus percicinus*	Ridl.	Pengeraya	N
Fabaceae	*Fordia sp.*		Pesaaq	R I
Fabaceae	*Derris elliptica*		Twaq	G
Fabaceae	*Spatholobus sp.*		Wakaai Pengeraya	
Fagaceae	*Castanopsis javanica*	(Bl.) A.D.C.	Biangan	B Br
Fagaceae	*Castanopsis megacarpa*	Gamble	Kumpat Layukng	B
Fagaceae	*Castanopsis javanica*	(Bl.) A.D.C.	Limaat	Br B
Fagaceae	*Lithocarpus elegans*	(Bl.) Hatus. ex S.	Pipit	Br B I
Fagaceae	*Lithocarpus bennetti*	(Miq.) Rehd.	Pipit Pare	B H
Flacourtiaceae	*Flacourtia sp.*		Erat	B
Gleicheniaceae	*Gleichuria linearis*	Clarke	Jangaang	H R
Guttiferae	*Garcinia sp.*		Bonah	N
Guttiferae	*Garcinia dioica*	Bl.	Empana	B
Guttiferae	*Calophyllum soullatri*	Burm. f.	Jerapiq	
Guttiferae	*Garcinia cowa*	Roxb.	Keni	N
Hypericaceae	*Cratoxylum formosum*	(Jack.) Dyer	Bentalekng	R
Hypericaceae	*Cratoxylum sp.*		Gerungakng	N B R
Hypericaceae	*Cratoxylum glaucum*	Korth.	Mera Sipaq	Br B
Ixonanthaceae	*Ixonanthes sp.*		Mepooq	B Br
Lauraceae	*Litsea sp.*		Ayaau	B
Lauraceae	*Litsea firma*	(Bl.) Hook. f.	Ayau Bulau	B
Lauraceae	*Litsea brachystachys*	Boerl.	Ayau Bura	B
Lauraceae	*Litsea sp.*		Ayau Meaq	B
Lauraceae	*Litsea odorifera*	Valeton	Ayau Piawaq	B
Lauraceae	*Litsea sp.*		Ayau Sabeq	B
Lauraceae	*Litsea machilfolia*	Gamble	Bencomang	B
Lauraceae	*Litsea sp.* c.f.		Kayu Lem	Ha
Lauraceae	*Litsea sp.*		Lalatn	B
Lauraceae	*Dehaasia incrassata*		Lalatn Kunyit	B
Lauraceae	*Litsea augulata*		Lalatn Lego	B
Lauraceae	*Litsea resimosa*		Mara Besiq	H
Lauraceae	*Litsea sp.*		Medakng	B N
Lauraceae	*Cinnamomum partenoxylon*	Meissn.	Perowali/Perauwali	B R
Lauraceae	*Eusideroxylon zwageri*	T. et B.	Teluyatn	R B Ha
Lecythidaceae	*Barringtonia pendula*		Keroat	G

Lecythidaceae	Barringtonia sp.		Putat	N
Leguminosae	Intsia palembanica	Miq.	Itir	B Ha
Loganiaceae c.f.	Ervatamia macrocarpa		Lutukng Tukak	R
Logantaceae	Willughbeia sp.		Wakaai Letatn	Ha
Lythraceae	Lagerstroemia speciosa		Bungur	B N
Malvaceae	Hibiscus rosa-sinensis		Kembang Sepatu	R H
Malvaceae	Hibiscus schizopetalus		Kepilaaq	R
Marantaceae	Donax canniformis	K. Schum.	Bemaatn	
Marantaceae	Stachypterinum jagorianum		Butootn	I
Maranthaceae	Cominsia gigantea		Isaaq Ngkookng	H I
Melastomataceae	Melastoma malabathricum	L.	Bekakakng	N
Melastomataceae	Pternandra coerulescens		Mencemooq	Br
Meliaceae	Lansium domesticum	Correa	Lisaat	Br N
Mimosaceae	Adenanthera pavonina	L.	Bewai	
Mimosaceae	Archidendron jiringa	(Jack.) Nielsen	Cerikng	H
Mimosaceae	Mimosa pigra	L.	Jepun	R
Mimosaceae	Archidendron microcarpum	(Benth.) Nielsen	Kekereq	B F
Mimosaceae	Pithecellobium splendens	(Miq.) Corner	Miyadukng	B
Mimosaceae	Paraserianthes falcataria	(L.) Nielsen	Sengon	B Ha
Mimosaceae	Archidendron sp.		Sopaakng Piaq	F
Moraceae	Ficus sp.		Araaq Ulau Lemit	R
Moraceae	Ficus sp.		Araaq Ulau Meaaq	R
Moraceae	Ficus variegata		Ayaq	T
Moraceae	Artocarpus odoratissimus		Benturukng	N
Moraceae	Ficus albifila		Bilaas	N
Moraceae	Artocarpus dadah		Daraq	N R B
Moraceae	Artocarpus kemando		Daraq Kumar	
Moraceae	Antiaris toxicaria	(Pers.) Lesch.	Ipu	T G
Moraceae	Artocarpus anisophyllus	Miq.	Kepuatn	B N
Moraceae	Ficus quocarpa		Laliiq	R H
Moraceae	Artocarpus integer		Nakatn	N B
Moraceae	Artocarpus heterophyllus	Lamk.	Nakatn Jawaq	N
Moraceae	Artocarpus sp.		Nakatn Lati	N B

Moraceae	*Ficus sp.*		Nunuq Singah	R
Moraceae	*Artocarpus lanceifolius*	Roxb.	Obeeq	N
Moraceae	*Artocarpus elasticus*		Pekalukng	T B
Moraceae	*Artocarpus anisophyllus*	Miq.	Pepuatn Beneeq	N
Moraceae	*Artocarpus sp.*		Pepuatn Daya	N
Moraceae	*Artocarpus kemando*	Miq.	Puduuq	N H
Moraceae	*Morus sp.*		Sura	
Moraceae	*Artocarpus teysmanii*	Miq.	Todaq	
Moraceae	*Artocarpus elasticus*		Toyop	N
Musaceae	*Musa sp.*		Jelooq Saba	R
Myristicaceae	*Horsfieldia grandis*		Deraya Sepatukng	R B Br
Myrsinaceae	*Maesa sp.*		Lemonuuq	N
Myrtaceae	*Eugenia kunstleri*	(King) Bahadur & G.	Bengkulat	Br
Myrtaceae	*Psidium guajava*	L.	Jamuuq	N
Myrtaceae	*Eugenia sp.*		Jelomaaq	Br N
Myrtaceae	*Eugenia spicata*	Lamk.	Kebetiq	
Myrtaceae	*Rhodamnia cinerea*	Jack.	Kemuncikng	B Br
Myrtaceae	*Eugenia fumida*		Wai Meaq	F
Myrtaceae	*Eugenia palembanica*		Wai Pulut	B F
Nepenthaceae	*Nepenthes sp. c.f.*		Sengongong	R
Nephrolepidaceae	*Nephrolepis bisserata*	(Sw.) Schott	Pakuq Parapm	R
Oleaceae	*Jasminum sambac*	(L.) Ait.	Puput	F
Palmae	*Pholidocarpus majadum*	Becc.	Anau	B
Palmae	*Borassodendron borneensis*		Belaakng	N B
Palmae	*Licuala valida*	Becc.	Biruq	B R
Palmae	*Metroxylon sagu*	Rottb.	Jemiaq	
Palmae	*Daemonorops halleriana*		Juaaq	N
Palmae	*Elaeis guineensis*	Jacq.	Kelapa Sawit	Ha
Palmae			Nanga	B N
Palmae	*Oncosperma tigillarum*	(Jack.) Ridl.	Niwukng	N
Palmae	*Cocos nucifera*	L.	Nyui Gadikng	N Ha R H
Palmae	*Cocos nucifera*	L.	Nyui Sopaakng	R H
Palmae	*Licuala sp.*		Paleh/Palas	R
Palmae	*Calamus scipionum*		Pesiakng	N, Ha
Palmae	*Areca catechu*	L.	Sepootn	R
Palmae	*Areca sp.*		Sepootn Sendawar	R

Palmae	*Arenga pinnata*	(Wurmb.) Merr.	Tuak	Ha N R
Palmae	*Caryota mitis*		Ukor	R B
Pandanaceae	*Pandanus tectornes*		Kajakng	
Pandanaceae	*Pandanus sp.*		Pudaq	R N
Passifloraceae	*Passiflora foetida*	L.	Kelepos	R N
Piperaceae	*Piper betle*	L.	Laur	N
Poaceae	*Gigantochloa hasskarliana*	(Kurz) Back. ex Hey.	Baloq	B
Poaceae	*Schizostachyum blumei*		Bawatn	H
Poaceae	*Dinochloea sp.*		Buluuq Rindu	H
Poaceae	*Coix lacryma-jobi*	L.	Lore	N
Poaceae	*Imperata cylindrica*	(L.) Beav.	Padakng	R H
Poaceae	*Chrysopogon aciculatus*		Sengkeruput	R
Poaceae	*Cymbopogon nardus*	(L.) Rendle	Serai Munteeq	R
Poaceae	*Schizostachyum sp.*		Temiang	R H
Poaceae	*Gigantochloa atter*		Tolakng Kwayatn Beneeq	R
Poaceae	*Gigantochloa sp.*		Tolakng Kwayatn Bulaau	R
Poaceae	*Schizostachyum longispiculatum*		Tolakng Morakng	B
Poaceae	*Saccharum officinarum*		Touq Meaq	R N
Poaceae	*Saccharum spontaneum*	L.	Touq Salah	R
Polygalaceae	*Xanthophyllum affine*	Korth. ex Miq.	Meloyaq	H
Rhamnaceae	*Zyzyphus sp.*		Sengkeromet	H
Rosaceae	*Prunus arboreum*	(Bl.) Bl.	Gemah	H
Rubiaceae	*Diplospora singularis*		Bernipaq	B
Rubiaceae	*Gardenia augusta*		Kemang Piring	R
Rubiaceae	*Tarrena sp.*		Mardangiiq/Senta ngiiq	R
Rubiaceae	*Morindra citrifolia*	L.	Ngkuduuq	R
Rubiaceae	*Timonius lasianthoides*		Sangkulai	H
Rubiaceae	*Tricalysia sp.*		Wakaai Lempekeeq	R
Rutaceae	*Citrus sp.*		Muntee	R N
Rutaceae	*Evodia alba*		Potukng	R
Sapindaceae	*Dimocarpus longan c.f.*		Bukuuq	Br N Ha
Sapindaceae	*Dimocarpus c.f.*		Ihaau	Br N Ha

	longan			
Sapindaceae	*Guioa diplopetala*	(Hassk.) Radlk.	Kecimpi	
Sapindaceae	*Nephelium lappaceum*	L.	Kopeq/Kopekaan	N Ha
Sapindaceae	*Nephelium cuspidatum*	Bl.	Lempukat	N
Sapindaceae	*Nephelium sp.*		Ngkaraai	N
Sapindaceae	*Nephelium maingayi*	Hiern.	Ridatn	N
Sapindaceae	*Nephelium sp.*		Rupaai	N Br
Sapindaceae	*Nephelium mutabile*	Bl.	Semayaap	N
Sapindaceae	*Nephelium sp.*		Siwo	N
Sapindaceae	*Nephelium cuspidatum*	Bl.	Torookng	N
Sapotaceae	*Palaquium sp.*		Ketiau	B Ha
Sapotaceae	*Palaquium sp.*		Malau	H
Sapotaceae	*Madhuen sericea*		Meradikng	B
Sapotaceae	*Palaquium sp.*		Natu Beneeq	H
Sapotaceae	*Madhuca sp.*		Natu Tunyukng	H
Sonneratiaceae	*Duabanga moluccana*	Bl.	Benuaang	B
Sterculiaceae	*Pterospermum diversifolium*	Bl.	Bayur	
Sterculiaceae	*Theobroma cacao*	L.	Kakau	R
Styracaceae	*Styrax benzoin*	Dryand.	Minyin	R
Theaceae	*Schima wallichii*	(D.C.) Korth.	Nagaaq	N I
Thymelaeaceae	*Aquilaria malaccensis*	Lamk.	Alaas	Ha R
Ulmaceae	*Gironniera nervosa*	Planch.	Mparee	B
Verbenaceae	*Clerodendron sp.*		Bungaq Pangir Bura	R
Verbenaceae	*Clerodendron sp.*		Bungaq Pangir Meaaq	R
Verbenaceae	*Vitex pinnata*	L.	Kelapapa	F
Verbenaceae	*Vitex pubescens*	Vahl	Kepapaaq	B Br
Verbenaceae	*Peronema canescens*	Jack.	Sungkai	N B
Zingiberaceae	*Nicolaia solaris*	Horan.	Bowooi	R
Zingiberaceae	*Alpinia galanga*		Lajaaq	R
Zingiberaceae	*Catimbium muticum*		Tengkelimas	N
Zingiberaceae	*Amomum sp.*		Teniiq	R
Zingiberaceae	*Costus sp.*		Touq Tawaai	R
			Akar Pandai	R
			Bangkatn	B H
			Banyum	N
			Bekalukng	R I
	Commersonia bartramia		Bekangin	B

			Belau	H
			Belonge	R
			Benuaang Rangka	R
			Beramanun	B
			Beteteq	I
			Bilapm	R
			Blunge	N
			Bungaq Mekaau	
Dracontomelon dao	(Blanco) Merr. & Ro.		Dahuuq	N
Planchonia valida			Dut	B
			Embagai	
			Gelinapm	F
			Jayatn	R
Coniogrammea fraxinea			Jiee	B
			Karawat	R
			Kelaneh	R
			Longaq	R
			Mantotor	
			Mburaatn	B
			Nintuuq	R
			Petakaq	H
			Pokeeq	B
			Sahap	N
			Sekur	R
			Sempuli Wakaai	R
			Serkoop	N
			Sincikng Sipat	N
			Sunjuukng	B
Elateriospermum tapos	Bl.		Taman Laba	H
			Tana Gendikng	R
			Tawar Seribu	
			Telaatn	H
			Temias	H
			Topus Tongau	
			Turutn Luikng	R
			Wakaai Besaq	R
			Wakaai Sinaq	G

76 Familien mit 336 lokal unterschiedenen Taxa.

Zusätzlich 28 lokal unterschiedene Rattanarten:

Benuaq Name	Botanischer Name	Autor
Beleh	*Calamus penicillatus*	Roxb.
Beleh Belatn	*Calamus penicillatus* c.f.	Roxb.
Beleh Jautn	*Calamus penicillatus* Roxb. c.f.	
Biungan	*Daemonorops sabut* oder *Calamus polystachys*	Becc. Becc.
Boyukng Bura	*Calamus optimus* c.f.	Becc.
Boyukng Meaaq	*Calamus optimus* c.f.	Becc.
Danan	*Korthalsia rigida*	Bl.
Danan Dakutn	*Calamus tomentosus*	Becc.
Danan Lentokng	*Korthalsia ferox*	Bl.
Danan Solai	*Korthalsia rigida*	Bl.
Emporooq	*Korthalsia sp.*	
Inai	*Ceratolobus subangulatus*	
Jehap	*Calamus trachycoleus*	Becc.
Jepukng	*Daemonorops crinita*	(Miq.) Bl.
Juaaq	*Plectocomiopsis geminiflora*	(Griff.) Becc.
Keheh	*Calamus muricatus*	Becc.
Kotoq	*Daemonorops angustifolia*	(Griff.) Mart.
Kotoq Boga	*Daemonorops fissa*	(Miq.) Bl.
Lalutn	*Korthalsia scaphigera*	Griff. ex Mart.
Lulu	*Calamus sp.*	
Ngono	*Calamus manan*	Miq.
Sekolaq/Pesiakng	*Calamus ornatus*	Bl.
Si'it	*Calamus* c.f. *balingensis* oder *Daemonorops grandis*	(Griff.) Mart.
Sokaq	*Calamus caesius*	Bl.
Tuuq	*Calamus scipionum*	Lour.
Ue Meaq	*Korthalsia echinometra*	Becc.
Ue Merangui	nicht identifiziert	
Ue Pakuq	*Calamus exilis*	Griff.
Ue Rooq	ev. identisch mit Emporooq	

A3 Feldfrüchte

Die hier aufgeführten Kulturpflanzen wurden durch lokale Informanten bestimmt. Die botanische Zuordnung erfolgte soweit möglich mit Hilfe einschlägiger Bestimmungsliteratur (Rehm & Espig 1984, Afriastini 1992).

Baumarten sowie kultivierte Bambus- und Rattanarten sind in Anhang 1 aufgeführt. Eine tabellarische Auflistung der angebauten Reissorten findet sich im Haupttext.

Maniokvarietäten (*Manihot esculenta* Crantz)	Süßkartoffelvarietäten (*Ipomoea batatas* (L.) Poir.)	Zuckerrohrvarietäten (*Saccharum spp.*)
Abang	*Ayaaq Bokut*	*Touq Baukng*
Balooq	*Ayaaq Bungkar*	*Touq Berau*
Bulau	*Ayaaq Gaben*	*Touq Beteteq*
Gerungokng	*Ayaaq Kapar*	*Touq Bongkunung Biakng*
Kapoq	*Ayaaq Kentang*	*Touq Jawa*
Lutukng	*Ayaaq Kepapaq*	*Touq Lampatn/Rampatn*
Pasar	*Ayaaq Lai*	*Touq Lomuq*
Putih	*Ayaaq Mentega*	*Touq Loyaq*
Sawah	*Ayaaq Naga*	*Touq Meaq*
Semarang	*Ayaaq Ongkong*	*Touq Moruq*
Bakoq	*Ayaaq Ramai*	*Touq Nayuq*
Berowari	*Ayaaq Semangka*	*Touq Pentih*
Gaben	*Ayaaq Sungkai*	*Touq Tokolokng*
Idaq	*Ayaaq Tola*	*Touq Toliiq*
Kilip	*Ayaaq Toliiq*	*Touq Ungul*
Mentega		*Touq Wakai*
Pikur		*Touq Waniiq*
Sanukng		
Seloakng		
Terabeeq		

Gurkenvarietäten (*Cucumis sativus* L.)	Ingwervarietäten (*Zingiber officinale* Rosc.)	Chillivarietäten (*Capsicum spp.*)
Timun Api	*Loyaq Benuang*	*Sabeq Bura*
Timun Baukng	*Loyaq Cina*	*Sabeq Keriting*
Timun Belongkaq	*Loyaq Pare*	*Sabeq Lai*
Timun Bulatn	*Loyaq Uraakng*	*Sabeq Poq*
Timun Lomuq		*Sabeq Rawit*
Timun Poruuq		*Sabeq Semat*
Timun Tanuq		*Sabeq Taji*
Timun Telaus		*Sabeq Tajuq*
Timun Tintiq		*Sabeq Temperesa*
		Sabeq Tiokng
		Sabeq Wakai

Bananenvarietäten
(*Musa x paradisiaca* L.)

Ambon	*Gergoq*	*Kerakng*	*Nakatn*	*Rutai*	*Ulukng*
Anduq	*Iratn*	*Korau*	*Obouuq*	*Saba*	
Bugis	*Jelmoq*	*Lempeko*	*Okor*	*Sebet*	
Bujak	*Kampar*	*Manoq Ur*	*Puneq*	*Susuq*	
Emas	*Kapas/Kapeh*	*Moliq*	*Rajah*	*Ue*	

Andere Anbausorten

Bawang Balooq	Schnittlauch	*Allium sp.*
Bawang Bura	Knoblauch	*Allium sativum* L.
Bawang Doyo	Lauch	*Allium sp.*
Bawang Lagena	Lauch	*Allium sp.*
Bawang Meaq	Zwiebeln	*Allium cepa* L. *Var. ascalonicum*
Botokng		
Dawaq		
Gandum	Sorghum	*Sorghum vulgare* Pers.
Jagokng	Mais	*Zea mays* L.
Jagokng Boyas	Mais	*Zea mays* L.
Jagokng Ketepe	Mais	*Zea mays* L.
Kacang Hijau	Mungbohne	*Phaseolus radiatus* L. c.f.
Kacang Minyak		
Kacang Panjang	Gartenbohne	*Phaseolus vulgaris* (L.)
Kacang Tanah	Erdnuss	*Arachis hypogaea* L.
Kangkukng	Wasserspinat	*Ipomoea aquatica* Forak.
Kenas Beneeq	Ananas	*Ananas comosus* (L.) Merr.
Kenas Meaq	Ananas	*Ananas comosus* (L.) Merr.
Kunyit Api	Curcuma	*Curcuma domestica* Val.
Kunyit Katemu	Curcuma	*Curcuma domestica* Val.
Kunyit Kerewau	Curcuma	*Curcuma domestica* Val.
Kunyit Lepo	Curcuma	*Curcuma domestica* Val.
Kunyit Makar	Curcuma	*Curcuma domestica* Val.
Labu Jawa	Kürbis	*Cucurbita pepo* c.f.
Lajaq		
Lempekng Pera		
Longaq		
Loreeq		
Periaq Beneeq		*Momordica charantia* L.
Periaq Penganan		*Momordica charantia* L.
Semangka	Wassermelone	*Citrullus lanatus* (Thunb.) Matsum. et Nakai
Sekur		
Serai Beneeq	Zitronengras	*Cymbopogon nardus* (L.) Rendle
Serai Jengan	Zitronengras	*Cymbopogon nardus* (L.) Rendle
Serai Munteeq	Zitronengras	*Cymbopogon nardus* (L.) Rendle
Timun Belanda		
Tomat	Tomate	*Lycopersicon lycopersicum* (L.) Farw.
Tonai	Taro	*Colocasia esculenta* (L.) Schott c.f.

Tenaian Beneeq	Taro	*Sagittaria sinensis* Sims. *c.f.*		
Tenaian Tungkur	Taro			
Toyukng Bulatn	Aubergine	*Solanum sp.*		
Toyukng Kanap	Aubergine	*Solanum sp.*		
Toyukng Minjapm	Aubergine	*Solanum sp.*		
Toyukng Puluuq	Aubergine	*Solanum sp.*		
Toyukng Ulapm	Aubergine	*Solanum melongena* L.		
Twaq	Tuba-Wurzel	*Derris elliptica* Benth.		

A4 Nachgewiesene Vogelarten

Bis Mai 1999 wurden in den Wäldern rings um Lempunah von mir 184 Vogelarten (*Kepuluuq*) nachgewiesen. U. a. wurden zwei Transekte von jeweils 1.500 m Länge mit einander verglichen. Während ein Transekt durch stark manipulierten Wald führte und verschiedene Brachestadien und Waldgärten durchschnitt, befand sich die zweite Strecke in altem Sekundärwald. Beide Transekte wiesen nach 48 Beobachtungsstunden mehr als 100 Vogelarten auf, was etwa 60 % der lokalen Avifauna repräsentiert. Zur Methodik sei auf Gönner (2000a) verwiesen.

Die Bestimmung erfolgte nach eigener Erfahrung sowie in einigen wenigen Fällen basierend auf der verfügbaren Literatur (MacKinnon & Phillipps 1993, King et al. 1975, Davison & Chew 1996). Die Systematik folgte dabei weitgehend Mac-Kinnon & Phillipps (1993); lediglich in einigen Fällen wurde die Nomenklatur von King et al. (1975) verwendet. Lokale Namen gehen auf meine Schlüsselinformanten zurück.

KW: Arten, die im 'Kulturwald' beobachtet wurden
AW: Arten, die im 'alten Wald' beobachtet wurden

Benuaq Name	Englischer Name	Zoologischer Name	KW	AW
	Black Bittern	*Dupetor flavicollis*		
	Storm's Stork	*Ciconia stormi*		
	Crested Serpent-Eagle	*Spilornis cheela*		✓
	Changeable Hawk-Eagle	*Spizaetus cirrhatus*		
	Wallace's Hawk-Eagle	*Spizaetus nanus*		
Beniang	Brahminy Kite	*Haliastur indus*		
	Japanese Sparrowhawk	*Accipiter gularis*		
	Crested Goshawk	*Accipiter trivirgatus*	✓	
	Black-thighed Falconet	*Microhierax fringillarius*		
Lempeko	Blue-breasted Quail	*Coturnix chinensis*		
Rangkekng	Long-billed Partridge	*Rhizothera longirostris*		

Benuaq Name	Englischer Name	Zoologischer Name	KW	AW
Lesio	Crested Partridge	*Rollolus rouloul*	✓	
Sakatn	Crested Fireback	*Lophura ignita*		
Jue	Great Argus	*Argusianus argus*		
Senggerenak	White-breasted Waterhen	*Amaurornis phoenicurus*		
Puneeq Rosou	Pink-necked Green Pigeon	*Treron vernans*	✓	
Puneeq Ladu	Cinnamon-headed Green Pigeon	*Treron fulvicollis*		
	Large Green Pigeon	*Treron capellei*		
Puneeq Sulikng	Little Green Pigeon	*Treron olax*	✓	✓
Tuatn Gogok	Green Imperial-Pigeon	*Ducula aenea*	✓	✓
Bengkukur	Spotted Dove	*Streptopelia chinensis*	✓	
Jotukng	Emerald Dove	*Chalcophaps indica*	✓	
Teriap	Blue-crowned Hanging-Parrot	*Loriculus galgulus*	✓	✓
Tialikng	Blue-rumped Parrot	*Psittinus cyanurus*	✓	
Terabeeq	Long-tailed Parakeet	*Psittacula longicauda*	✓	✓
Kangkang Kapot	Indian Cuckoo	*Cuculus micropterus*		✓
	Oriental Cuckoo	*Cuculus saturatus*		
	Asian Koel	*Eudynamis scolopacea*		
Sentapit	Plaintive Cuckoo	*Cacomantis merulinus*	✓	
	Banded Bay Cuckoo	*Cacomantis sonneratii*	✓	✓
	Violet Cuckoo	*Chrysoccocycx xanthorhynchus*		
Nape	Chestnut-bellied Malkoha	*Phaenicophaeus sumatranus*	✓	✓
Nape	Raffles's Malkoha	*Phaenicophaeus chlorophaeus*		✓
Nape	Chestnut-breasted Malkoha	*Phaenicophaeus curvirostris*	✓	✓
Bumut Beneeq	Lesser Coucal	*Centropus bengalensis*	✓	
Bumut Lawaakng	Greater Coucal	*Centropus sinensis*	✓	✓
Toyup Toru	Sunda Ground-Cuckoo	*Carpococcyx radiceus* c.f.		
Ketupaq	Buffy Fish-Owl	*Ketupa ketupu*		
	Brown Hawk-Owl	*Ninox scutulata*	✓	✓
Beniak Buaq	Brown Wood-Owl	*Strix leptogrammica*		
Uruk Datu	Reddish Scops-Owl	*Otus rufescens*		
	Collared Scops-Owl	*Otus lempiji*		
Kaor	Gould's Frogmouth	*Batrachostomus stellatus*		
Kaor	Javan Frogmouth	*Batrachostomus javensis*		
Kaor	Large Frogmouth	*Batrachostomus auritus*		
Tak Taha	Malaysian Eared-Nightjar	*Eurostopodus temminckii*		
	Edible-nest Swiftlet	*Collocalia fuciphaga*		

Benuaq Name	Englischer Name	Zoologischer Name	KW	AW
	Little Swift	*Apus affinis*		
	Asian Palm-Swift	*Cypsiurus balasiensis*		
	Silver-rumped Swift	*Rhaphidura leucopygialis*		
	Grey-rumped Treeswift	*Hemiprocne longipennis*	✓	
Papou	Diard's Trogon	*Harpactes diardii*	✓	✓
Papou	Red-naped Trogon	*Harpactes kasumba*	✓	✓
Papou	Scarlet-rumped Trogon	*Harpactes duvaucelii*	✓	✓
Bekakaq	Stork-billed Kingfisher	*Pelargopsis capensis*	✓	
Selebinti	Blue-eared Kingfisher	*Alcedo meninting*		
	Banded Kingfisher	*Lacedo pulchella*	✓	✓
Selebinti	Rufous-backed Kingfisher	*Ceyx rufidorsa*	✓	✓
Selebinti	Black-backed Kingfisher	*Ceyx erithacus*		
Ngkurau	Blue-tailed Bee-Eater	*Merops philippinus*	✓	
	Blue-throated Bee-Eater	*Merops viridis*		
	Red-bearded Bee-Eater	*Nyctyornis amictus*		✓
Mendalukng	Dollarbird	*Eurystomus orientalis*	✓	✓
Terakuuq	Bushy-crested Hornbill	*Anorrhinus galeritus*		✓
Totoh	Wrinkled Hornbill	*Aceros corrugatus*	✓	✓
Mengkeeq	Oriental Pied Hornbill	*Anthracoceros albirostris*	✓	✓
Moeq	Asian Black Hornbill	*Anthracoceros malayanus*		✓
Tongau	Rhinoceros Hornbill	*Buceros rhinoceros*	✓	
Batu Uluk	Helmeted Hornbill	*Buceros vigil*		
Soyu	Brown Barbet	*Calorhamphus fuliginosus*		✓
Teruaq	Red-throated Barbet	*Megalaima mystacophanos*		✓
Teruaq	Yellow-crowned Barbet	*Megalaima henricii*		✓
Teruaq	Gold-whiskered Barbet	*Megalaima chrysopogon*		
Teruaq	Blue-eared Barbet	*Megalaima australis*	✓	✓
Teruaq	Red-crowned Barbet	*Megalaima rafflesii*	✓	✓
	Rufous Pickulet	*Sasia abnormis*		✓
Tekalih	Crimson-winged Woodpecker	*Picus puniceus*	✓	✓
Tekalih	Checker-throated Woodpecker	*Picus mentalis*		✓
Tekalih	Banded Woodpecker	*Picus miniaceus*		
Tekalih	Rufous Woodpecker	*Celeus brachyurus*	✓	✓
Tekalih	Sunda Woodpecker	*Picoides moluccensis*	✓	
Tekalih	Buff-rumped Woodpecker	*Meiglyptes tristis*	✓	✓
Tekalih	Buff-necked Woodpecker	*Meiglyptes tukki*	✓	✓
Tekalih	Grey-and-buff Woodpecker	*Hemicircus concretus*	✓	

Benuaq Name	Englischer Name	Zoologischer Name	KW	AW
Tekalih	Olive-backed Woodpecker	*Dinopium rafflesi*		✓
Tekalih	White-bellied Woodpecker	*Dryocopus javanensis*	✓	
Tekalih	Great Slaty Woodpecker	*Mulleripicus pulverulentus*	✓	✓
Tekalih	Orange-backed Woodpecker	*Reinwardtipicus validus*		
Sanjalano	Black-and-red Broadbill	*Cymbirhynchus macrorhynchus*	✓	
Belowari	Black-and-yellow Broadbill	*Eurylaimus ochromalus*	✓	✓
Belowari	Banded Broadbill	*Eurylaimus javanicus*	✓	✓
	Dusky Broadbill	*Corydon sumatranus*		✓
Sentoa	Green Broadbill	*Calyptomena viridis*		✓
	Hooded Pitta	*Pitta sordida*	✓	✓
Piaq Pelanuq	Garnet Pitta	*Pitta granatina*		✓
	Blue-headed Pitta	*Pitta baudii*		✓
Keputukng	Barn Swallow	*Hirundo rustica*		
Keputukng	Pacific Swallow	*Hirundo tahitica*		
	Black-winged Flycatcher-Shrike	*Hemipus hirundinaceus*	✓	✓
	Lesser Cuckoo-Shrike	*Coracina fimbriata*	✓	✓
	Bar-bellied Cuckoo-Shrike	*Coracina striata*	✓	
	Fiery Minivet	*Pericrocotus igneus*	✓	
	Scarlet Minivet	*Pericrocotus flammeus*	✓	✓
	Green Iora	*Aegithina viridissima*	✓	✓
	Common Iora	*Aegithina tiphia*	✓	
Datu Da	Lesser Green Leafbird	*Chloropsis cyanopogon*	✓	✓
Datu Da	Greater Green Leafbird	*Chloropsis sonnerati*	✓	✓
Datu Da	Blue-winged Leafbird	*Chloropsis cochinchinensis*		✓
	Asian Fairy-Bluebird	*Irena puella*		✓
Nyeekng	Black-headed Bulbul	*Pycnonotus atriceps*	✓	✓
Biorooq	Grey-bellied Bulbul	*Pycnonotus cyaniventris*		
Biorooq	Yellow-vented Bulbul	*Pycnonotus goiavier*	✓	
Biorooq	Olive-winged Bulbul	*Pycnonotus plumosus*	✓	✓
Biorooq	Cream-vented Bulbul	*Pycnonotus simplex*	✓	✓
Biorooq	Spectacled Bulbul	*Pycnonotus erythrophtalmus*	✓	
Biorooq Bungkokng	Puff-backed Bulbul	*Pycnonotus eutilotus*	✓	✓
Biorooq	Red-eyed Bulbul	*Pycnonotus brunneus*	✓	✓
Biorooq Pentih	Grey-cheeked Bulbul	*Alophoixus bres*		✓
Biorooq	Yellow-bellied Bulbul	*Alophoixus phaeocephalus*		✓
Biorooq	Hairy-backed Bulbul	*Tricholestes criniger*		✓

Benuaq Name	Englischer Name	Zoologischer Name	KW	AW
Biorooq	Puff-vented Bulbul	*Iole olivacea*		
	Bronzed Drongo	*Dicrurus aeneus*		
	Crow-billed Drongo	*Dicrurus annectans*		✓
Ketiakng	Greater Racket-tailed Drongo	*Dicrurus paradiseus*	✓	✓
	Black Magpie	*Platysmurus leucopterus*	✓	✓
	Slender-billed Crow	*Corvus enca*	✓	✓
	Bornean Bristlehead	*Pityriasis gymnocephala*		✓
	Velvet-fronted Nuthatch	*Sitta frontalis*	✓	
	Black-capped Babbler	*Pellorneum capistratum*	✓	✓
	Short-tailed Babbler	*Trichastoma malaccense*	✓	✓
	White-chested Babbler	*Trichastoma rostratum*	✓	✓
	Ferruginous Babbler	*Trichastoma bicolor*	✓	✓
	Moustached Babbler	*Malacopteron magnirostre*	✓	✓
	Rufous-crowned Babbler	*Malacopteron magnum*	✓	✓
	Scaly-crowned Babbler	*Malacopteron cinereum*	✓	✓
	Sooty-capped Babbler	*Malacopteron affine*	✓	✓
	Chestnut-winged Babbler	*Stachyris erythroptera*	✓	✓
	Chestnut-rumped Babbler	*Stachyris maculata*	✓	✓
	Black-throated Babbler	*Stachyris nigricollis*	✓	✓
	Fluffy-backed Tit-Babbler	*Macronous ptilosus*	✓	✓
	Striped Tit-Babbler	*Macronous gularis*	✓	✓
	Brown Fulvetta	*Alcippe brunneicauda*	✓	
	Rufous-tailed Shama	*Trichixos pyrrhopygus*		✓
	Magpie Robin	*Copsychus saularis*		
	White-rumped Shama	*Copsychus malabaricus*	✓	✓
	Golden-bellied Gerygone	*Gerygone sulphurea*	✓	
	Arctic Warbler	*Phylloscopus borealis*		✓
Nene	Ashy Tailorbird	*Orthotomus ruficeps*	✓	✓
Nene	Dark-necked Tailorbird	*Orthotomus atrogularis*	✓	✓
Nene	Rufous-tailed Tailorbird	*Orthotomus sericeus*	✓	✓
	Yellow-bellied Prinia	*Prinia flaviventris*	✓	
	Asian Brown-Flycatcher	*Muscicapa dauurica*	✓	
	Malaysian Blue-Flycatcher	*Cyornis turcosus*	✓	
	Bornean Blue-Flycatcher	*Cyornis superbus*		
	Rufous-chested Flycatcher	*Ficedula dumetoria*		
	Grey-chested Jungle-Flycatcher	*Rhinomyias umbratilis*		✓
	Rufous-winged Philentoma	*Philentoma pyrhopterum*		✓

Benuaq Name	Englischer Name	Zoologischer Name	KW	AW
	Maroon-breasted Philentoma	*Philentoma velatum*		
	Black-naped Monarch	*Hypothymis azurea*	✓	✓
Burung Doyo	Asian Paradise-Flycatcher	*Terpsiphone paradisi*		✓
	Pied Fantail	*Rhipidura javanica*	✓	
	Spotted Fantail	*Rhipidura perlata*		✓
	Mangrove Whistler	*Pachycephala cinerea*	✓	
	White-breasted Wood-Swallow	*Artamus leucorhynchus*		
	Yellow Wagtail	*Motacilla flava*		
	Chestnut-cheeked Starling	*Sturnus philippensis*	✓	
Tiokng	Hill Myna	*Gracula religiosa*	✓	✓
	Plain-throated Sunbird	*Anthreptes malacensis*	✓	✓
	Ruby-cheeked Sunbird	*Anthreptes singalensis*	✓	✓
	Olive-backed Sunbird	*Nectarinia jugularis*		
	Purple-throated Sunbird	*Nectarinia sperata*	✓	✓
	Crimson Sunbird	*Aethopyga siparaja*	✓	
	Purple-naped Sunbird	*Hypogramma hypogrammicum*		✓
Seset	Little Spiderhunter	*Arachnothera longirostra*	✓	✓
Seset	Long-billed Spiderhunter	*Arachnothera robusta*		✓
Seset	Grey-breasted Spiderhunter	*Arachnothera affinis*		✓
Seset	Yellow-eared Spiderhunter	*Arachnothera chrysogenys*	✓	
Mentit	Crimson-breasted Flowerpecker	*Prionochilus percussus*	✓	✓
Mentit	Yellow-rumped Flowerpecker	*Prionochilus xanthopygius*	✓	✓
Mentit	Scarlet-backed Flowerpecker	*Dicaeum cruentatum*	✓	✓
Mentit	Orange-bellied Flowerpecker	*Dicaeum trigonostigma*	✓	✓
Mentit	Yellow-vented Flowerpecker	*Dicaeum chrysorrheum*	✓	
Burung Gereja	Eurasian Tree-Sparrow	*Passer montanus*		
Empit	Dusky Munia	*Lonchura fuscans*	✓	
Empit	Black-headed Munia	*Lonchura malacca*		
			101	102

A5 Nachgewiesene Säugetierarten

Bislang wurden 42 Säugetierarten in den Wäldern von Lempunah nachgewiesen. Dies entspricht 42 % der Landsäugerarten Borneos (ausschließlich der *Muridae* (Mäuse und Rattan), *Soricidae* (Spitzmäuse) und *Chiroptera* (Fledermäuse), die in dieser Studie nicht erfasst wurden. Die Bestimmung sowie die wissenschaftliche Nomenklatur basiert auf Payne et al. (1985).

Der Nachweisstatus sowie die etwaige Nutzung ist für jede Art in der rechten Spalte angegeben

✓   vom Autor selbst eindeutig bestimmt
c.f.   *cum fide*, vermutlich diese Art (vom Autor gesehen)
w   von Jägern berichtet
w☥   von Jägern berichtet, aber inzwischen nicht mehr vorkommend
s   belegt durch Fell oder Schädel
*   gejagt, genutzt

Benuaq	Englischer Name	Zoologischer Name	Status
Tupai	Common Treeshrew	*Tupaia glis*	✓
Tupai	Lesser Treeshrew / Slender Treeshrew	*Tupaia minor / Tupaia gracilis*	c.f.
Tupai	Painted Treeshrew	*Tupaia picta*	✓
Kuukng Batiq	Colugo	*Cynocephalus variegatus*	w
Bawikng	Large Flying Fox	*Pteropus vampyrus*	✓
Bekikiiq	Slow Loris	*Nycticebus coucang*	✓ *
Ukar	Western Tarsier	*Tarsius bancanus*	w *
Lutuukng	Maroon Langur	*Presbytis rubicunda*	w
Buus	White-fronted Langur	*Presbytis frontata*	✓ *
Bekaraq	Proboscis Monkey	*Nasalis larvatus*	✓
Kodeq	Long-tailed Macaque	*Macaca fascicularis*	✓ *
Boruq	Pig-tailed Macaque	*Macaca nemestrina*	✓ *
Kelawat	Bornean Gibbon	*Hylobates muelleri*	✓ *
Ayapm	Pangolin	*Manis javanica*	s *
Marau	Giant Squirrel	*Ratufa affinis*	✓
	Prevost's Squirrel	*Callosciurus prevostii*	✓
Pokakng	Plantain Squirrel	*Callosciurus notatus*	✓
Sentuku	Plain Pigmy Squirrel	*Exilisciurus exilis*	✓
	Red Giant Flying Squirrel	*Petaurista petaurista*	w
Titukng	Common Porcupine	*Hystrix brachyura*	s *
Pegeekng	Long-Tailed Porcupine	*Trichys fasciculata*	

Titukng	Thick-Spined Porcupine	*Thecurus crassispinis*	✓ *
Biakng	Sun Bear	*Helarctos malayanus*	✓ *
Dorooq	Yellow-Throated Marten	*Martes flavigula*	w
	Malay Weasel	*Mustela nudipes*	c.f.
Dongan	Hairy-Nosed Otter	*Lutra sumatrana*	✓ *
Dongan	Oriental Small-Clawed Otter	*Aonyx cinerea*	✓ *
Kuliiq Teniq	Malay Civet / Tangalung	*Viverra tangalunga*	s *
Munin Tuyutn	Bearcat / Binturong	*Arctitis binturong*	✓
Bosikng	Small-Toothed Palm Civet	*Arctogalidia trivirgata*	✓
Munin	Common Palm Civet	*Paradoxurus hermaphroditus*	s *
Munin Tuyutn	Masked Palm Civet	*Panguma larvata*	✓
Kalang Perahn	Banded Palm Civet	*Hemigalus derbyanus*	✓
Kalang Perahn	Banded Linsang	*Prionodon linsang*	w
Meong Mamar	Marbled Cat	*Felis marmorata*	s *
Badak	Sumatran Rhinoceros	*Dicerorhinus sumatrensis*	w✝
Bawi	Bearded Pig	*Sus barbatus*	✓ *
Pelanuk Longkiikng	Lesser Mouse-Deer	*Tragulus javanicus*	✓ *
Pelanuk Belongkaaq	Greater Mouse-Deer	*Tragulus napu*	✓ *
Telaus	Bornean Red Muntjac	*Muntiacus muntjak*	✓ *
Telaus	Bornean Yellow Muntjac	*Muntiacus atherodes*	✓ *
Tekayo	Sambar Deer	*Cervus unicolor*	✓ *
Lemui	Banteng	*Bos javanicus*	✓ *

A6 Genutzte Reptilien- und Fischarten

Folgende Schildkröten- und Schlangenarten wurden während der Trockenheit von 1997/98 aus Sumpfwäldern gesammelt und verkauft. Die Bestimmung der Schildkrötenarten erfolgte freundlicher Weise durch C.L. Chan und Dr. Indraneil Das. Die beiden genutzten Schlangenarten sowie eine der beiden Waranarten wurden mit Hilfe von Cox et al. (1998) bestimmt; weitere 18 Schlangenarten werden lokal unterschieden, sind aber bislang nicht identifiziert.

lokaler Name	Englischer Name	Zoologischer Name
Panganan	Reticulated Python	*Python reticularis*
Bersisiq	Elephant-trunk Snake	*Acrochordus javanicus*
Miaaq Merayo	Monitor Lizard	*Varanus salvator*
Miaaq Araakng		*Varanus sp.*
Kentawakng	Asian Softshell Turtle	*Amyda cartilaginea*

Kentawakng	Malayan Softshell Turtle	*Dogania subplana*
Biukuu	Malayan Giant Turtle	*Orlitia borneensis*
Kodoq Katuq	Malayan Box Turtle	*Cuora amboinensis*
Kodoq Anau	Black Pond Turtle	*Siebenrockiella crassicollis*

18 weitere lokal unterschiedene Schlangenarten (*Nipaq*):

Bantuukng	*Nipaq Ue*	*Suaiq*
Bumuiiq	*Nipaq Uot*	*Susuq Tana*
Dopukng	*Nipaq Yang*	*Tikang Nyuy*
Layun	*Oar*	*Toran Bulan*
Layun Natakng	*Panganan Laweq*	*Toran Jate*
Lomuyaq	*Pokuyo*	*Ular Lidi*

Bislang ließen sich die folgenden 40 Fischarten (*Kinas*) nicht bestimmen. Es sind daher lediglich lokal gebräuchliche Namen angegeben.

Baan	*Enjolong*	*Ketam*	*Puyau*
Baan Touq	*Eparang*	*Ketiung*	*Ruay*
Baukng	*Gesiliq*	*Kinas Buntal*	*Rungan*
Berukung	*Jalawat*	*Kosung*	*Salap*
Betutuq	*Jue Danum*	*Lais*	*Seluang*
Biawan	*Jukuq*	*Larang*	*Sopat Putih*
Bokaq	*Juling*	*Lindung*	*Sopat Siam*
Boneh	*Kapukng Sopa*	*Lopuq*	*Susur Batuq*
Boyot	*Kepar*	*Padiq*	*Tanggolosiq*
Ekong	*Kepuyuq*	*Penang*	*Uhing*

Karte 6: Lempunah mit Dorfgrenzen, ehemaligen Langhäusern und Flüssen.

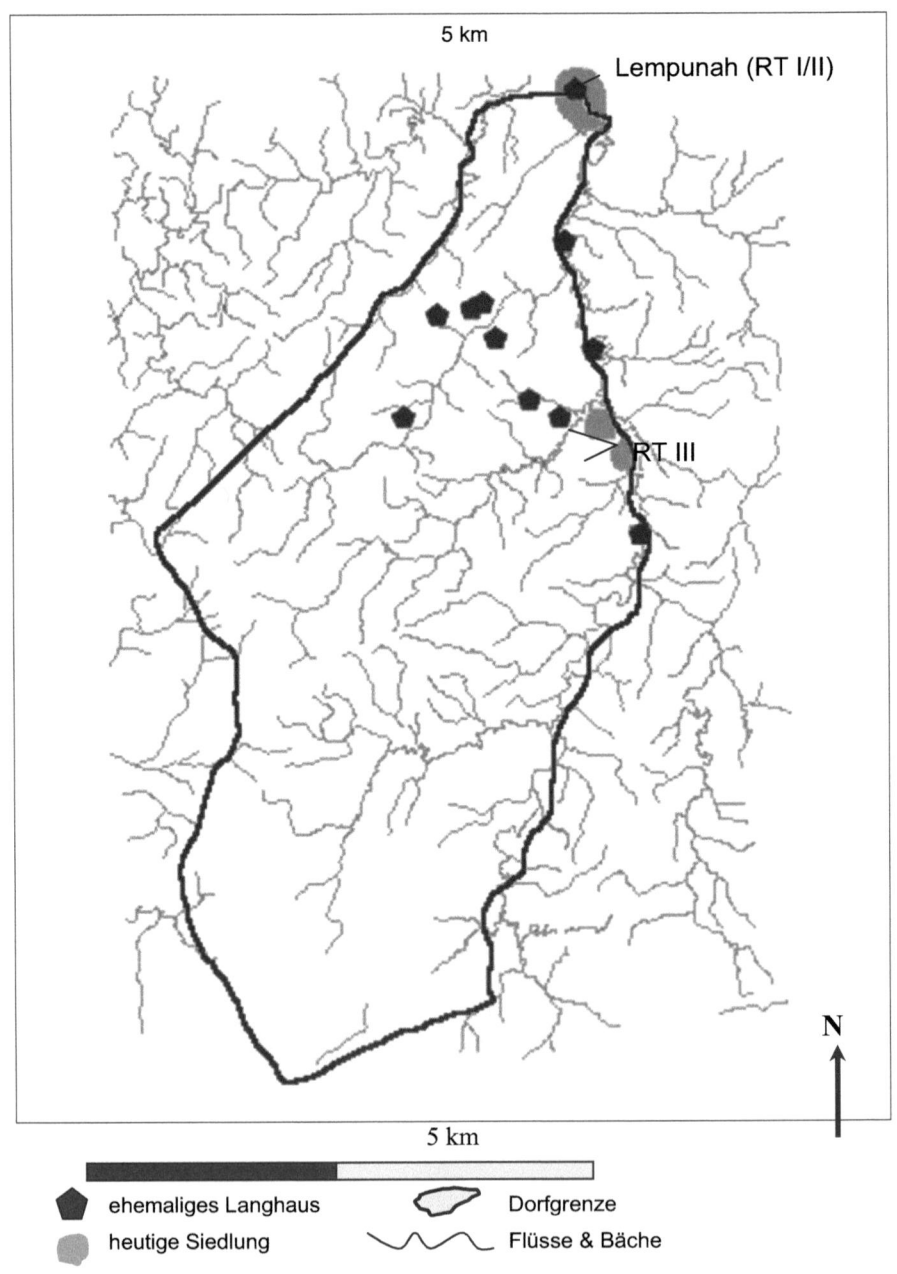

5 km

Lempunah (RT I/II)

RT III

N

5 km

⬟ ehemaliges Langhaus   Dorfgrenze
🔵 heutige Siedlung   Flüsse & Bäche

Karte 7: Schwendfelder zwischen 1995/96 und 1998/99

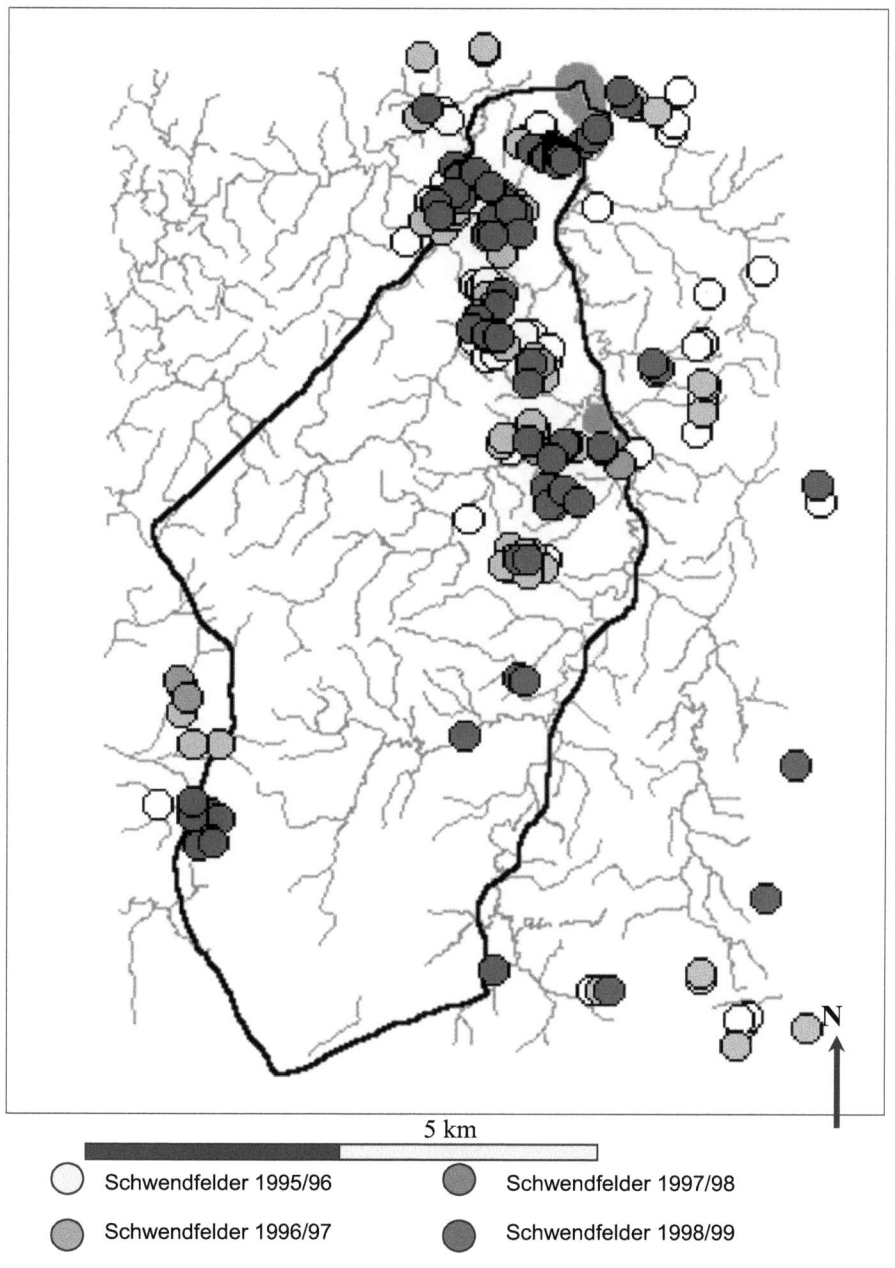

5 km

◯ Schwendfelder 1995/96   ⬤ Schwendfelder 1997/98

⬤ Schwendfelder 1996/97   ⬤ Schwendfelder 1998/99

Karte 8: Waldgärten

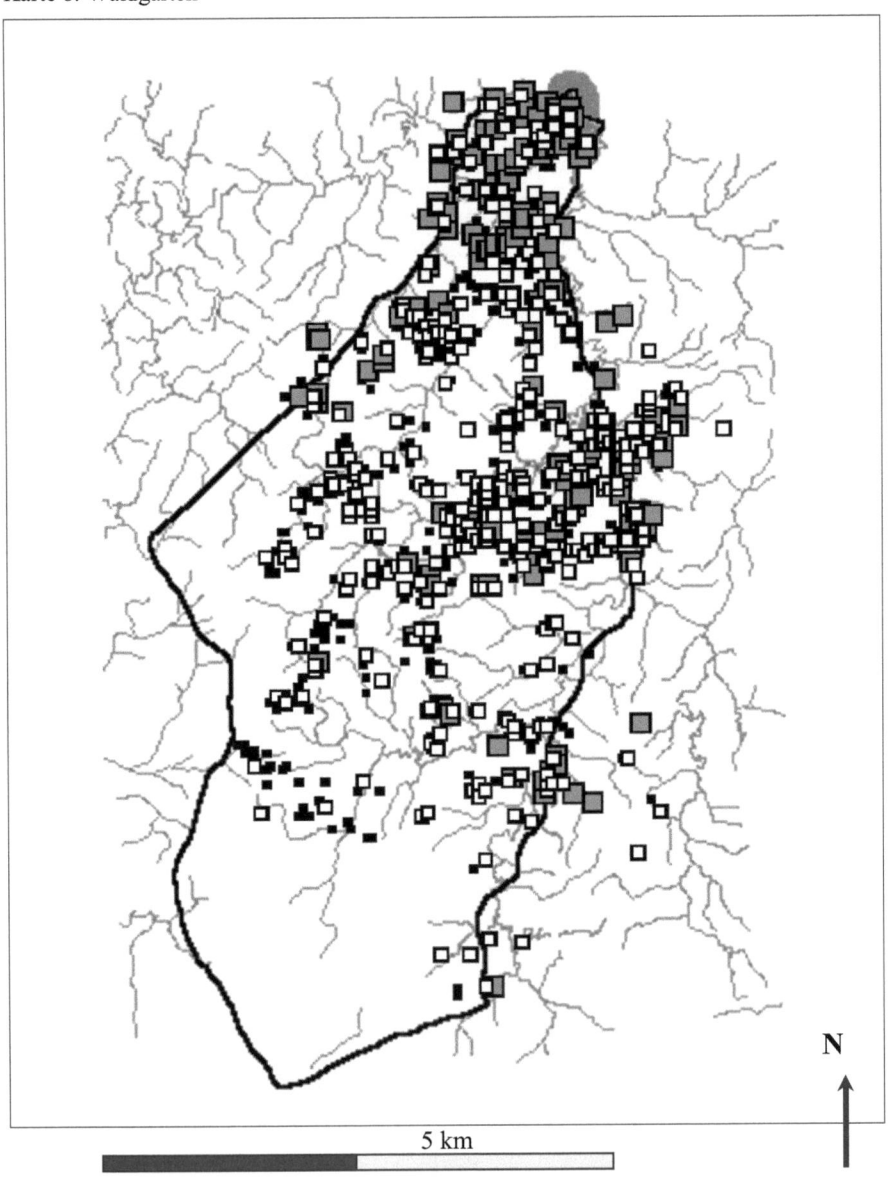

5 km

- ■ *Simpukng*
- □ Rattangärten
- ▨ Gummigärten

Karte 9: Schwendfelder und Waldgärten

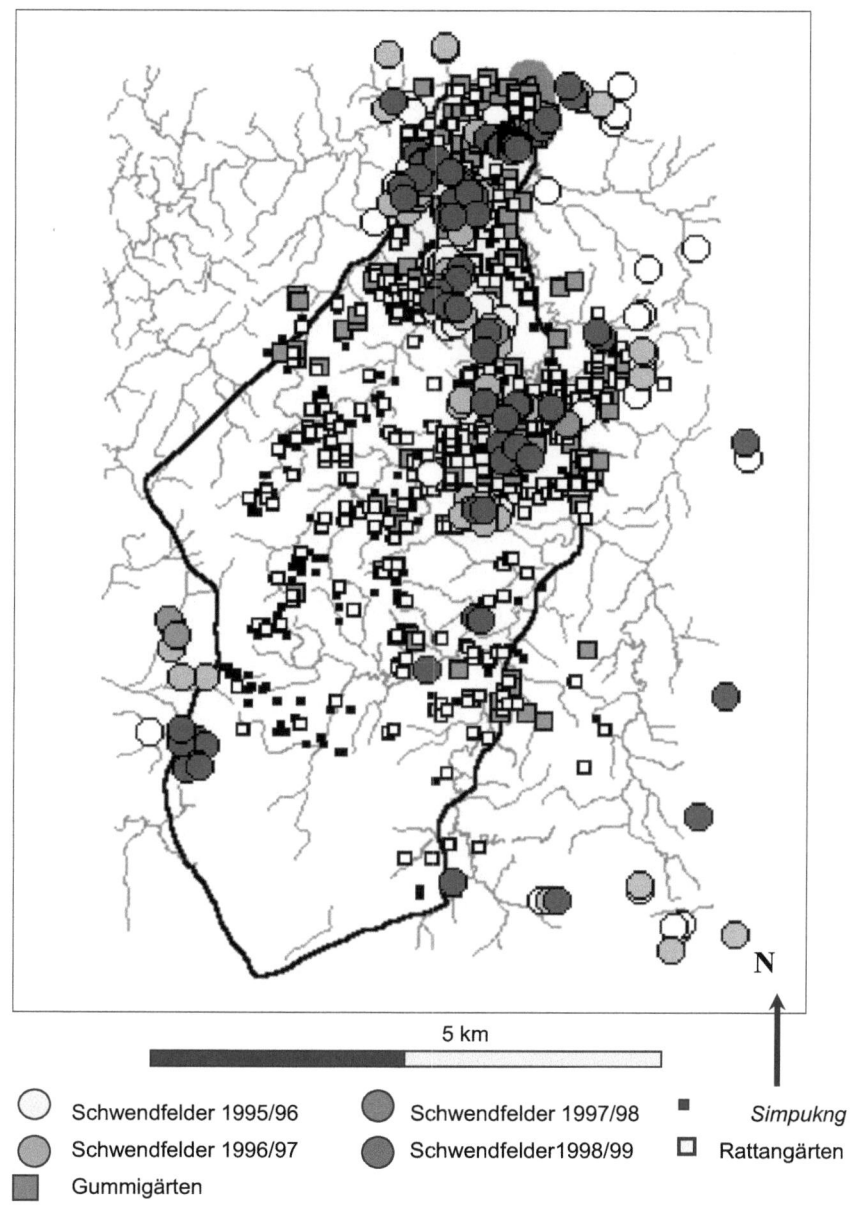

5 km

○ Schwendfelder 1995/96   ◉ Schwendfelder 1997/98   ■   *Simpukng*

◉ Schwendfelder 1996/97   ◉ Schwendfelder1998/99   □   Rattangärten

■ Gummigärten

Centaurus Buchtipp

Dagmar Filter, Jana Reich,
Eva Fuchs (Hrsg.)

Arabischer Frühling?

Alte und neue Geschlechterpolitiken in
einer Region im Umbruch

Feministisches Forum – Hamburger Texte zur
Frauenforschung, Bd. 5, 2013,
353 S., 39 Farb- und zahlreiche sw-Abb., br.,
ISBN 978-3-86226-193-2, € **24,80**

Der Band befasst sich mit der Frage nach der politischen und gesellschaftlichen Partizipation von Frauen und Männern in muslimischen Gesellschaften vor, während und nach dem Arabischen Frühling, sowie der Bedeutung von Geschlechter(de)konstruktionen in einer Gesellschaft im Wandel.

In den meisten Ländern des „Arabischen Frühlings" sind die Geschlechterverhältnisse durch eine patriarchale Struktur und Tradition geprägt, die besonders Frauen in ihrer persönlichen Freiheit und in ihrer politischen Mitbestimmung einschränkt. Die revolutionären Prozesse in diesen Gesellschaften bieten die Chance, die Geschlechterverhältnisse aufzubrechen, neu zu denken und zu verhandeln. Die Selbstbefreiung der arabischen Frauen kann nicht automatisch durch die aktuellen revolutionären Veränderungen gelingen. Dennoch wohnt Revolutionen ein utopisches Potential inne, das durch keine konterrevolutionären Maßnahmen aufgehalten werden kann. Zwischen revolutionärer Wirklichkeit und inspirierter Utopie geht der Kampf um die Selbstbefreiung der Frauen (und der Männer) in der arabischen Welt weiter.

Centaurus Buchtipps

Elke Regina Maurer
Fremdes im Blick, am Ort des Eigenen
Eine Rezeptionsanalyse von »Die weiße Massai«
Reihe Sozioökonomische Prozesse in Asien und Afrika, Bd. 12, 2010, 422 S.,
ISBN 978-3-8255-0768-8, € **24,80**

»Elke Regina Maurer[...] zeigt auf, dass es spontane Gefühle und Reaktionen wie Lachen und Befremden sind, die eine Verbindung zum Anderen, uns ganz Fremden herstellen.“
Susanne Einfeld auf ethmundo.de, geschrieben am 01.06.2010

Katharina Schilling
Transnationale Migration und Care-Arbeit
Die soziale Situation von philippinischen Arbeitsmigrantinnen in Kanada
Migration und Lebenswelten, Bd. 5, 2013, 92 S., br.,
ISBN 978-3-86226-229-8, € **18,80**

Sarah Hege
Mehr als Geld
Motive und Strukturen der Unterstützung Subsaharischer Herkunftsländer durch migrierte
Landsleute
Migration & Lebenswelten, Bd. 3, 2011, 138 S., br.,
ISBN 978-3-86226-094-2, € **18,80**

Nele Cölsch
Potential and limitations of peace education in Israel
A case study on parents´ perspectives on the Hand in Hand school in Jerusalem
Gender & Diversity Bd. 3, 2011, 120 S.,
ISBN978-3-86226-072-0, € **23,80**

Farida Akhter
Samenkörner sozialer Bewegungen
Frauenbewegungen und andere Bewegungen in Bangladesh und weltweit
Mit einem Vorwort der Herausgeberin Maria Mies
Frauen * Gesellschaft * Kritik, Bd. 52, 2011, 342 S.,
ISBN 978-3-86226-032-4, € **22,80**

»Insgesamt bietet der Band allen, die sich mit Fragen der Entwicklungspolitik und den Perspektiven
für eine gerechte Welt befassen, Nachdenkenswertes aus der Perspektive des Südens.«
Anke Rösener, in: Portal für Politikwissenschaft, veröffentlicht am 20.10.2011.

Sabine Korstian
Akteure asymmetrischer Konflikte
Eine Studie zur nordirischen und palästinensischen Widerstandsgesellschaft
Frauen * Gesellschaft * Kritik, Bd. 51, 2010, 330 S.,
ISBN 978-3-8255-0761-9, € **28,00**

»Insgesamt ist Sabine Korstians Buch sehr lesenswert für alle, die sich eingehender mit dem Nordirland- oder Palästinakonflikt oder mit Genderaspekten von Konflikten beschäftigen [...] «
Maike Majewski, hsozkult.geschichte.hu-berlin/rezensionen/2010-4-034

Informationen und weitere Titel unter www.centaurus-verlag.de